CW01626477

LES DIASPORAS DANS LE MONDE CONTEMPORAIN

KARTHALA sur Internet : http://www.karthala.com
Paiement sécurisé

Couverture : « Au cœur de l'aubier », in *La peinture de Jean-Pierre Hammer*, Presses universitaires de Nancy, 1992.

ISBN : 2-84586-814-6

SOUS LA DIRECTION DE
William Berthomière et Christine Chivallon

Les diasporas dans le monde contemporain

Un état des lieux

Éditions KARTHALA
22-24, boulevard Arago
75013 Paris

http://www.karthala.com

MSHA
Domaine universitaire,
10 esplanade des Antilles
33607 Pessac cedex

http://www.msha.fr/

Avec la participation du fond national de la science dans le cadre de l'ACI Diasporas.

À Michel Bruneau

Alors que la sortie de ce livre correspond au départ à la retraite de notre collègue Michel Bruneau, nous sommes heureux de lui dédier le présent ouvrage. Qu'il le reçoive comme le témoignage de notre reconnaissance et de notre admiration pour un parcours intellectuel remarquable qui l'a vu être un éminent spécialiste de l'Asie du Sud-Est et de la Thaïlande en particulier[1], puis de la diaspora grecque et des Grecs du Pont-Euxin[2], sans oublier le rôle de chef de file qu'il a joué dans la recomposition de la géographie française dans les décennies 1970-1980[3]. Un très grand merci à lui de la part de ceux qui continueront à s'en remettre à son exemplarité.

William Berthomières et Christine Chivallon

---

1. M. Bruneau, « Évolution de la formation sociale et transformations de l'espace dans le Nord de la Thaïlande (1850-1977) », *Cahiers de Géographie du Québec*, 22 (56), 1978 : 217-263 ; Bruneau M., 1984, « Class Formation in the Northern Thai Peasantry (1966-1976) », *Journal of Contemporary Asia*, 14, 3 : 343-359 ; M. Bruneau, C. Taillard (dir.), 1995, *Asie du Sud-Est,* Livre I (238 p.) du volume *Asie du Sud-Est-Océanie* de la *Géographie Universelle* (dir. R. Brunet), Belin-RECLUS.

2. M. Bruneau (dir.), « *Les Grecs pontiques, diaspora, identité, territoires* », Paris, CNRS-Éditions, 1998, 249 p., ouvrage traduit et publié en grec sous le titre : « *I diaspora tou pontiakou hellinismou* », Irodotos, Thessalonique, 2000 ; Bruneau M., 2004, *Diasporas et espaces transnationaux*, Paris, Anthropos, Economica.

3. M. Bruneau, G. Courade, 1984, « Existe-t-il une géographie humaine tropicale ? À la recherche du paradigme de P. Gourou », *L'espace géographique*, n° 4 : 306-316 ; Bruneau M., Dory D. (dir.), *Géographies des colonisations, XV*e*-XX*e *siècles*, Paris, L'Harmattan, 1994, GéoTextes.

PRÉSENTATION DES AUTEURS

Michel AGIER est anthropologue, directeur de recherche à l'Institut de recherche pour le développement (IRD). Il a passé plusieurs années en Afrique noire et en Amérique latine. Il dirige actuellement le Centre d'études africaines (CNRS-EHESS). Il a notamment publié *Anthropologie du carnaval. La ville, la fête et l'Afrique à Bahia*, Parenthèses, 2000 ; *Aux bords du monde, les réfugiés*, Flammarion, 2002 et *La Sagesse de l'ethnologue*, L'œil neuf éditions, 2004.

William BERTHOMIÈRE est géographe, chargé de recherche au CNRS au sein de l'équipe Migrinter (UMR MITI). Ses recherches portent sur l'étude de la population et des migrations internationales dans le contexte israélien, avec un intérêt particulier pour la notion de retour dans la diaspora juive. Il a publié « Integrations and the Social Dynamics of Ethnic Migration: The Jews from the Former Soviet Union » in Rainer Münz, Rainer Ohliger (eds.), 2003, *Diasporas and Ethnic Migrants: Germany, Israel and Russia in Comparative Perspective*, London, Frank Cass ; « Diasporas, Identity and Territoriality », in Charles Husband and al., 2004, *Identity, Territory and Conflicts*, Bilbao, University of Deusto & Humanitarian Net ; « Construire et déconstruire une diaspora : Quelques éléments d'observation à partir des juifs ex-soviétiques en Israël » in Lisa Anteby, William Berthomière et Gabriel Sheffer (eds.), *2000 ans de diasporas*, Rennes, Presses Universitaires de Rennes (à paraître).

Chantal BORDES-BENAYOUN est directrice de recherche au CNRS, section anthropologie (sociologie des religions), enseignante à l'Université de Toulouse-Le Mirail, co-directrice de la revue *Diasporas, Histoire et sociétés* et directrice Régionale de l'Institut Européen en Sciences des Religions (Toulouse). Elle a coordonné l'ouvrage *Les juifs et la ville*, Toulouse, Presses Universitaires du Mirail, 2000. Parmi ses articles récents : « Revisiter les diasporas », *Diasporas, histoire et société*, 1, 2002 ; « Les territoires de la diaspora judéo-marocaine post-coloniale », *Diasporas, histoire et société*, 1, 2002.

Patrick CABANEL est professeur d'histoire contemporaine à l'Université de Toulouse-Le Mirail et à l'Institut universitaire de France. Il est l'auteur de *Le Dieu de la République. Aux sources protestantes de la laïcité (1860-1900)*, Rennes, Presses universitaires de Rennes, 2003 ; *Juifs et protestants en France, les affinités électives XVIe-XXIe siècles*, Fayard, 2004 ; *La Tunisie mosaïque, diasporas, cosmopolitisme, archéologie de l'identité*, Toulouse, Presses Universitaires du Mirail, 2000 (en co-direction).

Pierre CENTLIVRES est anthropologue, professeur honoraire de l'Université de Neuchâtel, Suisse et ancien directeur de l'Institut d'ethnologie (1974-1998) ; ses recherches l'ont conduit en Afghanistan et au Pakistan, parmi les réfugiés afghans, et en Europe, parmi la diaspora afghane. Il a dirigé avec Micheline Centlivres-Demont, le numéro 30 de la revue *CEMOTI* (2000) consacré aux Diasporas. Il est l'auteur de *Et si on parlait de l'Afghanistan ?* avec Micheline Centlivres-Demont, Neuchâtel et Paris, 1988 ; *Portraits d'Afghanistan,* avec Micheline Centlivres-Demont, Paris, 2002. Il a dirigé la publication d'ouvrages dont *Les défis migratoires* avec I. Girod, Zurich, 2000.

Barry CHEVANNES est professeur d'anthropologie sociale et ancien Président de la *Faculty of Social Sciences*, the University of the West Indies, Mona, Jamaïque. Il est l'auteur de *Rastafari: Roots and Ideology,* Syracuse University Press, et éditeur de *Rastafari and Other African Caribbean Worldviews*, Macmillan and Rutgers University Press.

Christine CHIVALLON est géographe et ethnologue, chargée de recherche au CNRS, dans l'équipe du CEAN (Centre d'étude d'Afrique noire) à Bordeaux. Elle a écrit *La diaspora noire des Amériques. Expériences et théories à partir de la Caraïbe*, Paris, CNRS-Éditions, 2004 ; « L'expérience de la diaspora noire des Amériques. Réflexions sur le modèle de l'*hybridité* de Paul Gilroy », *L'Homme*, n° 161, 2002 ; « Mémoires antillaises de l'esclavage », *Ethnologie française*, XXXII (4), 2002.

James CLIFFORD est *Distinguished Professor* dans le département *Humanities* à la University of California, Santa Cruz, États-Unis, où il enseigne dans le programme interdisciplinaire *History of Consciousness.* Ses écrits associent l'histoire, l'anthropologie et les études culturelles et littéraires. Il est l'auteur de plusieurs ouvrages : *Writing Culture: the Poetics and Politics of Ethnography*, 1986 ; *Person and Myth: Maurice Leenhardt in the Melanesian World*, 1984 (traduction française Maurice Leenhardt : *Personne et mythe en Nouvelle Calédonie*, 1987) ; *The Predicament of Culture*, 1988 (traduction française *Malaise dans la culture*, 1996). Son ouvrage *Routes: Travel and Translation in the Late 20th Century* 1997, contient l'important article « Diasporas ».

Robin COHEN est professeur de sociologie et actuellement *Senior Research Fellow* au *Centre for the Study of Globalization and Regionalization*, University of Warwick (Royaume-Uni). Il est l'auteur de *The New Helots: Migrants in the International Division of Labour*, Gower, 1987, 2003 ; de *Frontiers of Identity: the British and the Others,* Longman, 1994 et de *Global Diasporas: an Introduction*, Routledge, 1997, 1999, 2001, 2004.

Justin DANIEL est maître de conférences de science politique à l'Université des Antilles et de la Guyane et directeur du Centre de Recherches sur les Pouvoirs Locaux dans la Caraïbe (UMR 8053, CNRS). Il a coordonné plusieurs ouvrages et publié de nombreux articles sur la Caraïbe. Parmi ces publications récentes : « L'espace politique aux Antilles françaises », *Ethnologie française,* XXXII, n° 4, 2002, p. 589-600 ; « Les Caraïbes à l'épreuve du capitalisme mondialisé : convergences idéologiques et résistance populaire. » in Georges Voisset (ed.), *L'imaginaire de l'archipel*, Paris, Karthala, 2003, p. 179-209.

Stéphane DUFOIX est maître de conférences en sociologie à l'Université de Paris-X-Nanterre, membre du Groupe d'étude et d'observation de la démocratie (GEODE, Paris-X) et du Centre d'histoire sociale du XXe siècle (Paris-I). Il est l'auteur de *Politiques d'exil*, Paris, PUF, 2002 ; *Les diasporas*, Paris, PUF, 2003. Il a dirigé, avec Patrick Weil, *L'esclavage, la colonisation, et après...*, Paris, PUF, 2005.

François-Xavier FAUVELLE-AYMAR est historien au CNRS (Institut d'Études Africaines, Aix-en-Provence). Ses travaux portent sur l'histoire de l'Afrique. Il a notamment coordonné l'ouvrage *Afrocentrismes. L'histoire des Africains entre Égypte et Amérique*, Paris, Karthala, 2000.

Myria GEORGIOU est maître de conférences à l'*Institute of Communication Studies*, University of Leeds (Royaume-Uni). Ses recherches portent sur les communications transnationales en lien avec les notions d'identité et de communauté. Ses plus récentes publications sont « Crossing the Boundaries of the Ethnic Home: Media Consumption and Ethnic Identity Construction in the Public Space », *Gazette*, 63 (4), 2001 ; « Les Diasporas en ligne : Une expérience concrète de transnationalisme », *Hommes & Migrations*, 1240, 2002 et *Diaspora, Identity and the Media*, Hampton Press, (à paraître).

Harry GOULBOURNE est professeur de sociologie à la London South Bank University, au Royaume-Uni. Ses recherches portent sur diasporas, nationalisme, « race et ethnicité », développement politique en Afrique de l'est et dans la Caraïbe du Commonwealth en lien avec la Grande-Bretagne. Il a publié *Caribbean Transnational Experience* (London, Pluto Press, 2002) ; *Race Relations in Britain since 1945* (Palgrave, 1998) ; *Ethnicity and Nationalism in Post-imperial Britain* (Cambridge University Press, 1991).

Ilan GREILSAMMER est politologue, professeur de politique comparée au Département de science politique de l'Université Bar-Ilan (Ramat-Gan, Israël), directeur de l'Institut d'Études Européennes de cette même université. Parmi ses ouvrages : *Israël, les hommes en noir*, Paris, Presses de la Fondation Nationale des Sciences politiques, 1982 ; *Repenser Israël,* Paris, Éditions Autrement, 1990 ; *La nouvelle histoire d'Israël*, Paris, Gallimard, 1998 ; *Les Lettres de Buchenwald*, Paris, Gallimard, 2003..

Marie-Antoinette HILY est sociologue, chargée de recherche au CNRS dans l'équipe Migrinter (UMR 6588 MITI). Elle a écrit avec Y. Charbit et M. Poinard *Le va-et-vient identitaire : Migrants portugais et villages d'origine*, *Cahiers de l'Ined*, Travaux et Documents n° 140, Puf/Ined, 1997 ; avec C. Rinaudo, « Cosmopolitisme et altérité. Les nouveaux migrants dans l'économie informelle », *Revue de la société suisse d'anthropologie, TSANTSA*, 8, 2003 et avec W. Berthomière et D. Mihaylova « La notion de « "Réseaux sociaux" en migration », *Hommes et migrations*, 2004, n° 1250.

Percy HINTZEN est professeur et directeur des *African American Studies* à la University of California, Berkeley où il a également été le directeur du programme *Peace and Conflict Studies*. Titulaire du doctorat en *Comparative Political Sociology* de Yale University, il consacre ses recherches aux notions de « race », identité et nation. Il est l'auteur de *West Indian in the West: Self-Representations in an Immigrant Community*, New York University Press, 2001 et de *Problematizing Blackness: Self Ethnographies by Black Immigrants to the United States* (édité avec Jean Rahier), Routledge, 2003.

Martine HOVANESSIAN est anthropologue, chargée de recherche au CNRS, rattachée à l'URMIS (Unité de Recherche Migrations et Société) Université Paris 7-Denis Diderot. Elle a conduit ses recherches sur la construction du lien communautaire chez les Arméniens en diaspora communautaire puis s'est consacrée à l'étude des diasporas dans une perspective comparée. Parmi ses publications : *Le lien communautaire. Trois générations d'Arméniens,* Armand Colin, 1992, « La diaspora arménienne : le religieux et le récit de la différence et de la dispersion », in *Mélanges de Science Religieuses*, Université catholique de Lille, 1997 ; « La notion de diaspora : usages et champ sémantique » in *Journal des Anthropologues*, 72-73, 1998 ; « La diaspora arménienne : de l'exil commémoré à l'appartenance active », *Cahiers d'études sur la Méditerranée orientale et le monde turco-iranien*, 30, 2000.

Riva KASTORYANO est chercheuse au CNRS, au CERI (Centre d'Études et de Recherches Internationales) et enseigne à l'Institut d'Études Politiques de Paris. Elle a enseigné à l'Université de Harvard de 1984 à 1987. L'essentiel de ses travaux est consacré aux thèmes de l'identité et de la formation de communautés notamment à partir de situation de migrations en Europe et aux États-Unis ou encore de minorités dans l'Empire ottoman et la Turquie contemporaine. Elle est l'auteur de *La France, l'Allemagne et leurs Immigrés. Négocier l'identité* (Paris, Armand Colin, 1997) et a coordonné *Quelle identité pour l'Europe ? Le multiculturalisme à l'épreuve* (Paris, Presses de Sciences-Po, 1998), et *Nationalismes en mutation en Méditerranée Orientale* avec Alain Dieckhoff (Paris, CNRS-Éditions, 2002).

Kira KAURINKOSKI est anthropologue, membre associé à l'Institut d'ethnologie méditerranéenne et comparative (UMR 6591). Elle consacre ses recherches à une approche des identités collectives des Grecs en diaspora. Parmi ses publications figurent : « Les Grecs de Mariupol (Ukraine). Réflexions sur une identité en diaspora », *Revue Européenne des Migrations Internationales,* 2003 (19) ; « Les communautés russe et italienne de l'entre-deux-guerres à Nice : similitudes et différences », *Cahiers de la Méditerranée,* 1999, 58.

Emmanuel MA MUNG est géographe, directeur de recherche au CNRS, membre de Migrinter (UMR 6588, MITI). Ses recherches portent sur l'autonomie sociale appréhendée dans ses manifestations chez les populations migrantes, principalement maghrébines et chinoises. Il s'intéresse aux initiatives individuelles et collectives, aux processus de différenciation introduits par les mobilités, spatiales et sociales, à l'organisation spatiale de ces mobilités et à leurs manifestations localisées. Il est l'auteur de *La diaspora chinoise, géographie d'une migration*, Paris, Ophrys, 2000, et a co-dirigé *L'asile politique entre deux chaises*, Paris, L'Harmattan, 2004.

Denis-Constant MARTIN est directeur de recherche à la Fondation nationale des Sciences politiques (CERI, Paris). Ses travaux portent sur les constructions identitaires et les représentations du politique à partir de l'analyse des pratiques culturelles (fêtes et musiques populaires). Il est l'auteur notamment de *Tanzanie, l'invention d'une culture politique,* Paris, Presses de la Fondation nationale des Sciences politiques, 1988 ; *Coon, Carnival, New Year in Cape Town*, Cape Town, David Philip, 1999. Il a dirigé les ouvrages *Cartes d'identité, comment dit-on « nous » en politique ?*, Paris, Presses de la Fondation nationale de Sciences politiques, 1994 et *Sur la piste des OPNI (objets politiques non identifiés)*, Paris, Karthala/CERI, 2002.

Bénédicte MICHALON est docteur en géographie rattachée à l'équipe Migrinter (UMR 6588 MITI). Elle est actuellement attachée temporaire d'enseignement et de recherche (ATER) à l'Université de Nice-Sophia-Antipolis. Elle a écrit « Migrations des Saxons de Transylvanie vers l'Allemagne. De l'émigration ethnique à la circulation migratoire », *Balkanologie*, vol. VII (1), 2003 et « De la politique des *Aussiedler* à la circulation : diversification des pratiques migratoires des Saxons de Transylvanie », in Dana Diminescu (dir.), *Visibles mais peu nombreux. Les circulations migratoires roumaines*, Paris, Éditions de la Maison des Sciences de l'Homme, 2002.

Mihaela NEDELCU est doctorante en sociologie à l'Institut de Sociologie et Science Politique de l'Université de Neuchâtel en Suisse. Elle a dirigé l'ouvrage *La mobilité internationale des compétences. Situations récentes, approches nouvelles*, Paris, L'Harmattan, 2004, p. 77-103. Elle est l'auteur de « Les technologies d'information et de communication : support de l'émergence d'une diaspora roumaine ? », *Balkanologie*, vol. VII (1), 2003 ; « L'instrumentalisation de l'espace virtuel par une communauté des professionnels immigrés : vers une nouvelle forme d'organisation diasporique ? », *Autrepart,* 2 (22), 2002.

Tiffany RUBY PATTERSON enseigne au *Department of History and African Studies* à l'Université de Binghamton à New York. Ses recherches portent sur les questions de « genre » et de « race » dans la formation des nations, notamment pour les sociétés post-esclavagistes du XIXe siècle. Elle est la co-éditrice de la série de 16 volumes *Black Women in United States History* (Darlen Clark Hine, 1990) et l'auteur de « Unfinished Migrations: Reflections on the African Diaspora and the Making of the Modern World » avec Robin D.G. Kelley, *African Studies Review*, 2000 ; de « African Diasporas » dans *Encyclopedia of Twentieth-Century African History* (London and New York, Routledge, 2003) et de *Zora Neale Hurston and A History of Southern Life*, Philadelphia, Temple University Press, (à paraître en 2005).

Gabriel SHEFFER est professeur au département de sciences politiques de la Hebrew University of Jerusalem. Il est l'auteur de *Diaspora Politics: At Home Abroad,* Cambridge and New York, Cambridge University Press, 2003 ; le co-éditeur de *Middle Eastern Minorities and Diasporas,* Brighton, Sussex Academic Press, 2002 et l'éditeur de *Modern Diasporas in International Politics,* New York, St. Martin's, 1986.

Stéphane de TAPIA est chercheur au CNRS (Cultures & Sociétés en Europe, unité basée à Strasbourg), membre associé à l'équipe Migrinter de Poitiers et également chargé de cours au Département d'Études Turques de l'Université Marc Bloch de Strasbourg. Auteur de nombreux articles sur les migrations turques en Europe ainsi que de rapports sur la circulation migratoire et les migrations de transit/migrations irrégulières en Europe, il réfléchit sur la pertinence de la notion de diaspora appliquée aux populations migrantes originaires de Turquie et du monde turcophone.

Khachig TOLOLYAN est Professeur et directeur du département de Littérature anglaise et américaine de la Wesleyan University, à Middletown, Connecticut, aux États-Unis. Il est le fondateur de la revue *Diaspora: a journal of transnational studies* en 1991 et qu'il continue d'éditer. Il est l'auteur de *Diaspora, Identity and Religion*, Routledge, 2004, avec W. Kokot et C. Alfonsin et de plusieurs articles dont « Rethinking Diasporas: Stateless Power in the Transnational Moment, » *Diaspora* 5 (1), 1996 ; « Exile Governments in the Armenian Polity, » *J. Political Sciences*, 18, 1990 ; « The American Model of Diasporic Discourse, » in Rainer Muenz et Rainer Ohliger (eds.), *Diasporas and Ethnic Migrants,* Frank Cass, 2003.

Yves WINKIN est Professeur des universités en Sciences de l'Information et de la Communication à l'École Normale Supérieure Lettres et Sciences Humaines (Lyon). Il est l'auteur de *Anthropologie de la communication : de la théorie au terrain*, Paris, Seuil, 2001 ; *La Communication n'est pas une marchandise. Résister à l'agenda de Bologne*, Bruxelles, Labor, 2003.

Introduction

Diaspora : ferveur académique autour d'un mot

Christine CHIVALLON
CEAN

Cet ouvrage n'est pas exactement un bilan, mais plutôt une photographie d'un champ de recherche à un moment précis, daté, qui intervient après une quinzaine d'années qui ont vu l'énergie des chercheurs en sciences humaines se condenser autour d'un terme : diaspora.

Aussi paradoxal que cela puisse paraître, il n'est peut-être pas nécessaire de faire le tour d'une littérature devenue fort abondante pour entrer dans cet ouvrage par la voie sacrée de la définition[1]. Il suffit de quelques mots pour dire que la diaspora tient son origine du verbe grec *spirein* (semer) et plus exactement du verbe composé *diaspirein* (disséminer). Le terme provient de la traduction grecque des textes hébraïques de la Bible des Septante (Bruneau, 2004, 8). Sans entrer dans le débat sur le terme hébreu que viendrait traduire « diaspora »[2], le détour par l'étymologie signale immédiatement combien l'emploi du mot se trouve lié à l'expé-

1. Pour un tour d'horizon récent des principaux repères de la littérature consacrée aux diasporas, se reporter à Bruneau (2004), Chivallon (2004) et Dufoix (2003).

2. Sur ce point, se reporter à Stéphane Dufoix (2003, p. 7) et à ses remarques quant à l'affirmation répandue selon laquelle « diaspora » correspondrait au mot hébreu « *galut* » (ou « *golah* ») signifiant exil ou captivité alors que la version grecque de la Bible des Septante utilise d'autres vocables pour traduire ces termes. Que signifierait alors « diaspora » si elle n'est plus, comme on le croyait, la traduction de « *galut* » ? D'après Dufoix, le terme – utilisé douze fois dans cette traduction biblique – s'appliquerait « presque exclusivement à des actes divins : Dieu est celui qui disperse le peuple pécheur et qui rassemble les dispersés ».

rience juive et à l'histoire de sa dispersion. La notion puise sa définition de cette origine : par extension de son usage, elle ambitionne de qualifier les peuples dispersés qui maintiennent un lien « communautaire » par référence à une terre d'origine. La « diaspora » serait donc apte à distinguer au sein de l'ensemble des expériences migratoires, un type particulier de trajectoire collective caractérisée par l'idée de maintien et de continuité, ce que Martine Hovanessian (1998, 23) traduit par l'expression de « culture de la durée » ou encore par celle « d'une idéologie de la non dilution identitaire ». Émerge ainsi un modèle social où la dispersion comme véhicule de la séparation, débouche paradoxalement sur l'assemblage et « l'entre soi » communautaire. C'est du moins ce que laissent envisager les approches qui développent ce que James Clifford (1994, 306) a appelé le « modèle centré » défini par des « liens de continuité culturelle à une source et par une téléologie du retour ».

Affirmer qu'au travers de ces quelques lignes, l'essentiel sur la notion de diaspora a été dit ne serait sans doute pas abusif si ne s'était greffé à ce champ d'études – tout disposé à se stabiliser autour du triptyque « identité-territoire-mémoire » des collectifs dispersés – un débat de grande résonance, particulièrement présent dans l'espace académique anglophone et qui va réorienter la destinée sémantique de la notion. Car la « diaspora », dès l'orée de la décennie 1990, rencontre la ferveur postmoderne. Guidé entre autres par le courant des *cultural studies*[3], ce mouvement – décrit par ailleurs[4] – opère comme une lame de fond et bouleverse les normes d'acceptabilité du discours scientifique dans le champ des sciences humaines. Remise en cause radicale des présupposés universalistes, déconstruction des catégories de la métaphysique occidentale, prééminence des discours, représentations et subjectivations forment les pierres angulaires d'un nouveau paradigme dont on peut affirmer qu'il est aujourd'hui entré dans sa phase de routinisation après un paroxysme atteint vers le milieu des années 1990.

Mais où se situe la rencontre entre un terme aussi ancien que celui de « diaspora » et la prétention nouvelle à s'extraire de toute forme de cloisonnement du discours et à déconstruire les univers signifiants que ces discours façonnent ? Pour résoudre cette question en forme d'énigme, un autre terme nous est nécessaire : celui d'hybridité. Maître mot des écrits postmodernes, « l'hybridité » renvoie à tout ce qui ne peut plus être binaire et redevable au système de catégorisation auquel la pensée moderne nous avait habitués. On en trouve la trace explicite dans les écrits de Homi

3. Pour une approche des *cultural studies*, voir Mattelard et Neveu (2003).

4. Se reporter aux descriptions critiques des différentes facettes du postmodernisme proposées par Ghasarian (1998) et Chivallon (1999).

Bhabha (1994), auteur phare de la période de changement paradigmatique, quand celui-ci donnait forme à un espace dénommé « Third space » (troisième espace) où pouvaient être localisées les formes culturelles échappant à l'alternative du Nous/Eux, du civilisé/colonisé, proclamée par l'Occident. Un espace de l'entre-deux (*in-between*) où se décline ce qui n'appartient déjà plus à aucune forme d'attribution bien délimitée mais se présente comme nécessairement hybride, en négociation permanente entre plusieurs mondes, à l'écart de toute « polarité », laissant émerger « les autres de nous-mêmes » (*ibid.*, 38-39). Quel motif, sinon celui de la diaspora, était le mieux à même de devenir la figure emblématique de cette nouvelle configuration interstitielle théorisée par les mouvances dites postmodernes ? La charge sémantique du terme diaspora laissait prise à une appropriation du terme qui s'est effectuée de manière massive, au point d'avoir pu parler très rapidement d'une fétichisation du mot (Mitchell, 1997), la diaspora devenant centrale au sein d'un ensemble de marqueurs langagiers déployés pour affirmer l'accomplissement du « tournant théorique ». La double appartenance, l'ambivalence des lieux et des affiliations, la dispersion… : autant de caractères qui prédisposaient la diaspora à venir scander l'avènement des identités fluides célébrées par les théoriciens « post ». Du même coup, une ligne de clivage nette est apparue, partageant distinctement le champ des études diasporiques, et au-delà, celui des études culturelles entre d'un côté, les tenants d'une approche classique – celle où la diaspora continue d'être continuité – et de l'autre ceux qui refusent précisément le recours à l'évocation univoque du maintien identitaire[5].

Les auteurs de ce livre nous le diront : le terme diaspora est devenu à lui seul un centre de ralliement sans pour autant se doter de contours clairs, la notion servant plutôt à dire tout et son contraire. Subissant les extensions les plus improbables depuis son acception originelle – l'exemple le plus significatif nous étant fourni par Arjun Appadurai (2001, 55) lorsqu'il désigne la constellation d'imaginaires sociaux hétérogènes issus des brassages de la globalisation par l'expression de « diasporas de publics enfermés dans leur bulle » – la notion, au cours de ces quinze dernières années, a perdu autant en précision sémantique qu'elle a gagné en efficacité académique. Et c'est finalement ce que nous serions tentés de retenir comme l'un des éléments les plus motivants pour continuer d'investir un champ de recherche aussi balisé, à savoir la manière dont une notion parvient à structurer l'activité des chercheurs, à créer des réseaux d'affinité conceptuelle, à mettre en œuvre des stratégies d'écriture pour réaliser des projets dont le sens est à comprendre en rapport avec le contexte d'action des chercheurs. On ne peut ignorer ici

5. Sur la manière dont la notion de diaspora a pu permettre l'adoption de deux postures épistémologiques et théoriques bien typées, voir Anthias (1998) et Chivallon (2004).

combien « la diaspora » a pu permettre l'illusion de la mise en œuvre d'une « pensée différente », située au-delà des schèmes binaires, en effectuant de la « déconstruction par procuration » comme dans l'ouvrage de Paul Gilroy (1993), c'est-à-dire en faisant porter à l'objet d'étude lui-même – décrit à loisir comme baroque, hybride, polyphonique – les qualités d'une pensée fluide impossible à atteindre au risque de la perte d'un sens communicable[6]. Bref, c'est l'historicité de la notion, ou encore sa socialité qui reste particulièrement riche d'enseignement au travers de cette ferveur que le mot a connu et dont peu de notions peuvent se prévaloir même si nous sommes habitués à voir régulièrement un terme occuper le haut de l'affiche. La diaspora, par son emploi aux visées si distinctes, apporte sur ce point un « plus », car elle rend plus évidente qu'en d'autres moments, la manière dont le concept se charge de l'intention de celui ou de celle qui en fabrique le sens. Elle nous renseigne de manière remarquable sur cet horizon des activités de la recherche dont parle Bruno Latour (1994, 27), celui des « idées » : un concept n'est-il pas d'autant plus fort qu'il a la capacité de relier le plus grand nombre d'acteurs mobilisés dans la production scientifique et de mettre en mouvement l'univers professionnel de la recherche ?

La formidable explosion de l'emploi du terme « diaspora » que la plupart des chercheurs regrettent tant le déplacement de sens semble avoir été intense, est moins attribuable à l'intensification des migrations, comme on le laisse souvent entendre[7], qu'à l'efficacité que l'usage du terme a pu générer au moment de l'accomplissement du *cultural turn*. Certes, le constat est surtout valable pour la sphère anglophone, mais l'hégémonie de celle-ci, décrite aujourd'hui[8], nous permet de considérer les courants qui la caractérisent comme forcément à l'œuvre dans la production de savoirs « périphériques », y compris dans l'espace francophone en dépit de la résistance qu'on lui connaît face aux théories post-structuralistes qui puisent pourtant leur origine dans la philosophie française.

Il n'est pas exclu de penser que cette dynamique caractéristique de la notion à l'intérieur du champ de la recherche finisse par polariser les intérêts des auteurs. C'est du moins ce que l'on pourrait déduire de la lecture d'une des plus récentes publications sur le thème (au moment de l'écriture de ce

---

6. Voir sur ce point l'analyse du modèle de l'hybridité de Paul Gilroy dans Chivallon (2002).

7. Dominique Schnapper (2001, p. 9) se fait l'écho de ce malaise autour de l'extension du sens attribué au terme de diaspora en affirmant que celui-ci désigne « désormais toutes les formes de dispersion des populations, jusque-là évoquées par les termes d'expulsés, d'expatriés, d'exilés, de réfugiés, d'immigrés ou de minorités ».

8. Pour une approche de cette hégémonie saisie au travers de l'exemple de la discipline géographique, on se reportera à Samers et Sidaway (2000) et à Kitchin (à paraître).

texte), à savoir l'article de Rogers Brubaker (2005) où il est question d'examiner « la dispersion des significations du terme [diaspora] à l'intérieur de l'espace sémantique, conceptuel et disciplinaire »[9]. Ainsi se trouvent décrites les mutations du sens et les tensions qu'elles génèrent entre les différents courants polarisés autour de ceux qui s'en remettent à la vision d'une diaspora dont les limites sont maintenues (*boundary-maintenance*) et de ceux qui envisagent ces mêmes limites comme « érodées » (*boundary-erosion*). Dans son entreprise de retour sur la notion, R. Brubaker s'attache également à démontrer que les raisons qui justifient la migration sémantique du terme et son recours généralisé (augmentation du volume des migrations ; nouveauté des phénomènes liés à la globalisation ; érosion des limites de l'État-nation...) méritent d'être nuancées : quels arguments sérieux viennent attester du fait que nous « serions passés de l'âge de l'État-nation à celui de la diaspora » (*ibid.*, 8) ? Dans la quête du « tout diasporique » indissociable de la préoccupation théorique très actuelle de se défaire des catégories, on voit se préciser le spectre d'un nouvel essentialisme pourtant tant redouté. Car si la diaspora s'édifie contre « la métaphysique de l'état-nation en tant que communauté territoriale limitée », elle est en passe de devenir une « forme non-territoriale d'appartenance essentialisée » (*ibid.*, 12). Et face à la tendance à voir le mot « diaspora » utilisé de manière performative pour faire exister des collectifs dont les membres pourraient n'avoir en commun qu'un itinéraire de dispersion, sans forcément être « engagés dans un projet diasporique » (*ibid.*, 13), R. Brubaker propose d'en rester à la « diaspora » en tant que catégorie pratique – celle mise en œuvre par les acteurs sociaux qui recourent à une « posture diasporique » (*diasporic stance*) – et de la dissocier ainsi de la catégorie d'analyse, ce qui pourrait revenir, comme le proposait S. Dufoix (2003, 66) à adopter « des mots neufs » pour « désigner les phénomènes qui se ressemblent ». Cette visée théorique louable renvoie à un couple fusionnel dont on trouvera la trace tout au long de cet ouvrage et qui voit la confusion incessante entre ce qui est du domaine de l'auto-désignation et de celui de l'exo-désignation. Et si R. Brubaker a certainement raison de vouloir dissocier catégorie pratique et catégorie d'analyse, il n'envisage cependant pas le collectif le plus exemplaire d'un usage pratique de la catégorie « diaspora » : le collectif académique. « L'histoire d'un concept », avait pu dire Foucault (1969, 11), « n'est pas en tout et pour tout, celle de son affinement progressif, de sa rationalité continûment croissante, de son gradient d'abstraction, mais

---

9. Signalons que cette démarche est très proche de celle développée par S. Dufoix (2003) au travers de son analyse attentive à dresser la généalogie des usages du terme de diaspora et de celle de C. Chivallon (2004) qui cherche à montrer comment l'emploi de la notion révèle la dynamique à l'œuvre dans le champ des sciences sociales au cours des quinze dernières années.

celle de ses divers champs de constitution et de validité, celle de ses règles successives d'usage, des milieux théoriques multiples où s'est poursuivie et achevée son élaboration »[10]. La recherche a sans doute tout à gagner dans la voie d'une connaissance enrichie des réalités qu'elle soumet à l'étude si elle consent à examiner attentivement la manière dont la production d'une catégorie d'analyse relève du sens pratique des chercheurs, dans ces milieux d'élaboration qui forment « l'actualité du savoir » *(ibid.)*. C'est d'une certaine manière ce que réclamait Martine Hovanessian (1998, 12) en abordant la diaspora comme « une nouvelle catégorie de l'altérité nécessitant de mettre en évidence les enjeux de l'autodésignation (…) et les modes de légitimation de la recherche en sciences sociales ».

Il y a donc toujours dans le contenu développé sur les diasporas quelque chose qui nous renseigne sur les mondes sociaux où évoluent les chercheurs. Le champ des études diasporiques n'a évidemment pas l'exclusivité d'un tel principe, mais compte tenu des modalités singulières de l'usage de la notion de diaspora, les possibilités d'observation et de compréhension des processus de construction des faits scientifiques se font plus intenses. L'ouvrage qui suit, même s'il ne s'appuie pas sur la démonstration d'un tel argument, renseigne sur la pratique des chercheurs et laisse entrevoir à travers elle la configuration d'un champ. C'est l'objet même de cet ouvrage que de livrer un « arrêt sur image » sur l'état du champ des études diasporiques tel qu'il se présente au moment de cette publication. On y retrouvera les thèmes majeurs qui animent ce champ comme les axes d'articulation qui contribuent à la structuration dont il vient d'être question. Les auteurs, on le verra, ne suivent pas les mêmes itinéraires de pensée, mais tous deviennent porteurs d'une manière de se situer par rapport à un objet de recherche et au concept qui en traduit l'intelligibilité.

Si cette introduction est l'occasion d'approcher ce que nous avons désigné par la « ferveur académique autour d'un mot », elle est aussi le moyen de retracer l'histoire d'une entreprise collective dont cet ouvrage est le résultat. Toutes les contributions qui suivent sont issues d'un cycle de séminaires que nous avons organisé durant deux années, d'avril 2002 à juin 2004, au sein du dispositif permis par l'obtention d'une ACI (Action Concertée Incitative) du ministère de la Recherche. Notre projet initial pourrait déjà être en mesure de nous informer sur la propension de l'idée « diaspora » à activer un collectif scientifique, puisque nous formulions l'objectif de *structurer un réseau de recherche* français à partir d'une grille de réflexion sur le fait diasporique. Il s'agissait de réunir des compétences

10. Merci à notre collègue Abderrahmane Ngaide, chercheur au CEAN, pour avoir attiré notre attention sur cette remarque au cours de nos échanges sur la notion de « diaspora ».

regional identities, it also weakens ethno-national diasporas that rely on their homelands.

Like regionalization, globalization, or better still «glocalization», also has contradictory effects on the position and the politics of diasporas. Nevertheless, because glocalization is a reciprocal process influencing and influenced by its constituting elements, like other transnational networks, diasporas too noticeably contribute to certain, not marginal, aspects of globalization (such as in economic and cultural spheres).

The main cultural changes that globalization enhances, especially the trends toward the weakening of peoples' ties to specific geographical locations (which has been termed «deterritorialization»), global cultural homogeneization (otherwise termed as «Americanization») and loyalties to global rather than to national norms, arrangements and organizations, tend to diminish diasporas' cores and increase their peripheries. Though political power does not always depend on numbers, figures are still meaningful – eventually these trends may lead to assimilation and disappearance of established diasporas.

Simultaneously, however, globalization facilitates the strengthening of the connections between various dispersed entities and between them and their homelands, and consequently the possibilities of concerted political actions of those entities. The enormous numbers of electronic networks and web sites established and operated by incipient and established diasporas, through which ties between various diasporic communities and homelands are maintained and joint activities are initiated and coordinated, constitute only one example of this aspect of the effects of globalization. In other words, globalized tools and mechanisms enhance the reciprocal political influences and operations of diasporas and homelands.

Yet another aspect of this process is the growth in diasporas' connections and exchanges with international organizations. Thus, stateless diasporas, such as the Palestinians and Roma, and state-linked diasporas, such as the Jewish and Palestinian, approach and recruit the assistance of international organizations to promote their own or their homelands interests. Diasporas' countries of residence can of course use this vehicle when they are involved in tension and conflict with homelands.

Concluding comments

The analysis above has demonstrated that although some recent studies of transnationalism have contributed to a better understanding of diaspora politics there are sufficient reasons to return to basics and maintain traditional classifications and categorizations of these entities. In particular, there is a need to preserve the distinctions between transient migrants and permanent diasporans, and between ethno-national and religious diaspo-ras. Essentially, this paper regards ethno-national diasporas as «social forms»[9].

As has been noted in the literature on transnationalism, the politics of these groups are complex and are carried out on all levels of political inte-ractions. The analysis here pointed to the fact that this kind of politics is not only complex but also non-linear and chaotic and should be dealt with accordingly. In this vein, diasporas are torn between all these simultaneous processes and have new reasons to be perplexed.

Furthermore, as some analysts of transnationalism have correctly noted, because of the emergence of «new politics» the disentangling of this complexity should indeed begin from below and proceed to the top. The analysis here has added that because of the nature of politics, especially of «new politics,» the focus should be on decision-making and on influences on public policymaking. Additional research and more focused analysis along these lines will also contribute to a better understanding of transna-tionalism and transstatism.

9. S. Vertovec and R. Cohen (eds.), 1999, *Migration, Diasporas and Transnationalism*, Cheltenham, Edward Elgar.

Chapitre 2

De quelques prolongements empiriques autour de la notion de *Diaspora*

Introduction

Dix indices afférents au succès planétaire et original d'une référence ancienne

Stéphane DUFOIX
Université de Paris-X-Nanterre

En décembre 2003, dans son discours de réception du prix Nobel de littérature, le romancier sud-africain John Coetzee écrivait à propos des marais anglais : « Il y a de tels marais dans toute l'Europe, dans le monde entier, mais ailleurs on ne les appelle pas des fens. '*Fen*' est un mot anglais qui ne saurait migrer[1]. » S'il fut indéniablement un temps où le terme « diaspora » était en pratique ce que les linguistes appellent un hapax, c'est-à-dire un mot ou une expression dont il n'existe qu'un seul exemple – en l'occurrence l'exemple juif –, il est tout aussi indéniable que le mot a migré dans un très grand nombre de directions[2].

Entre 1999 et 2004 se sont multipliées au sein des sciences sociales les interrogations collectives sur la notion de « diaspora » et son caractère heuristique, que ce soit dans le cadre de conférences ou de numéros spéciaux de revues, sur le plan français ou international. Sans prétention

1. John Maxwell Coetzee, « Lui et son homme » (discours de réception pour le prix Nobel de littérature, Stockholm, 7 décembre 2003), *Le Monde diplomatique*, (604), juillet 2004, p. 22-23, citation p. 22.

2. Insistons sur le fait que cette focalisation sur le seul exemple juif n'est en fait qu'apparente. En effet, avant les débuts du XXe siècle, le terme « diaspora » était aussi utilisé dans les cadres catholique et protestant. Si les dictionnaires français ne signalent pas ces usages, ils sont en revanche présents dans les dictionnaires britanniques. Il semble même que les encyclopédies américaines du XIXe siècle ne connaissent que l'usage protestant du mot puisqu'il n'apparaît qu'en lien avec le protestantisme et en particulier les Frères moraves.

à l'exhaustivité aucune, on peut mentionner la présence de panels ou de sessions consacrés à la thématique des « diasporas » au congrès de l'International Studies Association (ISA – Washington, février 1999) ainsi qu'au cinquième congrès mondial d'archéologie (Washington, 2003). En 1999, « *Diasporas and Migrations in History* » était même le thème principal du congrès annuel de l'American Historical Association (janvier 1999)[3]. Entre août 2001 et février 2002 furent tenus trois colloques internationaux : l'un sur la « diaspora caraïbe » (août 2001) partiellement publié dans un numéro spécial de *Ethnic and Racial Studies* ; un deuxième consacré à la comparaison des « diasporas » grecque et arménienne (Athènes, octobre 2001) ; enfin, en février 2002 s'est tenue à Poitiers une conférence sur « 2 000 ans de diasporas »[4]. Enfin, pour ne citer qu'un cas récent, l'Université de Windsor (Canada) réunissait au mois de mai dernier (2004) une conférence consacrée à « *Imagining Diasporas: Space, Identity and Social Change* ». Par ailleurs, de nombreuses revues telles que *Asian Studies Review*, *Les Cahiers de la Méditerranée orientale et du monde turco-iranien*, *Autrepart*, *Hommes et migrations*, *Balkanologie*, *Migration*, *African Studies Review*, *Ethnic and Racial Studies* y ont consacré un numéro spécial au cours des dernières années[5].

La fortune contemporaine du mot semble être parvenue à un tournant. Qu'on accepte presque sans questionnement son extension au nom de l'évidente complicité entre le terme et l'époque actuelle marquée par le développement de très efficaces moyens de mise en lien par-delà la distance ou qu'on évacue les enjeux de définition pour mieux y revenir plus tard[6] ; qu'on fasse de son usage une part importante de la réflexion, voire qu'on essaie de mieux en préciser les limites et la portée ; qu'on estime que le concept lui-même est devenu inutile et qu'il ne permet pas ou plus de mieux comprendre les phénomènes de lien transétati-

3. Lisa Anteby-Yemini, William Berthomière et Gabriel Sheffer (dir.), *Les diasporas. 2 000 ans d'histoire*, Rennes, Presses universitaires de Rennes, 2005.

4. Lisa Anteby-Yemini, William Berthomière et Gabriel Sheffer (dir.), *Les diasporas. 2 000 ans d'histoire*, *op. cit.*

5. *Asian Studies Review*, 27 (2), juin 2003 ; *CEMOTI* (Cahiers d'études sur la Méditerranée orientale et le monde turco-iranien), 30, 2ème semestre 2000 ; « Diasporas, développements et mondialisations », *Autrepart*, 22, 2002 ; « Diasporas caribéennes », *Hommes et migrations*, 1237, 2002 ; « Migrations et diasporas », *Balkanologie*, 7 (1), 2003 ; « Globalization and Diasporas », *Migration*, 33-34-35, 2002 ; *Ethnic and Racial Studies*, 27 (4), juillet 2004 ; *African Studies Review*, 43 (1), 2000.

6. La première démarche consistant souvent à refuser toute définition précise trouve une justification fondamentale dans la masse d'articles publiés depuis 1991 dans la revue américaine précisément intitulée *Diaspora*. Pour la question de la « remise à plus tard » de l'enjeu définitionnel, voir Harry Goulbourne et John Solomos, «The Caribbean Diaspora: Some Introductory Remarks», *Ethnic and Racial Studies*, 27 (4), juillet 2004, p. 533-543.

que[7] ; dans tous ces cas, le terme est au cœur des débats. La « dispersion » historique et conceptuelle du mot « diaspora » présente-t-elle plus d'avantages que d'inconvénients[8] ?

Les articles qui suivent s'inscrivent tous les trois dans la deuxième des trois attitudes décrites précédemment. Ne préconisant ni l'extension ni la suppression du concept, ils examinent, chacun à sa façon, les possibilités de mettre en œuvre plus de précaution dans l'usage de diaspora. Mais leurs solutions ne se ressemblent pas et dessinent, d'une certaine manière, l'espace de la critique du concept.

Dans son analyse des rapports qu'entretiennent avec la Turquie les Turcs vivant à l'étranger, Riva Kastoryano distingue avec soin ce qu'elle appelle le « nationalisme transnational » du « nationalisme de diaspora ». Alors que ce dernier désignerait selon elle une forme de nationalisme antérieure à la construction des États-nations, le premier correspond aux reformulations du rapport au pays élaborées par celles et ceux qui en vivent éloignées. Ainsi, si les Turcs ne constituent pas une « diaspora », ce n'est pas en raison de leur non-utilisation du terme ou de l'absence d'un critère structurel indispensable, mais bien parce que leur expérience du pays natal est historiquement datée. De la sorte, il ne peut exister qu'un nombre limité de diasporas. De son côté, Tiffany Patterson met en œuvre une critique d'un usage bien particulier du terme, celui qui est associé aux adjectifs « noire » ou « africaine » et qui est devenu omniprésente dans le monde anglo-saxon depuis le début des années 1970[9]. Souvent présentée comme une évidence, comme le signe même d'une essence identitaire noire ou

7. C'est notamment le point de vue que nous défendons dans Stéphane Dufoix, *Les diasporas*, Paris, PUF, 2003. Coll. « Que sais-je ? ».

8. D'ailleurs, l'usage même de « diaspora » pour évoquer l'idée de diffusion ou de dispersion du sens est plus fréquent qu'on peut le croire *a priori*. Voir notamment Daniel Stempel, « Blake, Foucault and the Classical Episteme », *PMLA* (Publication of the Modern Language Association), 96 (3), mai 1981, p. 388-407. Plus récemment, Armand Mattelart évoque la « diaspora linguistique » du mot « international » créé par Jeremy Bentham. Voir A. Mattelart, *Histoire de l'utopie planétaire. De la cité prophétique à la société globale*, Paris, La Découverte, 2000, p. 100. L'exemple ultime de cet usage a récemment été fourni par Rogers Brubaker dans « The "Diaspora" Diaspora », *Ethnic and Racial Studies*, 28 (1), janvier 2005, p. 1-19.

9. En dépit des travaux pionniers de Roger Bastide et Jean Ziegler, l'usage français est demeuré, jusqu'à une période très récente, extrêmement réduit, pour ne pas dire inexistant. Voir R. Bastide, *Les Amériques noires*, Paris, Payot, 1967 ; J. Ziegler, *Le pouvoir africain, éléments d'une sociologie politique de l'Afrique noire et de sa diaspora aux Amériques*, Paris, Le Seuil, 1971. Le récent ouvrage de Christine Chivallon constitue indubitablement un tournant dans la réflexion sur l'usage du terme ainsi que sur les populations revendiquant un lien avec l'Afrique. Voir C. Chivallon, *La diaspora noire des Amériques. Expériences et théories à partir de la Caraïbe*, Paris, CNRS Éditions, 2004.

africaine, la « diaspora » est ici envisagée au contraire à la fois comme une construction historique et comme un cadre conceptuel, ces deux principes épistémologiques permettant de ne pas prendre au mot l'autodésignation et ainsi de pouvoir saisir les différences – en termes de condition sociale, de culture, de genre, d'expérience historique… – qui structurent les « diasporas » africaines[10]. Enfin, Percy Hintzen explore une autre facette – également signalée par Tiffany Patterson – de « diaspora », à savoir le faisceau de raisons susceptibles d'expliquer pourquoi ce terme est devenu un désignant aussi pratique et aussi contraignant pour les individus et les groupes se réclamant d'une identité « noire » ou « africaine ». Attentif au rôle joué par les écrits de Paul Gilroy dans ce surgissement d'une identité culturelle en constante réélaboration[11], il montre, à partir de l'exemple des Antillais de la baie de San Francisco, que l'identité diasporique noire est tout à la fois niée par ces Antillais en raison de leur revendication d'une spécificité antillaise, et d'une certaine manière obligatoire en raison de la racialisation dont ils sont victimes. Encore une fois, la globalité de la signification du désignant ne prend sens qu'à travers de multiples stratégies locales qui sont indifféremment sociales et spatiales.

Ces études proposent ainsi plusieurs pistes pour la transformation des usages scientifiques du terme de « diaspora » : la limitation à quelques expériences historiques particulières ; la recherche des conditions sous lesquelles une population peut utilement être décrite sous le nom de « diaspora », ainsi que les limites inhérentes à cette opération de dénomination ; l'analyse de l'historicité même de certains usages du concept, ainsi que des variables ayant présidé à l'adoption de ces usages. Il nous semble que ces entreprises justifient la nécessité d'un travail sur l'historicité même de la popularité du terme de « diaspora », non seulement dans les sciences sociales, mais aussi dans les médias, dans les organisations et dans les politiques étatiques.

Il semble en effet essentiel de tenter d'expliquer pourquoi un terme apparu il y a 2 300 ans fonctionne depuis seulement une cinquantaine d'années, et de plus en plus, comme un mot très contemporain[12]. Il y a quelques

---

10. Les critiques de Patterson rejoignent les rares entreprises de prise de distance à l'égard de l'usage de « diaspora » mises en œuvre depuis quelques années. Voir Carlton Wilson, «Conceptualizing the African Diaspora», *Comparative Studies of South Asia, Africa and the Middle East*, XVII(2), 1997, p. 118-121 ; Edward Alpers, «Defining the African Diaspora», communication présentée à l'atelier d'étude du Center for Comparative Social Analysis, 25 octobre 2001, 28 p.

11. Pour une analyse critique du rôle des écrits de Gilroy dans la prolifération de « diaspora », voir Brent Hayes Edwards, «The Uses of *Diaspora*», *Social Text*, 19 (1), printemps 2001, p. 45-73.

12. Le terme apparaît pour la première fois, et à douze reprises, dans la *Bible des Septante*, qui est la traduction en grec de la Bible hébraïque à partir du IIIe siècle avant J.-C.

années, Khachig Tölölyan, le rédacteur en chef de la revue américaine *Diaspora*, a proposé, sans les développer plus avant, une liste de douze facteurs explicatifs de l'adoption du terme par des membres de groupes ethnoculturels (artistes, intellectuels, « leaders », journalistes, etc.). Ces douze facteurs sont : l'accroissement de l'immigration vers les pays industrialisés dans les années 1960 en raison du développement des moyens de transport ; l'émergence ou non de politiques permettant une meilleure intégration des immigrés ; le degré d'organisation dans le pays d'origine ; la proportion d'immigrants par rapport à la population indigène ; la « différence raciale » ; l'incompatibilité religieuse – réelle ou supposée ; l'affirmation d'un sujet collectif ; le succès d'Israël et de sa diaspora dans la préservation de son existence après 1967 ; l'acceptation progressive des lobbys communautaires aux États-Unis ; le développement d'entités tant supranationales qu'infranationales (décentralisées) ; le rôle de certaines élites communautaires dans la pénétration de valeurs occidentales dans leur pays ; enfin le rôle des universités et notamment l'émergence de nouvelles théories de l'ethnicité ne prédisant pas la nécessaire assimilation[13]. Sans nier la pertinence évidente de certains de ces facteurs ni le bien-fondé de cette liste, elle nous semble mélanger des facteurs explicatifs de la popularisation du terme « diaspora » avec des facteurs explicatifs de la seule recrudescence de « communautés » valorisant, dans leur pays d'accueil ou de résidence, ce qui, du coup, n'explique pas pourquoi « diaspora » devient le mot privilégié pour désigner ou auto-désigner ces regroupements en lien avec un référent-origine. Dans l'état actuel de nos recherches sur les usages du terme « diaspora », nous proposons – sans avoir la place de les développer ici – une liste de dix indices dont la conjonction peut, de manière plausible, fournir une explication à la popularité du terme. Ces dix indices sont répartis en plusieurs sous-groupes qui ne sont pas strictement chronologiques et tendent à se renforcer les uns les autres. Le premier a trait à l'évolution des usages du mot lui-même, le second concerne les transformations sociétales et leur interprétation par les sciences sociales, le troisième touche aux conséquences de la « rencontre » entre les deux premiers :

1- Le mot « diaspora » connaît une importante évolution de ses usages depuis les années 1950. Par rapport à son histoire antérieure, marquée par l'histoire juive, catholique et protestante, il subit une progressive **sécularisation** rendant acceptables des usages non religieux, en particulier dans les sciences sociales. Par la suite, les transformations du rapport à l'origine, et en particulier les travaux liés à la question de la « survivance » ou du « maintien » des cultures africaines au Nouveau Monde, vont favoriser une

13. Khachig Tölölyan, «Rethinking Diaspora(s): Stateless Power in the Transnational Moment», *Diaspora*, 5 (1), 1996, p. 3-36.

valorisation du terme en lien avec le succès de la « diaspora juive » à créer son propre État[14]. Enfin, cette valorisation, par laquelle la « diaspora » appelle en quelque sorte la création d'un État ou tout au moins d'un centre, conjuguée avec la progressive prise en compte, théorique et empirique, de la forme plurielle des identités dites « ethniques » ou « culturelles », entraîna une scission du sens de « diaspora ». Le mot se répandit très rapidement grâce à une soudaine **polysémie** au travers de laquelle il pouvait potentiellement signifier la relation à un centre comme l'absence totale de centre.

2- À partir de la fin des années 1960, les transformations progressives des rapports à l'identité culturelle vont trouver une matérialisation pratique dans la mise en place du multiculturalisme aux États-Unis ainsi que dans l'émergence de **théories pluralistes de l'ethnicité**. De la sorte, la présence sur un territoire ne signifiait plus nécessairement la relation exclusive à une et une seule culture. Par ailleurs, l'émergence parallèle de théories philosophiques, anthropologiques et sociologiques visant à **déconstruire** l'unité pour penser la multiplicité et le centre pour penser la périphérie (post-structuralisme, post-modernisme, *cultural studies*[15]), en particulier en accordant aux notions d'espace, de spatialisation et de territoire une importance fondamentale, a contribué à rendre crédible l'idée que la dispersion pouvait ne pas être considérée comme une forme d'existence pathologique, mais comme une *autre* forme d'existence. Cette spatialisation se retrouve déjà au milieu des années 1970 dans les travaux de politistes étudiant ce qui allait devenir le transnationalisme, mais dont la présence est avant tout pensée sur le mode économique des « *transnational corporations* ». Ce n'est que vers le milieu des années 1980 que commence à s'imposer l'idée du **monde global et de la mondialisation** comme mise en lien par-delà les États. La figure du réseau devient une clé pour penser la contemporanéité, ce que vint confirmer, peu de temps après, l'avènement des **nouvelles technologies de l'information et de la communication** et notamment d'Internet. La voie est alors ouverte

14. Ceci appellerait une relativisation ou tout au moins une explication. En effet, à strictement parler, le sionisme se bâtit contre la « diaspora » considérée comme l'essence même de l'existence juive. Cependant, c'est vraisemblablement à travers la formation de l'État d'Israël et la persistance d'une population juive en dehors d'Israël malgré la Loi du retour que la « diaspora » acquit également une partie de sa signification positive.

15. La mise côte à côte de ces galaxies théoriques – car il ne s'agit que rarement d'une école à proprement parler – ne signifie évidemment pas que ces théories sont identiques. En revanche, leur concomitance et leurs fréquents recoupements signalent indiscutablement un socle commun sinon partagé. En particulier, l'usage fait de la « *French Theory* » aux États-Unis montre bien à quel point les points théoriques communs sont souvent assignés de l'extérieur. Voir François Cusset, *French Theory. Foucault, Derrida, Deleuze & Cie et les mutations de la vie intellectuelle aux États-Unis*, Paris, La Découverte, 2003.

pour le succès du mot « diaspora » qui rencontre, en quelque sorte « naturellement », dans une situation d'« affinité élective », les attributs du monde contemporain – plus tard décrit comme celui, selon les auteurs, de la post-modernité, de la surmodernité[16], de la modernité tardive[17] ou de la seconde modernité[18]. L'insistance sur l'espace, le lien et la multiplicité des identités rencontre le mot « diaspora » comme une sorte de véhicule logique de ce nouveau monde. Cependant, comme le montrent par exemple James Rosenau et Zygmunt Bauman, le processus de mondialisation n'est pas uniforme dans ses conséquences[19]. Loin d'homogénéiser, il conduit plutôt à juxtaposer des logiques différentes, en **coexistence** : une logique étatique et une logique non-étatique, une logique du voyage et du déracinement et une logique de l'enracinement. Or, nous l'avons vu, la polysémie acquise du terme « diaspora » autorise la prise en compte de l'existence comme de l'absence de centre. Il s'ensuit que « diaspora » peut alors apparaître comme le désignant du monde nouveau comme du monde ancien, de l'État comme du réseau, de ce qui est dépassé comme de ce qui est à venir.

3- Enfin, la rencontre entre le terme « diaspora », pourvu de toutes ses significations, et les transformations des mondes de l'identité et de l'espace, ainsi que de leurs représentations dans les sciences humaines et sociales, a eu pour effet de progressivement faire dépasser au mot « diaspora » les limites de l'usage conceptuel. Son **usage pratique** à partir du modèle des sciences sociales, tant par les responsables d'associations ou les concepteurs de sites Internet, que par les journalistes, a entraîné un renforcement de la capacité du mot à embrasser de plus en plus de populations et de situations. Devenu un « mot global », « diaspora » peut de plus en plus s'utiliser sans la moindre précaution de définition. La conceptualisation par les sciences sociales a par ailleurs légitimisé l'emploi du mot, ce qui l'a rendu utilisable dans les politiques étatiques elles-mêmes, fournissant ainsi le cadre d'une **institutionnalisation du terme** officiellement devenu dans un grand nombre d'États[20] le nom même des populations nationales – ou d'origine nationale – vivant en dehors des frontières de l'État.

---

16. Georges Balandier, *Le grand système*, Paris, Fayard, 2001.

17. Anthony Giddens, *Modernity and Self-Identity: Self and Society in the Late Modern Age*, Cambridge, Polity, 1991.

18. Ulrich Beck, *La société du risque. Sur la voie d'une autre modernité*, Paris, Flammarion, 2003, coll. « Champs », (1ère éd. allemande 1986). Beck parle également de « modernité réflexive ».

19. James Rosenau, *Turbulence in World Politics*, Princeton, Princeton University Press, 1990 ; Zygmunt Bauman, *Le coût humain de la mondialisation*, Paris, Hachette, 1999 (1ère éd. anglaise 1998).

20. Pour n'en citer que quelques-uns : Inde, Estonie, Lituanie, Lettonie, Dominique, Haïti, Nigéria, Ghana, Eire, Arménie, Népal…

Ces indices ne peuvent avoir de valeur que comme pistes de recherche. Cependant, il apparaît important, alors que se multiplient les prises de position sur le concept de diaspora selon les trois formules signalées précédemment (extension, précaution, suppression), de les prendre en compte comme faisceau d'enchaînements et d'influences réciproques permettant d'envisager l'efficacité d'un mot tel que « diaspora » dans une perspective multicausale et dans le cadre de ce qu'il serait possible d'appeler une « socio-sémantique historique ».

1

Le nationalisme transnational turc ou la redéfinition du nationalisme par les « Turcs de l'extérieur »[1]

Riva KASTORYANO
CERI – IEP de Paris

En novembre 1992, une semaine après les attaques racistes à Mölln qui avaient causé la mort de cinq personnes originaires de Turquie, un match de football opposait *Türkiyem Sport* (« Ma Turquie sport »), équipe berlinoise formée de jeunes issus de l'immigration turque, à une autre équipe locale formée « d'Allemands ». Après l'hymne national turc, tous ceux qui étaient présents sur le stade étaient invités à une minute de silence à la mémoire des victimes du racisme d'aujourd'hui et d'hier. À peine le match commencé, les spectateurs, transistor à l'oreille, poussaient des cris qui ne correspondaient pas nécessairement au rythme du jeu qu'ils suivaient, mais s'associaient plutôt à ce qu'ils entendaient dans l'appareil radiophonique. C'est à un autre match de football qui, lui, avait lieu en Turquie, qu'ils réagissaient. Les yeux sur le stade à Berlin, les oreilles à Istanbul, le « Turc de Berlin » était de fait présent dans les deux espaces simultanément, exprimant les mêmes émotions de victoire ou de défaite. Sa présence physique était de toute évidence la manifestation de sa solidarité vis-à-vis de *Türkiyem Sport*, alors qu'au travers de la radio, il vivait la Turquie à Berlin.

1. Une version légèrement différente de ce texte a été publiée dans A. Dieckhoff, R. Kastoryano (eds.), *Nationalismes en mutation en Méditerranée Orientale*, Paris, CNRS Éditions, 2002, p. 249-266.

Toujours à Berlin, le 19 mai 1998, l'association appelée « La Pensée d'Atatürk » (*Atatürkçü Düsünce Dernegi*) organisait un bal pour l'inauguration de sa branche berlinoise. La date n'est pas fortuite : le 19 mai 1919, Mustafa Kemal arriva et prononça à Samsun (ville au bord de la mer Noire) son premier « discours »[2] d'indépendance nationale, discours qu'il dédia par la suite à la « jeunesse turque ». Depuis la création de la République en 1923, le 19 mai, « fête de la jeunesse et du sport », est célébrée tous les ans, avec des défilés de jeunes lycéens dans toutes les villes en Turquie.

A Berlin, juste avant l'événement, le Président de « La Pensée » tenait à marquer l'absence de tout lien organique entre cette institution née à Berlin en 1997 et l'organisation homonyme créée en 1989 en Turquie. Pourtant, contrairement aux associations dites d'immigrés qui prônent l'intégration, celle-là annonce clairement l'objectif de défendre les intérêts de la Turquie. Son président définit Ankara comme *centre* : « il est impossible de dissocier les Turcs d'Allemagne de la Turquie » précise-t-il, « il faut rappeler aux Turcs de Berlin, comme à la population berlinoise dans son ensemble, que l'État turc est un État laïque ». Il attaque ainsi *Milî Görüs* (Vision Nationale), association liée successivement au Parti de la « Prospérité » (*Refah*) au parti de la « Vertu » (*Fazilet*) ensuite au parti du « Bonheur » (*Saadet)* et enfin au Parti actuellement au pouvoir, parti de la « Justice et du développement » (*AKP*), le parti de l'islam politique en Turquie, qui depuis les années 1980, est devenu l'association non seulement la plus importante dans l'immigration mais aussi la mieux établie en Europe avec 28 branches recensées sous le nom de l'Organisation européenne de Vision Nationale (AMGT *Avrupa Millî Görüs Teskilati*). Le président de « La Pensée d'Atatürk » de Berlin déclare pour sa part que son association « se fait un devoir de faire revenir la nation turque à son idéal kémaliste ». Il prévoit même de construire une école laïque et républicaine en Allemagne en réaction aux cours de Coran organisés par les associations islamiques. Son discours rejette toute « fragmentation identitaire », qui laisse ressurgir les appartenances ethniques, linguistiques, régionales occultées lors de la formation de l'État-nation turc, ces appartenances qui aujourd'hui apparaissent comme des forces politiques en Europe comme en Turquie.

On peut multiplier les faits, les discours et les symboles qui voyagent entre la Turquie et l'Europe. Ils attestent ensemble d'un nationalisme transnational. Il s'agit d'un nationalisme qui s'exprime et se développe au-delà et en dehors des frontières de l'État et de son territoire et vient donner un nouvel élan aux sentiments nationalistes dans le pays, ce qui n'est pas sans

2. T. Parla, « Pour une analyse de culture politique à partir du discours d'Atatürk », *Nutuk* , Istanbul, Iletisim, 1991.

évoquer les études sur le « nationalisme des diasporas » ou « nationalisme des minorités », qui montrent le rôle de ces « communautés » dans la construction des États[3]. Le nationalisme transnational, pourtant diffère de ce modèle. Il se réfère à un État-nation indépendant et souverain, territorialement défini. Il se manifeste soit par l'extension du nationalisme d'État au-delà de ses frontières, soit par le retour dans le pays d'origine des identités « réappropriées » dans le pays d'immigration.

Dans le cas de la Turquie, l'extension du nationalisme au-delà de ses frontières trouve son fondement dans l'intervention de l'État turc dans l'immigration à travers les ententes bilatérales entre pays ou tout simplement à travers son soutien à des organisations qui diffusent son idéologie telle l'association de « La Pensée d'Atatürk ». C'est dans cette dynamique que le dirigeant berlinois de l'association reprend à son compte le discours officiel fondé sur le Kémalisme, un nationalisme considéré jusqu'à récemment comme « naturel » et qui est, depuis quelques années, placé en position de plus en plus défensive face à l'influence croissante des courants islamistes dans la vie politique et à l'amplification du mouvement kurde en Turquie. Alors qu'ils ont trouvé une base de légitimité dans le cadre des politiques dites d'identité appliquées dans les pays d'immigration, ces deux mouvements – la revendication de la reconnaissance de l'islam et celle d'une identité kurde – reviennent sur le territoire national avec les mêmes aspirations et représentations. Les militants associatifs s'appuient sur de nouvelles solidarités qui vont du local au transnational, et qui leur permettent de localiser dans un système global les rapports de force établis par les jeux économiques et politiques habituels. Cet état de fait constitue désormais la trame des projets politiques, et marque les mutations dans la conception même du nationalisme en Turquie.

Quant aux identités « réappropriées » dans la deuxième immigration, elles apparaissent comme une réaction à l'occultation de toutes différences culturelles, ethniques ou linguistiques intervenues lors de la formation de l'État-nation turc culturellement et politiquement unitaire. De telles identités, nées dans la plupart des cas en relation avec des États des pays d'immigration, se trouvent transférées dans le pays d'origine pour donner un nouveau contenu au nationalisme en entraînant l'État d'origine dans le même processus de transnationalisation du nationalisme.

Dès lors la nation n'a pas la même définition dans les diasporas et dans les nationalismes transnationaux. Les diasporas renvoient à une nation unie autour d'un idéal qui s'appuie sur les symboles d'un passé et qui se projette

3. Pour une synthèse de la problématique voir l'ouvrage de R. Cohen, *Global Diasporas: An Introduction*, Londres, UCL Press, 1997.

dans le futur avec le même mythe, alors que la nation dans le nationalisme transnational, est prise dans la dynamique des interactions entre les États d'émigration et d'immigration. Autrement dit, la volonté d'unification autour d'un projet commun dans la diaspora, se trouve remplacée par la manifestation de la diversité culturelle. Cette diversité se trouve à son tour « recentrée » dans le processus par lequel les institutions supranationales la reconnaissent en accordant à ces identités une légitimité sur la scène internationale.

Le nationalisme transnational renvoie ainsi à la structuration d'une communauté transnationale ; à l'émergence d'un espace public transnational qui favorise à la fois la mobilisation et la participation dans plusieurs espaces nationaux ainsi que des relations plus denses entre la Turquie et l'Europe, relations qui s'appuient sur la circulation des idées, des normes, des actions, et des demandes de reconnaissance dans des espaces politiques différents grâce aux nouveaux acteurs nés dans l'immigration.

Structuration d'une communauté transnationale

Plus de quatre millions de personnes originaires de Turquie résident actuellement en Europe. Arrivées massivement à partir des années 1960, à la suite des ententes bilatérales entre la Turquie et les pays européens, principalement l'Allemagne, leur immigration est avant tout une immigration économique. Cette dispersion dans différents pays de l'Europe de l'Ouest les différencie des migrations post-coloniales. En effet, contrairement à l'immigration maghrébine en France et à celle des populations de la péninsule indienne en Grande-Bretagne, les migrants de Turquie se sont installés dans plusieurs pays européens, bien qu'une très grande majorité vive en Allemagne. Pour la Turquie, ils constituent une nouvelle catégorie sociale : *les Turcs à l'étranger*. Circulant à travers différents réseaux familiaux, commerciaux et associatifs, ils relient espaces privés et publics, espaces économiques, sociaux, culturels et politiques en Europe et entre la Turquie et l'Europe. De nouveaux rôles leur sont ainsi attribués.

La présence des populations ayant les mêmes références géographiques, nationales, religieuses dans différents espaces nationaux a donné lieu à l'élaboration du concept de diaspora, dérivé du grec et qui signifie dispersion. Souvent utilisé pour exprimer la dispersion des Juifs, puis celle des Arméniens et des Palestiniens, le terme renvoie à une référence territoriale mythique, ainsi qu'à des traits identitaires fondés sur une religion ou une langue commune[4].

---

4. Pour une analyse des définitions et d'application du terme de diaspora voir M. Bruneau, « Espaces et territoires de diasporas «, *L'Espace géographique*, tome XXIII, 1, p. 5-19.

En ce qui concerne les migrants de Turquie, Stéphane de Tapia développe l'idée de « circulation migratoire » pour décrire les flux migratoires et mettre en évidence les « multitudes de mouvements individuels ou familiaux et de milliers de déplacements qui viendraient conforter ou infirmer la présence 'd'une diaspora ouvrière' disposant de réseaux d'information commerciaux, associatifs, politiques, religieux et d'un solide appui étatique »[5].

En effet, les Turcs à l'étranger, malgré l'hétérogénéité dans leur composition, se réfèrent à l'État, voire à l'État-nation turc, territorialement défini. Leurs modes d'organisation, de mobilisation et de participation reflètent les appartenances multiples à la fois dans l'immigration et en Turquie. L'élaboration des réseaux commerciaux, familiaux et associatifs (en fonction des identités régionales, et/ou des idéologies politiques) introduit de fait la Turquie en Europe et dessine les frontières souples d'une communauté transnationale.

L'émergence de telles communautés est un phénomène mondial. Les immigrés participent à des réseaux fondés sur des intérêts économiques, des échanges culturels, des relations sociales et des allégeances politiques. De toute évidence, les immigrés ont toujours vécu dans plusieurs contextes à la fois, pendant au moins une ou deux générations, en conservant des liens avec une communauté réelle ou « imaginée » qui est leur pays d'origine. Par conséquent l'appartenance à une telle « communauté » n'est pas un phénomène nouveau. Ce qui est nouveau, c'est sa dimension organisationnelle : la construction des réseaux et la structuration des communautés ainsi que son action déterritorialisée. L'institutionnalisation de telles communautés suppose la coordination d'activités fondées le plus souvent sur des références (objectives ou subjectives) et sur des intérêts communs à leurs membres[6]. Depuis quelques années, leur émergence s'appuie aussi sur un « contexte de mondialisation et d'incertitude économique qui facilite l'instauration de relations sociales et une mobilisation par-delà les frontières nationales favorisées par une mobilité croissante et par le développement des communications »[7].

L'émergence de communautés transnationales est aussi un phénomène postérieur à la formation de l'État-nation. En effet, l'émigration dont il s'agit ici s'est produite après la fin de l'ère des nationalismes. Les immigrés

5. S. de Tapia, « L'émigration turque : circulation migratoire et diaspora », *L'Espace géographique*, tome XXIII, 1, p. 19-28.

6. D. Held, D. McGrew, D. Goldblatt, J. Perraton, *Global Transformations*, Londres, Routledge 1999.

7. Voir Rivera-Salgado, «Mixtec Activism in Oaxacalifornia: Transborder Grassroots Political Strategies», *American Behavioral Scientist*, 42 (9) 1999, p. 1439-1458.

qui participent à la construction de telles communautés transnationales se réfèrent, non plus au territoire d'un État « mythique », mais à l'État-nation territorialisé dont ils sont originaires. Mais l'élément identitaire constitutif d'une communauté transnationale ne correspond pas nécessairement à l'identité « officielle » affichée par l'État-nation de référence comme dans le cas de la Turquie. Il apparaît souvent lors d'un processus de « réappropriation » identitaire dans l'immigration – Kurdes, Turcs, alévîs, islamistes – qui transcendent les frontières territoriales entre la Turquie et l'Europe[8]. Leur structuration a donné lieu à la naissance de nouveaux « acteurs transnationaux » dont le rôle attribué ou/et approprié consiste à lier la Turquie et l'Europe.

Ces nouveaux acteurs politiques nés de l'immigration ont réorganisé leurs intérêts et leurs identités qu'elles soient sociales, culturelles, ethniques ou politiques, dans le cadre des associations créées dans la plupart des cas avec le soutien des pays d'installation au nom d'une démocratie désormais soucieuse de reconnaître les différences. Certaines de ces associations ont remplacé les organisations militantes et révolutionnaires de droite ou de gauche, religieuses ou ethniques, implantées en Turquie et transposées en « exil » et qui étaient principalement orientées vers la Turquie, faisant de l'État turc leur adversaire avec des protestations contre la politique menée en Turquie, sa conception de la nation et de la religion. En Europe, ces associations, financées par des individus ou des partis politiques (d'opposition) en Turquie ou encore par des organismes internationaux, ont trouvé un champ d'action et d'expression identitaire qui leur était interdit en Turquie. Il est même arrivé que les imams envoyés en Allemagne ou en France dans le cadre des Affaires Religieuses, donc fonctionnaires de l'État turc, une fois installés dans un pays européen, rejoignent des confréries interdites en Turquie mais actives en Europe avec un grand pouvoir de conviction et de mobilisation.

D'autres associations se sont créées, souvent avec l'aide des pouvoirs publics des pays d'immigration pour assurer « l'intégration » des Turcs (comme celle des immigrés en général) dans leur pays de résidence. Leur action est appréciée par la Turquie, et leur représentant désigné comme

8. Les Kurdes représentent au demeurant un cas intéressant de combinaison de « communauté transnationale » et de « diaspora ». En effet, dans le cas des Kurdes, la notion d'ethnicité se réfère à une définition « nationale » à l'intérieur du territoire turc, définie par une langue, une histoire et un territoire. Leur organisation dans l'immigration fait partie de la communauté transnationale telle que nous l'avons définie par leur référence à l'État turc, mais leur mobilisation se rapproche davantage des mouvements classiques de diasporas par leur aspiration à la création d'un État territorial.

l'interlocuteur idéal entre les deux pays. D'autres encore ont cherché à combiner les deux aspects (action militante contre la Turquie officielle et pour l'intégration dans les pays d'immigration) pour être plus convaincants auprès de la population immigrée de Turquie dans son ensemble. C'est le cas de l'association *Millî Görüs* (« Vision Nationale »), organisation représentant les partis religieux successifs en Turquie. Mais, dans l'ensemble, que les associations soient une émanation des groupes politiques déjà actifs en Turquie ou qu'elles soient le résultat d'une conversion des mouvements ouvriers en Turquie ou dans les pays européens, ou encore qu'elles proviennent d'initiatives locales dans différents pays d'immigration, les discours de leurs dirigeants donnent, depuis les années 1980, une place privilégiée à la culture et à l'identité dont la définition varie en fonction de leur idéologie : identité nationale, identité religieuse, ethnique, linguistique, régionale, politique.

La création de ces associations suscite une fragmentation identitaire et l'expression de nouvelles allégeances. La demande de reconnaissance de ces fragments d'identité fait surgir toutes les différences dans l'espace public. Mais ces différences ne s'expriment pas seulement par rapport à la France ou à l'Allemagne, elles émergent aussi, et surtout, à l'intérieur des représentations de la Turquie. Chaque trait particulier constitue désormais un élément de distinction, et se trouve à l'origine de nouveaux clivages internes parmi la population originaire de Turquie. C'est dans cette division que s'invente et se redéfinit l'ethnicité, une façon de s'affirmer comme Turc ou Kurde, comme Sunnîte ou Alevî, comme originaire de l'Est ou de l'Ouest de la Turquie.

La manifestation de cette diversité ne remet pas en cause la structure communautaire. Au contraire, les conflits internes aux réseaux qui se croisent sont plus les signes de l'enfermement de la communauté transnationale que de son éclatement. Toutes ces divisions contribuent à la formation d'une « communauté » qui pourrait être qualifiée de « segmentée » voire « conflictuelle », mais néanmoins « transnationale ». En effet, les relations conflictuelles, les rivalités internes, qui de fait conduisent les individus à prendre part au jeu, renforcent paradoxalement les liens de solidarité croisés et suscitent l'identification à une « communauté transnationale » ainsi créée. L'attachement de ces associations et de leurs représentants à la vie politique en Turquie, malgré leurs efforts d'éloignement, malgré leurs actions auprès des familles turques pour mieux les « intégrer » dans la société française ou allemande, situe les migrants engagés politiquement, les uns par rapport aux autres, en fonction de l'association fréquentée et de l'étiquette politique et ethnique affichée, mais avec une référence commune : la Turquie – qu'elle soit définie géographiquement, socialement, politiquement ou culturellement. C'est ce dénominateur commun qui donne lieu à l'invention d'une ethnicité sur laquelle se construit la communauté transnationale dans le but de faire croître l'influence de ses composantes identitaires dans l'immigration et d'agir de façon plus efficace sur la vie politique turque en sensibilisant l'opinion internationale et les institutions supranationales à leur cause pour redéfinir la nature de la communauté nationale turque.

L'État turc, de son côté, intervient aussi dans la structuration de cette communauté transnationale. Il apparaît surtout comme son « régulateur ». Il agit à travers l'enseignement de la « langue et la culture d'origine » dans les pays de résidence. Même si cette action entre dans le cadre des ententes bilatérales avec les différents pays d'immigration, l'État contribue, par ce biais, à assurer l'attachement des populations issues de l'immigration turque à l'idéologie nationale exprimée par la rhétorique kémaliste et soumis au contrôle de l'État turc à l'étranger, comme pour maintenir l'idée d'une citoyenneté turque. Mais il s'agit cette fois d'une citoyenneté extra-territoriale. Elle revient à maintenir la nation liée à la citoyenneté ou inversement une citoyenneté liée à la nation d'origine, mais dans les deux cas il s'agit d'une appartenance déterritorialisée.

Cette citoyenneté n'exige pas non plus une identification commune à la nation mais à l'État. Le nationalisme dont est porteur la communauté transnationale n'est pas culturellement, ethniquement, linguistiquement ou encore religieusement homogène[9]. Au contraire, la tendance à l'homogénéisation qui était à l'origine du projet de construction de l'État kémaliste et de la nation turque se trouve décomposée en ses éléments anthropologiques qui ont trouvé une expression politique dans l'immigration. Cette évolution est due à la fois aux politiques d'intégration des pays de résidence qui ont un effet direct sur les modes d'intégration des Turcs dans différents pays européens et sur l'émergence d'un espace transnational européen, qui par des jeux complexes et multiples entre États-nations et institutions supranationales européennes incluent la Turquie dans l'Europe. En effet, les identités « excentrées » par rapport à l'État-nation, donnent lieu à une nouvelle « centralisation » ethnique qui n'est plus territorialement définie[10].

---

9. Voir à ce propos, R. Brubaker, «Myths and Misconception in the Study of Nationalism», in John A. Hall (ed.), *The State of the Nation. Ernst Gellner and the Theory of Nationalism*, Cambridge University Press, 1998, p. 273-301.

10. Voir sur ce point J. Létourneau, « Le lieu (dit) de la nation : essai d'argumentation à partir d'exemples puisés au cas québécois », *Revue Canadienne de Science Politique*, XXX, 1, 1977, p. 55-87.

Émergence d'un espace transnational de participation et de mobilisation

Les études sur l'émergence des communautés dites transnationales mettent l'accent sur une immigration post-coloniale et sur les relations économiques que les individus entretiennent avec le pays d'origine. Les acteurs transnationaux opèrent dès lors sur deux espaces politiques[11]. Dans le contexte de l'Union européenne, une « communauté transnationale » transcende les frontières des États membres. Certains des réseaux émanent des initiatives locales des pays d'immigration, d'autres du pays d'origine, d'autres encore sont encouragés par des institutions supranationales telles que le Parlement Européen ou la Commission Européenne. D'ailleurs l'intervention des institutions supranationales situe les communautés transnationales au même niveau que les lobbies qui agissent directement au niveau européen et qui définissent leur action comme transnationale[12].

Les réseaux associatifs turcs font partie de cette « toile d'araignée » qui couvre l'espace européen. Leurs aspirations et leurs activités rejoignent le projet du Parlement Européen qui, depuis 1986, met à la disposition des associations dites d'immigrés, des fonds pour qu'elles puissent coordonner leurs activités. C'est de cette initiative qu'est née une nouvelle structure transnationale appelée « Forum des migrants ». Bien que le Forum doive sa création à la politique budgétaire de l'Union, il vise néanmoins à devenir « un lieu d'expression pour les populations non communautaires établies en Europe, à travers lequel elles puissent faire part de leurs revendications, mais aussi diffuser l'information émanant des instances européennes »[13]. Ce sont surtout les associations dont les activités sont les plus soutenues par

---

11. Voir L. Basch, N.G. Schiller, C.S. Blanc, *Nations Unbound. Transnational Projects, Postcolonial Predicaments and Deterritorialized Nation-States,* Gordon Breach Publishers, 1997, 4ème édition ; R. Cohen, *op. cit.*, 1997 ; A. Gupta, J. Ferguson (eds.), *Culture, Power, Place*, Durham, Duke Unversity Press, 1997 ; U. Hannertz, *Transnational Connections. Culture, People, Places,* London, Routledge, 1996 ; A. Portes, «Transnational Communities: Their Emergence and Significance in the Contemporary World System», in R.P. Korzeniewicz and W.C. Smith (eds.), *Latin America in the World Economy,* Greenwood Press, 1996, p. 151-168 ; P. Levitt, «Local-level Global Religion. The Case of U.S.-Dominican Migration», in *Journal for the Scientific Study of Religion*, 1998, (37) 1, 74-89 ; P. Lewitt, «Transnationalizing Community Development: The Case of Migration Between Boston and the Dominican Republic» in *Nonprofit and Voluntary sector Quarterly,* vol. 26, no.4, December 1997, p. 509-526.

12. J. Smith, C. Chatfield, R. Pagnucco (eds.), *Transnational Social Movements and Global Politics. Solidarity Beyond the State*, Syracuse University Press, 1997.

13. C. Neveu, « Citoyenneté ou racisme en Europe : exception et complémentarité britanniques », *Revue Européenne des Migrations Internationales*, vol. 10, n° 1, 1994, p. 95-109.

les « États-providence » des pays membres, et dont les dirigeants élaborent un discours sur l'égalité des droits, sur les Droits de l'homme et leur universalité, qui voient dans la mobilisation transnationale une façon efficace de lutter contre le racisme et la xénophobie[14].

Dès la création du Forum, les associations turques en constituent une partie importante. Elles s'insèrent dans le réseau par leur capacité à représenter l'immigration turque au niveau local, national voire transnational européen ; par l'ampleur de leurs activités reconnues par les pouvoirs publics, ou encore par leurs formes d'organisation en fédérations d'associations, englobant toutes les catégories socioprofessionnelles, toutes les divisions ethniques, régionales, religieuses et linguistiques ainsi qu'idéologiques reproduites dans l'immigration, notamment en Allemagne [15].

À côté des associations dites « d'immigrés », le Forum a encouragé la formation des groupes dits « groupes d'appuis nationaux » et des « groupes d'appuis régionaux »[16], les premiers en référence aux États membres et les seconds aux pays tiers, auxquels s'ajoutent les populations « sans État ». C'est dans ce cadre que les associations kurdes trouvent une légitimité institutionnelle en Europe[17]. Ce mécanisme, résultat d'une politique de co-développement en vigueur dans les pays d'immigration, revient en réalité à inclure le pays d'origine dans la représentation des migrants en Europe, et donne par conséquent une certaine légitimité d'action, voire de revendication aux populations issues de l'immigration en fonction de leur appartenance nationale, régionale et ethnique ainsi qu'en fonction des divisions identitaires dans le pays d'origine. Tout comme les revendications concernant les droits de séjour ou/et de citoyenneté ainsi que la protection contre l'expulsion, qui sont adressées désormais aux institutions européennes, les intérêts exprimés en termes d'identités des populations issues de l'immigration comme des États eux-mêmes, trouvent un terrain d'action dans une

14. En 1990, 29 % des individus interrogés par l'Institut de sondage *Eurobaromètre* souhaitaient que les droits des immigrés soient restreints. En 1992, ce taux monte à 34 %. De même en 1991, 60 % de personnes auraient accepté l'arrivée des migrants de la Méditerranée avec des restrictions, et en 1993 seulement 46 % de l'opinion en serait d'accord, *Eurobaromètre*, décembre 1992.

15. On compte actuellement 16 associations turques représentées dans le Forum dont 10 organisées en fédérations d'associations.

16. Sont définies comme « région » : le Maghreb, l'Afrique sub-saharienne, l'Amérique latine, les Caraïbes et la Turquie. Ainsi alors que les régions sont définies comme un groupement de pays en fonction de leur proximité géographique et culturelle, la Turquie est en elle-même représentée comme région.

17. Les Kurdes (repérables uniquement par autodéfinition) représentent approximativement 30 % de l'immigration turque en Europe.

Europe en construction, conduisant à de nouvelles formes et structures de représentation et de nouvelles négociations.

Ainsi se développe un nouvel espace politique européen transnational incluant la Turquie, faisant même de cette dernière une source d'ethnicité et de l'Europe une source de légitimité pour toute mobilisation et revendication. Les différences entre pays européens affectent à leur tour les modes et les stratégies de participation politique des migrants. De fait, leurs revendications s'insèrent dans l'ensemble du cadre institutionnel des pays d'immigration, et mettent en évidence la « nationalisation » de l'organisation et de la mobilisation des populations issues de l'immigration turque tout en confirmant une adaptation aux règles du jeu établies par les États. Autrement dit des groupes constitués en associations utilisent les mêmes outils que les pouvoirs publics et les institutions nationales dans la négociation de leurs intérêts collectifs et la reconnaissance de leurs spécificités identitaires en rapport avec les États respectifs. Toutefois, les réseaux transnationaux contournent les États en agissant aussi directement auprès des institutions européennes supranationales, et constituent un défi aux États-nations.

En effet, l'Europe à partir du moment où elle est représentée comme un espace ouvert à la revendication des intérêts et des identités, attire les populations qui cherchent une reconnaissance de leurs identités ou/et de leurs intérêts qui dépasse le cadre des États. Les populations immigrées s'adressent à elle au même titre que les autres organisations – groupes professionnels ou groupes d'intérêt – qui cherchent à influencer les politiques nationales par leur action à l'échelle européenne. Cette façon d'agir leur permet de renforcer leur représentativité à la fois au niveau national et européen. D'où l'élaboration de nouvelles formes de solidarité qui se situent au-delà de la « nationalisation » des actions des populations immigrées. Ainsi se dessine – de la part des populations immigrées actives dans les associations – une identification à un ensemble politique transcendant les frontières nationales. Plus encore, une telle participation conduit à l'exercice d'une citoyenneté qu'on pourrait qualifier d'extra-territoriale[18], mais il s'agit cette fois d'une extra-territorialité par rapport aux pays de résidence et non plus de la Turquie. Elle se définit par l'engagement dans la formation d'un espace européen[19].

---

18. R. Kastoryano, « Participation transnationale et citoyenneté en Europe », in *Cultures et Conflits*, hiver 1997, p. 59-73.

19. Sur les liens entre citoyenneté, engagement et participation, voir Jean Leca, « Individualisme et citoyenneté », in P. Birnbaum et J. Leca (dir.), *Sur l'individualisme*, Paris, Presses de la FNSP, 1987.

Ce processus est dû à la nature même de l'Union européenne, où la logique de la supranationalité a créé une société civile transnationale dans laquelle des réseaux (nationaux, régionaux, religieux, professionnels) rivalisent et interagissent, faisant ainsi apparaître toute la fragmentation des sociétés démocratiques. La politisation de chacun de ces réseaux est à l'origine de l'émergence d'un espace transnational, qui, de fait, est dénationalisé[20]. Cet espace devient même un nouvel espace de socialisation politique pour les individus ou les groupes actifs dans la mise en place de réseaux qui transcendent les frontières et dans la structuration de communautés transnationales établies grâce à la densité des interactions entre acteurs porteurs de différentes traditions. Il devient aussi un espace où les mêmes acteurs font l'apprentissage d'une nouvelle culture politique qui prend forme en dehors des cadres nationaux et de leurs institutions. Il s'agit d'un espace de participation politique, un espace d'identification au-delà des sociétés nationales, conduisant à une identification avec une société européenne des citoyens des pays tiers résidant dans un des pays membres. Cette dynamique – née de la participation politique active dans plusieurs espaces à la fois et qui accélère les interactions entre institutions de valeurs et de cultures politiques différentes – constitue la base de l'action transnationale voire d'un nationalisme transnational.

Redéfinir le nationalisme turc

L'idée même de nationalisme transnational renvoie à des transfert sociaux, économiques, culturels et politiques entre deux ou plusieurs espaces : l'espace de « diasporas » qui relie les actions des cultures politiques différentes et l'espace de départ. Cette pluralité implique des influences réciproques et une interdépendance. Les migrants de Turquie circulent entre ces espaces, transportant les valeurs et les normes politiques acquises dans l'immigration, institutionnalisées dans le cadre des associations et légitimées par les instances européennes. C'est le cas des Kurdes. Par la voix de leurs militants, les Kurdes cherchent une reconnaissance en tant que « communauté kurde » dans l'immigration avec sa culture, son histoire, distinctes de celles de la « communauté turque ». Cette différenciation, qui prend la forme de conflit de « nationalisme » en Turquie, situe les Kurdes dans une position de « minorité » à l'intérieur d'une communauté transnationale. Leur demande de reconnaissance met en évidence des revendications élaborées non seulement en situation d'immigration

20. Voir à ce sujet A. Appadurai, *Modernity at Large: Cultural Dimensions of Globalization*, Minneapolis, Minnesota University Press, 1996 ; R. Cohen, *op. cit.*, 1997 ; M. Laguerre, *Diasporic Citizenship: Haitian Americans in Transnational America*, Basingstoke, Macmillan, 1998.

mais à partir d'un statut de double minorité : minorité dans la minorité en Allemagne, et minorité en Turquie. C'est ainsi que, disposant de plus de ressources politiques à l'étranger qu'en Turquie, les Kurdes portent leurs revendications auprès de la Cour européenne des droits de l'homme, du Conseil de l'Europe, auprès de la Cour européenne de justice et du Parlement européen, pour se retourner ensuite vers la Turquie afin d'en obtenir une reconnaissance en tant que « minorité » auprès du pouvoir central avec une représentation officielle institutionnelle.

Le concept de minorité n'est pas sans ambiguïté. Il est même source d'incertitudes dans la mise en place des formes juridiques de reconnaissance[21]. La définition proposée par la Convention des droits de l'homme est large : « le terme minorité désigne un groupe numériquement inférieur au reste de la population et dont les membres sont animés de la volonté de préserver leur culture, leurs traditions, leur religion ou leur langue »[22].

Pour la Turquie, le concept de minorité était réservé aux anciens *millets* (communautés religieuses). Un statut juridico-politique leur avait même été attribué par le traité de Lausanne de 1923, accompagné de privilèges culturels tels que celui de préserver leur langue et leurs institutions (lieu de culte et écoles communautaires)[23]. Ce statut et ce concept ne s'appliquaient pas aux populations soumises au processus d'homogénéisation culturelle, linguistique voire religieuse. Assimilées à l'État-nation turc de par leur appartenance à l'islam, dénominateur commun aux non minorités, les autres populations musulmanes (les adeptes des confréries telles que les Nakshibendis et autres ou les alévîs, ou encore les Kurdes) ne jouissaient d'aucune représentation institutionnelle. Aujourd'hui, leur demande de reconnaissance, à la manière de l'islam dans la vie politique – surtout lorsqu'il est véhiculé par des confréries dont l'organisation et les demandes les rapprochent d'un communautarisme qui les oppose à la communauté nationale – remet en cause l'État-nation turc importé de l'exemple français : centralisateur, républicain et laïque. Ces revendications sont à l'origine de nouveaux clivages qui se dessinent dans la Turquie actuelle : des clivages ethno-linguistiques, religieux et nationaux. Leur apparition met en évidence les contradictions propres à la formation de l'État-nation.

21. E. Decaux in R. Kastoryano, *Quelle identité pour l'Europe ? Le multiculturalisme à l'épreuve*, Paris, Presses de Sciences-Po, 1998, p. 125-143.

22. Selon l'article 2 de la proposition de convention de 1991, cité par F. Sudre, *Droit international et européen des droits de l'homme*, Paris, PUF, 1995, p. 156.

23. En 1926, trois ans après la création de la République turque les minorités (celles formées par les Grecs, Juifs et Arméniens) ont rejeté ces privilèges.

La contradiction la plus profonde se cristallise autour de l'islam. Son apparition comme force politique en Turquie est source d'une polémique qui divise la nation entre « laïques » et « musulmans », clivage faisant la une des journaux depuis 1997[24]. Symbolisé par le foulard, comme en France, il devient outil de résistance vis-à-vis de l'État et de liberté individuelle suscitant autant de passions aussi bien du côté des religieux que du côté des laïques. Plus encore, comme élément identitaire indiscutable, il porte ombrage à la force mobilisatrice de l'identité officielle remettant ainsi en cause sa place *indéfinie* dans la « conscience nationale » et dans les institutions de l'État. À la différence de sa représentation comme religion de minorité en France, le foulard en Turquie devient symbole de « prise de pouvoir ». En réalité, la lutte officielle contre l'islam politique, qui cherche à mobiliser les passions et les émotions contre lui, conduit à toute sorte d'interprétations allant de la foi en la nation à la foi individuelle, d'une culture collective à sa reconnaissance dans la vie politique, et, tout en voulant séparer religion et politique, souligne la difficulté de définir une frontière précise entre les deux.

Pourtant, bien que l'État, et par son intermédiaire l'armée, ait depuis quelques années déclaré la guerre à l'islam politique en Turquie, le président de la Direction des affaires religieuses (*Diyanet*) rattachée au Premier ministre prend une place de plus en plus importante dans l'espace public grâce à ses discours qui sont repris par les média comme la voix de l'autorité suprême. Comme si le pouvoir central ne voulait pas laisser l'islam devenir le « monopole » du parti religieux, le discours officiel rappelle fréquemment que « 99,9 % de la population de la Turquie est musulmane et que l'État ne néglige pas l'islam ». Récupération et instrumentalisation ? Ceci rappelle dans tous les cas le développement de l'association DITIB (« *Diyanet Isleri Türk Isciler Birligi* »), organisation en Europe représentant la même direction des Affaires religieuses dans le réseau consulaire au sein des pays d'immigration, et qui veut, à travers sa volonté de diffuser un « islam officiel », exercer ses effets dans les mutations en cours quant au contenu du nationalisme. En effet, en 1981, l'État turc a établi le *Diyanet* à travers le réseau d'associations DITIP dans tous les pays européens pour combattre l'islam tel qu'il est développé dans l'immigration avec l'implantation de *Millî Görüs* et des confréries, pour lutter contre un islam « dissident » diffusé par les partis politiques qui s'opposent aux principes de laïcité de la République. L'État laïque introduit ainsi explicitement dans ses principes la religion comme élément identitaire de la nation, et l'institutionnalise au même titre que le réseau consulaire à l'étranger. Cette évolution

24. R. Kastoryano, «Seculars vs. Muslims in Turkey», in *Turkey Tags*, December 1997.

contribue de fait à la redéfinition du nationalisme turc à l'intérieur comme à l'extérieur de ses frontières.

Quant aux confréries (*tarikat*), libérées dans l'immigration de leur « interdit républicain », elles resurgissent en Turquie comme associations émanant de la société civile et correspondent aux groupes d'intérêts qui participent aux jeux politiques. Leur rôle est par conséquent incontestable dans le rétablissement des rapports de force internes à la vie politique nationale et dans la définition de la place de l'islam comme culture populaire et croyance à prendre en considération dans la recherche d'un équilibre[25].

Les *alevîs* en revanche reviennent dans la vie politique nationale comme l'ami de la République bien que cette même République les ait assimilés aux *tarikat* et par conséquent interdits d'espace public. Depuis les années 1990, leur mobilisation autour des associations et leur visibilité accrue a sensibilisé l'opinion et la classe politique sur une réalité historique, sociologique et politique *alevî*. Une attention particulière est portée par l'ensemble de la population de Turquie à leur système de croyance, jusque-là secret.[26] La question qui se pose est de savoir dans quelle mesure leur intégration dans la vie politique turque et leur visibilité actuelle n'est pas liée à leur image dans l'immigration. En effet, les *alevîs* avaient dès le début attiré l'attention des pouvoirs publics dans les villes européennes par leur « distance » par rapport à la religion et aux pratiques de l'islam. Dans quelles mesures leur représentation d'un islam non dogmatique dans l'immigration comme en Turquie, voire d'un islam moderne, a t-il joué un rôle dans le changement d'attitude de la classe politique en Turquie qui a été jusqu'à les reconnaître officiellement ? Les *Alevîs* affirment s'identifier aux principes d'un État

25. C'est du moins le message de Fetullah Gülen, le chef du mouvement *Nurcu*. Pour une connaissance plus approfondie sur la confrérie *Nurcu*, voir Serif Mardin, *Religion and Social Change in Turkey. The Case of Beddiuzzaman Said Nursi*, New York, SUNY Press, 1989. Depuis les années 1980, son président Fetullah Gülen prêche la conciliation entre l'Islam et la laïcité et son importance dans la définition « d'être turc », au-delà des frontières nationales. L'importance accrue de son mouvement auprès des médias et de l'opinion mais aussi de la classe politique et des intellectuels est due à ses écoles – plus de 400 à travers le monde – allant de l'Asie Centrale à l'Europe dans le but d'enseigner l'islam certes, mais aussi la langue turque en même temps que la langue du pays où l'école se trouve implantée. Mais plus important encore, du moins dans le contexte national turc, sont ses déclarations sur l'islam turc qui ont fait de lui notamment ces dernières années une sorte de « négociateur de l'identité turque » où se combineraient la force de l'État et la force de la nation ainsi que celle de la religion.

26. Il est intéressant de constater que, depuis la fin des années 1980, les représentants de l'État ainsi que les membres des gouvernements successifs assistent, de façon médiatisée, aux célébrations de pèlerinage des *Alevîs* qui ont lieu tous les ans au mois d'août au Centre Anatolie.

laïque et par conséquent les reconnaître ne serait-il pas aujourd'hui une façon de combattre les divisions ethniques et religieuses dans la vie politique ? Dans les deux cas, une évolution parallèle à l'intérieur et à l'extérieur des frontières nationales met encore une fois en évidence l'interdépendance entre les espaces et ses effets dans la redéfinition du nationalisme.

On assiste ainsi à une inversion de situation qui implique une redéfinition des relations entre espaces et actions politiques. Au début de leur immigration, les populations arrivées de Turquie avaient transposé les clivages et les conflits politiques et idéologiques exprimés en classes sociales dans les pays européens en faisant de l'Europe le prolongement de la vie politique turque. Aujourd'hui, les organisations bénéficiant d'une reconnaissance et d'une légitimité dans les pays de résidence européens, avec leur mobilisation en Turquie traduisent un transfert politique qui, à son tour, donne un nouveau contenu aux actions militantes ainsi qu'aux discours nationalistes en Turquie.

Ces transferts s'opèrent aussi dans le domaine culturel, économique et social et agissent dans les deux sens. Ils se trouvent amplifiés par les nouveaux moyens de communication et le développement des médias notamment les diffusions par satellite qui font irruption dans les familles kurdes ou turques, sunnîtes ou alevîs originaires de Turquie. De fait les familles vivent quotidiennement la Turquie à travers les images que transmettent les 12 ou 14 chaînes privées et publiques[27]. Mis à part les effets évidents sur leur intégration dans les sociétés d'immigration, les émissions suivies en même temps que les habitants de la Turquie brouillent le lien entre territoire et identité. Le territoire d'appartenance demeure régional, le territoire de référence devient national/religieux (cependant à négocier) et le territoire de résidence est français, allemand, hollandais ou simplement européen.

Ces transferts intègrent l'État turc dans la communauté transnationale au même titre qu'un acteur politique ou social ou encore économique. La Turquie développe aussi ses relations avec des associations sociales et culturelles qui ont un impact local et national auprès des familles et qui se présentent comme « multiculturelles » et reconnues comme telles par les États respectifs. L'ensemble de ses actions s'appuie sur la définition « ethnique » du groupe, une définition qui trouve son fondement dans une « nationalité commune ». Comme s'il voulait contribuer à donner une image de « communauté unie » comme la communauté nationale dans l'idéal, l'État turc se situe par rapport aux différents aspects de

27. A. Gökalp, R. Kastoryano, S. de Tapia, *L'immigration turque et kurde : La dynamique segmentaire, la nouvelle donne générationnelle, et le nouvel ordre communicationnel,* Rapport pour le FAS, Paris, janvier 1997.

l'identité turque, nationale/religieuse, politique. Ces tentatives ont pour but d'influencer l'opinion publique sur l'image de la Turquie et d'aboutir à une « représentation communautaire » des *Turcs à l'étranger.* Les acteurs politiques issus de l'immigration turque en Europe répondent à ces attentes de l'État par leurs efforts pour former des *lobbies* reconnus dans les deux pays, reposant sur des institutions communautaires déterminées non seulement par la vie politique turque, mais aussi, comme en Allemagne, en se situant dans le système allemand ou s'y opposant. Ils réagissent également à toute déclaration du gouvernement allemand vis-à-vis de la Turquie et vice et versa. Leur pouvoir est fondé sur la réussite économique. Organisés dans plusieurs régions en associations d'hommes d'affaires turcs, ces acteurs cherchent à peser à la fois sur la vie politique nationale des pays de résidence et de la Turquie[28]. En mettant l'économie au service du politique, les hommes d'affaires originaires de Turquie, de plus en plus nombreux en Europe, détiennent le pouvoir de négociation avec les pouvoirs publics dans les deux espaces. De même, les grandes associations d'hommes d'affaires turcs en Turquie, très influentes dans la vie politique nationale, sont aussi implantées à Bruxelles pour peser sur les décisions de la Commission en matière d'intégration de la Turquie dans l'Union européenne. L'ensemble contribue à développer un nationalisme qui devient de fait « transnational », tout comme les mouvements nationalistes qui s'opposent à lui, tel le mouvement kurde dont la mobilisation est transnationale européenne.

Pour conclure

Le nationalisme transnational donne au nationalisme actuel des contours différents de ceux des nationalismes fortement territorialisés du XIXe

28. Un rapport publié à Bruxelles en 1992 estime à environ 57 milliards de Deutsch Marks, l'apport économique direct ou indirect des Turcs ; somme qui dépasse de loin les dépenses de l'État-providence pour les étrangers qui n'atteignent que 16 milliards de DM. De fait, parmi les 1 800 000 Turcs d'Allemagne, on comptait, en 1992, 35 000 entrepreneurs, allant du restaurateur à l'industriel, qui emploient au total 150 000 Turcs et 75 000 Allemands, dont le chiffre d'affaireS annuel s'élève à 25 milliards de DM, et qui ont payé, en 1991, 1 milliard de DM d'impôts ; in «Migrations New Sheet», Bruxelles, décembre 1991, cité par *The Economic and Political Impact of Turkish Migration in Germany,* Zentrum für Türkeistuden, mars 1993. Voir aussi *Statistiques de l'Union des entrepreneurs turcs de Berlin* et le Zentrum für Türkeistuden : *Konsumgewohnheiten und wirtschaftliche situation der türkischen Bevölkerung in der Bundesrepublik Deutschland,* Essen, septembre 1992. Depuis cette date, ce centre publie régulièrement des rapports sur les entreprises crées par des ressortissants turcs en Allemagne avec leurs chiffres d'affaires, le nombre d'employés ainsi que le montant d'impôts payé.

et même du milieu du XXe siècle. Construites autour de références communes, les communautés transnationales mettent en évidence un sentiment d'appartenance à une « nation déterritorialisée » avec des revendications identitaires qui sont alimentées par les nouvelles expressions nationalistes. Ce changement conduit à une redéfinition du lien entre territoire, nation et espace politique, l'ensemble remettant en cause l'État-nation en tant que structure politique culturellement et territorialement unifiée.

Une telle décomposition fragilise sans conteste l'État turc au moment où celui-ci négocie sa place sur la scène internationale et plus précisément européenne. Mais en même temps, malgré son hétérogénéité, son organisation segmentée et les relations internes parfois conflictuelles, l'émergence d'une « communauté transnationale » ne peut être qu'un moteur de changement politique et social en Turquie grâce à l'introduction d'un « savoir-faire » et de valeurs politiques démocratiques, acquis dans la lutte pour l'égalité des droits dans l'immigration.

De ce fait, le transnationalisme renvoie nécessairement à une citoyenneté double ou multiple, dans la mesure où il se réfère à plusieurs pays, ainsi qu'à au moins deux espaces de participation sociale, culturelle, économique et politique. La citoyenneté multiple introduit de fait différentes façons de concevoir les valeurs morales et politiques d'une communauté, avec différentes conceptions d'obligations civiques imposées à ceux qui vivent au sein de ces communautés[29]. Certains voient même dans la double citoyenneté une source « d'influence démocratique », un moyen d'appliquer les valeurs démocratiques occidentales dans le pays d'origine[30].

Compte tenu de l'interdépendance accrue entre les questions internes et externes aux États-nations ainsi que les relations entre ces derniers, les communautés transnationales constituent à la fois un défi et une chance pour la Turquie : un défi quant à sa capacité de négociation de son identité en tant qu'État et une chance quant à l'affirmation de sa souveraineté et à son inscription dans un processus plus général de globalisation. C'est d'ailleurs un des paradoxes de la transnationalité : tout en remettant en cause la pertinence des États-nations comme unité politique, culturelle et territoriale, la transnationalité renforce le rôle des États. Les actions transnationales visent en somme à influencer les États par l'extérieur[31]. On en trouve la marque dans les revendications des acteurs transnationaux, qui

---

29. N. Pickus, *Immigration and Citizenship in the 21st Century*, Littlefield, Rowma, 1998.

30. P. Spiro, «Dual Nationality and the Meaning of Citizenship», *Emory Lax Journal*, 1411 (46), 1997.

31. R. Kastoryano, « Participation transnationale et citoyenneté. Les immigrés dans l'Union européenne », *Cultures et Conflits*, hiver 1997.

cherchent à renforcer leur représentativité au niveau européen, mais dont le but pratique est aussi d'aboutir à une reconnaissance au niveau national. Faut-il préciser que les militants, même les plus actifs au niveau européen, se représentent les États comme les seuls « adversaires » avec lesquels ils doivent compter en dernière instance ?

2

Diaspora, Globalization and the Politics of Identity

Percy C. HINTZEN
University of California, Berkeley (États-Unis)

> Now one of the main reactions against the politics of racism in Britain was what I would call «Identity Politics One,» the first form of identity politics. It had to do with the constitution of some defensive collective identity against the practices of racist society. It had to do with the fact that people were being blocked out of and refused an identity and identification within the majority nation, having to find some other roots on which to stand. Because people have to find some ground, some place, some position on which to stand. Blocked out of any access to an English or British identity, people had to try to discover who they were. It is the crucial moment of the rediscovery or the search for roots. (Hall, 2000, 148)

Introduction

There is a common understanding of diasporic identity as the subjectivity produced out of a collective phenomenon of displacement and dispersal from a real or imagined homeland. It is a response to dispossession. This ignores the integral way in which identity is embedded in national and local social, cultural and political geographies. Specifically, diasporic identity emerged out of historical, social and cultural conjunctures when racially constructed discourses of national belonging deny claims of citizenship. The origins of Diasporic identity rest in representations and practices of cultural citizenship that were pitted against national identity under conditions where belonging was denied. Diasporas came to be constructed out of memories of movement across local and national boundaries. Such memories became the ideational underpinnings of collective identities that linked persons across different local and national arenas constituted by different social, political, and cultural geographies. The imperative of accommodation of fragmented geographies renders arguments for the universality of diasporic subjectivity and for the fixity of diasporic identity untenable. Such arguments are rooted in a notion of a common origin from which derives the commonality of culture. The idea of an originary homeland is an ontological fallacy. As an invention, it served the political end of solidarity among dispersed populations inscribed with a singular racial identity. Such identity was produced by statist (political) technologies deployed in objectifying practices of exclusion from national spaces. In its evolution, diasporic identity became a floating signifier of cultural citizenship that facilitated mobility across space, time, and social position. This is particularly the case for globalization in its contemporary form, characterized by an intensification of migration, resettlement, and mobility across national, local and social spaces. Globalization has produced, in its wake, a destabilization of the relationship between national territory, citizenship, and residence. As a result, diasporic identity has come to assume increasing importance, even in the face of the weakening of racial rooted national identity.

Race, Diaspora, and Modernity

Diasporic identity emerged in the wake of the trans-oceanic movement of persons in the service of the colonial project. Under colonialism «stateless» territories came under the dominion of colonizing «civilized» subjects. Regions of the world outside «civilized» Europe were organized into bounded territories for European conquest and jurisdiction. An integral link developed between civilization and the modern state: only the civilized could participate in the exercise sovereign power. Relatedly, only the civilized could make claims of belonging to the modern state. Through the development and deployment of state technologies, the nation became ascribed as the marker of civilization. Blackness, understood as uncivilized, was allocated to the nation's constitutive outside. But blackness is constituted by modern subjectivities. The contradiction between black subjectification as modern and its objectification as uncivilized produced the imperative of intensification of disciplininary technologies related to the state objectivizing practices of racial inscription. Diasporic identity emerges in the contradiction of exclusion and inclusion that this implies. Blackness could not be accommodated within the national space because of its negation of civilization. At the same time, it is constituted by modern subjectivities. This produces the imperative of its management and control under the jurisdiction of the state. Such jurisdiction applies singularly and exclusively to the space of modernity, reinforcing and deepening the contradiction. In resolving the contradiction, blackness became an intrusive and undesirable, even though necessary and unavoidable, presence in national spaces where civilization is imaginatively constructed and where its materialities are located. At the same time, its inclusion in national peoplehood became foreclosed. Blackness became an interstitial and liminal presence on the shared borders of civilization and savagery.

Africa, Blackness, and Diasporic Subjectivity

The relationship between race, territory, and belonging is revealed in the role of Africa in the black Diasporic imaginary. Here, a distinction must be made between «naturalist» and «historicist» understandings of black inferiority. The former assumes a «prehistorical condition» that is «naturally incapable of development and so historical progress» (Goldberg, 2002, 43). This has been replaced by «historicist» discourses related to notions of black «historical immaturity» that offer and acknowledge the possibility of progress to civilization through contact with and tutelage of the civilized. The shift to historicism has allowed the differential incorporation into modern national peoplehood of those with demonstrated attributes of reason and rationality and who were previously excluded from its domain on racial grounds. The application of historicist knowledge to the racial state emerged out of the imperative of resolving the contradiction between black exclusion and inclusion. It was the means through which the black presence, however circumscribed, in the arena of modern statist belonging was accommodated (see Goldberg, 2002, 36-80). Such accommodation has become increasingly important under current forms of globalization.

In the naturalist elaboration of race, Africa and its racial progeny are incapable of civilization. In the historicist version, the latter are transformed into the embodied significations of the historically immature colonial subject requiring the pervasive and continuous exercise of white supremacy. Thus, historicism created the conditions for self-rule in the form of the African «post-colonial» state. It also legitimized and normalized the continuing exercise of white post-colonial power and domination under the guise of tutelage. Likewise, in the modern metropole, carved out of the European authorial presences, historicism allowed for qualified incorporation of blacks into the arena of national peoplehood. In the instance of the Africa, historicist discourse proceeded from the notion of the European «outpost» originally constituted by an exclusively European colonizing presence through to the conditions by which the modernizing

African could become gradually incorporated in to the modern African state. In racial terms, the African continent was cast in terms of originary uncivilized hinterland territories that necessitated the civilizing colonial outpost for containment, management, and tutelage of its populations. As the historical product of modern forms of subjectifications, continental Africans require and demand objectifying technologies of discipline. This imperative does not diminish when Africans gain control of the apparatuses of the state. Their incorporation into the modern state is, therefore, just as ambiguous as the incorporation of the black populations into the modern peoplehood in what is conventionally understood as the African Diaspora. It is this ambiguity of (un)belonging that connects African subjectivity on the continent to black diasporic consciousness organized around notions of universal black intimacy.

The European presence in Africa, its implication for the transformation of the African into a modern subject, and the development of objectifying practices of racial exclusion are elements that link the development of racial subjectivities in continental Africa with the development of black subjectivities outside of the continent. These linkages locate the continental «African» firmly within the arena of African diasporic imagination, marked by its notions of originary claims to Africa itself.[1] Black nationalism and African nationhood have both emerged from the cultural politics of difference through which both can make claim to their diasporic character. Both are circumscribed by the persistent demands for the intensified deployment of technologies of surveillance and discipline.

Thus, diasporic identity connects persons of African descent in a global web of racial intimacy. It occupies the sentimental center in black transnational political alliances employed so successfully in the various nationalist struggles against colonialism and racial segregation. In the United States, it was the cement that tied black immigrants and African Americans together in a political alliance aimed at breaking the structures of white exclusivity and privilege. It was the justification for black insistence on U.S. intervention in the British West Indies during the nineteen thirties in support of the region's nationalist anti-colonial campaign (see Fraser, 1994). And diasporic imagination occupied the critical center in the challenges mounted against racial supremacy at least from the second decade of

1. There is a seamless relationship between the political materialities of African Nationalism (as anticolonialism) on the continent, on the one hand, and the cultural politics of Black Nationalist expressions such as Panafricanism, Black Power, etc. occurring outside Africa. The latter, in turn, have informed the cultural politics of Africa such as, for example, Negritude associated particularly with French West Africa and Black Consciousness in South Africa.

the twentieth century onwards. This period of struggle was ushered in by the «Back to Africa Movement» of the United Negro Improvement Association headed by Jamaican Marcus Garvey. It continued with the Black Nationalist struggle for civil rights during the sixties and seventies.

Modernity, Racial Exclusion, and the Diasporic Imaginary

Diasporic imagination is produced out of the cultural politics of racial exclusion. It is shaped by the contradictions that emerge from the concreteness of participation in the project of modernity by those symbolically excluded on racial grounds. Participation comes in the form of contributions, achievements, and access to the materialities of modernity. Race (whiteness) is not the only attribute of the modern subject or the sole imaginary around which claims of belonging can be made. It is not always and singularly the basis for legitimate access to the economic, political, social, and cultural materialities of modernity. In other words, it is not the only basis upon which the rights of citizenship are conferred. Claims to national belonging can also be made by birthright and positionality derived from social, economic, cultural and symbolic capital.[2] For the diasporic subject, the «cultural politics of difference» is complicated by modern subjectivities produced out of intimate engagement with the project of modernity. This is the other side of the contradiction between exclusion and inclusion. The modern subjectivities imbricated in diasporic identity under the objectifying conditions of race render Diaspora ambiguous, contradictory, polysemous, and multivalent. The modern subjectivities of the diasporic subject are rendered invisible through a racial discourse of exclusion and its objectifying practices. Under these conditions, Diaspora, as contestation, becomes the embodiment of a structural politics of race[3]. At the same time, non-racialized attributes of modernity become available for deployment against these racially constructed exclusionary practices. This leads, inevitably, to a politics of deconstruction where the totalizing

2. I use these dimensions of capital following Pierre Bourdieu (1977, 1984); see also Turner, 1991, p. 512-18). In his formulation, economic capital refers to the ownership and control of productive resources. Social capital refers to those prerequisites that determine location in the hierarchically organized status groups, aggregates and/or categories and the social networks associated with them. Cultural capital refers to those «interpersonal skills, habits, manners, linguistic styles, educational credentials, tastes, and lifestyles» acquired by persons in their lifetime (Turner, 1991, p. 512). Symbolic capital has to do with the recognized forms of deployment of social, cultural, and economic capital through ritualized and symbolic displays.

3. These would include African nationalism, Panafricanism, Black Nationalism, Black Power, Black Consciousness, etc.

myths of race are replaced by the multiple elements constitutive of the modern diasporic subject for deployment against the practices of racial exclusion. Successful deployment of this politics of deconstruction can only result in the negation of diasporic identity. Historically, this has been the force behind ethnicization or heterogeneous cultural accommodation. The evisceration of racial identity were the conditions under which European immigrants to the United States were able to maintain originary claims to a homeland while participating unambiguously in American peoplehood. They became «ethnicized» and available for passage into the group of Americans whose associations with origins disappear completely in the construction of their identities. As diasporic subjects, African Americans were unable to make such claims to an unambiguous belonging.

Thus, diasporic identity can provide the ideational basis for material organization in support of claims for inclusion by modern subjects whose modernity is denied through the objectifying practices of race. Diaspora is a response to exclusionary practices organized around notions of the civilized subject. It emerges out of the rootedness of race in the imaginaries of an original territorial.

Racial objectification obscures the insertion of diasporic identity in the subjectifying practices of the modern and the civilized. It emerges from the totalizing practices of state technologies. It obscures the impossibility of diaspora's unhinging from the complexities of modern subjectification. These very complexities, however, produce multiple diasporic imaginaries available for recall under the single rubric of racial identity. Each becomes available for deployment in the cultural politics of difference. This deepens diaspora's ambiguities and contradictions. On the one hand, Diaspora implies separation from and rejection of the peoplehood of the exclusionary state. On the other, it challenges the state's exclusionary principles and practices by making claims for inclusion on the non-racial grounds (through the politics of deconstruction). In doing so, it employs the instrumentalities of a racially rooted diasporic subjectivity, the very bases around which the normalizing practices of exclusion are organized, for mounting the challenge against race.

Globalization and Diasporic Identity

The conflicting tendencies of Diaspora have increased significantly with the universalizing impetus of neo-globalization. By the latter, I refer to the most recent innovations in communication and organizational technology, the development of new transportation efficiencies, the emergence of seamless networks of global production, consumption, and finance, and the complex of legitimating ideologies that allow their dispersal, their application and their derivative institutionalized practices. Globalization brings together, under a single racial rubric, multitudes of people whose subjectivities are produced in different modern locations that demand, allow, and produce different combinations of modern attributes. The volume, intensity, speed, and frequency of migratory flows combine with the telescoping of difference within different racial imaginaries to unsettle both national and diasporic intimacies of racial identity. This occurs in the context of the unhinging of identities from national territorial spaces and the complicating presences of «foreigners» in local spaces of national peoplehood. The local becomes merged with the global. The jurisdictional and legal power of the state turns, increasingly, to new technologies geared to the management of these flows of globalization and away from the production and reproduction of national racial subjectivities. As identities become unhinged from national territorial spaces and as the local becomes increasingly globalized, there is an intensification and universalization of diasporic intimacy as the bases for new forms of subjectivity. An increasing imperative of transnational strategies for survival and success brings in its wake the need for quick and easy accommodation to multiple locations.[4] Diaspora, with its rootedness in claims to an originary homeland, resolves the new dilemmas of belonging because of the flexibility that it brings to identity. In a sense, Diaspora reveals itself as the true expression of modern subjectivity. Its was born out of the necessity for accommodating massive movement of populations and out of the attendant need to construct identities unhinged from particular localities. Current forms of globalization are merely the intensification of these originating conditions and processes of modernity. In a sense, therefore, objectifying technologies of exclusion were a hindrance to modernity's development. Now the current forms of globalization are creating the conditions for the dislodging of Diasporas from its rootedness in the objectifying technologies of exclusion. The problem has shifted from conditions of exclusion to those of accommodation. In the current conjuncture, everyone becomes unhinged from national moorings where claims to a racially exclusive modern civilized subject are becoming increasingly undermined.

Neo-globalization therefore intensifies the contradictions that inhere in the modern racial state. It offers increasing opportunities for inclusion of

---

4. Gilroy (1997, p. 10-12) speaks somewhat pessimistically of the possibilities of this new diaspora with the nation state (national camp) representing its «negation». He sees in its «ambivalence» the possible transformation into an «unambiguous exile». From my own perspective, it is integrally tied to neo-globalization as the logical trajectory of modernity. The possibility of its negation through absorption in the nation state does not rule out its transformative potential.

previously excluded racial subjects through acquisition of cultural capital. At the same time, it intensifies significantly the processes that produce dislocation from place. Social mobility and migratory flows make racial exclusivity increasingly untenable as the basis for inclusion in the spaces of modernity. But dislocation intensifies the diasporic imagination as persons turn increasingly to imaginary homelands in the formation of their identities. Thus, the weakening of the racial state has produced, ironically, an intensification of racially inscribed diasporic subjectivities. This has exposed the integral relationship between race and imaginaries of originary homelands.

Black Immigration and Diasporic Subjectivity

For black immigrants to the industrialized North, globalization has brought possibilities for transformation from victim to agent. It has provided access to rights and opportunities previously foreclosed by racially exclusionary practices of modernity. As agents, immigrants can reverse the material outcomes of exclusion through imaginative reconstruction of their subjectivities, or through engagement with political struggles for inclusion. Diasporic identity facilitates both. But neo-globalization brings new complications for diasporic identity. Gilroy speaks of the «ambivalence» that is produced out of the «Diasporic yearnings» of those caught up in its transnational sojourns. He locates diasporic identity in the interstices between «residence» and «origin». This is what produces its «complex and ambivalent» character. At its base is a political culture that is «remembered and remade» (Gilroy, 1997, 10). Such memories and cultural reformulations (or remakes) respond, I have argued, to localized social geographies. The North Atlantic is the actual and desired destination for the vast majority of black immigrants. There, they become inserted into white national spaces constructed out of white imaginations of exclusive racial belonging. They join a growing number of black immigrants, some from their own countries, who, like themselves, are responding to the intensification of conditions of neo-globalization. Developments of transportation and communication technologies greatly facilitate diasporic connections to other local and national locations, to their countries of origins, and to Africa. All these contribute to an intensification of diasporic imaginaries across fragmented geographies. At the same time, immigration deepens notions of essentialized racial difference. As immigrants with non-European origins become inserted into exclusively white national spaces, they join with those historically engaged in racial confrontation. This structural politics of race contributes to a heightened sense of racial consciousness. Hence, on the one hand, with the intensification of diasporic intimacies, ambiguous national affinities that may weaken racial identification give way to the cultural politics of transnational racial identity. On the other, immigration also produces contradictory tendencies by the introduction of national distinctions into racially defined communities. This is occurring at a time of increasing social mobility. Successful challenges to the exclusionary practices of race and the presence of skilled and educated immigrants within racial communities open up opportunities that were previously foreclosed on racial grounds. These together can unleash centrifugal forces introduced by increasing diversification in socio-economic status and by diffuse attachments to different nationally and culturally defined communities.

Diasporic Identity Among West Indian Immigrants in the San Francisco Bay Area

The conflicting tendencies of diasporic identity have become evident in the collective self-representations of West Indian immigrants in the San Francisco Bay Area of Northern California. West Indian identity emerges as confrontation and negotiation of the racialized terrain of the United States. At the most basic level, West Indians are forced to define themselves, collectively and individually, in relation to and against the African American community to which they are racially bound. Their social positioning circumscribes the choices of identity available to them.

The social economics of the West Indian community have been shaped by what may be termed the materialities of location. Northern California provides abundant opportunities for successful absorption of skilled and educated West Indian immigrants. There are very few opportunities for employment available to those among them with limited education and little skill. Because of this, the West Indian immigrant community is almost exclusively middle class. This has to do with the «pull factors» of West Indian immigration that operate against the unskilled and low skilled in Northern California while favoring the qualified and educated. The overwhelming presence of Mexican, Latino, and Pacific Rim immigrants in the labor intensive and service sectors of the California economy has had the effect of shutting out the unskilled and low skilled West Indians. As a result, success and achievement have become central themes in West Indian diasporic identity. These are publicized in rituals and performances of West Indian identity and are inscribed in popular understandings of the West Indian diaspora.[5] Those without the social and economic capital of the middle and professional classes are marginalized, isolated, and

5. For a fuller discussion of this, see Hintzen, 2001. The material for the ensuing discussion of West Indians in the San Francisco Bay area are taken from this work.

excluded. They become invisible in the public face of the West Indian community. In this way, diasporic identity imposes expectation of success and achievement that support practices of selective inclusion and exclusion in the community's social reproduction.

Black versus Exotic: Conflicted Oppositions

Achievement and success provide the means of insertion into the national space. For West Indians in the San Francisco Bay Area, such insertion is troubled by the exclusionary practices of race in the peoplehood of the United States. The contradiction is resolved through a cultural politics of difference that locates West Indians outside of the national terrain of the United States on nationalist and cultural, rather than racial grounds. In other words, the West Indian community responds to racial exclusion by fashioning its identity around notions of national origin and cultural difference. While diasporic identity emerges inevitably out of practices of racial exclusion, it can become organized around notions of belonging devoid of racial signification. In its national and cultural expression, West Indian identity becomes incompatible with notions of American belonging. This mitigates challenges to American discourses of racial exclusion. It serves also to differentiate West Indians from the racially defined identity of African Americans. Such differentiation is cast in cultural and national terms.

In their diasporic constructions, West Indians elicit popular essentialized imageries about the West Indies in the construction of their identity. They engage in symbolic displays, rituals, aesthetics and poetics that confirm and reinforce notions of their exotic foreignness. Thus, the objectivizing technologies of race have produced a West Indian that is exotic, hypersexual, fun loving, and given to bacchanalian excesses. At the same time, the West Indian is accommodated in American modernity through the technologies of deracination that allows the retention of links to another modern space, outside of America. This negates the need for racial classification. It positions West Indians firmly within the group of permanent foreigners identified with California's technological and financial success.

The West Indian Diaspora, therefore, manages the contradiction between the imperatives of accommodation, on the one hand, and the imperative of racial exclusion on the other. It does so through notions of trans-national belonging. This delinks diasporic subjects from issues of nationalist concern. It creates predispositions for disengagement with forms of racial challenges (i.e. with the structural politics of race).

Identification as 'foreign' preserves the imperative of racial exclusion while distancing West Indians from challenges to the racial order mounted by domestic minorities. But in the final analysis, diasporic identity cannot escape the exclusionary consequences of racial characterization by hiding behind notions of trans-national belonging. In other words, they cannot escape from the practices of discrimination that become visible despite their accommodation to subjectivities steeped in white racist imageries of their exoticisation.

The need to develop strategies against discrimination is one factor that impels immigrants to racial identification with domestic minorities. Another is the ineluctable association between race and diasporic identity. The white racial imaginary is pervasive in the construction of American peoplehood and belonging. So are notions of racial inferiority tied to myths of origin outside of Europe. Hence, immigrants to the United States cannot escape the inevitability of racial classification. West Indians in the United States, notwithstanding their exoticization, are marked as black.[6] They cannot escape the implications of racial identity. So they are forced to participate in African American material politics of difference and in the structural politics of race. In the process, they become inserted into alternative forms of diasporic consciousness that tie them to African Americans. The post-World War II successes of African American challenges to exclusionary racial practices opened up opportunities for upward mobility under the rubrics of «affirmative action», «civil rights», «equal opportunity», «voting rights», etc. The West Indian middle class is particularly well placed to exploit these opportunities. This has become quite evident in California. West Indians make claims to these opportunities on racial grounds. They do so in order to exploit the significant political strength of the African American community, particularly in Los Angeles and in the San Francisco Bay Area. Increased access to opportunity emerged in response to massive political mobilization during the civil rights era of the sixties and seventies (see Fisher, 1992; Horne, 1995; Dymally, 1972; Sonenshein, 1993; Wyman 1987). Black political clout in California has brought with it considerable access to public and private sector resources. The black West Indian middle class has been able to insert himself into these racially defined spaces created by African American political power. This is reflected in the growth of the West Indian population in Los Angeles from around 500 before 1950 to

6. This is despite the heterogeneity, hybridity, and racial diversity of the various countries and territories in the West Indies. In the racialized construction of the United States, Asian West Indian immigrants lose their West Indian identity as they become transformed into South or East Asians. Spanish-speaking West Indians become absorbed into the Latino diaspora, etc.

around 50,000 by the early nineties. Much of this growth occurred after the mid-sixties (Justus, 1996, 131).

This provides a concrete example of the contradictions of exclusion and inclusion and the need for contradictory strategies to deal with them. African Americans use race in the deployment of the politics of deconstruction where non-racial attributes of their modern subjectivities provide them with increasing access to America's modern peoplehood and its materialities. West Indian diasporic subjects, as exotic foreigners, separate themselves from racial classification. As black racial subjects, however, they engage the American racial project and challenge its exclusionary practices by forging of diasporic links with African Americans. The objectivizing technologies of the American state combine both deracinated exotic subjectification and racialized black subjectification in the production of the West Indian Diaspora in Northern California.

For West Indians in the San Francisco Bay, therefore, racial identification becomes a critical ingredient in strategies for gaining access to the opportunities created by African American politics. It assures protection against the exclusive claims of a white peoplehood. This complicates West Indian diasporic identity. As exoticized foreigners, West Indians must reject racial identification and engagement with American racial politics. But their diasporic imaginery demands invocation of a black racial commonality with African Americans. So West Indian identity must accommodate itself to the demands of two conflicting and opposed conditions of participation in the materialities of American life. The discourse of West Indianness enacts a separation from the cultural, social and nationalist politics of African Americans. The discourse of blackness, on the other hand, elicits identification with the latter's material politics. The distinction is important. Black identity is the necessary condition for the contestation of white supremacy. West Indianness is the symbolic basis for collusion with the exclusionary practices of white peoplehood.

West Indian immigrant presence in the United States provides a concrete example of the ambiguities and contradictions of diasporic imagination that have received attention from scholars like Paul Gilroy (1997). As West Indians, these Bay Area immigrants symbolically reject racial identification with African Americans. They also relinquish claims to American peoplehood in their roles as permanent foreigners. As non-racial, non-Americans, their access to the materialities of success is considerably enhanced since accommodation does not challenge America's racial order. At the same time, West Indians cannot escape the material consequences of their racialization. This impels them into political identification with African Americans under the broad rubric of black diasporic consciousness.

A focus on West Indian identity in the San Francisco Bay Area highlights the relationship between social positionality and diasporic imagination. West Indian middle class status is maintained and publicized by maintaining its distance from the poetics and aesthetics of African American black diasporic expression, given the latter's association with historicist understandings of racial inferiority. West Indianness, as a negation of blackness, precludes originary claims to Africa, given the racial implications of these claims. But there is the strategic demand for black identification. The contradiction is managed spatially. The deployment of black identity by West Indians is strictly confined to the arenas of institutional, local and national politics, in other words in the arenas of political engagement with racial exclusion. West Indians join black professional organizations, support black causes nationally and internationally, and align with African Americans in local and national politics. At the same time, they shun participation in the social and cultural practices of African American subjectivity. The point here is that, like all identities, diasporic identity has to be contextualized if its ambivalences and contradictions are to be understood and explained. West Indians are black in contexts where they are strategically engaged with the exclusionary practices of American existence. In other contexts, they resist black and American identification altogether because of its negative implications for accommodation.

Identity, Social Geography and Model Minority

There is a profound relationship between identity and social geography. The West Indian immigrant community in the San Francisco Bay Area differs in important respects from the larger West Indian immigrant communities on the East Coast of North America. It is relatively small, numbering less than ten thousand. Its members are not concentrated in defined localities of homologous residential concentration. Rather, West Indians are spread throughout the region in San Francisco and Alameda counties, in the East Bay, in Peninsula counties and in the city of San Jose. Most came to the area from elsewhere in the West Indian Diaspora rather than directly from the West Indies. Decisions to relocate are made because of offers of jobs or because of company transfers. Some move after serving at military bases in the area. Others come as students, studying in one of the area's colleges or universities. Many come as dependent and non-dependent family or because they are able to use their friendship networks to secure jobs. In socio-economic terms, many are middle to upper-middle class.

The San Francisco Bay Area is one of the most ethnically diverse regions in the United States and a prime location for immigrants, particularly from Asia and Latin America. Along with Los Angeles, it is the host community to a significant proportion of the eight million foreign-born residents in California's total population of 32.4 million (1996 figures). These immigrants comprise 33 percent of all foreign-born residents in the United States and 25 percent of all California residents. Because of their numbers, immigrants and their families enjoy a high degree of visibility. This lends itself to both positive and negative assessments of their desirability, worth, and merit in the cognitive constructions of «mainstream» Americans, both white and black. These understandings apply differentially to immigrants based on their particular countries and regions of origin.

The historical construction of difference in California has produced three broad understandings of the diasporic populations from the global south. Such understandings apply differentially to West Indians. Their blackness allows location in the racialized space of the African American. Their «foreignness» supports location in two cognitively constructed spaces. The first is the one occupied by the «undesirable» grouping of Mexican and Latino immigrants. The second is the diasporic space of the «model minority» occupied by the «Asian immigrant». West Indian identity is organized around representations and practices of this model minority. Because of this, they are not associated in popular imagination with the «undesirables.» At the same time, they have available to them a racialized black identity.

Preexisting generalized notions of West Indianness inform West Indian diasporic identity in the San Francisco Bay Area. Unlike Latinos, West Indians are identified in popular consciousness as a «model minority» characterized by ideals of success similar to the white mainstream population of the United States. This is notwithstanding the occupational similarities between the West Indian majority living mostly on the East Coast of the United States and Latino immigrants on the West Coast. Both are primarily low wage service sector workers. As a diasporic construct, the model minority is disciplining, self regulating, and segregating. It is also racially specified since it refers only to immigrants from the global south. It is one element in the technology of American racial control. It applies the universalistic logic of merit in the service of racial segregation and regulation. Accordingly, different racial groups are understood to get what they earn and deserve. Model minorities are understood to have overcome obstacles of poverty and migratory disruption to achieve, on merit alone, middle and upper-middle class socio-economic status (see Fong, 1989; Yong-Jin, 1994; Petersen, 1966 and Steinberg, 1981). As a diasporic construction, the model minority receives its importance as a legitimizing trope of white supremacy because of its deployment in the structural politics of race against charges of racial (and racist) exclusivity. It highlights and celebrates possibilities for successful meritocratic incorporation of racial minorities into the exclusive social and economic preserves of whites. It serves as a negation of claims of racism. Thus, conservative scholars have used the putative success of West Indians to refute arguments that African American poverty stems from the pervasive effects of racial discrimination (Glazer and Moynihan, 1963, 35; Sowell, 1978, 41). The model minority requires deracination and rejection of claims to American belonging. Because the socio-economic incorporation of the model minority is not understood symbolically as racially transgressive, in a way that it would be for national minorities, it leaves the racial order unchallenged.

Claims made about West Indian success are much more important for the part they play in the ideological terrain of race relations than for what they say about the material realities of the West Indian immigrant presence. West Indians, collectively, are not better off than African Americans (Kasinitz, 1988; Butcher, 1994; Farley and Allen, 1987). They face the same barriers to racial inclusion. Evidence to the contrary notwithstanding, the myth of the model minority continues to persist in popular understandings of the West Indian immigrant. It receives constant reinforcement both from within and outside West Indian communities and is sustained by the practice of highlighting West Indians who have risen to positions of national prominence as universal examples of success.

Model minority can also highlight the potential for diasporic imagination to expose hybridity as the critical ingredient in the construction of modernity. It challenges and contests the racial exclusivity of the modern state and its homogeneous discourse. It does so through the diasporic links established between immigrants and racial minorities by virtue of the very technologies upon which rests the objectifying practices of race. The myth of an imaginary homeland captures all in its net and belies notions of deracinated presences. The accommodation of immigrants on grounds of their modern subjectivities negates exclusionary principles deployed against racial minorities. Such negation becomes incompatible with the racially exclusive nation state. The intensification of immigrant insertion into racially exclusive arenas undermines practices of exclusion. Immigrants create a groundswell of racial accommodated because their identities are culturally and transnationally rather than racially defined. This is an imperative of new forms of globalization. But the fact of their accommodation breaks the stranglehold of racial exclusivity. At the same time, however, the opening up of the white racial space that allowed accommodation of immigrants from the global south in the modern spaces of the global north cannot be separated from successes in the struggle waged by national minorities against racial exclusivity.

But the accommodation of the immigrant is not unproblematic. The model minority highlights the contradictions of Diasporic identity. Diaspora can collude with the state to shore up its racial character by undermining challenges to its exclusionary practices. This opens the way for the masking of the state's practices of racial exclusivity that become hidden behind the trope of cultural inferiority applied to its racialized minorities. Objectifying technologies can shift their focus from race to culture as the distinguishing characteristic of modernity. Then, the success and accommodation of the immigrant comes to rest of cultural rather than racial identification. And culture becomes another way of introducing historicist arguments of immaturity into the discourse of modernity.

In the final analysis, diasporic subjectivity bridges the contradiction between hybridity as a fundamental condition of modernity, and capitalism's demand for racial exclusivity to support of the imperative of a racial division of labor. Neo-globalization has intensified this contradiction with a resultant deepening and widening of diasporic consciousness. But diaspora may very well be the Achilles heel of modernity. Its intensification comes with the possibility of undermining the racial state even while it continues to preserve the conditions of objectification required for the division of labor.

References

AMIN S., 1975, *Accumulation on a World Scale*, New York, Monthly Review Press.

AMIN S., 1976, *Unequal Development: An Essay on the Social Formations of Peripheral Capitalism,* Translated by Brian Pearce, New York, Monthly Review Press.

ANDERSON B., 1991, *Imagined Communities,* London, Verso.

BHABBA H., 1994, *The Locations of Culture*, London and New York, Routledge.

BOURDIEU P., 1977, *Outline of a Theory of Practice*, Cambridge, Cambridge University Press.

BOURDIEU P., 1984, *Distinction: A Social Critique of the Judgment of Tast*e, Cambridge, MA, Harvard University Press.

BRAITHWAITE E.K., 1971, *The Development of Creole Society in Jamaica, 1770-1820,* Oxford, Oxford University Press.

BRYCE-LAPORTE R.S. and MORTIMER D.M. (eds.), 1976, *Caribbean Immigration to the United States,* Washington, D.C., Occasional Paper N° 1, Research Institute on Immigration and Ethnic Studies, Smithsonian Institution.

BUTCHER K.F., 1994, «Black Immigrants in the United States: A Comparison with Native Blacks and Other Immigrants», *Industrial and Labor Relations Review* (47): 265-285.

FARLEY R. and ALLEN W., 1987, *The Color Line and the Quality of Life in America*, New York, Russell Sage Foundation.

FISHER S., 1992, *From Margin to Mainstream: The Social Progress of Black Americans,* 2nd ed., Lanham, MD, Rowman and Littlefield.

FONG C.V., 1989, «Tracing the Origins of a «Model Minority.» A Study of the Depictions of Chinese Americans in Popular Magazines.» Ph.D. Dissertation, Department of Sociology, University of Oregon.

FRANK A.G., 1967, *Capitalism and Underdevelopment in Latin America*, New York, Monthly Review Press.

FRASER C., 1994, *Ambivalent Anti-Colonialism: The United States and the Genesis of West Indian Independence, 1940-64*, London, Greenwood.

GILROY P., 1993, *The Black Atlantic*, Cambridge, MA, Harvard University Press.

GILROY P., 1997, «Between Camps: Race and Culture in Postmodernity.» An inaugural lecture. Goldsmiths College, University of London. 4 March.

GLAZER N. and MOYNIHAN P., 1963, *Beyond the Melting Pot*, Cambridge, MA, M.I.T. Press.

GOLDBERG D.T., 2002, *The Racial State*, Oxford, Blackwell.

GROSFOGUEL R., 2003, *Colonial Subjects: Puerto Ricans in a Global Perspective,* Berkeley, Los Angeles, London, University of California Press.

HALL S., 1996, «What is this 'Black' in Black Popular Culture?» in D. Morley, C. Kuan-Hsing, *Stuart Hall Critical Dialogues in Cultural Studies,* London and New York, Routledge.

HALL S., 1999, «Thinking the Diaspora: Home-Thoughts from Abroad», *Small Axe*, 6: 1-18.

HALL S., 2000, «Old and New Identities, Old and New Ethnicities», in L. Black and J. Solomos (eds.), *Theories of Race and Racism,* London and New York, Routledge: 144-153.

HALL S., 2002, «'Routes' to Roots» in I. Grewak and K. Kaplan (eds.), *An Introduction to Women's Studies: Gender in a Transnational World,* New York, McGraw Hill: 458-459.

HINTZEN P., 2001, *West Indian in the West: Self-Representations in an Immigrant Community*, New York, New York University Press.

HORNE G., 1995, *Fire This Time: The Watts Uprising and the 1960s*, Charlottesville, University Press of Virginia.

KASINITZ P., 1988, «From Ghetto Elite to Service Sector: A Comparison of Two Waves of West Indian Immigrants in New York City», *Ethnic Groups* 7, 173-204.

JUSTUS J.B., 1976, «West Indians in Los Angeles: Community and Identity.» in S. Lemelle and R. Kelly (eds.), 1994, Introduction: «Imagining Home: Pan Africanism Revisited», in S. Lemelle and R. Kelly, *Imagining Home: Class, Culture, and Nationalism in the African Diaspora,* New York, Verso.

MARX A.W., 1998, *Making Race and Nation: A Comparison of the United States, South Africa, and Brazil,* Cambridge and New York, Cambridge University Press.

PETERSON W., 1966, «Success Story, Japanese American Style», *New York Times*, January 6.

PRATT M.L., 1991, *Imperial Eyes: Travel Writing and Transculturation,* London, Routledge.

PURI S., 2004, *The Caribbean Postcolonial: Social Equality, Post-Nationalism and Cultural Hybridity,* New York, Palgrave Macmillan.

STEINBERG S., 1981, *The Ethnic Myth: Race, Class and Ethnicity in America*, Boston, MA, Beacon Press.

SORENSHEIN R., 1993, *Politics in Black and White: Race and Power in Los Angeles*, Princeton, Princeton University Press.

SOWELL T., 1978, «Three Black Histories» in *American Ethnic Groups*, T. Sowell and L.D. Collins (eds.), Washington, D.C., Urban Institute, 37-64.

TURNER J., 1991, *The Structure of Sociological Theory,* Belmont, CA, Wadsworth.

WALLERSTEIN I., 1980, *The Modern World-System II*, New York, Academic Press.

WALLERSTEIN I., 1984, *The Politics of World Economy,* Cambridge, MA, Harvard University Press.

WYMAN B., 1987, «Roots: The Origins of Black Politics in the East Bay», *Express,* 9(43), August 7.

YOUNG-JIN W., 1994, «Model Minority» Strategy and Asian American Tactics, *Korea Journal*, Summer, 57-66.

3

Diaspora and Beyond: The Promise and Limitations of Black Transnational Studies in the United States[1]

Tiffany RUBY PATTERSON
University de Binghamton, New York (États-Unis)

For many scholars, the notion of an African Diaspora seems misplaced at best. It is as if the trans-Atlantic trade that ripped millions of African people from the African continent and scattered them around the globe from the fifteenth through the nineteenth centuries left no traces of communities of African people. Such a view also erases from memory the world migrations of Black people that scattered even more across the globe from the end of the nineteenth century to the present day.[2] Yet, for more than two centuries, Black writers have spoken of the experiences of African people as a global experience. Recently, interest in this diaspora has exploded in the United States into a tidal wave of activity. For more than a decade, conferences, journals, books, and symposia have appeared with such frequency that keeping up with the events and publications often requires clerical assistance. In both formal and informal settings, scholars, social and political activists, and artists have debated and discussed this interest and its political significance. Indeed, «diaspora» has become one of many

1. Those comments are based on a special issue of *African Studies Review* (vol. 43, number 1, 2000) which partly originated from a roundtable on the African Diaspora at the ASA conference (African Studies Association) in Chicago, 1998.

2. According to Christine Chivallon, the organizer of the conference in Bordeaux (April 2002) where these comments were delivered, many in France reject the notion of an African diaspora.

new buzz words in scholarly circles along with transAtlantic, transnational, Black Atlantic, and Atlantic world. Despite all this activity, however, many Africanists and Americanist are concerned about the failure of most of this work to clearly define the conceptual value of the African Diaspora as a framework of analysis. They are concerned too about the way Africa and the diaspora have been constructed in relation to each other.

The concern over the conceptual fuzziness in much of this work led the editors of the *African Studies Review* to sponsor a special issue of the journal devoted to recent work in this important area. A collection of essays reflecting new and insightful scholarship on the African diaspora was published in this journal in April 2000. Robin D. G. Kelley and I co-authored the opening essay[3] that was designed to address the question of definition and to open a discussion regarding conceptualization. Commentaries on this article and eight additional essays completed this special issue.[4]

Comments in this essay are based on this article and my own continuing reflections on the need for conceptual clarity, the relationship of Africa to its Diaspora, and the need to consider overlapping diasporas. However, I am also concerned about the ease with which ideas are consumed in the United States, becoming intellectual fashions to be worn to impress and adorn, and then discarded. The concept of diaspora is attached more and more to conference papers, job applications, and course descriptions with little change in analysis. What should be an integrated approach to writing history often remains separate histories thrown together and labeled diaspora. Yet even as I write these critical reflections, the field is rapidly changing.

The making of an African Diaspora is a long history that dates back to at least the sixteenth century and earlier.[5] Making sense of that diaspora is equally as long. In *freedom* narratives, also known as slave narratives and anti-slavery tracts as well as other political and polemical writing, Black writers and activists such as Juan Latino, Jose Manuel Valdes, Ottobah

3. T.R. Patterson, R.D.G. Kelley, «Unfinished Migrations: Reflections on the African Diaspora and the Making of the Modern World», *African Studies Review*, 2000, 43 (1), 11-45.

4. See Special Issue on the Diaspora, *African Studies Review*, 2000, 43 (1): 1-201.

5. Colin Palmer argues that the migrations of African peoples which began more than a thousand years ago is where we must begin dating the formation of the African diaspora. Though I agree that the date is older than the fifteenth century, I am less certain about Palmer's easy equation of diaspora with dispersion without an examination of the processes that create a diasporic consciousness. See Colin Palmer, «Defining and Studying the Modern Diaspora.», *Perspectives: American Historical Association Newsletter*, 1998, 36, no. 6 (1), 22-27.

Cuagano, Olaudah Equiano, Ignatius Sancho, Ukawsaw Gronniosaw, Mary Prince, John Jea, Robert Wedderburn, Juan Francisco Manzano, Frederick Douglass, and Harriet Jacobs have often defined themselves as part of a world black community.[6] As Patterson and Kelley argue, along with the African diaspora's long history is the equally broad based impact of its conceptualization. Scholars' efforts to understand the black world beyond the boundaries of nation states have profoundly affected the way we write the history of the modern world. The making of a «Black Atlantic» culture and identity, in general, and Pan-Africanism, in particular, was as much the product of «the West» as it was of internal developments in Africa. We continued «Racial capitalism, imperialism, and colonialism– the processes which created the current African diaspora in the first place– could not shape African culture(s) without Western culture itself being transformed. By saying this, we are not speaking of the «Black Atlantic» as merely «countercultural» but as an integral part of the formation of the modern world. One reason why New World Black cultures appear «counter» to traditional narratives has to do with Europe's exorcizing of blackness for its own invented traditions, empires, and fictions of superiority and racial purity.

Patterson and Kelley offer a contribution to a theoretical framework and/or conception of world history that treats the African diaspora as a unit of analysis. Such a framework, we believe, must emphasize the historical construction of the African diaspora; the development of a diasporic identity and its social, cultural, and political manifestations; the contributions of black migrant/colonial intellectuals to re-thinking the modern West; and the continual reinvention of Africa and the diaspora through cultural work, migrations, transformations in communications, as well as the globalization of capital. In particular, we argue that the uses of the African diaspora as an approach to transnational/global histories should illuminate not only aspects of the European-New World encounter but speak to Africa's encounters with Indian Ocean societies, Asia, and the Islamic world as well as the dramatic events of seventeenth- to twentieth century U.S. history. At the same time, we drew attention to the ways that diaspora can also prevent

6. Vincent Caretta, *Unchained Voices: An Anthology of Black Authors in the Eighteenth Century*, Lexington, University of Kentucky, 1996; Alan Richardson and Debbie Lee (eds.), *Olaudah Equiano, Mary Prince and Others: Early Black British Writing*, New York, Houghton Mifflin, 2004; Jose Piedra, «Literary Whiteness and the Afro-Hispanic Difference» in *The Bounds of Race*, (ed.) Dominick LaCapra, Ithaca, Cornell University Press, 1991; Valuarez B. Spratlin, *Juan Latino, Slave and Humanist*, New York, Spinner Press, 1938; Adam Potkay and Sandra Burr, *Black Atlantic Writers of the Eighteenth Century*, New York, St. Martin's Press, 1995.

us from seeing the full-range of black transnational political, cultural, and intellectual links.[7]

In much of the older scholarship, and even some of the new, there is a presumption that black people worldwide share a common culture. This presumption is partly the result of the vast scholarship on African cultural survivals that continues to influence conceptual thinking in some work. However, this presumption is also a by-product of a historical and political understanding that has always connected the struggles of all black people living under conditions of racial oppression and colonialism or what Peruvian sociologist Anibal Quijano calls the «coloniality of power.»[8] This worldview has been the basis for political and cultural movements premised on international solidarity. Yet recent scholarship also makes clear that in spite of African cultural survivals, diasporic identities are socially and historically constituted, reconstituted and reproduced; any sense of a collective identity among Black peoples in the New World, Europe, and Africa is therefore contingent and constantly shifting. A common history of dispersal or a shared experience of exploitation does not automatically create a common identity or a shared sense of community. Yet, as Kelley and I argued, it was precisely out of the historical struggle to resist domination that a concept of *authentic* identity emerged alongside a discourse of difference and discontinuity.[9]

These two opposing but dialectically linked conceptions of identity suggest that diaspora is both a process and condition.[10] Movement and migration are the foundation of this process. But diaspora is also imagined through thought, cultural production and political struggle. This process creates the diasporic condition, which is made and re-made. In other words, the African diaspora itself exists within the context of global race and gender hierarchies which are formulated and reconstituted across national boundaries and along several lines: 1) along legal lines which curtails citizenship in polities that claim to be democratic; 2) along cultural lines which ascribe negative cultural value to indigenous forms while simultaneously appropriating

7. Patterson and Kelley, *ibid.*, p. 13.

8. Anibal Quijano, «Coloniality of Power and Eurocentrism in Latin America,» *International Journal of Sociology*, 2000, (15) 2: 218.

9. Patterson and Kelley, *ibid.*, p. 19.

10. See Stuart Hall, «Cultural Identity and Diaspora» in *Identity, Community, Culture, Difference,* London, Lawrence and Wishart, 1990, p. 223; Hall, «The Question of Cultural Identity», in *Modernity and Introduction to Modern Societies*, (eds.) Stuart Hall et al., Oxford, Blackwell, 1996, p. 596-634; Lawrence Grossberg, «On Postmodernism and Articulation: An Interview with Stuart Hall», in *Stuart Hall: Critical Dialogues in Cultural Studies*, (eds.) David Morely and Kuan-Hsing Chen, London, Routledge, 1995, p. 141.

these expressive cultures for political and commercial purposes; 3) along economic lines through the planned persistence of plantation economies and a world market that makes those economies untenable; 4) along imperial lines through the international development of «Jim Crowed» modes of industrial production; and 5) along social lines through systems which define and limit access based on race and gender which includes both open and segregated societies. While global racial and gendered hierarchies are distinct because racial definitions in gendered forms remain intact across national boundaries, Ramon Grosfogel reminds us that we must also pay attention to the ways in which differences in empire–the French, English, Spanish, U.S. for that matter–defined colonial/subordinate subjects and structured definitions of race/gender, citizenship, and national identity.[11] In other words, the arrangements that these hierarchies assume may vary from place to place but they remain a *gendered racial hierarchy.*

One of the limitations of diaspora as a framework is that it has generally been employed (invoked) in such a way as to hide the differences and discontinuities. The very concept of diaspora has been extracted from peoples' lived experiences and then molded into metaphors for alienation, outsiderness, home, and various binary relationships such as alien/native. The metaphor has come to represent those experiences and, in so doing, often erases the complexities and contradictions as it seeks to fit everything within the metaphor. Indeed, the experiences of those located in the United States, for example, have often come to stand for those not in the U.S. or used as the standard of comparison.

A way out of this conundrum is to think about «diaspora» as open-ended rather than a closed framework. The notion of diaspora more than conveying a given set of meanings is a keyword with multiple connotations signifying histories of settlement and travel of dispersed peoples as

---

11. Ramon Grosfoguel and Chole Georas, «The Racialization of Latino Caribbean Migrants in the New York Metropolitan Area», *Centro de Estudios Puertorriquenos*, 1996, 8, 190-201; Adrian Burgos, «Playing in a Black and White 'Field of Dreams': Race, Culture, and Identity among Latinos in North American Professional Baseball, 1870s-1980s», Ph.D. diss., University of Michigan, 2001; Winston James, *Holding Aloft the Banner of Ethiopia': Caribbean Radicalism in Early Twentieth-Century America*, New York, Verso, 1998, p. 195-257; Nancy Mirabal, «Telling Silences and Making Community: Afro-Cubans and African-Americans in Ybor City and Tampa, 1899-1915», in *Between Race and Empire: African Americans and Cubans Before the Cuban Revolution*, (eds.) Lisa Brock and Digna Castenada, Philadelphia, Temple University Press, 1998, p. 70-85; Rajagopalan Radhakrishnan, *Diasporic Mediations: Between Home and Location*, Minneapolis, University of Minnesota Press, 1996; Agustín Laó-Montes and Arlene Dávila, *Mambo Montage: The Latinization of New York*, New York, Columbia University Press, 2001.

a world-historical identity. In this sense, diaspora has the analytical-linguistic value of what Gilles Deleuze and Felix Guattari call a metaphor-concept, a discursive category that as a metaphor does not intend a mimetic empirical representation or a simple causal relationship, but that instead enables the understanding of complex connections at various levels of analysis.[12] On the other hand, it is a concept because it is not conceived and articulated in a literary context but as a tool of philosophical and/or historical analysis. That is to say, the notion of diaspora is not trying just to develop an explanation of Africanity as a key component of modernity, or even to name a perspective in world-historical analysis of African peoples. It does more in the sense that it serves both purposes at the same time, that it connects African histories to other modern histories of displacement and dispersion (e.g. Asians in the Americas as done by Vijay Prashad and Madhavi Kale in their latest books).[13] On the other hand, it does less because as a metaphor-concept it is an open-ended signifier that does not pretend to exhaust the possibilities of interpretation; it only pretends to be a heuristic device to enter into the labyrinth of modern histories.

Diaspora is, in other words, an historical process, analytical framework, and philosophical lens through which identities and experiences are understood. Diaspora studies must tie together discrete phenomenon that occurs at specific historical moments (epoch) like slavery and the slave trade. For example, slaves experienced a set of common experiences, but on the ground they moved in and out of contradictory spaces. As Michael Gomez has shown, slaves negotiated questions of color, nationality, status, gender, ethnicity among themselves and between themselves and their masters. These were distinct experiences that scholars must analyze historically.[14]

Scholars must also unpack concepts like «identity» that are made to stand for so much that the distinctiveness and nuances of experience is sometimes lost.[15] For example, historical identities are different than philosophical identities. When Africans from the continent or Caribbean moved

12. Gilles Deleuze and Felix Guattari, *What Is Philosophy?*, New York, Columbia University Press, 1994, chapter 3, p. 61-84.

13. Vijay Prasad, *'Everybody Was Kung Fu Fighting': Afro-Asian Connections and the Myth of Racial Purity*, Boston, Beacon Press, 2001; Madhavi Kale, *Fragments of Empire: Capital, Slavery, & Indian Indentured Labor in the British Caribbean*, Philadelphia, University of Pennsylvania Press, 1998.

14. Michael Gomez, *Exchanging Our Country Marks: The Transformation of African Identities in the Colonial and Antebellum South*, Chapel Hill, University of North Carolina Press, 1998.

15. The conceptual problems of «identity» is explored in Rogers Brubaker and Frederick Cooper, «Beyond Identity», *Theory and Society*, 2000, p. 29, 147.

to the United States or Europe, they stepped from one particular layer of blackness to another but they experienced that new layer differently. They brought with them a particular experience that had to be adjusted to a new form of colonial expression. They also encountered black southern migrants whose own experience with the violence of Jim Crow made them wary of alliances with migrants from all over the world. Similarly migrants from other colonial worlds read the metropole in starkly different ways than indigenous colonial subjects as they tried to negotiate race and capitalist exploitation.

Equally important in shaping the black world was the rapid industrialization after World War I that spawned massive migrations on a global scale. Famines, international wars, revolutions, violence, as well as the movements of global capital precipitated labor migrations from Europe and Asia to North America, the Caribbean and South Africa. These political and economic upheavals produced migrants some of whom ended up in social and political upheavals in the US: Seattle's General Strike in 1919, race riots in Chicago, East St. Louis, Elaine Arkansas, Washington, D.C. These global movements and migrations and their local counterparts in the United States and elsewhere is the context for international Black movements such as Garveyism and the African Blood Brotherhood[16]. Garvey was strongly influenced by the Irish in England and Panamanian labor leaders and most of the leadership of the African Blood Brotherhood had Caribbean roots. C.L.R. James and George Padmore traveled the Atlantic world working in Europe, North America and the Caribbean.

These movements, therefore, were global in nature and suggest that the «black» world can only be understood in the context of the larger world. These movements were also the product of global conversations with Irish nationalists, Asian radicals like India's M.N. Roy and Japan's Sen Katayama and Russian Jewish émigrés from the 1905 revolution. Diaspora is therefore useful if used as a framework for analysis and not an end in itself. Diaspora opens a way for exploring questions of black consciousness to the globality of the diaspora-in-the-making and allows for a rethinking of how we view Africa and the world, and opens up new avenues for writing a world history from below.[17]

The articles in the *African Studies Review* special issue contribute to a growing body of exciting literature that is opening new avenues for research. Brent Hayes Edwards, Cheryl Johnson-Odim, Agustin Lao-Montes and Michael O. West offered insightful criticisms and commentar-

16. Patterson and Kelley, *ibid.*, p. 26.

17. *Ibid.*

ies on the ideas presented in the opening article by Patterson and Kelley.[18] These critiques provide the discussion that the authors were hoping for when writing their article. The remaining eight articles are also illuminating[19].

Hakim Adi examines the rise of nationalism among West Africans in Britain in the first half of the twentieth century highlighting their political activities pursued through organizations like the African Students' Union. Edward Alpers explores the African presence in the Indian Ocean world. Herman Bennett, by focusing on the nation-state and its genesis in nineteenth-century German Romantic thought and its critics, explores the way in which the nation informs the very meaning of diaspora despite scholars attempts to challenge this conventional framework. Kim D. Butler applies a diasporan framework in her studies of post-emancipation Brazilian society comparing her findings with other Afro-Atlantic communities. Amanda D. Kemp and Robert Trent Vinson discuss the relationship between Black South African leaders and African Americans as they challenged white segregationist views of Blacks as justification for discriminatory legislation. Specifically they examine the role of James Thaele, the American educated president of the African National Congress who challenged the white modernity narratives that restricted Africans to «uncivilized native» categories. Ivor Miller explores the Abakuá Society for men, a secret society derived from West African Ékpè Societies of the Cross River region. The society was founded in Havana in 1836. Miller demonstrates the influence of this secret society on Cuban popular culture, particularly music. Vijay Prashad, focusing on the East Indian Dalits and Africans, discusses the Afro-Dalit project that is exploring a common origin for

18. An example of the brilliant new work that is being spawned by the questions generated in this field is Brent Edwards, *The Practice of Diaspora: Literature, Translation, and the Rise of Black Internationalism*, Cambridge, Harvard University, 2003. By focusing on the print culture across the Francophone and Anglophone worlds, Edwards demonstrates how Paris became center of the development of black modernism and internationalism during the 1920s.

19. All these essays are part of the special issue on diaspora in the *African Studies Review* (2000): see footnote 1. They are Hakim Adi, «Pan-Africanism and West African Nationalism in Britain,» p. 69-82; Edward A. Alpers, «Recollecting Africa: Diasporic Memory in the Indian Ocean World,» p. 83-100; Herman L. Bennett, «The Subject in the Plot: National Boundaries and the «History» of the Black Atlantic,» p. 101-124; Kim D. Butler, «From Black History to Diasporan History: Brazilian Abolition in Afro-Atlantic Context,» p. 125-140; Amanda D. Kemp and Robert Trent Vinson, «Poking Holes in the Sky': Professor James Thaele, American Negroes, and Modernity in 1920s Segregationist South Africa,» p. 141-160; Ivor Miller, «A Secret Society Goes Public: The Relationship Between Abakuá and Cuban Popular Culture,» p. 161-188; Vijay Prashad, «Afro-Dalits of the Earth, Unite!,» p. 189-201.

Africans and Dalits as a means to call for political solidarity in the present. These essays offer tantalizing directions for future research, demonstrating both the benefits and limits of a diasporan framework. The special of ASR is one of many efforts to expand the discussions in this important and intellectual profitable area of study.

Partie 2

PERSPECTIVES DEPUIS DEUX THÈMES MAJEURS DE L'ÉTUDE DES FAITS DIASPORIQUES

Chapitre 3

Diasporas, médias et nouvelles techniques de communication

Introduction

NTIC et nouvelles diasporas : usages privés, usages publics

Yves WINKIN
École Normale Supérieure Lettres
et Sciences Humaines (Lyon)

Que le lecteur me permette d'ouvrir cette introduction par une brève étude de cas fondée sur une expérience personnelle. Depuis quelques années, je travaille régulièrement à Genève. La ville, on le sait, est très internationale. Ce qui ne signifie pas encore qu'elle soit organisée en diasporas, au sens de « communautés transculturelles » conscientes d'elles-mêmes et cherchant à exprimer publiquement leur identité culturelle. On peut s'installer à Genève pour quelques années sans avoir l'intention de s'ancrer dans un projet collectif. C'est le cas notamment des fonctionnaires internationaux qui vivent leur parcours à travers le monde de manière individuelle, tout au plus familiale. On peut aussi s'installer à Genève sans intention de retour au pays mais sans chercher non plus à s'intégrer dans une communauté diasporique territorialement et/ou symboliquement visible et active. C'est le cas de Sonia, une chercheuse portugaise dont le frère et les deux sœurs sont installés à Genève depuis de nombreuses années. Les parents sont rentrés au Portugal. Chacun vit sa vie. Mais de temps à autre, les membres de la famille se réunissent sur Internet et bavardent joyeusement. À la question que je lui adressais dans un courriel sur les modalités techniques de ces réunions, Sonia m'a répondu ceci :

> nous avons utilisé un logiciel que tu peux downloader sur le net for free qui s'appelle skipe, c'est le truc qui fait fureur en ce moment (seulement appel voix, pas d'image). D'habitude comme on a tous messenger on se connecte via msn, c'est plus sympa parce qu'on a la caméra, et on fait ça

> de manière très rigolote en s'appelant parmi nous, parfois tous ensemble dans la même maison, comme c'était le cas vendredi où nous étions les 4 ici en Suisse au même endroit, mais parfois aussi chacun est chez soi et se joint à la conversation, cela donne des chassés-croisés très drôles où tout le monde parle en même temps. C'est vrai que c'est un monde virtuel qui rend les gens assez proches, nous on peut rester des heures à parler de tout et de rien, c'est comme si on y était... En même temps cela donne un sens aux réunions, tu vois je dis à quelqu'un « Ce soir je ne peux pas te voir car on se connecte avec ma mère ! ». C'est plus qu'un simple coup de fil, cela mérite bien son nom de netmeeting...

Sa réponse offre plusieurs pistes pour une réflexion sur le rôle des nouvelles technologies de l'information et de la communication (NTIC) dans les diasporas. Cette famille maîtrise visiblement les possibilités techniques offertes aujourd'hui par Internet : logiciel skipe, msn, caméra, etc. Netmeeting, indeed… Il n'est peut-être pas inutile de préciser que le frère est informaticien, non seulement pour comprendre comment et pourquoi tout le monde s'y est mis (père et mère compris) mais aussi pour introduire l'hypothèse suivante. Est-ce que l'on ne pourrait pas suggérer que si le capital social, culturel, économique d'une famille récemment immigrée est élevé, les NTIC seront plutôt « domestiquées », c'est-à-dire exploitées dans la sphère privée, contribuant ainsi à renforcer la volonté plus ou moins avouée d'éviter la communauté diasporique locale. Celle-ci serait plutôt le refuge de ceux qui, dotés de moindres capitaux (ouvriers non qualifiés, personnel ancillaire, etc.), se retrouveraient dans la position de chantres du pays d'origine, autant par stratégie de défense au sein de la société d'« accueil » que par réelle nostalgie. C'est eux qui constitueraient les nouvelles diasporas – qui « diasporiseraient », si l'on emploie ce néologisme pour redire que les diasporas ne sont pas des états mais des pratiques de représentation, avec leurs lieux « typiques » (cafés, restaurants, clubs…) et leurs médias, des journaux aux NTIC. Celles-ci seraient essentiellement exploitées dans la sphère publique, en particulier dans des cybercafés ou des boutiques de communication, dont le nombre a d'ailleurs spectaculairement augmenté ces quelques dernières années dans les quartiers populaires de villes comme Paris (Langlet-Scopsi, 2004). En d'autres termes, à la question de savoir si les NTIC contribuent à renforcer les nouvelles communautés diasporiques, il faudrait répondre : tout dépend des usagers, et de leur positionnement social. Si celui-ci les amène à fonctionner sans l'aide de leur diaspora, leurs usages des NTIC seraient plutôt de l'ordre de la lettre privée ; si au contraire, leur positionnement les amène à se servir de la diaspora, les NTIC seraient exploités en des lieux semi-publics emblématiques de celle-ci, contribuant ainsi à son renforcement. Voilà pour l'hypothèse de travail.

Les textes de Myria Georgiou, Mihaela Nedelcu et François-Xavier Fauvelle-Aymar sont tous trois traversés par cette interrogation sur le rôle des médias et des NTIC dans la constitution et la consolidation de communautés diasporiques. Ils retrouvent en cela une problématique classique en sociologie de la communication : comment prouver que les médias ont bien des effets (à court, moyen ou long terme) sur les esprits, les conduites, les institutions ? Le sens commun est toujours prêt à accorder une puissance causale aux médias. La recherche scientifique est évidemment beaucoup plus prudente : le scepticisme est son premier principe de précaution, l'analyse des faits est son second. Examinons brièvement comment nos trois auteurs s'y prennent pour construire leur corpus de données et répondre à la question de la relation entre médias et communautés diasporiques.

Myria Georgiou entreprend une analyse secondaire de treize rapports nationaux sur les médias diasporiques en Europe, envisagés aux niveaux local, national et transnational. Il s'agit d'une étude comparative à grande échelle, particulièrement riche par le nombre de médias envisagés et de communautés prises en compte. Il en ressort pour elle que les effets des nouvelles technologies de communication sont particulièrement nets : les NTIC font craquer les vieilles certitudes quant aux frontières, aux idéologies, aux pouvoirs, tant au sein des sociétés qu'au sein des diasporas elles-mêmes. Maîtriser les NTIC, c'est s'assurer d'un nouveau droit à être vu et entendu, qui bouleverse les relations de pouvoir traditionnelles. De nouvelles configurations politiques ne vont pas manquer d'apparaître, qui refléteront ces redistributions des contrôles médiatiques.

Mihaela Nedelcu travaille tout autrement. Elle procède à partir d'un cas particulier, celui de l'immigration roumaine récente au Canada, et plus précisément encore, celle qui concerne les informaticiens roumains établis à Toronto ayant exploité les ressources offertes par le site www.thebans.com. Ce site, créé en 1994 par l'un d'entre eux, recueille les expériences migratoires et offre des conseils aux candidats à l'émigration. Il fournit ce que Nedelcu appelle une « préaccommodation à distance à la future société d'accueil ». Il contribue ainsi à la formation d'une diaspora locale – mais Nedelcu insiste sur le fait que « la cristallisation même d'une conscience d'existence en diaspora suppose une longue durée », qui fait encore défaut aujourd'hui. Reste que le lien est à nouveau établi entre NTIC et communauté (proto-) diasporique.

François-Xavier Fauvelle-Aymar n'envisage lui aussi qu'une communauté, mais les configurations de celle-ci sont si vastes que la démarche de l'historien ressemble plus à celle de Georgiou qu'à celle de Nedelcu. Il s'agit de la diaspora afro-américaine dans sa version afrocentriste, telle qu'elle se donne à voir et à penser sur divers sites comme www.melanet.com.

Oscillant entre communautarisme et « pan-négrisme planétaire », l'afrocentrisme ne repose pas fondamentalement sur les NTIC, même si celles-ci le servent bien par la multiplicité des offres identitaires qu'elles permettent. Fauvelle-Aymar n'établit donc pas de relation de cause à effet entre les nouveaux médias et la communauté imaginaire qu'est la diaspora noire dans sa version afrocentriste.

Ainsi, trois études, trois réponses. Mais aucune des trois recherches ne réfute catégoriquement l'existence d'un effet des médias sur les diasporas. On tend plutôt vers une confirmation de la réalité de ces effets, même si les nuances sont importantes. Ce qui est également intéressant, c'est l'infirmation possible de l'hypothèse formulée en ouverture de cette introduction, à savoir que les nouvelles diasporas n'accueilleraient que des émigrés des milieux populaires, dotés de faibles capitaux sociaux, économiques et culturels. Le cas des informaticiens roumains de Toronto, finement analysé par Nedelcu, semble montrer que les « (N) TIC sont à l'origine d'une diasporisation accélérée des communautés roumaines ». Il n'y aurait donc pas d'opposition à faire entre usages privés et usages publics des NTIC, entre repli familial dans les milieux bourgeois et investissement diasporique dans les milieux populaires. Mais comme le dit Nedelcu, « la persistance de ce processus n'est pas encore prouvée ». Il faut laisser du temps au temps : à Toronto, il n'y a encore qu'une première génération d'émigrés roumains, contrairement à bien d'autres pays, où plusieurs générations se sont accumulées, la plus ancienne étant le plus souvent la moins bien dotée économiquement et culturellement.

Si l'étude de Nedelcu tend à infirmer l'hypothèse offerte à partir du cas de Sonia, il faut néanmoins relever une similitude intrigante : c'est le rôle actif des parents des migrants des classes moyennes et supérieures. Dans l'un et l'autre cas, ils sont encore jeunes, ils maîtrisent les NTIC, ils rendent régulièrement visite à leurs enfants et s'occupent de leurs affaires au pays. Contrairement aux schémas traditionnels d'émigration fondés sur la rupture douloureuse, on observe ici une grande complicité intergénérationelle, encore renforcée par l'utilisation des NTIC, à la fois pour des raisons affectives et professionnelles. Il y a là sans doute une piste de recherche à poursuivre.

La présente introduction se donnait un triple objectif. D'une part, tenter de réintroduire dans la réflexion sur les diasporas une opposition entre classes d'émigrés ; d'autre part, rapporter la question des rapports entre NTIC et communautés diasporiques à la problématique des effets qui a traversé toute la sociologie des médias ; enfin, proposer une relation entre classes d'émigrés et usages différenciés des NTIC. Les trois études qu'on va lire permettent de faire avancer ces trois questions. Et Sonia peut de son côté continuer à downloader skipe pour lancer un msn sur messenger. Ou quelque chose du genre.

Référence

LANGLET-SCOPSI Cl., 2004, *Représentations des TIC en milieu migrant : le cas des « boutiques de communication » de Château-Rouge*, Thèse de doctorat en Sciences de l'information et de la communication, Nanterre, Université de Paris 10. (non publiée).

1

Diasporic Media Cultures in Europe: An Investigation of Diasporic Belonging Across Boundaries

Myria GEORGIOU
University of Leeds (Royaume-Uni)

There is no doubt that new communication technologies have challenged meanings of distance, of geographical and political boundaries. Have identities changed radically as a consequence? Are diasporic communities becoming redundant and irrelevant as mobility and flexibility of individuals increase? Have communication changes led to the emergence of new forms of relations, loyalties and belonging (or of non-belonging)? Much is being said about a communication revolution that alters the conceptualisation and experience of the distant and proximate world, of the community and the self. Fluidity, fragmentation and mobility have become buzz words within a discourse that assumes that people are more and more flexible and mobile players in a global arena. However, such assumptions are challenged as many people still seek association and refuge within communities, as they express loyalties and oppositions based on ethnic identification, as they still define themselves in relation to *homelands*[1] and diasporas. Diverse experiences of belonging, association with communities and different appropriation of technologies and the media invite us to investigate the complexity of inter-

1. The concept of *homeland* appears in italics throughout the text, as it signifies more of a symbolic, imaginary point of reference for community and identity and less so a permanent, objective and specific geographical location. *Homeland* as a symbolic reference can have the latter characteristics, but its significance depends less on geographical boundedness and more on the meanings given to it as a symbol for identity and community.

connections, mediation and community construction in transnational contexts. Teleological and linear assumptions of belonging and for being (part of diasporic communities, of national societies or of transnational networks and global societies) are constantly confronted in people's actual experiences that reflect inter-moldings of continuity and change, of particular associations and universalizing discourses.

The complexity of diasporic cultures[2] urges the conduct of research on the emergence of new conditions of belonging, but also of alternative *scenarii* of belonging and non-belonging. A study of communities and cultures in relation to the means and the context of imagining and sustaining diaspora is crucial for developing a meaningful and relevant understanding of diaspora. It is in this context that media and communication technologies become central for understanding diaspora. Contemporary cultures become media cultures with communication and interaction across different sections of the diaspora being increasingly mediated in screens, in travelling digits, in telecommunications' connections (Alasuutari, 1999; Silverstone, 1999). The study of the cultural practices and of appropriations of media and technologies in transnational contexts is a study of the lived experience of diaspora, of diasporic communication and culture.

Mapping Minorities and their Media in the EU[3]

In an ambitious attempt to understand diasporic media cultures and their significance for identity and community, this project built a cultural map of diasporic media in the European Union. This mapping is neither conclusive nor fully inclusive, as mobility and the media are constantly changing and evolving. Yet, this mapping has been a systematic attempt to record diversity across Europe and some key elements of emerging media cultures. The project refers and draws from more than 80 such cultures, which are associated

2. The terms diasporic/diaspora are used to refer to groups of populations that left an original homeland and settled into a new country at some stage in their history. The employment of the concept of diaspora learns from conceptualizations such as Cohen's (1997) and Durham Peter's (1999). They argue that diaspora implies a decentralized relation to ethnicity and involves real and imagined relations between scattered people who sustain a sense of community through various forms of communication and contact.

3. The author acknowledges the support of the EU 5th Framework Programme (Contract HPRN – CT2000-00063: The European Media Technology and Everyday Life Network) in the preparation of this paper. The research was conducted at the London School of Economics (LSE) with the direction of Prof. Silverstone. Apart from the research I conducted, a network of researchers from across Europe participated in the collection of data. I am indebted to them for their hard work (All the reports produced for this research are available on line: http://www.lse.ac.uk/collections/EMTEL/Minorities/minorities.html). The research was conducted across the EU before its recent enlargement.

with a variety of populations, starting from communities which have been part of Europe for centuries (e.g. Jewish people) and including newly settled diasporas-in-the-making such as those from Eastern European countries (Iordanova, 2001). This mapping has two main elements, one primarily descriptive of the diversity of cultures and minority media and a second, which focuses on a number of qualitative elements of those cultures. The key theme underlying this research is exclusion/inclusion/participation and the media. In its qualitative, in-depth analysis especially, this project investigates how media and communication technologies expand and/or limit inclusion and participation in three distinct, but interconnected spatial contexts: the local, the national and the transnational. The increasing potentials for developing particularistic, diasporic media and transnational but exclusive communication spaces for minorities across and beyond Europe, invite a number of questions. Do these potentials imply further segregation of European societies? Do they give voice to populations which are otherwise excluded from the mainstream media? Do they allow the emergence of more diverse and co-existing communication flows in and beyond Europe? These questions do not only challenge our understanding of issues of exclusion/inclusion and communication, but also our understanding of diaspora as a transnational (exclusive and exclusionary?) community and as a co-existing (competing and antagonizing?) cultural context vis-à-vis the European nation-states.

Research has already shown that during the last decade or so, communication technologies have enabled the development of decentralised, local and transnational media, allowing groups to re-imagine themselves and Europe beyond the dominant and national ideologies of European and national homogeneity (Morley and Robins, 1995; Hulshoff, 1999; Husband *et al.*, 2000). As these changes occur, hierarchical ideologies on the singularity of Europe and of European identities are challenged. For centuries, Eurocentrism has assumed a predominant role of a singular European cultural heritage within the continent and beyond (Amin, 1989) and European culture has been imagined as being defined by the Judeo-Christian religion and the ancient Greek ideals (Pieterse, 1991). This imagining has for long undermined the heterogeneity of Europe, the cultural conflicts between different populations inhabiting the continent and the intense and creative tensions European culture has always been about. Pieterse argues about this imagining: 'in addition to being chauvinistic, elitist, pernicious and alienating, it is wrong' (ibid., 3). Hegemonic Eurocentric ideologies have undermined regional cultures and subcultures and have denied both popular culture and diverse cultural creativity. Furthermore, they have adopted a static understanding of both culture and Europe, while failing to take into consideration the historical, communication and, among others, technological changes that have been taking place. The dynamic presence of diasporic and migrant minorities in Europe, which extends beyond physical presence, and includes the dynamic development of alternative cultures, politics and communities, increasingly undermines the stereotypes around European cultural homogeneity. Minority media become some of the most vibrant agents of alternative cultures and their presence alone reflects the cultural diversity in Europe, no less in its contradictions and its tense relation to the mainstream.

The research this chapter draws from is an attempt to map cultural difference within Europe and to interpret it. Cultural difference can lead to segregation, to the emergence and sustaining of communities that are distinct and separate from the mainstream, but also to the emergence of communities that are becoming integral part of the mainstream, of the national and transnational European societies, though often radically innovative in appropriating diversity within their boundaries and outside. The collected data reflects the richness of the diasporic media cultures and the map drawn reveals a multiplicity of experiences, settings and directions. For somc communities – the newer diasporic communities especially (e.g. Croats, Albanians) – mediated communication primarily reflects their interest in staying in touch with the *homeland.* For communities that have been in the diaspora for generations, diasporic media offer a chance to keep long-term, on going and adapted to their everyday life communication with other members of the broader diaspora (e.g. Jews, Armenians). But for most of the diasporic communities, media and communication technologies are appropriated to meet multiple needs and desires to communicate with other members of the same group in the locality, in the country of origin and in the broader transnational diaspora (e.g. Greeks, Turks, Caribbeans). No less importantly, diasporic media serve as an alternative point of reference within the multicultural European societies where these groups live. Diasporic media become an outlet for visibility, for cultural and political expression for groups which are usually excluded from mainstream media. Thus, such particularistic media are not only agents of distinct identity and community, but they also get involved in universalistic projects for representation and democratic participation in European societies.

Diasporic communication – Unbounded Belonging?

The field of diasporic media cultures is very diverse, both because of the multiplicity that characterises different groups involved in media cultures, as well as because of the complexity of the spatial contexts where these cultures develop. For the purposes of this paper, an outline of the six main themes that emerge in the analysis of the vast and rich data dealt with for the project *Mapping Diasporic Media in the EU: Addressing Cultural Exclusion* is presented. This discussion cannot be exhaustive, as the complexity of the field, the nuances and the particularities of media cultures cannot be fully represented in this limited space. However, this brief account will hopefully offers a challenging starting point for understanding the significance of media cultures for diasporic community and identity in Europe. The analysis of thirteen national reports[4] and a number of case studies led to the development of six themes from within the three spatial positions of diasporic media cultures: the local, the national and the transnational.

The Local

• Theme I: The (Re-)Construction of Urban Space

The local is the starting point of reference, as it is the context of diasporic everyday life and experience. Media and communication technologies are integrated in the local, both in relation to consumption practices and in relation to distinct forms of their appropriations. As far as consumption is concerned, media become cultural references when they are consumed at home and in public, when they are discussed in the public domain and when they inform interpersonal talk and public performance of individuals and groups (e.g. informing musical tastes, fashion tastes, choices of entertainment). The popularity and significance of diasporic media for their consumers can be best studied in locales. In locales, the banal and ordinary practices of everyday life often reveal the significance of diasporic media as alternative portals for dissemination of information and the conduct of communication practices. When popular Greek tunes are heard in shops, homes and driving-by cars in North London, common codes of communication that are distinctly related to particular North London locales, emerge. These codes of communication link the local Greeks to each other, but they are become familiar and local references for the non-Greek inhabitants of the area (either they enjoy those sounds or not). The distinct local identity of urban spaces extensively relates to the visibility, to the sounds and images integrated and appropriated in diasporic everyday life.

Increasingly, visibility and participation of diasporic minorities in the (re-)shape and revitalisation of local life do not relate to media consumption alone, but also to new forms of appropriation of communication technologies. Internet cafés and telephone centres mushroom in neighbourhoods with high diasporic minority presence. These local public spaces serve a dual communicational role. On one hand, they offer relatively cheap and

4. The thirteen reports cover an equal number of EU member-states: Austria, Belgium, Denmark, Finland, Greece, Germany, Italy, Ireland, The Netherlands, Portugal, Spain, Sweden and the UK.

easy access to communication and allow sustaining relations across diasporic spaces. On the other, such places become social spaces for immediate communication and social participation in the locale. Ethnographic study of such places shows that many of their users are not just customers and consumers of specific technologies, but actually, they are habitués of those places. Communication centres become meeting points and public spaces where minorities, excluded from other public spaces, gather and socialize. Communication does not only mediate relations across distance, but also close and immediate relations in the locale.

Both the sounds and the images of minority media cultures, as well as communication centres such as Internet cafés, have re-appropriated and reshaped many locales, especially in cities. Such visibility and participation of diasporic groups in the public and in appropriating media and communication technologies often cause tensions, but also become daily reminders of the active, creative and communicative presence of minorities in everyday (media) cultures across Europe.

• Theme II: The Multicultural and Mediated Local – Multicultural Media Projects

In the locale – especially the urban spaces, as it has been argued – diasporic cultures become visible as they develop around specific media and communication experiences and practices. Locales are also spaces where interethnic co-existence takes places and where media projects of co-operation and dialogue develop. Next to the media produced and consumed by specific groups, there is a growing number of new generation multicultural programmes. These programmes address at the same time people of different cultural backgrounds, including minorities and majorities (e.g. Couleur Locale, Belgium; Radio Multikulti, Berlin, Germany; Radio OneWorld, Ireland; Colorful Radio, The Netherlands; Sesam, Sweden). Most of these multicultural projects are radio stations though some examples of multicultural television – e.g. in Aarhus, Denmark – exist across Europe.

The common element of these projects is the sharing of a particular frequency or channel by different groups – diasporic minorities, but also political and cultural minorities within the majority population. These mediated spaces reflect and represent the ethnic and cultural diversity of Europe in ways that most national media fail to do: different languages, different kinds of music, different religions and political groups find in them a space for self-representation. There are many successful examples showing that multicultural broadcasting is gaining popularity vis-à-vis separate/separatist ethnic media. The increasing number of such programmes reflects (i.) cultural changes within diasporic groups, as new generations seek expression and representation in diverse rather than in *closed* and exclusive projects; (ii.) a political significance of such projects, as they seek to expand inclusion and participation in multicultural public spheres without denying difference; and (iii.) a top-down approach to multiculturalism, which promotes media integration (e.g. public service).

The National

• Theme III: The National Context: Enabling or Restricting Minority Voices

The national context is politically significant as rights and obligations of diasporic populations are shaped in relation to national legislation and vis-à-vis dominant national ideologies. The conducted comparative study across a number of national contexts led to a number of observations. No matter how transnational links and networks develop across the diaspora, the nation-state proves to remain of key relevance to diasporic production within and across European nation-states. The comparative study between five European countries[5] shows that the more supportive the state is to multicultural projects – especially in terms of subsidies – the more minority media develop. Most of the media that are circulated on a national scale are print media, indicating that press is still the medium defined more than any other by national boundaries; broadcasting media – and Internet production – tend to be local or transnational. Almost all national reports indicate that the vast majority of diasporic national media suffer from lack of resources and lack of professionalism. They depend extensively on volunteers and subsidies. Their longevity is threatened as legislation changes (e.g. subsidies' cuts in Denmark and Sweden as government approach to multiculturalism and alternative media shifts). Media produced within the national context appear as minimal in numbers (and in significance) compared to transnational media. This is more of the case in countries where there is no provision or support for such media production within the national context (e.g. Germany and Spain). Most minority populations turn to transnational media, as there is lack or minimal choice of diasporic media produced locally and nationally.

The condition of diasporic media production across Europe does not only raise the issue of minority exclusion, but also of inequalities between different diasporic experiences. The obvious first reason of the inequality between different diasporic media cultures relates to the numerical scale (the larger the group the more likely it is to have more media). However,

5. A comparative study was conducted between Belgium, Greece, Germany, Sweden, Spain and the UK.

there are additional reasons that need to be emphasised and which relate to the general level of exclusion, economic deprivation, low literacy and limited citizenship rights among certain groups; this is a reminder of the interweaving of socio-economic, political and cultural exclusion. Most importantly, there is a significant absence or very low representation of the newly arrived refugee communities in most countries – e.g. African communities, Eastern European communities. Their invisibility among the media produced within their host countries reflects the connection between their extensive experience of exclusion (e.g. relating to poverty, low levels of integration, no citizenship rights) and their (in-)ability to develop and sustain their own media(-ted presence) in their country of settlement. This invisibility in media cultures can reflect and re-enforce exclusion from the public multiethnic society.

• Theme IV: Minority Media Output as a Challenge to the Mainstream National Media

This theme has emerged in the study of particular media projects, which develop as alternatives for populations which are invisible in mainstream media. The emphasis is on projects of (self-)representation. Such projects become increasingly present as a counter-point vis-à-vis the mainstream (and vis-à-vis the representational exclusion of minorities). What the collected data indicates is that different projects of alternative minority media can challenge exclusion and can get involved in projects of minority participation in multiethnic societies.

The case of *New Vision* (www.newvision.org.uk), an Ethiopian initiative on the web, is very characteristic as a challenge to singular boundaries and mainstream representations of refugees and asylum seekers. The *New Vision – The Independent Refugee News and Information Service* primarily addresses the refugee community in the UK, but also the Ethiopian diaspora and a community of refugee rights' activists in Britain and beyond. The web site campaigns for refugee rights and includes up-to-date information about events and activities in this area; at the same time, it has a space especially devoted to news and information regarding the Ethiopian diaspora and a broader *social space*, with news on refugee everyday life, job advertising and updates on refugee politics and policies. Positive representation of refugees which challenges their representation as a problem is the mission of *New Vision*. This choice becomes apparent, for example, in articles about the contribution of professionally successful migrants in Britain and in frequent reports on refugee artists. *New Vision* constantly reminds its audiences – refugees, migrant and members of the refugee supporting community – of the possibilities for an inclusive, diverse society; *New Vision* calls itself 'The Voice for the Voiceless' and it defines its mission as a contribution to harmonious integration in multicultural Britain (http://www.newvision.org.uk/mission.htm). Other important examples are media which provide easy to access and easy to understand information about services and rights (e.g. social benefits, training, jobs). Many of the local and national minority media pay special attention to social services, publishing and broadcasting such information in minority languages and in popular and simple words, in order to make it accessible to members of a group with low literacy and limited language skills in the official language of the country. One such example is the weekly programme on social benefits broadcasted on the London Greek Radio (LGR).

The Transnational

• Theme V: Satellite Television Map: The Transnational as the Alternative

Satellite technology is the ultimate transnational technology. Satellite broadcasting reflects, and symbolises the fast-growing, distinct and autonomous transnational media cultures. On satellite television, there is a constant circulation of images and sounds of the original *homeland* and more and more of diasporic cultural repertoires that develop in spaces beyond the country of origin (see for example satellite channels such as the Arabic Al Jazeera or the Kurdish Med TV, which are not based at *the homeland*). The richness and diversity of diasporic satellite broadcasting availability destabilises and challenges the set and controlled by the nation-state and the major global media players mediascapes in Europe. However, as with the diasporic media production within the nation-state, the amount and diversity of satellite television production available to different groups is extremely unequal and this has implications for the development of different diasporic media cultures (and thus of cultural projects for inclusion). For example, the Turkish communities across Europe have access to about 40 Turkish satellite channels alone, while there are practically no channels which address the Sub-Saharan diasporic communities. Some groups that grow in numbers and in affluence have a rising number of channels in their availability. Such cases are the Eastern Europeans, the Greeks and the Indians. In these cases, the numbers and variety of satellite broadcasting grow as both the governments of their original *homelands* and media entrepreneurs from the country of origin realise that transnational audiencehood can be of benefit to them (in terms of political support, consumerism, advertising revenue).

Television, satellite or other, is always the most popular medium and it is the medium that reaches across age, generation, class and gender differences, more than any other medium. The availability of and the access to television broadcasts in people's original language, the growing improvement of quality of such broadcasts and the growing diversity of choice of broadcasts in the original language, are some of the key reasons behind satellite television's extreme popularity. One only needs to visit some of the neighbourhoods of Vienna, Birmingham and Athens, which host high numbers of refugees, to notice the large numbers of satellite dishes. As satellite broadcasts expand the potential to share the same representations with spread diasporic populations across the globe, as they offer possibilities for constant and simultaneous exchange of information with the country of origin and as they become integrated in everyday life, their significance for imagining cultural distinctiveness and communities which expand across boundaries grows.

• Theme VI: The Internet: Active participation in a Community

Next to satellite television, the Internet becomes increasingly popular in diasporic communication across the world. As the Internet surpasses the nation-state limitations and usually the legislative limitations that bind other media, it opens up new possibilities for sustaining diasporic community relations. In some cases, the Internet even plays a role in reinventing diasporic relations and communication that were either weak or non-existent in the past.

Though most members of diasporic populations, like any others, use the Internet primarily as a tool for email communication (Castells, 2001), there are certain distinct characteristics of diasporic on-line communication. Diasporas, as transnational communities have always depended on mediation and networking for sustaining relations and communication across distance. Until recently the telephone and snail mail served this role and now email has become a powerful competitor of the telephone and post. With on-line communication, the exchange of everyday, banal news has increased. Many people say that they regularly share their daily news with relatives and friends living in another position within the diaspora, while the most commonly exchanged attachments include such intimate products as family photos. Sharing the banality, the routines and the common activities of everyday life (De Certeau, 1984) increases the sense of belonging to a community and furthers the limits of the imagination of sharing (Georgiou, 2001). In addition to the personal and ordinary, which forms a major area for diasporic communication and for reconfirmation of belonging, the Internet has also taken further the possibilities for developing long-lasting diasporic cultural projects. Initiatives for sustaining languages and dialects of diasporic minorities in transnational web projects, cultural initiatives for exchanging music across the diaspora and cultural knowledge databases have brought closer together spread expertise on formal and informal diasporic cultures (which are usually excluded from the cultural history in the countries of settlement).

Such examples include the European Sephardic Institute (www.sefarad.org), the Latino cultural portal http://www.mundolatino.org/cultura, based in Spain, and the Kurdish encyclopaedia, which calls for contributions on Kurdish culture, language and dialects (http://www.kurdistanica.com). In both the cases of the personal and the communal on-line communication, the images and sounds of commonality seem to be shaped and reconfirmed. For communities such as the diasporic, which are characterised by disparity and diversity, the construction of shared imagination largely takes place through such forms of mediated and symbolic commonality.

The third area of on-line communication that destabilizes the condition of diasporic exclusion is that of political action and representation. Diasporic Internet challenges in multiple ways the limitations in expression and political participation set by the nation-state – both of the host country and the country of origin. For example, the awarded Muslim News (http://www.muslimnews.co.uk), which is based in the UK, claims a role as an independent news provider; a news provider that is ultimately diasporic and transnational as it attaches itself to no particular Muslim country or government. Next to that, there are a few other active and popular sites, directly challenging state control and dependence. The Arabic Internet Media Network (http://www.amin.org) defines itself as an 'uncensored' bilingual (Arabic and English) professional journalism' site, while the Arab Press Freedom Watch (http://www.apfwatch.org/en) benefits from its transnational diasporic position to struggle for press freedom in Arab countries. The Internet does not only create competitive spaces for communication beyond state control, but it also challenges concentration of power and control in singular points within the global. There are many cases of diasporic websites that provide decentralized spaces for information exchange and for communication. The case of the PALESTA network (Palestinian Scientists and Technologists Abroad – website www.palesta.gov.ps) is a good example. This is a network which challenged the control of diasporic Palestinian communication flows from within the Palestinian territories. Through the development and appropriation of the Internet, the members of PALESTA challenged the national centre's original, fundamental and unchallenged role as the heart of a global community (Hanafi, 2001). After long debates, the central administrators of the network, based in the Palestinian Territories, agreed to allow decentralised and uncensored communication between its diasporic users.

Conclusions

New communication technologies have destabilised taken-for-granted relations of power and control of the media within, across and beyond Europe. The decrease of the costs and the increase on the accessibility to most media means that different minorities have access to self-representations, gaining visibility and voice in media cultures which have until recently been very exclusive. New communication technologies also challenge the boundaries of space and of dominant cultural ideologies within Europe. In their own media production, diasporic communities see opportunities to communicate beyond boundaries and political restrictions. Diasporic media cultures enable the development of dynamic and distinct cultural presences and resisting (even fundamental sometimes) voices vis-à-vis discrimination, exclusion, political and social subordination. Diasporic media as alternatives to the mainstream become symbolic spaces where identity and cultural particularity can be celebrated. Their growing variety reflects diasporic diversity – diversity which causes tension not only in relation to the mainstream and other cultural groups, but which also challenges dominant relations of power within diasporic groups. Especially for the younger generations, some media projects become a space for actively constructing, communicating and celebrating particular forms of diasporic identities, which are not the same as their parents' or the identities of people living in the distant *homeland.* In emerging diasporic media cultures, potentials for democratic, participatory communication find their expression. Nevertheless, these potentials are not unobstructed; often diasporic production is dominated by specific and unequally powerful voices within the group. Mediated communication is an area of struggle. Instead of expanding participation, some of these media strengthen repressive conditions within diasporic communities or they give voice to extremist voices, which would otherwise be less visible.

The fast-growing diasporic media cultures have implications for cultural, political and social relations within the diaspora and within multicultural societies. The struggles for the right to be heard and to be seen and for being in the production as much as in the consumption side of mediated communication cause a number of tense interrelations that cut across the vertical and horizontal axes of (self-) representation. The horizontal refers to the multicultural European national and transnational contexts and reflect the struggles between majorities and minorities[6] (struggles for a share of political power, for a share of media infrastructure and subsidies and for influence in the hierarchy of political and cultural discourses). The vertical axe relates to the struggles that take place within diasporic groups. As in the case of the tensions between minorities and majorities in multicultural societies, similarly

6. The concepts of *majority* and *minority* do not have an essential or arithmetical value, as much as they have an ideological significance. Different forms of minority exclusion are usually reproduced in ideologies of the mainstream/majority *normality* and its *natural* domination. This tension does not necessarily involve the people who are named as majorities and minorities – the people and their will might be ignored or stereotyped within the binary majority/minority.

within diasporas there are hegemonic powers, inequalities and exclusions that relate to the control of media and communication, as much as (and as a consequence) of the control of political and cultural discourses and ideologies around diasporic identities, community public life and the right to be heard and seen.

References

ALASUUTARI Pertti, 1999, «Introduction: Three Phases of Reception Studies» in P. Alasuutari (ed.), *Rethinking the Media Audience*, London, Sage.

ANDERSON Benedict [1983], 1991, *Imagined Communities: Reflections On the Origins and Spread of Nationalism*, London, Verso.

AMIN Samir, 1989, *Eurocentrism*, New York, Monthly Review Press.

BOYARIN Daniel and Jonathan Boyarin, 1993, «Diaspora: Generation and the Ground of Jewish Identity» in *Critical Inquiry*, 19 (Summer).

CASTELLS Manuel, 2001, *The Internet Galaxy: Reflections on the Internet, Business and Society*, Oxford and New York, Oxford University Press.

DURHAM Peters John, 1999, «Exile, Nomadism, and Diaspora: The Stakes of Mobility in the Western Canon» in H. Naficy (ed.), *Home, Exile, Homeland: Film, Media and the Politics of Place*, New York, London, Routledge.

GEORGIOU Myria, 2001, *Negotiated Users, Contested Meanings, Changing Identities: Greek Cypriot Media Consumption and Ethnic Identity Formations in North London*, London, University of London. Ph. D. Thesis.

GEORGIOU Myria, 2002, *Mapping Diasporic Media Across the EU: Addressing Cultural Exclusion*, London, Media@LSE, Dept. of Media and Communication, LSE. Available at http://www.lse.ac.uk/collections/EMTEL/Minorities

GILLESPIE Marie, 1995, *Television, Ethnicity and Cultural Change*, London, Routledge.

HANAFI Sari, 2001, «Palestinian Community Networks in Europe and New Media». Available at
http://www.lse.ac.uk/collections/EMTEL/Minorities/case_studies.html

HUSBAND Charles, Liza Beattie and Lia Markelin, 2000, «The Key Role of Minority Ethnic Media in Multiethnic Societies: Case Study, UK».
http://www.ifj.org/working/issues/racism/emmuk.rtf

HULSHOFF G.C., 1999, «Multicultural Radio in an International Perspective». Report for STOA (Mira Media).

IORDANOVA Dina, 2001, *Cinema of Flames: Balkan Film, Culture and the Media*, London, BFI.

MORLEY David and Kevin Robins, 1995, *Spaces of Identity: Global Media, Electronic Landscapes and Cultural Boundaries*, London, Routledge.

PIETERSE Jan Nederveen, 1991, «Fictions of Europe» in *Race and Class*, 32 (3).
SILVERSTONE Roger, 1994, *Why Study the Media*, London, Sage.

2

Les nouvelles technologies, creuset d'une nouvelle dynamique diasporique des Roumains[1]

Mihaela NEDELCU
Institut de Sociologie et Science Politique
Université de Neuchâtel (Suisse)

Dans le contexte des migrations internationales, l'espace virtuel remplit des fonctions multiples. Internet, en tant qu'outil de communication et nouveau média, façonne différemment les notions de frontière, d'espace, de temps et de mobilité. En quoi concerne-t-il les diasporas ? Instrument de circulation de l'information, « agora » des minorités, instrument de lutte et d'expression idéologique mais aussi espace de (pré-) socialisation des migrants à caractère performatif (Nedelcu, 2003), il serait « particulièrement pertinent au sein des diasporas, car décentralisé, interactif et transnational par essence » (Georgiou, 2002, 10).

Cet article est un questionnement sur la pertinence d'un concept qui a fait ses preuves dans des contextes géopolitiques spécifiques pour décrire des phénomènes migratoires essentiellement nouveaux. À une époque où les flux migratoires connaissent des modélisations et des dynamiques complètement nouvelles, les diasporas, en tant qu'entités socialement construites, se transforment-elles aussi dans leur sens originel ? Les technologies d'information et de communication (TIC) ont-elles un impact réel sur les

1. Une version légèrement modifiée de cet article est parue sous le titre « Les technologies d'information et de communication : support de l'émergence d'une diaspora roumaine » dans la revue *Balkanologie* VII (1), juin 2003, p. 43-63.

pratiques diasporiques ? Internet n'est-il qu'un accélérateur des processus déjà inscrits dans une longue durée, ou contribue-t-il à l'émergence d'un nouveau corps social en diaspora ?

Ces interrogations dans notre contexte de recherche renvoient à une double problématique : nous nous intéressons aux processus de cristallisation diasporique d'une immigration jeune – la migration roumaine postcommuniste au Canada – et, de plus, nous postulons que les pratiques médiatisées par les TIC sont les propulseurs d'une dynamique de type diasporique.

Diasporas et transnationalisme ou la multi-opérationnalisation d'un concept

Le concept de diaspora a connu ces vingt dernières années une inflation d'usages pour désigner aujourd'hui des processus migratoires très diversifiés. Entrée dans le sens commun, cette notion est employée de manière fortement contrastée par des sociologues, des politologues ou des géographes. Le paradigme de la diaspora juive et grecque, dans son sens originel, comportait quelques traits incontournables : l'exil sous la contrainte ou la dispersion forcée, une conscience identitaire très forte en lien avec la loyauté non dissimulée aux origines, l'aspiration à un retour réel ou symbolique, une présence dominée et non dominante dans la société d'accueil, le polycentrisme des flux et des noyaux diasporiques (Bruneau, 1995 ; Cohen, 1997). La conscience d'exister en diaspora trouve ses raisons dans la fabrication d'une mémoire et d'une histoire propres, fondatrices de la diaspora. Emmanuel Ma Mung met l'accent sur la spatialité et la temporalité de ce processus :

> « l'identité sociale, en ce qu'elle s'édifie sur une supposée origine commune, est orientée vers le passé et vers la construction d'une mémoire collective [...] Le temps ainsi maîtrisé permet de saisir l'espace, la dispersion : la diaspora [...] Il donne à penser la diaspora comme une unité spatiale et temporelle, comme un être-ensemble unitaire alors qu'elle est, aussi, dispersion géographique des corps et des mémoires individuelles » (Ma Mung, 1999, 90-92).

Plusieurs auteurs proposent des typologies qui permettent d'élargir la sphère d'opérationnalisation de ce concept : diasporas sans État (d'origine) ou diasporas basées sur un État (Sheffer, 1996) ; diasporas « victimes », « impériales », « culturelles » ou « économiques » (Cohen, 1997) ; diasporas « classiques », « vétéranes », « naissantes » ou « dormantes » (Sheffer, 1996). Ces distinctions font preuve de l'usage exhaustif de ce concept pour décrire des processus diasporiques modernes, modelés par des contextes géopolitiques complexes et changeants.

Dans une approche plutôt maximaliste, « les diasporas modernes sont des minorités ethniques de migrants vivant dans le pays d'accueil mais conservant des liens affectifs et matériels forts avec leur pays d'origine » (Sheffer, 1986). Il paraît, selon cette définition permissive, qu'il suffit de garder des liens multiples avec la matrice d'origine pour former une diaspora. Pourtant, étant donné l'avancée technologique et communicationnelle de nos sociétés, ces liens sont propres à presque toute migration, qu'elle soit de courte ou de longue durée. Que serait alors la spécificité actuelle d'une diaspora ? Michel Bruneau insiste sur au moins trois éléments : « la conscience et le fait de revendiquer une identité ethnique ou nationale ; l'existence d'une organisation politique, religieuse ou culturelle du groupe dispersé (richesse de la vie associative) ; l'existence des contacts sous diverses formes, réelles ou imaginaires, avec le territoire ou pays d'origine » (Bruneau, 1995, 8) – soit le communautaire (pays d'accueil), la mémoire des origines (pays d'origine) et le système de relations entre les différents pôles de la migration.

L'espace d'une diaspora est, par excellence, un espace transnational discontinu et réticulé, structuré « par une pluralité de réseaux dans lesquels circulent idées, hommes, capitaux, marchandises diverses, les liens familiaux et communautaires étant le support de ces échanges » (Bruneau, 1995, 9). Mais tout réseau transnational s'inscrit-il dans une dynamique de type diaspora ? Certains auteurs soulèvent la tendance à positionner épistémologiquement les diasporas et les processus réticulaires transnationaux contemporains dans un dualisme syncrétique (Meyer et Fibbi, 2002 ; Prevelakis, 2002). Entités sociales et politiques trans-étatiques, les diasporas s'expriment par deux formes complémentaires de solidarité, le « communalisme » et le « corporatisme », reflet des modèles d'autorité complexe, divisée et duale (Sheffer, 1996). Ces entités répondent « au besoin d'appartenance à une communauté plus large que celle de la localité ou de la région » (Prévélakis, 1996, 34). L'État-nation est utilisé de manière instrumentale par les « diasporés » qui s'adaptent aux systèmes de mobilités propres à un monde global. L'État-nation ne serait-il pas de ce fait remis en question (Cohen, 1997) ? La question n'est pas tranchée, plusieurs facteurs contribuant de nos jours à l'accélération et à la complexité des dynamiques migratoires et diasporiques qui entraînent un changement progressif de l'expérience individuelle et collective du national.

Les migrations roumaines : quelle base pour la constitution d'une diaspora ?

La Roumanie a connu plusieurs vagues d'émigration au cours du XXe siècle, à des époques différentes. Celles du début de siècle ont visé principalement les pays du Nouveau Monde. Les habitants de villages entiers de Transylvanie se sont déplacés et installés au Canada, aux États-Unis ou en Argentine, en entretenant pendant des décennies le mythe d'un retour projeté au pays. Par la suite, entre les deux guerres mondiales, les élites francophones de la Roumanie ont maintenu le mirage de Paris comme centre culturel des Roumains. À cette époque, la formation et la circulation au sein de l'Europe constituaient la norme. La Deuxième Guerre mondiale mit fin à ce mythe. Dans les deux premières décennies de communisme, c'est la fuite, la persécution à outrance et l'exil qui décimèrent les intellectuels roumains. « La chasse aux sorcières » rendait les départs de cette période à sens unique.

La forte poussée migratoire d'après 1989, année de la chute du système dictatorial de Ceausescu, a donné lieu à un phénomène migratoire qui se remarque plus par une dynamique extrêmement complexe et variée que par son ampleur. Ce qui caractérise ces migrations est la diversité des flux et des opportunités de mobilité ainsi que la liberté de circulation qui rend le retour possible à tout moment. En Europe, l'installation dans la mobilité est le trait des migrations économiques, plutôt circulatoires, des Roumains. Les va-et-vient à l'étranger, parfois dans des situations précaires, plus ou moins clandestines, représentent pour de larges fractions de la population une ressource et une stratégie de survie, en réponse au marasme économique dans lequel le pays se débat depuis une décennie (Diminescu, 2001 ; Potot, 2000).

Mais on assiste en outre à une nouvelle migration, de longue durée, voire même permanente, propre à une population de plus en plus jeune, très qualifiée, consciente d'être en possession d'un capital de formation et de compétences facilement négociables sur un marché global toujours à la recherche de nouveaux talents et de spécialistes.

Les statistiques de l'OIM (International Organization for Migration) et de l'OCDE[2] (Organisation de Coopération et de Développement Économique), basées sur les données de l'Institut National de Statistique de la Roumanie (INSSE), estiment à 325 000 le nombre des citoyens roumains qui ont émigré de façon permanente de 1990 à 2000. En réalité il serait question de plus de 800 000, soit 3,5 % de la population totale de la Roumanie, dont les trois quarts auraient demandé le droit de résidence après leur arrivée dans le pays d'accueil. Les estimations des populations d'origine roumaine à l'étranger varient fortement ; on compte entre 5 et 10 millions d'ethniques roumains et d'originaires de Roumanie résidant en dehors des frontières du pays. Ce chiffre englobe les minorités ethniques

2. Les rapports SOPEMI de l'OCDE, éditions 1997, 1999 et 2000.

de Roumains qui, pour des raisons historiques, vivent dans les pays voisins (principalement en Moldavie, Hongrie, Ukraine), ainsi que les populations d'origine allemande, hongroise et juive émigrées massivement de Roumanie durant les années du communisme et au début des années quatre-vingt-dix. Dans les pays occidentaux, on estime à environ 1,1 million le nombre de Roumains aux États-Unis, 130 000 au Canada, 750 000 en Allemagne, 60 000 en France, 60 000 en Italie, 500 000 juifs originaires de Roumanie et environ 80 000 travailleurs dans la construction en Israël, 30 000 en Autriche, etc.[3]

Ces chiffres sont bien évidemment à manier avec prudence. Ils donnent toutefois une idée sur l'ordre de grandeur des populations d'origine roumaine résidant en dehors de la Roumanie. Et pourtant, malgré cette présence significative, très peu d'études ont porté sur l'organisation diasporique des Roumains. Relativement nouvelle et scindée par la succession des vagues migratoires pour des raisons différentes, la migration roumaine n'a pas été considérée jusqu'à récemment comme une diaspora. Avant 1989, le contexte historique et géopolitique précédant l'effondrement des systèmes communistes était tel qu'il ne laissait pas une grande marge de manœuvre aux immigrés/exilés. La revendication d'une identité en diaspora restait pourtant leur seule réponse à la politique isolationniste pratiquée par le régime communiste qui niait la reconnaissance de ses ressortissants. La rupture brutale avec la réalité idéologique que ces migrants fuyaient aurait pu être de nature à fonder la mémoire d'une diaspora en quête d'identité. Est-ce que ce fut le cas ? La réponse n'est pas simple, les recherches à ce sujet faisant souvent défaut. Et si l'exil roumain semble n'avoir pas eu la capacité de se transformer en diaspora, comme certains auteurs le suggèrent, que se passe-t-il pour les nouvelles migrations des Roumains ?

Le Canada, grâce à sa politique d'immigration ciblée, est devenue après 1989 une des destinations principales de jeunes professionnels roumains en quête d'un environnement social et professionnel épanouissant. Entre 2 000 et 5 500 roumains par année – soit entre 1 % et 2,23 % du contingent annuel d'immigrés[4], se sont établis au Canada comme des résidants permanents. Située constamment depuis 1990 parmi les premiers douze pays-

3. Selon les *Annuaires statistiques* de l'INSSE, éditions 1996, 1999, 2001 et les estimations du Ministère Roumain des Affaires étrangères, le département des relations avec les Roumains de l'étranger. Chiffres tirés du site http://domino.kappa.ro/mae/politica.nsf/Teme/

4. Selon l'*Annuaire statistique de la Roumanie*, l'INSSE, éditions 1995-2001 et le rapport « Facts and Figures 2001. Immigration Overview » du Ministère Citoyenneté et Immigration Canada (CIC) : tiré le 14.01.2004 du site http://www.cic.gc.ca/english/pdf/pub/facts2001.pdf

source d'immigration au Canada, la Roumanie fut en 2001 et 2002 le 1er pays européen et le 7ème du monde fournissant de futurs citoyens canadiens. Ceci fait qu'aujourd'hui, à une migration relativement atomisée qui datait de la période communiste, s'ajoute une présence massive de Roumains qualifiés, avec un capital social et culturel élevé, fortement concentrés dans quelques centres urbains (Toronto, Montréal, Vancouver). La plupart de ces migrants sont des professionnels dans le domaine de la technologie de l'information. Tirant profit d'une conjoncture économique favorable dans les années 1990, ils ont connu une insertion professionnelle et une ascension sociale rapide. Dotés de compétences techniques particulières, ces migrants développent et entretiennent des liens sociaux médiatisés par l'ordinateur, dans des espaces sociaux multiples et hybrides. Les pratiques en ligne font partie de leur sociabilité quotidienne qui se déploie au-delà des frontières étatiques.

Les données empiriques accumulées en plusieurs étapes entre octobre 1999 et octobre 2003 – par entretiens compréhensifs et semi-directifs avec des informaticiens à différentes étapes du processus migratoire, en Roumanie et à Toronto, par observation participante à des forums de discussion et par l'analyse des discours produits en ligne – nous ont conduit à nous interroger sur le rôle qu'Internet, en tant que nouvel environnement social, acquiert non seulement dans la reproduction des réseaux migratoires et les processus de reconstruction identitaire, mais aussi dans les pratiques transnationales d'organisation diasporique des Roumains.

« *Networking* » et savoir-circuler collectif : nouveaux atouts migratoires à l'ère du numérique

Pour décliner la question de la diaspora roumaine, le changement durable voire définitif du lieu de résidence est une condition nécessaire. La seule dispersion n'est pourtant pas suffisante pour constituer une ressource. Elle « devient « positive » dès lors qu'elle est valorisée et revendiquée par les sujets » (Ma Mung, 1999, 89). Les stratégies par lesquelles les migrants font valoir leur mobilité à l'âge du numérique sont complexes.

Outil clé dans le triangle mobilité-communication-connectivité, l'Internet s'est avéré pour les informaticiens roumains la meilleure plateforme pour la mise en commun d'expériences migratoires. En facilitant la transmission d'un patrimoine migratoire et la constitution d'un collectif circulatoire (Tarrius, 2001) qui fédère les « savoir-circuler » par l'effet d'émergence d'une mémoire collective de la migration de date récente, l'espace virtuel est potentiellement le nouveau territoire des diasporas.

L'analyse du portail www.thebans.com (Nedelcu, 2002) – une plate-forme web développée par l'instrumentalisation et la mise en scène du capital culturel et de l'expérience migratoire d'un jeune informaticien immigré à Toronto en 1994 – a montré comment la propagation d'une culture de la mobilité s'est formalisée par la concentration de ressources migratoires dans le virtuel. Internet est devenu le support de reproduction d'un modèle archétypal d'expatriation ; l'anticipation de la mise en situation migratoire facilite une préaccommodation à distance à la future société d'accueil. Simultanément au déploiement des *e*-stratégies migratoires, les dynamiques sociales au cœur du groupe de Roumains au Canada sont, elles aussi, multipliées via Internet. Entreprise aujourd'hui prospère, fondée sur la mise en réseaux des migrants roumains, *TheBans* rend visible la communauté roumaine à Toronto. À la fois carrefour des réseaux migratoires et professionnels, espace de sociabilité des migrants mais aussi incubateur et vitrine communautaire (Nedelcu, 2003), ce projet valorise les compétences professionnelles, techniques et sociales de son initiateur et des migrants informaticiens. Ce qui fait pourtant sa force et son intérêt est son caractère inclusif et le potentiel cumulatif de la mise en réseau. Car il renforce l'idée d'unité, d'origine et d'intérêts, et cristallise l'action, conditions nécessaires pour l'émergence d'une conscience et d'une dynamique diasporiques.

L'espace virtuel : un nouveau creuset diasporique

Identités flexibles et mythes d'origine

Internet s'avère un environnement dual car tout en étant permissif à l'égard de la démultiplication du collectif (tribune de l'individu), il permet la production d'une centralité (collective). *TheBans* fabrique une mémoire collective de la migration de date récente (par la transmission des savoirs migratoires) mais aussi une mémoire de l'origine partagée. Par une permanente actualisation des marqueurs symboliques d'appartenance (langue, religion, traditions, fêtes, vie culturelle), *TheBans* maintient vif le sentiment identitaire. On parle en général d'une diaspora selon la persistance de la communauté au-delà de la dispersion dans l'espace. Dans le virtuel, on fabrique une communauté transnationale d'intérêts – conjoncturels ou durables – là où l'unité faisait défaut à l'origine. Des personnes qui ont en commun l'expérience de l'errance trouvent intérêt à renforcer l'imaginaire d'une continuité (culturelle, sociale et même psychologique). Les forums de discussions, espaces de négociation et d'expression d'identités individuelles multiples, juxtaposables et difficilement recomposables en situation migratoire, font des participants aux échanges des producteurs à part entière des modèles identitaires collectifs. Le processus de « fabrication d'une continuité généalogique à travers la création d'une mémoire/histoire propre à la diaspora » (Ma Mung, 1999, 89), qui accentue son caractère d'artefact, est d'autant plus conforté par l'émergence de nouveaux territoires « virtuels » qui permet de penser la dispersion des individus et leurs trajectoires comme un processus unitaire dans l'espace.

L'expression d'une conscience de soi, déclinée par rapport à l'appartenance nationale, culturelle et linguistique d'origine, est reflétée par la structure même de ce site[5]. La volonté d'affichage d'une appartenance ethnique assumée et de l'affiliation à la culture roumaine se traduit par la mise en scène d'une image valorisante de la Roumanie à travers le site. Ainsi, le rapport à l'univers d'origine – tel qu'il ressort des pages du website mais aussi des échanges sur les forums – est complexe. Il n'est pas seulement d'ordre familial et sentimental, mais également économique et politique. Si l'impuissance face au marasme économique du pays d'origine, à laquelle s'ajoute le souvenir encore frais d'un communisme atrophiant qui coupait tout espoir de mobilité, se substituent à l'avènement violent de la rupture que provoqua la dispersion, le liant de ces jeunes migrants n'est pourtant pas la mémoire du passé. L'identité collective se forge sur l'expérience commune du présent et autour des projets ambitieux d'avenir. Le rapport traditionnel des diasporas au temps, comme à l'espace, est ainsi modifié.

Les e-stratégies associatives comme catalyseur diasporique

« *Unde-i unul nu-i putere...* »[6]

Le Canada, en tant que pays d'immigration, incorpore dans son projet de légitimité l'idée de diversité. Il encourage la préservation d'une identité d'origine, individuelle (pratiques alimentaires, religieuses, etc.) et collective (pratiques culturelles, associatives). La société canadienne offre l'environnement socio-politique permissif au particularisme, et donc propice

5. Structuré autour des deux pôles de la migration (roumain et canadien), le réseau de websites véhicule toute information touchant à la vie des Roumains à Toronto : annonces de spectacles, expositions, concerts, journaux, programmes TV et chaînes radio en roumain, promotions d'entreprises ethniques de compatriotes, offres d'emplois, etc. Il contient plusieurs rubriques : *Romanian World* (forums, nouveautés, la Une, coutumes roumaines, informations pratiques) ; *Romanian Universe* (culture, religion, histoire, langue) ; *Toronto* (*Romanian News*, l'école roumaine de Toronto, artistes roumains à Toronto, Romanian Business Network) ; *Directories* (liste de liens vers des sites et médias roumains, albums de photos) ; *IT Consulting* (présentation de l'équipe et des services offerts par *TheBans*). Une base de données en ligne (*RomUniv*) et un forum de discussions à domaines multiples rendent visibles les professionnels migrants.

6. « Où il n'y a qu'un, il n'y a pas de pouvoir... ». Devise extraite du Forum, qui singularise les interventions de M., l'initiateur de *TheBans*, au forum *Romania online* en définissant ainsi son identité virtuelle et son *credo*. Cette *devise* est symboliquement chargée car il s'agit d'un extrait de l'hymne roumain de l'unité, qui a marqué l'union historique des trois provinces roumaines le 1er décembre 1918.

au développement d'une culture de diaspora (école, pratiques religieuses, conservation des traditions, pratiques matrimoniales, fêtes, etc.). Former une diaspora peut devenir ainsi un projet identitaire qui sert d'outil d'intégration à la société d'accueil. Sans exacerber la positivité des conséquences de la sociabilité en ligne, on doit remarquer qu'Internet démocratise la participation civique tout en offrant des outils pour la préservation d'un héritage culturel d'origine (langue, traditions, éducation) et le développement des réseaux. Les loyautés développées sont duales, vers les pays d'accueil et d'origine. On assiste à une institutionnalisation progressive du communautaire, un minimum de stabilité des échanges culturels et politiques se formalisant au cœur de la société d'accueil. En disposant d'un « *advantageous occupational profile* » (Cohen, 1997), les membres de cette diaspora à trait technocratique profitent d'une niche créative d'organisation dans un pays d'accueil ouvert et tolérant.

Les actions de mobilisation sur la « Toile », entamées à partir des forums de discussions du portail virtuel *TheBans*, ont débouché sur des processus associatifs plus ou moins institutionnalisés. Le capital social dont disposent les participants aux échanges est réinvesti et, par la mise en commun de ressources, deviendra un « bien collectif ». Des relations nouées dans l'espace virtuel se sont naturellement prolongées dans le quotidien, des groupes qui s'organisent en « comités d'accueil » de nouveaux arrivés se réunissent régulièrement, des initiatives entrepreneuriales et touristiques se concrétisent. L'imbrication réel-virtuel témoigne d'un continuum social qui ne fait que différer d'elle-même une réalité sociale complexe. La création d'une école roumaine à Toronto en automne 2001 a couronné ce processus de cristallisation communautaire via Internet. Accueillant cent soixante-dix enfants, cette école du samedi est conçue comme le noyau d'un nouvel incubateur communautaire qui gravite autour de *TheBans*. Les cours des enfants représentent pour les parents un prétexte pour se rencontrer, s'informer, monter des projets économiques et communautaires ou simplement se divertir ensemble. Le projet d'un club et d'un centre d'affaires roumains à Toronto est né en prolongement de ces rencontres hebdomadaires. La cohésion de la communauté est ainsi renforcée par le regroupement associatif.

La dimension professionnelle, structurante des processus migratoires et communautaires des Roumains au Canada, oriente aussi les intérêts de cette nouvelle diaspora, d'essence technocratique. Sans avoir hérité des réseaux marchands ou intellectuels fortement structurés d'une époque antérieure (comme c'est le cas des Italiens, des Grecs, des Chinois), *TheBans* construit également un espace économique – sous-tendu par les réseaux professionnels déployés dans le virtuel. *TheBans Romanian*

Business Network in Canada est un réseau (d'informaticiens, de médecins, restaurateurs, graphistes, transporteurs, d'agents touristiques, de musiciens, conseillers financiers, etc.) qui promeut les affaires ethniques des Roumains-Canadiens. Cette initiative s'ajoute à des projets tout aussi ambitieux, qui institutionnalisent des échanges transnationaux complexes[7].

Le projet d'une association qui structure les relations sociales, professionnelles et économiques au sein de la communauté roumaine à Toronto s'est concrétisé en décembre 2002 par la création de l'Alliance des Roumains Canadiens (ARC). La particularité de l'ARC, par rapport à d'autres organisations fondées sur des bases ethniques, est qu'elle représente l'officialisation et la matérialisation d'une communauté *de facto* cristallisée au sein de « l'agora électronique » et qu'elle concrétise les compétences de management communautaire développées et reproduites dans les échanges médiatisés par ordinateur. Ayant comme buts déclarés de « préserver et propager les valeurs culturelles roumaines, de faciliter l'intégration personnelle, professionnelle et sociale des nouveaux arrivés dans la société canadienne et de stimuler le dialogue intra-communautaire »[8], l'ARC reflète l'orientation activiste de cette nouvelle communauté de migrants. La devise de l'ARC, « Ensemble on réussit ! », indique une fois de plus le caractère instrumental du regroupement communautaire.

Dynamiques diasporiques et effets de génération

La transmission intergénérationnelle des repères fondateurs de la mémoire de l'origine commune, réelle ou imaginaire, reste un processus qui exige d'être inscrit dans le temps. La cristallisation même d'une conscience d'existence en diaspora suppose une longue durée. L'équilibre des processus que nous venons de décrire est fragile car la dimension temporelle fait défaut. Pourtant un projet de réinvestissement de la deuxième génération apparaît déjà dans l'intention des membres de cette communauté et des participants aux forums de discussions. Par leurs propres actions tournées vers l'avenir ils n'hésitent pas à projeter une deuxième génération fortement ancrée dans les deux univers sociaux, roumain et canadien. Libérée des frustrations des parents, « canadienne » par naissance mais héritière d'un bagage culturel d'origine maintenu vivant par l'école roumaine, elle serait connectée à la réalité roumaine dans un espace social de co-présence dans lequel les nouvelles technologies jouent un rôle clé.

---

7. C'est le cas d'une nouvelle chambre de commerce roumaino-canadienne, créée à l'initiative de quelques entrepreneurs roumains, qui dynamise les échanges économiques avec la Roumanie ; de l'association ACRUPO des professeurs universitaires d'origine roumaine à Toronto, qui organise des séminaires et des écoles d'été en partenariat avec des universités roumaines ; et les exemples continuent à se multiplier.

8. http://www.arcweb.ca

Et si, pour parler d'une diaspora, on s'intéresse beaucoup à la persistance des processus diasporiques à travers les générations (futures), il nous paraît intéressant de signaler un phénomène original qui reflète bien les effets de continuité d'un espace migratoire d'actions élargi. Car non moins intéressante est la position d'une génération qui en général vit indirectement la migration : la génération des parents des migrants. Très peu présents dans les études migratoires, on les considère souvent comme des non-migrants qui subissent passivement les effets de la mobilité de leurs enfants. Deux types de comportements, observés lors de nos enquêtes, nous suggèrent qu'une nouvelle dynamique est en train de s'établir. D'une part, et souvent dans un premier temps, les parents contribuent à perpétuer la « présence en absence » de leurs enfants en Roumanie, et non pas par la diffusion nostalgique des nouvelles les concernant mais d'une manière parfois beaucoup plus pragmatique : en s'impliquant à diriger leurs affaires sur place. C'est le cas par exemple des antennes roumaines des petites entreprises informatiques qui assurent la sous-traitance des contrats en Roumanie, mais aussi des agences touristiques, immobilières ou de transport, gérées par des parents de migrants. Ce genre d'entreprises, souvent familiales, prend en charge une large gamme de services spécialisés destinés à une population qui déploie ses compétences dans un espace étendu. Elles représentent un facteur de développement local, les initiatives entrepreneuriales des migrants assurant souvent une existence décente à la famille restée au pays.

D'autre part, le modèle du couple de migrants à double carrière, qui exige un investissement lourd en temps de travail, associé à la politique flexible de regroupement familial de l'État canadien, a conduit à une mobilité accrue des parents entre la Roumanie et le Canada. Ceux-là sont nombreux à faire la navette pendant des années, pour finir par s'établir dans les pays d'accueil. Leur existence est ainsi radicalement bouleversée, non pas par la rupture mais par la continuité des rapports déplacés dans un espace transnational qu'ils ne sont pas forcément entraînés à maîtriser[9]. Le déracinement s'accompagne d'une dynamique transnationale novatrice ; sans posséder les ressources linguistiques, culturelles, sociales nécessaires à l'intégration au Canada, les parents demeurent très attachés à la Roumanie à laquelle ils sont liés quotidiennement et à distance, d'une manière plus

9. Le projet d'un club roumain à Toronto vient aussi à la rencontre des besoins des parents des migrants. Présents au Canada au moins quelques mois dans l'année, ces parents doivent s'approprier un univers qui leur est étranger et qui exige des compétences – linguistiques, de mobilité, etc. – qu'ils ne possèdent généralement pas. Dans le cadre du département socioculturel de l'ARC, un club des grand-parents a été récemment inauguré. Des cours d'anglais et d'utilisation de l'ordinateur et de l'Internet ont été envisagés pour éviter le dépaysement.

souvent effective que symbolique. En tirant profit des équipements performants à disposition dans les foyers des informaticiens migrants, l'usage quotidien de l'e-mail et les vidéoconférences hebdomadaires sont devenues des façons d'agir et de prendre des décisions en temps réel par rapport à la famille dispersée. Lire la presse roumaine en ligne ou regarder les chaînes TV en ligne constituent des pratiques courantes des migrants et de leurs parents. Ces moyens n'entretiennent pas l'illusion « d'être ensemble » mais représentent une autre manière de l'être.

L'apparition de ce nouvel acteur, que nous appellerons *la génération zéro*, suscite de nouvelles pistes et dynamiques de constitution d'un espace transnational de la diaspora.

Multiplication et capitalisation des pratiques diasporiques médiatisées par ordinateur

TheBans, tout en restant exemplaire par son rôle d'incitateur de pratiques locales et transnationales et par son impact communautaire au quotidien, n'est pourtant pas un exemple isolé. D'autres *forums* ou listes de discussions, parfois orientés exclusivement sur le processus de migration, modérés et médiatisés, remplissent des fonctions similaires. *Escape from Romania* est un groupe de discussion initié par un ancien participant au forum *Romania online*. Au 4 mars 2003, ce groupe n'avait pas moins de 2 172 membres et 32 615 messages, ciblés autour du thème de la migration, avaient été envoyés depuis la date de sa création (le 13 août 2000). Actuellement, un noyau des membres de ce groupe s'est constitué en comité d'accueil pour les nouveaux arrivés. Ils se retrouvent régulièrement à Toronto et des communications en duplex sont organisées à distance, entre Bucarest et Toronto, à l'aide de *webcams*. *BC Romanian Community Center*, une nouvelle association de Roumains à Vancouver, se rend elle aussi visible à travers son site Internet. Et les exemples se multiplient, avec des variantes bien sûr, au Canada, aux États-Unis[10] et, timidement, en Europe. Le potentiel de ces pratiques semble être cumulatif, Internet étant le milieu adéquat à la mise en réseau des noyaux diasporiques.

Projets politiques et stratégies transnationales des migrants et des États-nations

Pour un pays comme la Roumanie, la volonté d'intégrer ses communautés expatriées et de s'approprier le capital d'influence de ses ressortissants

10. www.romanianamericans.org rend visible *The Congress of Romanian Americans*, une organisation qui depuis 1991 institutionnalise la reconnaissance de l'exil roumain aux États-Unis en tant que facteur de lobby auprès de l'administration américaine.

au sein de la société d'accueil est relativement nouvelle. Des changements législatifs significatifs[11] font preuve de la volonté de l'État-nation « à considérer sa diaspora comme l'extension à l'étranger de sa propre nation » (Bruneau, 1995, 14). Néanmoins ce programme politique reste souvent intentionnel, de même que les intérêts des migrants et des diasporas ne coïncident pas forcément avec ceux de leur pays d'origine.

On peut toutefois se demander si, par leur contribution au développement culturel et économique, par le transfert d'expertise et par une reproduction à distance des idées démocratiques et des principes de multiculturalité, les diasporas ne seraient pas le paradigme de l'avenir de la politique à l'âge de la mondialisation. La multicitoyenneté permet déjà l'exercice du droit électif[12] par rapport à au moins deux États et le fonctionnement en diaspora – qui s'avère ainsi un processus non seulement trans-national mais aussi trans-étatique (Faist, 2001 ; Sheffer, 2003) – remet en cause le rapport à l'État national et la simultanéité culturelle, sociale et politique de ses ressortissants.

Ces nouveaux migrants sont tous des transmigrants (Glick Schiller, Basch et Szanton Blanc, 1995) ; ils construisent et entretiennent au quotidien des connections entre eux et avec le pays d'origine au niveau familial, professionnel et institutionnel, en s'impliquant activement dans l'échange de biens matériels et symboliques, dans la reproduction de relations sociales et d'expertise dans les deux sociétés, d'origine et d'accueil. Leur existence quotidienne est ainsi reliée avec plus d'une société, les réseaux qui trouvent un support dans les TIC étant denses et couvrant des longues distances. Le rapport au territoire est remplacé par un sentiment d'extraterritorialité (Ma Mung, 1999) sur lequel repose la capitalisation de ressources diasporiques dans l'espace virtuel. Internet, en facilitant la mise en réseau et une représentation de soi cohérente, produit un espace de mobilité englobant qui est en soi le « non-lieu de la diaspora » (Ma Mung, 1994). L'expérience culturelle du national connaît de ce fait une mutation incontestable. Mais

11. Après la chute du communisme, la politique roumaine fut réorientée (au moins dans l'intention) vers un traitement non différencié des citoyens roumains du pays et de l'étranger (au niveau du droit de vote, de propriété, etc.), avec l'intérêt affirmé d'associer un certain nombre d'experts roumains expatriés au revirement de l'économie nationale. Ces processus n'ont cependant pas abouti sur une politique cohérente et durable d'activation de la diaspora. En 2000, un « appel vers tous les Roumains du pays et du monde » a été conjointement lancé par le patriarche de l'église orthodoxe roumaine, le président de la république et l'ancien roi de Roumanie. Une mobilisation de toutes les forces politiques, financières et économiques était ainsi visée par cette triple autorité.

12. Une grande partie des migrants de la vague la plus récente ont gardé leur nationalité roumaine. La participation au vote, encouragée ouvertement sur le site web, est un moyen d'affirmer durablement sa préoccupation pour l'avenir de la Roumanie.

le trans ou plutôt le meta-national acquiert du sens uniquement par rapport à un local quotidien et un national de référence. La diaspora se reproduit, dans ce cas, dans une communauté transnationale d'intentions et d'intérêts qui subsiste surtout grâce à la mobilisation locale des ressources et à l'identification nationale.

En guise de conclusion

Nous avons vu qu'une migration très récente peut cristalliser rapidement les traits d'une diaspora. En possession d'un capital professionnel, social et culturel élevé, les migrants roumains au Canada semblent avoir trouvé dans les nouvelles technologies un outil d'innovation sociale qui leur permet de raccourcir les procédures d'intégration tout en développant des réseaux socioculturels qui franchissent les limites géopolitiques des nations ainsi que les logiques étatiques. Les TIC sont à la fois l'incitateur et le régulateur de leur diasporisation, en propageant les processus de cristallisation d'une conscience en diaspora par une combinaison entre cosmopolitisme et collectivisme ethnique (Cohen, 1997). Dans un rapport paradoxal, Internet joue un rôle d'unificateur de ces populations en dispersion, tout en déterritorialisant leurs pratiques.

La nouveauté réside donc dans l'effet d'activation des diasporas à travers l'espace virtuel, processus davantage décentralisé et autonome. Néanmoins, si les TIC sont à l'origine d'une diasporisation accélérée des communautés roumaines, la persistance de ce processus n'est pas encore prouvée. Le synchronique semble devenir le temps de conjugaison de ces nouvelles entités diasporiques qui s'avèrent plutôt des processus dynamiques, fluides et polycentriques, ayant leurs racines dans une localité donnée conjuguée au présent. En développant une logique propre de propagation, ces diasporas embryonnaires valorisent la multi-appartenance de leurs membres. La propension vers l'action les caractérise encore plus que la mémoire forte des origines. Économiques et culturelles, les actions des diasporas ne sont pas moins politisées, en contribuant à l'intégration des logiques étatiques dans des processus par essence transnationaux. Les TIC fournissent d'ailleurs des moyens auparavant impensables permettant aux migrants de réinvestir l'espace national et de participer à l'affirmation de la Nation par son extérieur.

Références

BRUNEAU M., 1995, Espaces et territoires de diasporas in M. Bruneau (coord.), *Diasporas,* Reclus : 5-23.

COHEN R., 1997, *Global Diasporas. An Introduction*, University of Washington Press.

DIMINESCU D., 2001, « L'installation dans la mobilité : les savoir-faire migratoires des Roumains », *Migrations société*, vol. 13, n° 74, 107-117.

FAIST T., 2001, «Dual Citizenship as Overlapping Membership», Willy Brandt Series of Working Papers, *International Migration and Ethnic Relations*, 3/01, tiré le 10.01.2003 de www.bit.mah.se/imer/publications

FIBBI R., MEYER J.-B., 2002, « Le lien plus que l'essence », in *Autrepart*, « *Diasporas, développements et mondialisations* » 2 (22), IRD, Paris, Éd. de l'Aube, 5-22.

GEORGIOU M., 2002, « Les diasporas en ligne, une expérience concrète de transnationalisme », *Hommes & migrations*, 1240, 10-18.

GLICK SCHILLER N., BASCH L. and SZANTON C., 1995, «From Immigrant to Transmigrant: Theorizing Transnational Migration», *Anthropological Quarterly* 68, 48-63.

MA MUNG E., 1999, « La dispersion comme ressource », *Cultures & Conflicts*, n° 33-34, 89-103.

MA MUNG E., 1994, « Non-lieu et utopie : la diaspora chinoise et le territoire », *L'espace géographique*, 2 (23), 106-113.

NEDELCU M., 2002, « L'instrumentalisation de l'espace virtuel par une communauté des professionnels immigrés : vers une nouvelle forme d'organisation diasporique ? », in *Autrepart*, « *Diasporas, développements et mondialisations* » 2 (22), IRD, Paris, Éd. de l'Aube, 147-165.

NEDELCU M., 2003, « E-communautarisme ou l'impact d'Internet sur le quotidien des migrants. Les nouvelles migrations des professionnels roumains au Canada », in D. Diminescu (dir.), *Visibles mais peu nombreux. Les circulations migratoires roumaines*, Paris, Éd. de la Maison des Sciences de l'Homme, 325-339.

POTOT S., 2000, « Mobilités en Europe. Étude de deux réseaux migratoires roumains », *Sociologie Romaneasca*, 2, 101-119.

PRÉVÉLAKIS G., 2002, « Les diasporas comme négation de l'idéologie géographique », Communication présentée au colloque international « *2000 ans de diasporas* », Poitiers, 14-16 février.

PRÉVÉLAKIS G., 1996, « Introduction » in G. Prévélakis (dir.), *Les réseaux des diasporas*, Paris, L'Harmattan, KIKEM, 29-36.

SHEFFER G., 1986, *Modern Diasporas in International Politics*, New York, Saint Martin's Press.

SHEFFER G., 1996, «Whither the Study of Ethnic Diasporas? Some Theoretical, Definitional, Analytical and Comparative Considerations», in G. Prévélakis (dir.), *Les réseaux des diasporas*, L'Harmattan, KIKEM, 37-46.

SHEFFER G., 2003, *Diaspora Politics: At Home Abroad*, Cambridge University Press.

SCHNAPPER D., 2001, « De l'État-nation au monde transnational. Du sens et de l'utilité du concept de diaspora », *Revue Européenne des Migrations Internationales*, 17, 9-36.

TARRIUS A., 2001, « Nouvelles formes migratoires, nouveaux cosmopolitismes », in M. Bassand, V. Kaufmann, D. Joye (dir.), *Enjeux de la sociologie urbaine*, Lausanne, PPUR, 103-134.

Sites web consultés

www.thebans.com

www.arcweb.ca

http://efr.digisoft.ro/

3

Les diasporas africaines, Internet et la formation d'une nation noire intercontinentale[1]

François-Xavier FAUVELLE-AYMAR
Institut d'Études Africaines
(Aix-en-Provence)

L'afrocentrisme et ses différentes manifestations culturelles et intellectuelles peuvent être analysés comme une idéologie tendue vers la formation, à l'échelle planétaire, d'une nation noire issue de la fusion de toutes les populations d'Afrique et des diasporas africaines. Certes, cette idéologie, qui se développe principalement hors d'Afrique, n'est pas hégémonique au sein des communautés diasporiques. Elle ne va pas sans susciter des contre-feux – en Afrique notamment –, et rien n'indique en outre que son programme tacite sera couronné de succès. Peut-être n'aurons-nous pas au final de « nation noire » globalisée. Mais il n'empêche que ce processus gagne à être observé comme une expérience historique de formation d'une identité « nationale » – fût-elle en l'occurrence trans-nationale – fondée sur des critères tant ethniques que culturels. Un processus qui duplique donc la formation des identités nationales dans les périphéries impériales (Amérique du Sud, Asie du Sud) et dans les pays d'Europe, dans le courant du XIXe siècle, phénomène étudié par Benedict Anderson (Anderson, 1996), tout en s'inscrivant en réaction à un certain type d'intégration sociale

1. Une version plus longue de cette étude, mais ne présentant pas les mêmes développements, est parue sous le titre « Naissance d'une nation noire. Multimédia, mondialisation et nouvelles solidarités », *L'Homme*, 161 (2002), p. 75-90.

ayant justement exclu les communautés noires (ou telle est du moins la façon dont est perçue la situation actuelle des Noirs dans maints pays occidentaux). À *Birth of a Nation* (1915), le fameux film de D.W. Griffith, belle image unanimiste de mobilisation nationale – mais exclusivement blanche –, répond donc, à moins d'un siècle de distance, la saga, à valeur hautement identitaire elle aussi, des peuples noirs, de leur dispersion à leur réunification attendue.

Les multiples discours historiques qui constituent la galaxie afrocentriste ont à la fois une dimension réactive, en ce qu'ils prennent naissance dans des situations sociales marquées par l'expérience de la marginalité, et une dimension prospective, qui tend précisément à tisser de nouvelles solidarités de substitution entre différentes communautés d'origine africaine. Ce mouvement de conversion de situations de minorités éparpillées en une identité transnationale participe directement de la mondialisation, mettant en particulier à profit les nouvelles technologies de l'information. On verra comment Internet, à la suite de médias plus classiques mais aussi sur un mode différent d'eux, fabrique de la conscience diasporique en produisant des discours historiques capables d'unifier dans la même narration toutes les populations noires de la terre. Ainsi se tisse une nation « en réseau » dans un monde déjà plein de nations bien installées et aux espaces jointifs, une nation sans territoire (il est loin le temps du séparatisme noir ou du mouvement « Back to Africa »), sans homogénéité linguistique, mais avec quand même un « imaginaire national ». Sur ce point, on ne peut s'empêcher de noter le parallèle entre l'actuel contexte de circulation intensive des modes d'action culturelle et la circulation généralisée des individus et des méthodes d'ingénierie identitaire (épopées nationales, codification des langues, inventaires du patrimoine, archéologies nationales…) qui caractérisait l'Europe du XIXe siècle.

La civilisation de l'Égypte ancienne était africaine et les Égyptiens étaient des Noirs ; la civilisation grecque, et par suite la civilisation occidentale, est le fruit d'un pillage de l'héritage égyptien et d'une occultation de ce forfait ; l'Égypte ancienne et l'Afrique toute entière forment une entité culturellement homogène, qui fait de l'Égypte pour les Africains d'aujourd'hui l'équivalent de la Grèce et de Rome pour les Occidentaux ; toutes les grandes civilisations de la terre sont le résultat de migrations d'Africains depuis l'Égypte ou d'autres régions du continent. Tels sont quelques-uns des principaux thèmes que l'on retrouve développés chez les auteurs afrocentristes, dont les plus célèbres sont le Sénégalais Cheikh

Anta Diop[2], l'Américain Molefi Asante[3], le Guyanais Ivan Van Sertima[4] et le Britannique Martin Bernal[5].

L'histoire de l'afrocentrisme est encore à faire, en dépit des études récentes qui ont été consacrées à ce phénomène général ou à tel ou tel aspect particulier (Howe, 1998 ; Fauvelle, 1998 ; Fauvelle-Aymar *et al.*, 2000). Il resterait aussi à examiner plus précisément la façon dont s'articulent les différentes narrations historiques produites au sein de cette galaxie idéologique. On s'intéressera ici prioritairement à la dimension pan-négriste du phénomène, déjà apparent dans ce qui est commun aux différents thèmes de prédilection de l'afrocentrisme tels qu'énumérés plus haut : à savoir le fait de placer l'Afrique au centre topographique du monde, d'y voir le seul et unique centre de rayonnement de la civilisation, un foyer d'émigrants ayant quitté le berceau originel pour peupler et civiliser l'Europe, l'Asie et l'Amérique avant l'arrivée des Blancs. Ainsi, Ivan Van Sertima s'est-il fait un nom, à partir de son ouvrage au titre évocateur de *They Came Before Colombus* (1977), en popularisant l'idée (déjà émise par nombre de diffusionnistes) que les « Égypto-Nubiens » du temps des Ramsès auraient colonisé l'Amérique et seraient responsables de l'essor des grandes civilisations amérindiennes. D'autres migrations médiévales, depuis le Mali, auraient ensuite assuré la continuité avec l'époque actuelle. Certes, aucun auteur afrocentriste n'a jamais poussé la logique jusqu'à postuler la continuité généalogique entre ces anciens migrants et les Afro-Américains d'aujourd'hui, mais précisément parce que l'objet est ailleurs, d'une part, dans le fait de battre en brèche le mythe du découvreur et du pionnier, central dans la mémoire collective blanche, d'autre part, dans le fait de proposer une narrativité qui puisse être commune à d'autres communautés noires. Ce principe d'appropriation et de réécriture de l'histoire se laisse ainsi observer dans un autre ouvrage (Rashidi & Van Sertima, 1995), consacré à la présence africaine en Asie ancienne, du Proche-Orient à la Chine. Y sont notamment évoquées les migrations qui feraient des Africains les véritables fondateurs des civilisations arabes et indiennes.

---

2. C. A. Diop (1923-1986) est l'auteur d'une dizaine d'ouvrages, dont *Nations nègres et culture. De l'antiquité nègre égyptienne aux problèmes culturels de l'Afrique noire d'aujourd'hui* (1955).

3. Théoricien de l'afrocentrisme, Molefi Asante, de son vrai nom Arthur Smith, est notamment l'auteur de *The Afrocentric Idea* (1998).

4. Originaire de Guyana (ex-Guyane britannique), I. Van Sertima est l'auteur du célèbre *They Came Before Colombus* (1977). Voir aussi I. Van Sertima, 1998.

5. Auteur de *Black Athena* (1987, 1991), ouvrage dont deux volumes sont encore attendus et qui a suscité de très nombreuses réactions – dont l'ouvrage collectif de Mary Lefkowitz & G. M. Rogers (dir.), *Black Athena Revisited* (1996).

Nous sommes là au cœur d'une logique politique d'identification et de mobilisation d'une « communauté africaine planétaire », dont il n'est pas inintéressant de remarquer qu'elle va jusqu'à postuler l'origine africaine de quelques minorités « noires » menacées, tels que les « Africoïdes » (sic) des Philippines ou encore les Dalits, « Intouchables noirs » indiens (*ibid.*). Sur ces derniers, le spécialiste auto-proclamé est Shri Rajsekar, journaliste indien et militant des droits de l'Homme, par ailleurs fondateur de la *Dalitstan Organisation* qui édite un journal généraliste et une revue scientifique « consacrée aux 300 millions d'indigènes Sudra victimes des invasions aryennes, êtres humains innocents qui périrent à cause de l'apartheid védique [...] ». La même revue dénonce le « génocide », l'« holocauste » ou encore le « nettoyage ethnique » subi par les Dalits, et publie des articles qui appellent à l'unité politique de la « race noire », étendant son pan-négrisme jusqu'à la Nouvelle-Guinée[6].

Ces quelques exemples illustrent les solidarités intercontinentales autour desquelles se cristallise l'afrocentrisme. Solidarités qui visent à réunir dans une même prise de conscience les Noirs des Amériques ou des Antilles, d'Europe et d'Afrique, aussi bien que les Noirs d'Inde ou de Mélanésie. Ainsi, par la magie des mots, le terme de « Noir » ou d'« Africain » appliqué à un certain nombre de minorités suffit-il à créer l'illusion d'une africanité a-historique. Et l'on est frappé de la formidable prégnance (non seulement au niveau populaire mais aussi de la production savante) de l'idée que toute personne noire de peau (et aussi bien un Indien ou un Mélanésien) est un Africain oublié. À la communauté d'histoire et de culture qui est censée unir les citoyens d'un même pays sans préjudice de leur couleur de peau, est désormais préférée (ou du moins hautement affichée comme préférable) une fraternité mélanique entre Noirs de tous les pays. En un tel cas, la diaspora ne se contente pas de « se compter » (en s'adressant à ceux qui font l'élément véritablement diasporique), mais « diasporise » des groupes qui n'avaient pas forcément conscience d'une communauté de destin, et qui sont identifiés en fonction de leur phénotype noir.

Il faut, pour comprendre sur quel terreau se développe cette identité « noire » transnationale et même trans-continentale, la replacer dans le contexte plus proprement américain d'un essor du communautarisme. Tzvetan Todorov, il y a quelques années, a analysé ce phénomène comme un « culte de la différence » assurant l'homogénéité des représentations à l'intérieur de groupes « raciaux » ou « ethniques » prédéfinis et disqualifiant d'avance les nomades et les transfuges de l'identité (Todorov, 1995). Or, s'il est un outil de communication qui s'adapte particulièrement au

6. Voir le site internet de l'organisation : http://dalitstan.org (consulté le 06.09.2000).

communautarisme américain, c'est bien Internet, dont l'organisation en « sites » spécialisés visant des publics distincts s'accorde avec la demande spécifique émanant des communautés. On donnera, dans les lignes qui suivent, quelques exemples d'une utilisation communautaire de la Toile[7].

Kwame Anthony Appiah (d'origine anglo-ghanéenne) et Henry Louis Gates (américain), intellectuels de grande renommée et tous deux enseignants au département d'African-American Studies de l'université de Harvard, sont les éditeurs scientifiques d'une luxueuse encyclopédie du monde noir (Appiah et Gates, 1999) parue sous forme de CD-Rom (*Encarta Africana*). Ils sont aussi les fondateurs du site Africana.com sur Internet, qui se présente comme une « passerelle digitale » entre les communautés noires de la diaspora et offre des informations sur l'histoire et l'actualité sociale, politique ou artistique des mondes noirs[8]. Africana.com a su se tailler une place assez importante dans un contexte de forte concurrence, où existaient déjà des sites bien implantés s'adressant aux Noirs américains, tel que netnoir.com, créé en 1995. Ce portail se veut le moyen de « connecter les individus et le monde des affaires avec la culture et le mode de vie noirs ». De fait, on trouve quelques pages consacrées à l'Afrique ou à l'histoire des Noirs américains, parmi de nombreuses rubriques magazines (santé, télé, cinéma, musique, mode...) destinées au public noir. Mais la préoccupation est globalement moins culturelle que commerciale, le site fonctionnant comme bourse de travail en ligne et offrant des créneaux publicitaires aux entreprises désireuses de toucher le public afro-américain. Les publicités, notamment pour des marques de voitures de grand standing, disent assez le public qui fréquente le site : une classe aisée qui peut aussi acheter en ligne de l'art africain ou se reconnaître dans les portraits d'« afropreneurs »[9] présentés sur l'autre site de la compagnie, blackshopping.com, le « centre commercial noir américain sur Internet »[10].

Il est parfois difficile de faire le départ entre un discours afrocentriste et un discours simplement communautariste. Chez les classes noires américaines aisées, le communautarisme se manifeste par un intérêt marqué pour l'histoire afro-américaine, une curiosité nouvelle pour les réalisations culturelles des autres populations d'origine africaine à travers le monde et par une volonté de répondre aux sollicitations de re-dynamisation des

7. Compte tenu du caractère instable des sites Internet, de leur durée de vie variable, certains des sites mentionnés ci-après pourraient avoir disparu de la « Toile » quand le lecteur prendra connaissance de cet article. La date de visite des sites a donc été précisée.

8. Adresse du site : http://www.africana.com (site consulté en septembre 2000).

9. Néologisme formé sur « entrepreneur ».

10. Adresse du site : http://www.netnoir.com (site consulté en septembre 2000). Pour une brève description du site en janvier 1999, voir *Le Monde*, 29.01.1999.

solidarités verticales (entre classes sociales noires). Certes, la logique communautaire, la logique commerciale, et plus encore l'architecture du Net conduit l'internaute noir à se voir proposer en ligne de l'art « noir », de la musique « noire » et autres produits « noirs » correspondant à son âme « noire ». Cela pourrait nous inciter à parler d'afrocentrisme. Mais ces sites témoignent d'un désir d'intégration économique et sociale à la société américaine et d'une volonté d'utiliser le communautarisme à cette fin. Or c'est en cela que, quoique né dans cet environnement, l'afrocentrisme prétend opérer une coupure radicale. Prenant acte de l'échec, ou du moins du retard considérable pris dans le programme intégrationniste qui était encore celui de Martin Luther King et qui est toujours celui d'intellectuels tel que Henry Louis Gates, l'afrocentrisme se pose comme discours de substitution à l'intérieur de la communauté des Américains « africains » (*African Americans*), jouant à plein le cloisonnement des discours. Il y a en effet dans l'afrocentrisme une abdication de la portée universelle de son propre discours, s'adressant exclusivement à ceux qu'il a préalablement définis comme aptes à le comprendre. Dis-moi ta couleur, je te dirai ce que tu dois croire : aux Blancs la « pensée occidentale », aux Noirs l'afrocentrisme.

De nombreux sites Internet destinés aux Noirs américains, jaillis du terreau communautariste évoqué plus haut, développent cette idéologie. C'est le cas de melanet.com, vitrine de « l'expérience noire intégrale » (*The uncut Black experience*), ou encore « plate-forme pour l'expression intellectuelle, économique et spirituelle des peuples de la diaspora africaine »[11]. Sur le plan commercial, l'écran d'accueil permet à l'internaute, à l'instar de netnoir.com, d'acheter, de gérer son porte-monnaie ou de diriger son entreprise dans une perspective ouvertement mélanocentrée. Les références plus culturelles sont présentes sous d'autres rubriques. L'une d'elles offre à *Nigerian Fabrics and Fashions*, marque de haute couture destinée aux « frères et sœurs qui cherchent à exprimer leur patrimoine à travers la mode », l'occasion de présenter sa nouvelle collection, qui se décline en plusieurs lignes de vêtements : « traditionnelle », « afrocentrique » et « classique », cette dernière étant une réminiscence du style « khémétique » datant des pyramides. Une seconde rubrique propose, derrière la question « Getting Married? », un guide complet pour l'organisation d'un « mariage africain » : liens renvoyant vers des sites professionnels, achats de cadeaux en ligne, conseils, histoire du mariage en Afrique et chez les Noirs américains. On lit également que le « saut du balai » (*broom jumping*) (qui consiste pour les deux époux à sauter ensemble par-dessus un balai décoré de fleurs et de rubans, en signe de rupture avec leur vie de célibataires) est devenu « l'une des plus célèbres traditions africaines pratiquées

11. http://www.melanet.com (site consulté en 1997 et septembre 2000).

dans les mariages [afro-américains], qu'ils soient traditionnels ou axés sur l'Afrique ». Suivent les recommandations pour organiser le rituel. Quant à ceux qui souhaiteraient plus généralement ajouter une touche afro-américaine et romantique à leur mariage, un ouvrage, intitulé *The Nubian Wedding Book*, est vendu en ligne, qui propose recettes de cuisines, poèmes, prières et formules de vœux « s'inspirant de la tribu (sic) africaine des Yoruba, des principes kwanzaa, de la Bible et même des paroles de Martin Luther King ». Retour à la page d'accueil, pour s'informer justement sur Kwanzaa, période de « vacances spirituelles » et philosophie s'adressant aux Afro-Américains. Kwanzaa est une tradition « inventée » aujourd'hui respectée par certains segments de la classe moyenne noire, mais sa pratique n'est sans doute pas assez générale pour qu'il soit inutile de rappeler en ligne le déroulement des festivités, les gestes à accomplir et les paroles (en swahili) à prononcer pour se conformer au rituel.

Au-delà de l'obsession mélanique, qui se traduit dans le vocabulaire employé sur le site, on relève la dimension normative d'un discours qui consiste moins à rendre compte d'une réalité ethnographique qu'à inventer un folklore sur mesure répondant au désir actuel, au sein de la population noire américaine, de réaliser et de prouver son africanité. On assiste bien là à la création d'un imaginaire communautaire, sorte de « nationalisme décoratif » (Walker, 2000, 65)[12] où l'Afrique – une Afrique éclatée entre religion yoruba, langue swahili ou encore mariage nubien – constitue un horizon de référence.

Pour autant, le fait de parler d'« invention de la tradition » (Hobsbawm & Ranger, 1983) ou de mettre en évidence le caractère instrumental de ce discours et de ces pratiques ne revient pas à congédier ces manifestations identitaires comme inauthentiques et sans efficacité sociale[13] ni même à les galvauder. Les processus identitaires en jeu dans la construction afrocentriste d'une « nation noire » – globalisée via Internet – ramènent inévitablement à une problématique du pouvoir. L'afrocentrisme peut dès lors être envisagé en relation avec le contexte historique qui l'a produit. Ne doit-on pas faire observer en effet, avec Odile Hoffman (2004, 15), « que la confiscation du pouvoir est, plus que tout autre, une particularité vécue intensément et longuement par des populations noires, qu'elle est peut-être leur seul point commun d'un bout à l'autre du monde colonisé par l'Europe ». En outre, comme semble également le suggérer le même auteur (*ibid.*, 226-227), la demande « communautariste » vient toujours de grou-

12. Même idée chez W.J. Moses, 1998, p. 238-241, *passim*.

13. Compte tenu du caractère instable des sites Internet, de leur durée de vie variable, certains des sites mentionnés ci-après pourraient avoir disparu de la « Toile » quand le lecteur prendra connaissance de cet article ; la date de visite des sites a donc été précisée.

pes minoritaires et son rejet parfois autoritaire au nom de l'universalisme peut contribuer à la minorer encore davantage. Le discours afrocentriste possède en effet un caractère auto-réalisant, produisant avec le temps la réalité qu'il énonce. Cette induration dans la vie réelle n'a d'ailleurs pas tardé à se manifester au niveau le plus matériel, puisque l'on trouve dans les boutiques du Web, outre plus de 150 ouvrages sur Kwanzaa, des vidéos, des CD ou encore de l'artisanat (bijouterie, poupées en porcelaine, bougies, etc.), qui contribuent à donner toujours plus d'épaisseur à cette fête qui est peut-être en passe de *devenir* traditionnelle.

Si Internet a augmenté le caractère prescriptif des idées afrocentristes, il en a aussi facilité la diffusion. Ce qu'un auteur lié au courant afrocentriste autant qu'à la Nation de l'Islam appelle la « Révolution des Livres Noirs » (*Black Books Revolution*) (Martin, 1993, 42), commencée au milieu des année 1980, a permis de donner un formidable coup de pouce à des idées qui n'appartenaient pas au *mainstream*, en raison notamment de nouvelles facilités à contourner le système éditorial traditionnel (nouveaux éditeurs spécialisés, chaînes de librairies noires et de magasins dits « ethniques ») et surtout grâce aux sites afrocentristes ou aux librairies généralistes sur Internet. Une recherche sur le site commercial amazon.com livre par exemple 45 ouvrages contenant le mot « *afrocentric* » dans leur titre (aucun n'étant une étude du phénomène), témoignant du très large spectre d'application du concept, de l'architecture à la psychologie, en passant par les sermons du dimanche. D'autres exemples pourraient attester de la diffusion et de la banalisation de l'afrocentrisme (et de l'imaginaire qu'il véhicule) grâce à Internet. Deux raisons à ce phénomène : d'une part, l'effet naturel de la diminution des coûts d'information, qui bénéficie aux « petits » auteurs, éditeurs et diffuseurs, face au *mainstream* ; d'autre part, l'effet de gommage des différences de statut entre les personnes et entre les savoirs.

En retour, l'afrocentrisme a acquis un gain de respectabilité qui lui permet, à son tour, de se doter d'une légitimité savante. Il est par exemple symptomatique que cette idéologie mobilise aujourd'hui les mêmes modes de circulation des savoirs que la recherche « orthodoxe ». Ivan Van Sertima est ainsi le fondateur et le directeur d'une revue, le *Journal of African Civilizations*, devenue en quelque sorte l'organe officiel de l'afrocentrisme universitaire. On a vu aussi fleurir avec le Web des revues électroniques à prétention plus ou moins scientifique. Le site melanet.com, sous la rubrique E-News de sa page d'accueil, offre ainsi la possibilité de s'abonner par e-mail à *MAAT Newsletter*, bulletin d'information publié depuis 1996 et qui se veut « la voix afrocentrique sur Internet », revue qui mobilise tout l'apparat de la légitimité savante. Son fonds de commerce est bien sûr la théorie de l'origine africaine de la civilisation égyptienne, et la plupart des articles portent de ce fait sur le pré-dynastique égypto-nubien, non sans référence au Déluge ou à la reine de Saba. Mais on lit aussi, au hasard des contributions, que Jésus était noir, que le christianisme est une religion d'origine afro-égyptienne, ou encore que les « vierges noires » trouvent leur origine dans un culte isiaque (donc d'origine afro-égyptienne) pan-européen. Mêlant peur du complot et mysticisme high-tech, la revue donne aussi libre cours à la théorie d'une origine afro-martienne de la civilisation, ou encore à celle de voyages de cosmonautes égypto-nubiens vers la lune.

On peut parler, comme le fait Stefania Capone dans son étude sur l'essor des religions d'origine africaine aux États-Unis, en particulier via Internet, d'une « réafricanisation » des Noirs américains (Capone, 1999). Cette « réafricanisation » est au demeurant un phénomène plus large, puisqu'au Brésil et à Cuba aussi, pays où existent des cultes d'origine au moins en partie africaine, ceux-ci se trouvent aujourd'hui réaménagés ou réinterprétés en fonction d'une tradition « africaine » perçue comme authentique (Capone, 2000 ; Douxami, 2000 ; Argyriadis, 2000). On a déjà souligné combien cette tradition africaine était largement idéalisée, obtenue par sélection de cultures prestigieuses (Égypte, Nubie, côte swahili, aire yoruba) bénéficiant du label de « civilisation ». Une Afrique bricolée et qui n'a pas besoin d'être réelle. L'Afrique des Africains, l'Afrique embarrassante des épidémies et des coups d'État (telle du moins qu'elle passe le filtre médiatique), n'intéresse pas la diaspora ainsi configurée qui a besoin d'une Afrique mythique, pure, originelle.

Polymorphe, l'afrocentrisme apparaît comme un outil de mobilisation. C'est sa force et son intérêt que de soumettre l'histoire à ses propres besoins idéologiques, rapportant le passé du monde à quelques formes identifiables comme s'adressant prioritairement aux Noirs, et énonçables selon des modes qui sollicitent différents effets de vérité, scientifiques ou non, entre lesquels il est loisible de « zapper ». Considéré, dans le contexte social américain, en tant qu'outil de mobilisation contre une certaine hégémonie idéologique « blanche », l'afrocentrisme développe le programme explicite d'unir dans la même revendication identitaire l'ensemble de la communauté noire, jouant sur le terrain racial comme pour réagir à la faillite ou au caractère inopérant des solidarités de classe. Considéré, à une échelle plus large, comme idéologie unitaire du monde noir, il développe des solidarités horizontales qui peuvent aller jusqu'à un pan-négrisme planétaire, comme pour pallier la mise en défaut des solidarités verticales entre classes noires aisées et pauvres. À ce double titre, l'afrocentrisme apparaît à la fois comme un plaidoyer *pro domo* par lequel les Noirs américains convoquent à la barre d'autres situations de marginalité sociale des descendants d'Africains, et comme une forme de mondialisation idéologique dans laquelle les Noirs américains s'assurent un leadership sur l'ensemble du « monde noir ». Sans doute est-ce la raison pour laquelle l'émergence bien réelle d'une « nation noire » à l'échelle globale, voulue comme un tissu de solidarités entre personnes et communautés de même couleur de peau, construite sur l'idée d'une africanité mélanique, d'une Afrique elle-même hors du temps, et qui confisque symboliquement à l'Afrique son nom et ses formes culturelles les plus originales, suscite un scepticisme et des résistances non moins réels. Ainsi certains intellectuels africains rejettent-ils un pan-négrisme qui détourne le regard de l'Afrique, et promeuvent-ils une africanité « authentiquement » africaine, non dénuée d'ambiguïtés elle aussi, mais fondée sur l'expérience des habitants du continent (Mafeje, 2000). Quoi d'étonnant qu'intellectuels, politiques, décideurs économiques africains aient aussi leur Afrique, ou plutôt leurs Afriques, qui mobilisent d'autres solidarités, qui font jaillir d'autres dynamiques, en contradiction avec l'idéal afrocentriste d'une fraternité mélanique intercontinentale sans égard pour les différences de classe, de statut ou d'histoire ? Mais qu'importe : même si cette grande « nation noire » à l'échelle de la planète doit se faire sans certaines communautés noires, même si elle doit pousser sa logique réticulaire jusqu'à n'englober que ceux qui le veulent bien et quand ils le veulent bien, il reste que l'ingénierie culturelle et technologique qu'elle mobilise permet précisément de multiplier et de moduler les adhésions, les appartenances, les solidarités, en « cliquant » sur les identités de son choix.

Références

ANDERSON B. [1983], 1996, *L'imaginaire national. Réflexions sur l'origine et l'essor du nationalisme*, Paris, La Découverte.

APPIAH K. A. and GATES H. L. (eds.), 1999, *Africana. The Encyclopedia of the African and the African American Experience,* New York, Basic Civitas Books.

ARGYRIADIS K., 2000, « Des Noirs sorciers aux babalaos : analyse du paradoxe du rapport à l'Afrique à La Havane », *Cahiers d'Études Africaines*, XL (4) :160, 649-674.

ASANTE M., 1998, *The Afrocentric Idea* (édition révisée), Philadelphie, Temple University Press.

BERNAL M., 1987, *Black Athena*, vol. 1, *The Fabrication of Ancient Greece, 1785-1985*, Londres, Free Association Books, New Brunswick, N.J., Rutgers University Press. (Traduction française : *Black Athena. Les racines afro-asiatiques de la civilisation classique.* Vol. 1, *L'invention de la Grèce antique.* Paris, PUF, 1996.

BERNAL M., 1991, *Black Athena*, vol. 2, *The Archaeological and Documentary Evidence*, Londres, Free Association Books, New Brunswick, N.J., Rutgers University Press.

CAPONE S., 1999, « Les dieux sur le Net. L'essor des religions d'origine africaine aux États-Unis », *L'Homme*, 151 : 47-74.

CAPONE S., 2000, « Entre Yoruba et Bantou : l'influence des stéréotypes raciaux dans les études afro-américaines », *Cahiers d'Études Africaines*, XL (1), 157, 55-77.

DIOP C. A., 1955, *Nations nègres et culture. De l'antiquité nègre égyptienne aux problèmes culturels de l'Afrique noire d'aujourd'hui*, Paris, Présence africaine.

DOUXAMI C., 2000, « Brésil en couleur ou en noir et blanc ? La complexité de la lutte des militants noirs brésiliens », in F.-X. Fauvelle-Aymar *et al.* (eds.), ouvrage cité, 353-367.

FAUVELLE-AYMAR F.-X., 1998, « L'afrocentrisme entre révision de l'histoire et quête d'identité », *Les Temps Modernes*, vol. 53, n° 600, 285-302.

FAUVELLE-AYMAR F.-X, CHRÉTIEN J.-P. et PIERROT C.-H. (eds.), 2000, *Afrocentrismes. L'histoire des Africains entre Egypte et Amérique*, Paris, Karthala.

HOFFMAN Odile, *Communautés noires dans le Pacifique colombien. Innovation et dynamiques ethniques*, Paris, Karthala, 2004.

HOBSBAWM E.J. and RANGER T. (eds.), 1983, *The Invention of Tradition*, Cambridge, Cambridge University Press.

HOWE S., 1998, *Afrocentrism. Mythical Past and Imagined Homes*, Londres, Verso.

LEFKOWITZ M. and ROGERS G.M. (eds.), 1996, *Black Athena Revisited*, Chapel Hill, University of North Carolina Press.

MAFEJE A., 2000, « L'africanité : une ontologie de combat », *Bulletin du CODESRIA*, 1, 67-73.

MARTIN T., 1993, *The Jewish Onslaught. Despatches from the Wellesley Battlefront*, Dover, The Majority Press.

MOSES W.J., 1998, *Afrotopia. The Roots of African-American Popular History*, Cambridge University Press.

RASHIDI R. and VAN SERTIMA I. (eds.), 1995, *African Presence in Early Asia*, New Brunswick, Transaction Publishers.

TODOROV T., 1995, « Du culte de la différence à la sacralisation de la victime », *Esprit*, juin 1995, 90-102.

VAN SERTIMA I., 1977, *They Came Before Colombus*, Londres, Random House.

VAN SERTIMA I., 1998, *Early America Revisited*, New Brunswick, Transaction Publishers.

WALKER C., 2000, « Les *a posteriori* de Molefi Asante », in F.-X Fauvelle-Aymar *et al.* (eds.), ouvrage cité, 65-77.

Chapitre 4

L’expérience de l’exil sur le temps long

Introduction

L'exil, figure littéraire, figure sociologique

Chantal BORDES-BENAYOUN
Université Toulouse-Le Mirail

Entre métaphore et expérience concrète, entre mémoire collective et réminiscence individuelle, entre figure littéraire et objet sociologique, l'exil nous dit-il les diasporas comme un chemin reliant toutes ces réalités et représentations à la fois ? Notions concomitantes, exil et diaspora semblent se superposer. Dans l'histoire des juifs les termes *gola* et *galout* désignent à la fois les faits et le peuple dispersé, la dispersion et l'exil, et tendent à se confondre pour accuser la distance et le manque[1]. Écart géographique et séparation symbolique et affective sont en effet indissociables. Être exilé et être en diaspora se sont donc souvent construits comme des équivalents pour évoquer une condition incomplète. Privés de patrie, on est privé d'être. C'est là un usage linguistique fréquent, mais aussi une représentation historiquement située, dont témoigne par exemple la vision négative de la diaspora qui a prévalu et servi la construction de la nation israélienne, analysée par Ilan Greilsammer dans les pages qui suivent. Si l'exil diasporique est inévitablement associé à l'idée de privation et de perte, une expérience « plus cruelle que la mort » écrivait madame de Staël, à y regarder de plus près, et en comparant les situations, nous pouvons relever au contraire une certaine ambivalence. Pour ne prendre qu'un exemple, on peut se référer à la dispersion des Grecs qui a pu à certaines époques donner à l'éloignement la valeur positive de la réussite et du rayonnement. C'est précisément à

1. Toutefois les connotations actuelles de ces termes toujours peu ou prou associés à la nostalgie et à l'aliénation, n'apparaissent semble-t-il dans la tradition juive qu'à partir de la « seconde dispersion », après la destruction du second Temple. *Dictionnaire encyclopédique du judaïsme*, Cerf-Robert Laffont, 2001.

cette double valeur de l'exil que les textes présentés ici nous proposent de réfléchir[2].

En premier lieu, il fallait tenter de fixer les termes, sans égarer les notions initiales dans la forêt d'épithètes qui les entoure. Emigrés, réfugiés, expatriés, errants, expulsés, nomades, bannis, relégués, exclus, déracinés..., ceux-ci abondent dans les registres juridico-administratifs ou littéraires et l'étendue du lexique en dit long sur l'infinie capacité humaine à jeter des peuples sur les routes à la recherche d'un sort meilleur. Mais elle signale aussi la difficulté à saisir cet objet, sa richesse incommensurable, ses singularités et ses variations infinies. Elle nous convainc de le situer du côté des représentations, des émotions et de la subjectivité. Comme le rappelle Kachig Tololyan dans un précieux tour d'horizon définitionnel, qui nous permet de mesurer l'étendue du champ d'application du terme, il n'est d'exil que vécu par des sujets, et défini par eux. Il n'y a pas d'exil sans sentiment d'exil. Et si l'on devait faire pencher la définition de la diaspora du côté de la matérialité des faits, selon une critériologie classique (catastrophe originelle, dispersion géographique, ampleur des exodes et des flux), alors l'exil serait plutôt de l'ordre de la subjectivité et de l'interprétation, non seulement comme la conséquence d'un exode collectif mais aussi comme une expérience individuelle et intime. D'où ces oscillations et ces contrastes qui le font être tour à tour tourmenté et destructeur, serein et créatif.

L'exil est alors une subjectivité qui veut donner sens à une histoire collective aussi désastreuse qu'absurde. Car, par la discontinuité qu'elle opère, la diaspora est désorganisatrice de sens. Elle appelle un rétablissement discursif et métaphorique de la continuité et de la cohérence que le départ et l'éloignement ont brisées. D'où cette insistance à retrouver l'intégrité collective, qui s'exprime y compris dans ce souci des sépultures, propre aux migrants ayant laissé leurs morts derrière eux, ou bien encore tous les phénomènes manifestant le sentiment de dépossession corporelle, que soulignent plusieurs auteurs. Le récit se doit d'organiser la cohérence de l'expérience éclatée.[3] À défaut d'un effectif rétablissement ou d'un retour aux origines, il s'agit de qualifier l'expérience insensée, le temps vécu de l'exil[4]. « Aziz n'existe plus, Aziz n'est même pas un

---

2. Ce chapitre reprend une partie des communications du séminaire sur « L'exil » qui s'est tenu à la Maison de la Recherche de l'Université de Toulouse-Le Mirail les 20-21 mars 2003. On en trouvera également un résumé rédigé et commenté par Anny Bloch-Raymond dans la revue *Diasporas, Histoire et Sociétés*, n° 3, 2003.

3. C. Bordes-Benayoun, « Revisiter les diasporas », *Diasporas, histoire et société*, n° 1, juin 2002, p. 9-21.

4. Une problématique de l'exil comme une attente, comme un intervalle jamais résolu que nous pouvons emprunter à Alain Médam, dans nombre de ses travaux touchant aux migrations : A. Médam, *Mondes juifs, l'envers et l'endroit*, Paris, PUF, 1990, 192 p. Coll. Le sociologue ; A. Médam, «Diaspora/Diasporas, archétype et typologie», *Revue Européenne des Migrations Internationales*, 1993, vol. 9, n° 1.

chien ici, il n'est rien », nous dit un jour un Algérien sans papiers, essayant par un usage révélateur de la troisième personne du singulier, de mettre des mots sur ses maux, une forme de dépossession de soi. La littérature offre de beaux exemples de cette mise en mots poétique ou romanesque, philosophique ou testimoniale, savante ou mystique, dans laquelle K. Tololyan puise des exemples particulièrement éclairants. Dans l'histoire littéraire, ces diverses déclinaisons sont autant de manières de regarder sa propre existence. C'est à juste titre qu'il pose la question d'un « exil heureux », d'une sorte de dépassement de la part subie de l'expatriation, une échappée pour ne pas dire une libération. Dans tous les registres possibles, de la plainte à l'autodérision, de l'inévitable nostalgie à la résilience, de la misère à « l'exil chic », nous pouvons dans ces corpus continuer à identifier cette construction du sens, y déceler enfin, comme nous y invitent unanimement les auteurs de ce chapitre, des exils bien vécus comme des anéantissements, des complaisances comme des intransigeances, des éloignements salvateurs comme des retours avortés[5].

Ce qui fait l'exil, ce n'est pas tant la privation de terre natale et l'absence des siens que l'improbabilité, l'incertitude ou l'incomplétude du retour. Ceux qui en ont fait l'expérience rapportent le choc éprouvé à cet égard ; parents et enfants, frères et sœurs, membres de la famille ne se retrouvent qu'en partie dans cette rencontre tant attendue et si décevante parfois entre l'exilé et ceux qui restent, entre le nomade et le sédentaire. Le retour de l'enfant prodige n'est-il pas souvent empreint d'incompréhension ? Le problème de la continuité générationnelle rompue alimente le sentiment de l'exil. Martine Hovanessian examine dans le cas de la diaspora arménienne le travail de rétablissement d'une généalogie qui occupe dès lors l'exilé. Reconstruire le lien peut devenir une sorte d'obsession créatrice, d'obstination à résister à la menace de dilution et de destruction. En anthropologue, Martine Hovanessian construit la notion d'exil comme une quête ontologique qui se met en récit, qu'elle invite à consigner sous la forme de témoignages. Une notion indissociable de celle de la disparition, qui lui confère sa profondeur. Du récit réparateur, qui n'est pas sans évoquer le travail analytique, surgiront ce que nous pourrions appeler l'inconscient social de la diaspora et la possibilité de construction d'une mémoire collective. Tisser le fil entre la solitude individuelle et l'histoire familiale, l'histoire collective, l'histoire nationale, telle peut être la fonction de cette verbalisation mais aussi, d'une mobilisation sans précédent des Arméniens pour faire entendre leurs voix et combattre le déni.

5. C. Benayoun, « Entre l'exil assumé et l'exil réinventé : les Juifs d'Afrique du Nord en France », *Les Nouveaux Cahiers*, n° 110, Automne 1992, p. 17-22.

Mais cette nécessité de reconnaissance d'une souffrance collective ne fait-elle pas de nouveau pencher la condition de l'exilé du côté d'une vision négative toujours plus prompte à la définir ? On rejoint ici le questionnement de la condition juive, même si K. Tololyan souligne par ailleurs combien celle-ci est exceptionnelle et difficile à comparer à d'autres, et plus généralement la problématique de toute diaspora se constituant toujours peu ou prou entre une blessure originelle fondatrice, ses prolongements dans une histoire tourmentée d'un côté, la rédemption par la capacité à survivre et perdurer, de l'autre. La diaspora huguenote analysée par Patrick Cabanel offre un exemple très éclairant. Si la remémoration des souffrances endurées et de l'expulsion du royaume de France alimente le sentiment d'exil, l'auteur montre à quel point la culture forgée, la langue et les lettres vont créer les conditions de la survie et, plus encore, conférer à l'exil un rôle décisif pour la perpétuation du groupe. Dans l'effort consenti par les exilés qui ont su constituer une sorte de patrie intellectuelle et spirituelle de substitution, la diaspora est devenue un centre actif, avec ses hauts lieux[6]. Elle tend à opérer des articulations inédites entre des référents identitaires multiples qui ne peuvent se résumer à une seule instance. L'emboîtement des sphères religieuses et temporelles par exemple est particulièrement remarquable, qui nous invite à repenser le rôle que l'on savait décisif de la religion comme ciment communautaire, pour considérer dans sa pluralité et dans son évolution le rapport au sacré des diasporas. La perpétuation culturelle se faisant au prix d'une capacité constante de renouvellement et de changement dont seul l'exil semble avoir le secret.

Mais cette activité de la diaspora n'est pas toujours reconnue par le « centre », toujours désireux de constituer la référence unique de l'histoire collective. L'histoire de la diaspora juive révèle aussi cette dynamique entre le centre sacré et ses réinterprétations successives. Ilan Greilsammer analyse la vision de l'exil diasporique que la construction nationale israélienne a dû forger, réadapter, mettre en avant pour légitimer et asseoir le projet sioniste. Le rejet de la diaspora, avec son cortège d'images et stéréotypes, fut la condition de cette élaboration, dont l'historiographie rend compte aujourd'hui. Se donnant comme fin de l'exil, l'installation en Israël impliquait une radicalisation de cette rupture avec le passé juif en diaspora, considéré comme aliénant, avilissant et vain. Cette dernière alla parfois jusqu'à l'oblitération des épisodes les plus douloureux de l'histoire du peuple juif, symbolisant la servitude passée, mais aussi très souvent avec le noyau traditionnel de la judéité. Cette opposition entre exil destructeur

6. Un large tour d'horizon de cette activité nous est donné dans l'ouvrage de Eckart Birnstiel (ed.), *La diaspora des Huguenots, Les réfugiés protestants et leur dispersion dans le monde,* Paris, Honoré Champion, 2001.

et retour rédempteur trouve ici une illustration éclatante, aussi bien chez les penseurs laïques rejetant toute manifestation de piété dans l'ordre du passé, que chez des religieux pour qui la religion des exilés ne pouvait être qu'incomplète. Même si la représentation de la diaspora a évolué depuis les premières heures du sionisme, il reste une interrogation et une incompréhension sur l'existence en diaspora qui, vue du pays d'origine ne peut apparaître qu'incertaine et risquée.

À travers la variété des exemples présentés ci-après, nous pouvons retenir cette incertitude, imposée ou faite vertu, de la condition d'exilé. Introspection de l'exilé tentant de trouver un sens à un parcours décousu, incertitude de la diaspora face à la rigueur revendiquée par le centre, dans sa volonté de représenter l'authenticité originelle, incertitude du centre quant au retour effectif des exilés, incertitude sur la permanence géopolitique et la solidité des centres, nouveaux exodes et mouvance des frontières confèrent en effet à cette notion si ancienne une palette de significations d'une grande actualité.

1

A General Introduction to Exile

Khachig TOLOLYAN
Wesleyan University, Middletown (États-Unis)

At the beginning of a conference, it is always helpful to define the key term in a provisional way. I will use «exile» to refer to the condition in which an individual or a community is either expelled or self-excluded from a place it considers home; upon whose affairs it remains focused; and to which it wants to return. I offer this definition even though I am aware that it has shortcomings and is not applicable to all past and present circumstances in which the term 'exile' was used. I use it in order to establish a shared concept about which we can argue together.

Each of the constitutive components of this provisional definition must be elaborated. First, it assumes that there is a geographical place in which and to which one belongs – the native land, the homeland, the fatherland, the *patrie*, the *heimat.* The notion of «belonging» is often problematic and requires extensive qualification, depending on the specific case of exile in question. Second, the causes of exile can be questioned. Even when the exile has left voluntarily, he or she feels that there was an involuntary, coercive element among the causes of departure. But others who have stayed behind and have demonstrated that it is possible to tolerate the 'intolerable' may disagree, and a substantial disagreement exposes that what is subjectively viewed as 'exile' by some may seem like mere emigration to compatriots. Third, there is in the term «exile» the component of an enduring pre-occupation with what happens in the home one has left. The exile follows events at home, may try to influence them, and usually lives in the hope and desire of return. In concentrating on the perspective of the exiled, as scholars usually do, we must not forget that their pre-occupation with the homeland can take intrusive forms and may be regarded as illegitimate not just by the state the exile has left, but also the people who stayed behind and suffered (as is the case currently in Iraq).

Exile seems linked to individuals as «diaspora» is to collectivities. This is an inviting analogy, but we must immediately qualify it. While exile and diaspora are linked and overlapping concepts, especially in the Jewish case, they are not identical, for at least two reasons. First, in most cases exile tends to endure for no more than the lifetime of the individuals concerned, or for two generations, whereas a diaspora endures past the first two generation of dispersion. Second, exiles tend to remain relatively isolated from the society of asylum, whereas the diasporic condition involves greater integration into the host society; in modern times this relative integration leads to citizenship in politics and hybridity in culture.

As we develop our provisional notion of exile, we will quickly discover that the definitions of exile and especially the meanings attributed to it first by exiles themselves, second, by homelands, and third, by scholars, are numerous and subtly different from each other. They also change across time. As a result, all the situations denominated as «exile» now and in the past can never be encompassed by any single definition, such as the one with which I began. Finally, the juridical and political causes of many instances of exile are easier to encompass than even more widespread *sentiment* of exile. Only text-based and interview-based research can explore adequately the varieties of the sentiment of exile and the social, cultural and political consequences of that widespread sentiment.

There are always two ways to approach a concept such as «exile.» One is diachronic and historical; the other is synchronic and offers a snapshot of the situation of the concept as it is today. I will attempt to combine the two in order to explore and complicate our provisional definition. To do so, I will consider from a historical perspective three elements: the *linguistic terms* employed, the *concepts* they designated throughout history, and the actual social *phenomena* of exile represented by those terms and concepts.

Today, as at some points in the past, the term exile is often applied to individuals, whether they are political dissidents or artists. Indeed, because the last two categories are so often said to be in «exile,» nowadays the term marks a relative privilege. As the Canadian Armenian scholar Razmik Panossian says, «being an exile is sexy, whereas being a refugee or asylum seeker just makes you a figure of anonymous misery[1].»

1. Personal communication, 7 March 2003.

What was exile as a concept and practice among Jews, Greeks, Romans, and Armenians? For the ancient Hebrews, the concept, trope and image of exile was fundamental. It is not an exaggeration to say that it organized the Jewish people's understanding of itself. Eventually, the words *golah* (meaning a specific place of exile) and *galut* (the abstract condition of being-in-exile) came to dominate their understanding of exile, but this was not always the single term-concept that they employed. The notion of exile denominated by *golah-galut* becomes dominant only after the Babylonian Exile, the Galut Bavel (or Babel). Before that, in the Torah, aspects of the concept of exile are represented in a variety of ways. There is what linguists used to call a semantic field, a set of linked and overlapping terms whose boundaries shift, and which together cover a concept larger than post-Babylonian exile. This semantic field embraces the concepts of expulsion, loss of a home, scattering and captivity.

Let us begin at the beginning. In Genesis, Adam and Eve are expelled from the Garden of Eden for their sins. The verb forms used for their expulsion from their ideal home, *vayeshalkhehu* and *vayegahresh* (Genesis 3, 22-24), are variously translated in different English Bibles as «he sent them away,» «he drove them away,» and «he cast them out.» Thus, according to Jewish thought, history – indeed temporality and mortality – begins with expulsion, with being driven away from a Garden, an ideal type of existence, to which human kind yearns to return (as exiles will later yearn to return home). It is no accident that the place of the divine presence to which the faithful Christian can return after death is «Paradise,» an Old Persian word for «Garden.» The Hebrew text is at the foundation of the Christian view of history as an exile that can end with a return.

Elsewhere in the Torah, as for example in Genesis 11:4, the people of the earth come *together* to build the Tower of Babel in order to avoid what various translations of the text call being «scattered» or «dispersed.» The key verb form here is «*vayohphetz*», a form of the verb «*hefitz*» and the noun «*fotz,*» which means the dispersion (modern Hebrew still uses another version of this term for «diaspora»). Already in the first fourteen chapters of Genesis, then, the concept of and the anxiety about expulsion, exile and scattering have an important place. Later, during and after the Babylonian captivity or exile, *golah* and *galut* become the terms most consistently used to describe the Jews as a people characterized by exile, and subsequent texts of the Prophets, such as Amos 1:6, also use the word. We encounter «*al haglotan galut shelemah,*» variously translated as «they carried away captive» and «they carried away into exile…» a whole community. Given modern history, it is ironic and worth noting that the people mentioned in

Amos as carried away into «exile» are not Jewish: they are the inhabitants of Gaza.

In the third century before the Christian era, roughly around 275 BCE, the Jews who translated the Hebrew of the Old Testament into Greek used the latter's term for dispersion, «*diaspora*,» to mean *galut* or exile. In doing so, they created a hybrid combination of paradoxical meanings that persists to this day. Though the Greeks were also a wandering people who settled everywhere along the Mediterranean and Black Sea coasts, they did not think of *themselves* as being either in diaspora or exile. The homeland cities from which the Greek settlers had departed called the new towns «*apoikeia*,» «from home,» but to the inhabitants of those towns, like Syracuse or Alexandria or Massilia, there seems to have been no sense that being away from home involved loss. «*Apoikeia*» was used as a synonym of the later Latin «*colonia*,» colony.

The contrast with the Jews is striking. For them, the condition of being collectively away from the homeland and settled elsewhere did in fact have a distinctly special meaning: the key fact was that they were no longer on sacred territory, near Jerusalem and the Temple. This sense of loss was inscribed as a historical burden and collective memory in Babylon, was brought back from there around 535 BCE. It was textualized, starting with the Biblical books of Ezra, Nehemia, and Psalm 137, and it became part of the textual inheritance of the Jewish people. The memorable lines of that Psalm capture the subjective pain and rage of exile well:

> If I forget thee, O Jerusalem, let my right hand forget her cunning.
> If I do not remember thee, let my tongue cleave to the roof of my mouth;
> if I prefer not Jerusalem above my chief joy.

In the 3rd century BCE, the Jews of Alexandria in Egypt were asked by its Macedonian Ptolemaic rulers to translate their sacred book into Greek. They used «*diaspora*» (a form of which occurs in Thucydides and is used to describe the dispersion of the population of a defeated city) to describe «*galut*» and thus conjoined exile and diaspora. Yet the Jews who chose to use this word were not themselves a population actually coerced into exile. Rather, they were economic migrants who had voluntarily chosen a more prosperous life elsewhere, and who kept sending remittances to the Temple as a form of religious obligation. Throughout history we occasionally encounter this paradox of identifying voluntarily chosen, economically motivated emigration as an exile that is lamented. The textualized and subjective meanings assigned to «exile» can be autonomous of the material and objective conditions in which the exiles dwell.

The early Greeks first spoke of exile as an individual condition, and they called it *phugas*, derived from the verb *pheugo*: to make a fugitive in the original sense of the term. It is already used in the *Iliad*, where it describes Tlepolemus, son of Heracles, who runs away from Corinth because he has killed a relative there (*Iliad*, ii, 664). Patroclus is also mentioned as having been *phugeh*, an exile who flees because of killing a man (xxiii, 85). For much of the early history of Greece, exile was either fleeing from the consequences of a criminal act and the social sanctions it elicited, or was imposed by a society that wanted to avoid a cycle of revenge killings. This notion was present among the Romans as well. They called the exiled man an *exul* and the condition of exile *exsilium*, a term whose origin is obscure. It may derive from *ex-salire*, to leap out, to flee outside the threshold or border of Roman land. Romans regarded expulsion (or escape) following certain crimes as just and also as helpful to the offender's family and society. Exile was an alternative to imposing the death sentence, enabled the exiled person's family to avoid their estate's confiscation, and also enabled the society to escape further vendetta and conflict. Since the return of the exile would initiate such conflict, they sometimes interdicted such return very strictly, on pain of death; at others, exiles could return after some time had passed.

In these examples, we see several persistent facets of exile: it is something that can be imposed on an individual, but also an individual can choose it, or is allowed to choose it, first by social custom and later by Law, because doing so avoids retributive killing and civil unrest, and restores peace. By Cicero's time, in 48 BCE, exile was regarded as so often beneficial to the polity that he argues, in *Pro Caecina*, section c, that *exsilium* is not a *supplicium*, a penalty, but rather like offering a form of sanctuary outside the boundaries of Rome to the guilty man.

Of course exile was also experienced as punitive. That is certainly the case with the first great literary exile, Publius Ovidius Naso or Ovid, whom the Emperor Augustus exiled in the year 8 CE to Tomis, present-day Constanza in Romania, where he died. Scholars have never agreed on the cause of Ovid's exile. The most common theory makes him the paradigm of the literary man viewed by the authorities as a social danger: in this view, the Emperor thought his *Ars Amandi* contributed to the decline of sexual morality in Rome. Some scholars think he was suspected of being involved in a political plot, and a few even think he was an adherent to peculiar religious rites[2]. In exile, Ovid wrote elegies titled *Tristia* and *Epistulae ex Ponto*, which he hoped would function as petitions to the Emperor. In

2. These speculations enumerate some causes of ancient exile.

these we see him refer to himself both as *exul*, an exiled person (*Tristia* iv, 10, 73-4) and as someone subject to *fuga* (*Tristia*, ii, 132), the term which had long been used in Greece and by this period in history referred in both Greek and Latin to an exile that was ordered by political authority. Whereas later scholars looking at the ancient world could believe that exile as a result of ostracism was a «compliment,» as Grotius said, to one's actions and convictions in an immoral world, in Ovid we see only a profound sadness and nostalgia for home, for return to Rome. In him we have the paradigmatic exiled artist; we will return to such figures later, because they extend from Ovid to Dante, all the way to Solzhenitzyn or Milan Kundera, James Joyce or Victor Hugo, V.S. Naipaul and Edward Said.

The Greek and Roman vocabulary of exile interacted and influenced each other in Magna Graecia, the major early contact zone between Hellenes and Romans, in southern Italy. Eventually, Roman political exiles also spent time in Athens, and they could no longer be described by the conquered Greeks as *fugas* – since for them the term still retained a trace of its original link to crime. So another Greek term joined the growing semantic field of exile. The term was *exoria*. It can be found, in its verb form, *exorizo*, in earlier texts like Euripides' *Herakleides* (*The Sons of Herakles*, 2.5.7) and Plato's The *Laws* (8.74.a), as well as in Demosthenes, who speaks of *exoristos*, the expelled or banished man. The origin of *exoria* is *ex-horos*, which literally means beyond the *horos*, boundary stone, the edge. This is also the *hor-* in horizon, the edge of the visible. In the Christian era, after the long encounter with Rome, the Greeks begin to use this term regularly, and it passes into Armenian as *aksor*, a people that came to know exile and diasporization. It appears in the earliest Armenian texts of the fifth century CE, along with *gaghout*, the Armenian form of *galut*, borrowed directly from the Hebrew in the translation of the Armenian Bible in 428 CE. By contrast to these two terms, *spurk*, meaning «the dispersion,» which is now the dominant Armenian word and is a cognate of diaspora, is used rarely in early times. Its first use is in 1158 CE, but it remains rare until the 20th century.

So in Armenian, as in Greek and even Hebrew, exile is a notion that first refers to individuals, not collectivities, remains distinct from diaspora, and appears much earlier than diaspora both as a concept and phenomenon. It is only in the post-Babylonian Jewish paradigm that exile becomes and remains a collective term equivalent to diaspora.

To summarize this complex protohistory of the term, exile can refer to individuals or groups. Exile can involve sending someone to a *specific* place, as in most Roman cases, or it can be a sentence to the exiled to wander *anywhere* outside the *horos*, or boundary of the state. It can be for criminal offenses against the social body, or for political offenses against the state, and, as Ovid's important case tells us, it can single out the artist as a danger not to the nation's aesthetics, but to the preferred shape of its ethical and political life. Exile can be for a non-specific period of time, or for a specific period of time; it can extend to just a few years or the lifetime of the exiled person. In particular, Jewish exile as diasporic *galut* comes to be imagined as collective, not individual; localized or territorialized in several places, but potentially relocatable anywhere in the world outside Judaea-Israel, leading eventually to the image of the wandering Jew. Jewish exile is not for a specific time, but can last until the Messiah comes. In other words, the Jewish tradition imagines exile as the condition of its own human history. I emphasize the variety of these examples because when we regard exile as paradigmatically Jewish, we are not adopting the routine notion of exile that was available to other classical peoples; rather, we are making the exceptional Jewish case the norm. The ideological and dramatic power of this norm has endured in the Judaeo-Christian tradition, especially in devoutly Protestant countries.

The practice of exile first assumes massive proportions during the wars between the cities of ancient Greece, when it is still directed against individuals, but begins to acquire explicitly political motivations. We can get some sense of the extent of the practice from the fact that when in 324 BCE, at Olympia, Alexander of Macedonia ordered that all exiles from all Greek cities be allowed to return to their homes, there were 20,000 such people, a number larger than the free population of many a small Greek *polis.*

With the decline of the Graeco-Roman world, the practice also declined, to be revived in the Italian communes or city states of the medieval period. Dante and Macchiavelli were both exiles. Guido de Ruggiero argues that exile was peculiarly attractive to small states, because it enabled them to expel those vanquished in political and armed struggle, to appropriate their property and, as he puts it, «to insure the homogeneity of the body politic»[3]. However, in later years the most common practitioner of exile was not a small state but the empire of Russia's Romanov tsars. Starting in the 1820s, according to Ruggiero's estimate (689), the Tsars exiled around 2,000 people annually to remote parts of Russia and later to Siberia. By the end of the XIXth century, the number of those sentenced to such exile rose to 20,000 a year. In the Soviet Union, the concept of exile becomes difficult to apply, in my opinion: Trotsky can be thought of as an exile, but

3. *Encyclopaedia of the Social Sciences,* Edwin R.A. Seligman and Alvin Johnson (eds.), 1937, Or. 1931, «Exile», 686-690, p. 688.

it is difficult to continue to think of the millions sentenced to labor camps as internal exiles.

In the last two centuries, the forms of exile have been so numerous, and scholarly explorations of those forms so frequent and of such variety, that even a survey like this has difficulty encompassing them in a few categories. Because of this difficulty, I am going to linger on one book, published in 2002, which is representative of contemporary scholarship in Britain and the US. The book contains 14 articles from specialists on a range of literary and cultural topics.[4] Scholars in the Humanities and Cultural Studies like to extend terms that have a certain chic, like exile or diaspora, to unusual cases, and this book demonstrates that tendency. Susan Pearce, who writes about the way mummies were taken from Egypt and circulated in Europe, titles her fascinating article «Bodies in Exile: Egyptian Mummies in the Early Nineteenth Century and Their Cultural Implications» (54-71). She shows that mummies were commodities displayed in spectacles that included their melodramatic unwrapping, accompanied by a description of the grisly operations necessary to create a mummy, such as evisceration. Pearce offers a scholarly account of what she calls the «consumption» of a mummy spectacle. She argues that «exile» is an applicable term because it refers to a forced expulsion from home. Since the mummies were taken away from the proper home of the dead, their graves, they were in exile. Whatever one's sympathies, one can understand the reasoning. In popular political rhetoric, the bodies or bones of the dead can have a similar significance. Several Native American tribes have recently asked museums to return the bones of their dead so that they can be buried in consecrated ground on Indian reservations. Following this logic, long after national heroes die and are buried in exile, nations can rally and argue in revealing ways about the notion of bringing home, returning from «exile» and re-burying the bones of such heroes. Napoleon Bonaparte was such a figure. So was General Antranig, an Armenian hero of the struggle against the Ottoman Turks who was buried in Père Lachaise from 1927 until 1991 and then reinterred in newly independent Armenia. For both the Armenian diaspora and the people of the homeland, this reburial of the exile's body had not only considerable emotional meaning but also political significance.

In Ouditt's volume, which I have chosen as exemplary, the editor and others set out to discuss the manifold consequences and meanings of exile. For example, in some exiles the dominant feeling – manifested in

4. *Displaced Persons: Conditions of Exile in European Culture*, Sharon Ouditt (ed.), Aldershot, UK and Burlington, VT, Ashgate, 2002.

letters, books, and other forms of behavior – is nostalgia for the physical *landscape* of the homeland. Others experience exile as the loss of a place where one's *language* is dominant; we see this in writers like the younger Nabokov. Parenthetically, I should add that exile from one's native tongue matters not just to people of high culture, but also to ordinary people, for example the Portuguese, who have come to equate language with identity to an extraordinary degree, as a series of recent articles on the Lusophone diaspora shows (*Diaspora, Journal of Transnational Studies* 11, 2, 2002).

One of the most important topics covered in Ouditt's book is the relationship between exile and religion, both old and new. Lynne Long's article, «Spiritual Exile: Translating the Bible from Geneva and Rheims», (11-20), begins by reminding us that during the Renaissance and Reformation, «the Bible and religion were synonymous with social and political organization in Europe» (12). She shows how religious communities were sustained by going into exile or were created and re-created in exile. Specifically, she discusses how a community of conservative English catholic exiles who worked in Rheims in the 1580s, and a radical Protestant community that included Jean Calvin in Geneva between 1536 and 1553, created Bibles that redefined religious thought in their homelands. Here, the emphasis is on exile as a difficult, sometimes miserable condition that nevertheless enables what I have called elsewhere «the stateless power of diasporas.» Long's article discusses how often a religious community survives by fleeing into exile, and then is transformed in exile both by its own activities, by the new environment, and by often covert relations with the homeland. Here I would add that the radical Protestant Puritans who established the American colonies of New England were in this sense self-exiled from England, and thought of themselves as successors of the Jews. They understood that much of Judaism was produced as a result of captivity, exodus and exile during and after the time that many Jews spent in Egypt and Babylon, and often saw the England they left behind as a corrupt Babylon.

Finally, in the same volume, Yvette Rocheron (in Ouditt, 2002, *op. cit.*) offers an article titled «Paradoxes of *Hijrah* (Exile): Tales from Algerian Men in Britain,» (160-169). She studies eight Algerians who are *exiles* in that they have fled the frightening, often dangerous conditions of Algeria, and two of them clearly risk arrest if they return. But they are not only exiles. They are also *immigrants*, because of their manner of travel and settlement, and because of the way the British authorities view them. Some of them are quite settled immigrants, having already lived in Britain for two decades. Although the conditions of these men differ, Rocheron argues, they all manifest one characteristic of exile that we find in Odysseus, whom she considers the first and paradigmatic exile: a combination of loyalty to and nostalgia for the homeland, alternating with episodes of forgetting the homeland and its call for loyalty. This combination of loyalty and forgetting is complicated by the fact that the ordinary Arabic word for migrant, *muhajir*, is linked for any pious Muslim with the *hijrah*, the journey of the Prophet Muhammad and his small band of loyal supporters from Mecca, where they felt persecuted, to Medina, where, in exile and in struggle against the homeland of Mecca, Islam assumed its full form. So in one sense exile *enabled* the religion itself. But Islam also advises Muslims to remain with the *umma*, the community of the faithful, where the religion is dominant, and not to emigrate. Using studies such as Abdelmalek Sayad's[5], Rocheron concludes that this paradoxical Muslim conception of exile can make the migrants think of exile as «original sin[6].»

I think it is worthwhile to spend so much time on Rocheron's article because it focuses shrewdly on the possibility that most exile is not a single, dominant condition that is easily visible or always foregrounded, as Milan Kundera's or Josef Brodsky's exiles, say, were constantly emphasized. Social theory is familiar with the way in which a particular social position or identity can be very much part of a person, yet the person does not wish to be named exclusively, or recognized consistently, through that identity. Sometimes he or she wishes that particular identity not to be noticed at all. Many Armenians in America sometimes claim *assimilated Americanness*; often they claim Armenian American *ethnicity*, and on some occasions they claim or manifest *diasporicity* as an element of their identity and behavior, depending on the situation. At others, they forget, neglect, and even deny one of these. In the case of Cubans in the US, some also claim the status of exiles, either consistently or opportunistically. Among many such populations, identities are explicitly voiced at some times and passed over in silence at other times; they are acted upon to demonstrate loyalty, or they are neglected in tactical wisdom. Yet these identity concepts are there, as «exile» may be lingering there in the identity of the Algerians Rocheron and Sayad write about. If so, it may be charged with a heavy burden of meaning, because the religious meaning of *hijrah* in the word *muhajir*/ migrant cannot be hidden from the awareness of Arabophone Muslims.

I can not reflect at length here on governments-in-exile, which have been thoroughly studied by the Israeli political scientist Yossi Shain[7]. In an article on the Armenians in the volume he edited (Shain, 1991, *op. cit.*), I point out

5. A. Sayad, *L'immigration ou les paradoxes de l'altérité,* Brussels, De Boeck, 1991.

6. Sayad's Words, p. 20, cited in Rocheron, p. 162.

7. Y. Shain, *The Frontier of Loyalty:Political Exiles in the Age of the Nation-State*, Middletown, CT, Wesleyan University Press, 1989; Y. Shain (ed.), *Governments in Exile in Contemporary Politics*, New York, Routledge, 1991.

that governments in exile are frequently regarded with condescension; as an anonymous British diplomat has said, «they are cards, not players.» Yet, I argue, the interlocking elites that direct the institutions of certain diasporas such as the Armenian are, at some times and places, in effect governments *of* exile even if not recognizable as governments in exile. Today, in the case of the Tibetan government in Dharamsala in northern India and its Swiss and American diasporas, an elite can be both[8]. In some cases, as with the ANC residing in African states north of the border of South Africa during the 1970s, the elites can develop solidarity in exile. More often, political exile groups are fragmented and their collective prestige oscillates wildly. Such groups can claim broad legitimacy for brief periods of time, when they receive recognition from some host governments and receive loyalty from the exile populations, and perhaps also at home, but they tend not to be able to hold on to it, even when they inspire extraordinary sacrifices and devotion from a few followers. There are still other groupings of political exiles, for example the Iraqis today and the opponents of Ferdinand Marcos of the Philippines in the 1960s and 1970s, who remain insignificant and fragmented for decades, but can assume a sudden importance due to a particular conjuncture.

Of course, the conjuncture that created the largest number of exile governments in the twentieth century was the Nazi Reich, and the Free French under the leadership of Général de Gaulle is its most famous example. This historically very important exile government had a difficult time. Even though the British and Americans realized that this was the «embryonic government» of postwar France (Shain, 1989, 117), they only allowed it to function under the title of the French Committee of National Liberation. Though Britain and the US armed and financed it, they did not immediately recognize it as the de jure government of France; they could not, given both their interpretation of international law and the way they perceived their political interests. So they extended to it limited diplomatic status under the title of a «Committee» even as they allowed its representatives to travel with diplomatic passports. None of the other exile governments in World War II received better treatment.

In partly comparable situations, such as the case with the Cuban exiles of the Bay of Pigs, an infusion of cash and confidence from a host government tends to be very important. In 1961, the exiles in the Cuban Revolutionary Council, based in Miami, headed by Jose Miro Cardona, the former premier of Cuba, were encouraged to think and speak of themselves

8. See Ann Frechette, *Tibetans in Nepal:The Dynamics of International Assistance among a Community in Exile.*

as a group that would be «transformed into a provisional government once it had gained a military foothold in Cuba.» (Shain, 1989, quoting Wyden, 29). This kind of dream of returning to the homeland as a provisional government and then becoming the permanent legitimate government can endure until the last member of the exile government dies. For example, the Polish government in exile in London, which many states recognized from 1939 on, lost its last diplomatic recognition from the West twenty-four years later, in 1963, yet the surviving members of this fictional entity still claimed to be the true government of Poland for exactly fifty years, until 1989, when freedom came to Poland and made the exile government irrelevant. Of course there are times when the catastrophic failure of incompetent homeland governments can make a seemingly unimportant exile group or individual important – such was the case with Lenin in 1917 and the Ayatollah Khomeini in 1979. However, most political exiles have difficult lives that do not retain political significance over long periods of time. Their significance tends to be powerfully symbolic and emotional for a limited number of loyalists.

Like social groups in exile, governments in exile can only be understood through the investigation of multiple and simultaneous interactions. We might begin by recalling the structure of a Diaspora in a triangular relationship with hostland and homeland. With governments in exile, there are these and other factors as well. The internal dynamics of the group come first: how does the group represent its exile to itself, how does it understand its own condition? Almost always through intracommunal debate and strife, conducted in meetings and in media through the rhetoric of symbols and images. As Shain (1989, 1991, *op. cit.*) has argued, the exile leadership cannot afford to count on the continuing loyalty of its constituency; it must be engaged continuously in an attempt to mobilize the exiles, and this requires that it develops ways in which it can ask its followers for displays of loyalty. This, in turn, depends upon and influences how much support they can mobilize both from host governments and from the society left in the homeland. Finally, they must learn to manage interactions both with the international system of nation-states and, in antagonistic fashion, with the homeland government. The continual striving for loyalty from their people and for recognition from governments is challenging, requires huge sacrifices, and over the long run fails more often than it succeeds. That is why the governments *of* exile mentioned earlier – that is, the elites of long-surviving diasporas – are so impressive. They adjust to conditions of existence that most governments *in* exile do not recognize, to their detriment. In addition, of course, especially in the US and France, the organized diasporas have the advantage of being citizens who can lobby their governments. When Jewish and Armenian lobbyists approach the US

Congress, they do so as citizens, united in culture with their representatives or at least in possession of a hybrid culture that has many connections with them, and possessing the same right of lobbying and appeal as any other special interest group, be it ethnic or financial. Exiles do not have a place in this nexus, and that is what makes their operations so painfully difficult.

No survey of exile can be complete without reference to culture and to the exiled artists who loom large in the collective imagination of the West, especially in the nineteenth and twentieth centuries. Artists are often among the most symbolically important exiles, and exile can be important to art. The Polish exile Joseph Conrad wrote one of his major novels, *Under Western Eyes*, in English as a study of Russian exile politics, and the film *La Guerre est finie*, directed by Alain Resnais and scripted by Jorge Semprun, remains one of the most perceptive depictions of unproductive struggle in political exile. I recall crying the first time I saw it as a young man in 1964, because I could see in the middle-aged Spanish Communists it depicted, living in French exile, the old Armenian exiles I knew in my youth, my father's older comrades, living in the Middle East.

At this moment in the United States, if I took a survey and asked my students and faculty colleagues to name famous exiles, the figures that would be named would be the Dalai Lama, Edward Said, the Palestinian American scholar whose *Reflections on Exile* and other essays have been very important in the past two decades, and James Joyce. Like Joyce, Said was able to avoid the simplistic sentimentalization of exile. Exile, he writes, «is strangely compelling to think about but terrible to experience[9].» «True exile,» he continues, is «a condition of terminal loss,» so «why has it been transformed so easily into a potent, even enriching, motif of modern culture?» (173). Especially, I would add, of modern scholarship? Said's achievement in making exile an important topic in literary and cultural studies is striking because in the United States, a country that has had very few exiles, he has made exile not the mark of lost, parochial, sad people silenced by the pain of loss, but of eloquent cosmopolitans. Because it is not possible here to discuss many important exiled artists and intellectuals, I will focus and draw upon Said's own work to expand this observation.

Said quotes the medieval scholar Hugo of St. Victor: «The man who finds his homeland sweet is still a tender beginner; he to whom every soil is as his native one is already strong; but he is perfect to whom the entire world is as a foreign land.» (Said, 2000, *op. cit.*, 185). Said has successfully argued that, like Hugo, the exile must not reject his native land, must retain

9. E. Said, *Reflexions on Exile and Other Essays*, Cambridge, MA., Harvard University Press, 2000, p. 173.

his powerful attachment to it, and yet must find the moral and intellectual strength to work through and beyond that enduring attachment to an engagement with the world as home. This is, ironically, what many Jewish intellectuals once achieved, among other great exiles. It is an achievement that is easier for intellectuals and artists than shopkeepers and farmers uprooted from home.

Today, exile is «a long standing trope of ethnic and religious identity[10].», and in the US, under the influence of the concept of *galut*, it is often understood as a form of diaspora. It should not be. In closing, I would like to give two reasons for this. The first comes from a speech that Martin Peretz gave on 20 January 1994 to a group of American Jews in Manhattan. His talk was titled «Diaspora but not exile: American Jewry and the Triumph of Zionism.» Peretz, who was once a colleague of Henry Kissinger as a professor of political science at Harvard, and who owns the *New Republic*, an important weekly, is a Zionist who wants to tell his fellow Zionists that a fundamental idea of Zionism has to be changed. American Jews, he says, are in Diaspora, by which he means that they think of themselves as having an identity that is multilocal and transnational, involving Israel as well as Jewish populations elsewhere. But American Jews are not in the condition of galut-exile. They are *at home* in America; there is no more demeaning exile as Zionism understood that term. I heard that same claim recently at a conference at the Maison des Sciences de l'Homme in Poitiers in 2000, when an American Jewish woman, a scholar, chastised an Israeli scholar, saying: «You keep talking of Israel as the Jewish home. You must understand that I am a Jew and that Israel matters to me a great deal, but it is not my home. America is my home.» That is the feeling that must be juxtaposed to the true exilic feeling, for which home is never the temporary hostland.

I will end by emphasizing that point, by conveying the deep and almost arrogant pain of the exiled artist, through a poem Leon Felipe wrote after he and many other Spanish artists fled Franco's Spain in 1938. It is addressed to those who had not chosen exile:

Hermano ... tuya es la hacienda...
La casa, el caballo y la pistola...
Mia es la voz antigua de la tierra.

Tu te quedas con todo

......

Mas yo te dejo mudo, mudo!
Y como vas a recoger el trigo
Y alimentar el fuego
Si yo me llevo la cancion?

10. Maeera Y. Schreiber, *PMLA*, March 1998, 113:2, 273-285, p. 273. USC.

Brother, the estate is yours,

And so are the house, the horse, and the gun.
But mine is the ancient voice of the land.

You are left with everything.

But I am leaving you speechless, speechless!
And how are you going to harvest the wheat
And feed the fire,
If I am taking the song with me?

2

L'exil, le retour, le reste : l'expérience huguenote (XVIIe-XXIe siècles)

Patrick CABANEL
Université de Toulouse-Le Mirail
Institut universitaire de France

Dès le XVIe siècle, des protestants ont quitté le Royaume de France pour se réfugier dans des villes ou des États passés à la Réforme, notamment à Genève. La révocation de l'édit de Nantes, en octobre 1685, donne une dimension radicale au phénomène : plus de 200 000 protestants – le quart de la population concernée – quittent la France dans les dernières années du XVIIe siècle. Cet exil est pourtant interdit et sévèrement réprimé (prison à vie pour les femmes, galères à vie pour les hommes, exécution pour les guides), mais il n'a pu être enrayé. Seuls les pasteurs avaient eu l'autorisation de quitter le Royaume, et l'ont fait massivement. Les réfugiés se répandent dans les principaux États protestants d'Europe dont quelques-uns, comme le Brandebourg (future Prusse) les ont appelés à eux en mettant en œuvre une politique très incitative, destinée à repeupler leur territoire après les désastres de la Guerre de Trente Ans. Les principales terres d'accueil se trouvent en Suisse, dans les États germaniques, en Hollande, en Angleterre, mais aussi en Irlande, au Danemark, en Suède, en Russie et dans les colonies britanniques ou hollandaises (Amérique du Nord, Guyane, Afrique du Sud). Cette diaspora, la plus importante en Europe depuis l'expulsion des juifs d'Espagne en 1492, a reçu le nom de Refuge huguenot[1]. On désigne par hugue-

1. Lire Myriam Yardeni, *Le Refuge protestant*, Paris, PUF, 1985 ; Michelle Magdelaine et Rudolf von Thadden (eds.), *Le Refuge huguenot*, Paris, Armand Colin, 1985.

nots[2], aujourd'hui encore, les protestants (calvinistes) français ou d'origine française : cette dénomination parfaitement désuète mais très chère à ceux qui s'en parent suffit à renvoyer à l'ancienne diaspora de la fin du XVIIe siècle.

Entamée en 1685 après avoir été préparée par quinze années d'étouffement progressif, la période de persécution a pris fin en 1787 avec l'édit de tolérance, qui se limitait à reconnaître l'existence des protestants et leur accordait un état civil. La Révolution devait confirmer et élargir cette réintégration ; elle a offert également aux descendants des réfugiés de recouvrer la nationalité française s'ils venaient s'installer sur le territoire, et beaucoup ont usé de cette loi de réparation. On voit que l'exil, du point de vue des législations qui l'encadrent, a duré au maximum un siècle : c'est bien peu au regard d'autres expériences diasporiques (les juifs), c'est beaucoup au regard des individus et des générations, quand il faut tenter de transmettre expérience, valeurs, souvenirs, à des petits- et arrière-petits-enfants. Autre particularité du Refuge huguenot : sauf pour les groupes établis dans les colonies ou aux périphéries de l'Europe occidentale, la France reste proche. Son territoire ne s'éloigne pas dans quelque lieu mythique de la mémoire. Il se tient pour beaucoup à portée de vue (en Suisse) ou de voyage. D'où l'importance du retour, ou des retours, réels ou rêvés. *A contrario*, cependant, certaines lectures faites à travers le filtre biblique le séparent radicalement de ceux qui l'ont fui. Le rapport de l'exil huguenot au territoire perdu concerne d'abord cette ambivalence : proximité de la France réelle, étrangeté absolue de la France catholique conçue comme une nouvelle Babylone. C'est la conception sécularisée qui l'emporte rapidement et avec elle une dialectique nouvelle entre le retour sous toutes ses formes, de la plus physique à la plus mémorielle, et, d'autre part, la décision ou la nécessité de s'intégrer aux sociétés d'accueil. L'abandon de la référence au territoire réel ne signifie pas, toutefois, la dilution de l'identité, même si les pressions sont multiformes qui conduisent les nombreux huguenots de Berlin, par exemple, à passer d'une fidélité à l'autre, jusqu'à devenir d'authentiques patriotes prussiens, voire des nationalistes allemands au XIXe siècle.

La principale de ces pressions est peut-être le temps : cette remarque d'une grande banalité prend tout son sens lorsque l'on réfléchit sur des exils de longue durée où le temps et son travail deviennent la matière principale, défaisant sur une rive et édifiant sur l'autre. À cette usure irrésistible, les

2. L'adjectif, d'abord moqueur ou agressif, viendrait de l'allemand *Eidgenossen*, confédérés, par allusion à une ligue de villes suisses passées à la Réforme. D'autres étymologies, plus ou moins fantaisistes ou poétiques, ont été avancées. Les Anglais disent *Huguenots*, les Allemands *Hugenotten*. La *croix huguenote*, le bijou identitaire des protestants français, est une sorte de croix de Malte.

huguenots ont opposé des territoires immatériels qui leur ont permis de durer, de prolonger un destin et une identité plusieurs décennies encore, jusqu'au début du XIXe siècle dans les pays germaniques, jusqu'à nos jours pour les « Wallons » de Hollande. Deux de ces territoires méritent d'être décrits plus longuement : pour le plus grand nombre, l'Église et sa langue ; pour une minorité de pasteurs et d'intellectuels, la correspondance au sein de la République des lettres. En ultime recours, lorsque restes et signes auront disparu, des livres d'histoire prendront le relais, les *Mémoires pour servir à l'histoire des Réfugiés français dans les États du Roi*, publiés en français à Berlin de 1782 à 1799 par Erman et Reclam ou *Les Huguenots en Angleterre* de Samuel Smiles (1866, en anglais), l'auteur du classique *Self-Help.* Est venu ensuite le temps des associations, des revues, des musées, des médailles, des cérémonies, bientôt des premiers voyages et pèlerinages. Le Refuge huguenot a pu éviter la rupture de la transmission et perpétuer une identité dont les contenus ont varié, du religieux au linguistique puis au commémoratif, mais qui est maintenant trois fois séculaire.

Les usages du territoire français dans l'exil huguenot

Les réfugiés de 1685 tournent le dos à la France et expliquent dans leurs lettres qu'il faut faire le sacrifice de ses biens matériels pour mériter le salut. La France de Louis XIV a un rôle dans la fin des temps qui est toute proche, pour le pasteur Pierre Jurieu (1689, selon ses calculs), exilé à Rotterdam et auteur du célèbre *Les Soupirs de la France esclave* : elle est l'Antéchrist qui persécute les vrais chrétiens juste avant le retour du Christ et son règne sur la terre[3]. Il n'y a donc pas de retour possible, pas d'autre usage de la terre de France que dans une perspective eschatologique qui la dématérialise et lui assigne le rôle d'une Babylone ou d'une Égypte nouvelles. La période ouverte par l'interdiction du protestantisme devient le Désert, par référence à l'histoire des Hébreux ; les pays protestants du Refuge, où les temples sont ouverts, les pasteurs respectés, le culte libre, représentent la nouvelle Terre promise. Imprégnés de culture biblique, et accordant autant d'importance à l'Ancien Testament qu'au Nouveau, les protestants de la fin du XVIIe siècle ne « voient » plus les territoires ; ils les lisent à travers l'Écriture. Certains passent même du millénarisme à l'utopie, comme l'a montré Myriam Yardeni[4].

---

3. P. Jurieu, *L'Accomplissement des prophéties*, présenté par Jean Delumeau, Imprimerie nationale, 1994.

4. M. Yardeni, « Protestantisme et utopie en France aux XVIe et XVIIe siècles », *Diasporas. Histoire et sociétés*, 1, 2002, Terres promises, terres rêvées, p. 51-58.

Un exemple connu se trouve dans l'autobiographie rédigée en Angleterre en 1722 par Jacques Fontaine, né en 1658 à Royan. Cet homme riche et cultivé, mais dont la vie a été coupée en deux par le malheur de la Révocation, en parle comme le ferait un livre de l'Ancien Testament. La récente peste de Marseille n'a-t-elle pas été envoyée par Dieu pour punir ceux qui avaient alors

> ... chassé de leur Babylone infâme, idolâtre et cruelle, les bons Lots, les vrais adorateurs du Dieu souverain, et de leur Égypte spirituelle, le vrai peuple d'Israël [...]. O nous, le peuple de Dieu, que nous sommes heureux d'être sortis de cette Babylone barbare et maudite, car nous n'avons eu nulle part à ses plaies. Mais, comme Lot, nous avons vu de loin et en sûreté les flammes de son embrasement qui sont montées jusqu'au ciel et ont été aperçues de tous les habitants de l'univers[5].

Ce type d'attitude est toutefois limité, dans le temps au grand traumatisme de la Révocation, dans son expansion à la frange la plus pieuse ou la plus millénariste du Refuge. On ne saurait le présenter comme caractéristique d'un exil dont la cause unique est certes religieuse mais où, passées les premières années d'une souffrance chauffée à blanc, les références vétéro-testamentaires laissent la place à des attitudes plus modérées et réalistes.

Notons encore que la lecture religieuse des événements et des espaces peut introduire des éléments contradictoires. Lorsque le phénomène du prophétisme fait son apparition, en 1688-1689 et surtout en 1701-1705, suscitant la guerre des camisards qui passionne l'Europe[6], les régions protestantes de la France méridionale, du Dauphiné aux Cévennes, deviennent la montagne sur laquelle Dieu parle à son peuple et multiplie les prodiges. Sortis de France à la fin de la guerre, les prophètes arrivent à Genève ou à Londres, déclenchant un vaste mouvement de curiosité et de polémiques. Un réfugié, écrivain d'un certain renom, Maximilien Misson, recueille les témoignages de ceux des arrivants qui ont fait l'expérience du prophétisme ou en ont été les témoins directs. Le livre qu'il en tire en 1707 est intitulé *Le théâtre sacré des Cévennes*[7]. La géographie des huguenots a donc dû intégrer ce que des historiens et pasteurs du XIXe siècle devaient appeler l'« Israël des Cévennes » ou l'« Israël des Alpes » (dans le cas des Vaudois exilés en Allemagne)[8]. Au sein même de la diaspora, une partie de l'ancien territoire a pu être « rechargée »

5. J. Fontaine, *Mémoires d'une famille protestante victime de la révocation de l'édit de Nantes*, Montpellier, Les Presses du Languedoc, 1992, p. 119 et *sq*.

6. Philippe Joutard, *La légende des camisards. Une sensibilité au passé*, Paris, Gallimard, 1977.

7. M. Misson, *Le théâtre sacré des Cévennes*, Montpellier, Les Presses du Languedoc, 1978.

8. A. Muston, *L'Israël des Alpes. Histoire des Vaudois du Piémont et de leurs colonies,* Paris, Marc Ducloux, 1851.

spirituellement. Ce ne sera pas sans conséquences sur l'essor dans ces Israëls de montagne, dès la fin du XVIIIe siècle, d'une forme de pèlerinage, voire de tourisme religieux. Lorsque l'auteur du dernier pamphlet antiprotestant paru en France, en… 1976, a ironisé sur le « sionisme cévenol », il ignorait peut-être combien il touchait à un trait profond[9].

Comme dans beaucoup d'émigrations, les réfugiés huguenots ont cru qu'ils pourraient bientôt rentrer en France, au terme des guerres qui opposaient à Louis XIV une partie de l'Europe. Mais la paix de Ryswick (1697) déçoit durablement cet espoir. La France et le retour n'en restent pas moins à l'horizon. La plupart de ceux qui le tentent le font clandestinement, au risque de tout perdre s'ils sont pris ; d'autres, longtemps après, font une demande officielle. On rentre pour régler des affaires, ramener au Refuge des parents ou une compagne, voire pour des raisons commerciales, notamment à Bordeaux, ou universitaires, Montpellier accueillant des étudiants en médecine venus du Refuge. Il n'y a jamais eu de complète étanchéité entre la France et les pays d'accueil, pas même dans les pires années de la persécution, au lendemain immédiat de 1685. Les stratégies familiales auraient suffi à l'empêcher : les analyses généalogiques montrent que la « vocation au Refuge » peut circuler sur deux, voire trois générations, et que des familles de notables parviennent jusqu'à la fin du XVIIIe siècle à conserver des liens, par la correspondance, les visites, le départ de membres de la jeune génération (départ définitif ou prenant la forme de « stages » européens avant la lettre !). Dans la seconde moitié du XVIIIe siècle, avant même le triomphe juridique de la tolérance, on note l'installation en France de descendants de réfugiés venus se livrer à des activités commerciales et financières. C'est le cas des Say à Lyon, ou des Breguet à Paris, deux dynasties auxquelles appartiennent aujourd'hui encore des personnages de premier plan dans la vie politique de la France[10].

Le débat sur le retour des réfugiés n'a en fait pratiquement pas cessé dans les milieux intellectuels. Un véritable mythe historiographique, nourri par les écrivains protestants mais aussi par des catholiques, comme Vauban au lendemain immédiat de la Révocation, dénonce l'appauvrissement en termes de démographie, de technologie, de production de richesses, causé par le départ des élites huguenotes[11]. On souhaite rendre possible un retour, plus dans l'inté-

9. Robert Beauvais, *Nous serons tous des Protestants*, Paris, Plon, 1976, p. 195-205.

10. Les anciens ministres Christian Sautter et Pierre Joxe appartiennent respectivement aux descendances des Say et des Breguet.

11. M. Yardeni, « Naissance et essor d'un mythe : la révocation de l'édit de Nantes et le déclin économique de la France », in M. Yardeni, *Repenser l'histoire. Aspects de l'historiographie huguenote des guerres de religion à la Révolution française*, Paris, Champion, 2000, p. 191-206.

rêt national (c'est au moins ce que l'on affiche) que dans celui de la minorité protestante[12]. Le couronnement de ces efforts intervient sous la Révolution avec le vote d'une loi de décembre 1790 offrant la nationalité française à tout étranger justifiant d'origines huguenotes et désireux de s'installer en France. Cette loi est restée en vigueur jusqu'au lendemain de la Seconde Guerre mondiale : elle a été alors abrogée par crainte, semble-t-il, de voir de trop nombreux Allemands du Nord et de l'Est la mettre à profit pour fuir le régime communiste. Elle a permis de nombreux retours en France de la part de protestants venant de Suisse, de Hollande, d'Allemagne... Citons quelques exemples : Benjamin Constant ; les Monod (*via* une mère danoise d'origine huguenote), les Bost, l'Académicien Cherbuliez, le découvreur du bacille de la peste Alexandre Yersin. Des recherches sont en cours pour tenter de mesurer l'apport de cette loi aux élites françaises. L'impact de cette loi disparue semble lui survivre. À preuve la lettre envoyée à l'auteur de ce texte, le 29 janvier 2003, par Jacques P.H. Courbois, habitant Druten, en Hollande :

> J'ai lu que plus-minus cent ans après les Révocation le gouvernement de la France a promulgué des lois qui contiendraient que les descendants des réfugiés pouvaient revenir sous conditions favorables, inclus récupérer leur nationalité – leur citoyenneté – française. L'histoire ici au moment dit – ou est-ce mythe ? – qu'encore toujours ce serait possible. Sous condition qu'on (1) ait gardé son nom de famille française et qu'on (2) peut montrer sa descendance des gens protestants qui se sont enfuis (des huguenots). Comme vous voyez, je peux montrer les deux.
>
> Maintenant mes demandes : Savez-vous que c'est vrai ? Respectivement, est ce possible pour vous de contrôler cela ? Au fond d'exactement quelques lois ? De quelque instance ? Quand je voudrai demander ma nationalité française, à quelque instance il faut s'adresser ? Toutes les questions de quelqu'un qui se sent encore français après plus de trois cent ans, après neuf générations[13].

12. Charles Read, « Vauban, Fénelon et le duc de Chevreuse sur la tolérance et le rappel des huguenots 1689-1694-1710 », *Bulletin de la Société de l'Histoire du Protestantisme français* [*B.S.H.P.F.*], 1890, p. 113-128 ; Eckart Birnstiel, « Le retour des Huguenots du Refuge en France, de la Révocation à la Révolution « », [*B.S.H.P.F.*], 1989, p. 763-790 ; Eckart Birnstiel, « Zurück in die Fremde. Zur Frage der Remigration der hugenottischen Réfugiés und ihrer Nachkommen nach Frankreich », Thomas Höpel, Katharina Middell (dir.), *Réfugiés und Émigrés. Migration zwischen Frankreich und Deutschland im 18. Jahrundert*, Leipzig, Leipziger Universitätsverlag, 1997, p. 95-110.

13. Archives privées. Le texte original a été retranscrit à l'identique. Une généalogie commentée est jointe à la note, tendant à prouver que les origines de la famille Courbois se trouvent à Thouars, dans le Poitou.

Les territoires immatériels de l'exil huguenot

Le rêve du retour a toutefois de plus en plus joué à la marge, avec l'enracinement dans les sociétés d'accueil et la succession des générations. Le territoire français s'est éloigné, historiquement, socialement, culturellement. Pour reprendre l'exemple des Courbois, les prénoms des garçons se sont déclinés sous deux formes : Pierre ou Pieter dès 1688-1689, Henry ou Hendrik, Estienne ou Steven ; une branche de la famille a traduit son nom en Hofhout, etc. Que reste-t-il, dès lors, de l'identité protestante française antérieure à 1685 ? On doit distinguer ici entre identité familiale et identité collective.

Le légendaire familial et les renouements du XIXe siècle

Dans les familles reste la mémoire, de plus en plus légendaire sans doute, du geste de départ, volontiers pensé comme un titre de noblesse, une refondation dans la fidélité, la souffrance et l'exil. Cette mémoire s'appuie sur des récits, des papiers, des objets. Donnons l'exemple, sans doute plus emblématique que vraiment significatif, de la famille Raoul-Duval. Au XIXe siècle, elle fait partie des élites françaises et l'un des siens, député de l'Eure sous la Troisième République, opposé, au nom de ses souvenirs huguenots, à une laïcisation hostile aux catholiques, rappelle ceci à la tribune de la Chambre :

> J'appartiens à une race qui a payé par un exil plus que séculaire le droit de penser librement, de prier à sa guise. Chez le chef de notre famille, on conserve comme enseignement et comme exemple un tout petit panier qui, lorsque la révocation de l'édit de Nantes chassa ceux qui nous ont précédés dans la vie, leur servit à emporter loin des Cévennes le peu qu'ils purent garder du patrimoine de la famille pour aller chercher au fond des Alpes la liberté de penser et de croire[14].

À défaut de petit panier, ce sont les lettres échangées, parfois sur plusieurs générations, qui forment ce « reste » palpable, froissé, usé par les lectures, peut-être les larmes, autour duquel une identité peut se serrer et se renforcer. Le phénomène joue dans les deux branches de la famille, celle de l'exil et celle qui est restée en France. Il faudrait pouvoir mesurer, pour cette dernière, l'impact psychosociologique de cette appartenance ou excroissance étrangère. Le témoignage qui suit vient d'un écrivain de qualité, mais il n'est pas que littéraire : Judith Renaudin à laquelle Pierre Loti (Julien Viaud, de Rochefort) a consacré une pièce de théâtre, jouée en

---

14. *Journal officiel de la République française, Chambre des députés*, 23 octobre 1886, p. 1611.

pleine affaire Dreyfus a bien existé, tout comme les lettres auxquelles le romancier fait ici allusion :

> Les lettres des exilés, les « lettres de Hollande », comme on les appelait jadis avec vénération dans ma famille, ont habité pendant un siècle et demi dans les placards du vieux salon boisé ; elles fascinaient mon enfance huguenote ; une aïeule, de temps à autre, m'en lisait des passages le soir. Pauvres nobles lettres, aux écritures d'un autre âge, aux encres jaunies sur des papiers rudes ou des parchemins, je les possède aujourd'hui par héritage, et je les touche comme des choses sacrées. Entre autres, il en est de signées par cette Judith Renaudin qui fut l'une de mes arrière-grand-tantes[15].

De telles liasses de lettres « huguenotes » ont permis, au XIXe siècle, des renouements entre les deux branches d'une même famille. Une fois la mémoire vivante assoupie, en quelque sorte, le silence s'est installé mais il a pu être rompu par le surgissement d'une mémoire que l'on dira généalogique, savante, commémorative. Au sens propre : le deuxième centenaire de la révocation de l'édit de Nantes, en 1885, a eu de ce point de vue un impact important, en France comme dans les pays du Refuge. Les cérémonies officielles et la pesée des apports et des héritages collectifs ont eu leur retentissement dans les familles, qui ont pu alors partir en quête de leur propre héritage et mettre en scène leurs propres cérémonies identitaires. Prenons l'exemple d'une famille de la petite noblesse cévenole, les Labillière. Ils ont quitté la région du Vigan dès 1686 en direction de la Suisse, la Hollande, Londres et Dublin. Leur correspondance avec les membres de la famille restés sur place (et devenus de très bons catholiques...), entamée le 1er mars 1687, dure jusqu'au 10 août 1764 : trente-cinq lettres, précieusement conservées au Vigan. À la fin de 1885, le chef de la branche britannique, laquelle a également essaimé aux États-Unis et en Australie, écrit à son lointain cousin du Gard, puis lui rend visite. Ce membre de la *Huguenot Society* de Londres s'avoue fasciné par le contraste entre les deux destins de sa famille : tant de ses membres ayant vécu dans les vallées cévenoles, quand lui-même a passé son enfance dans la « grande section australienne de l'Empire britannique ». « As I remarked to my relatives at Vigan, what a strange mingling of associations and recollections my visit produced in my mind! — of old world and of the newest of new world life![16] ».

15. « Judith Renaudin », *Revue de Paris*, 1er novembre 1898, p. 1-3 (Avant-propos) et p. 3-61 (texte de la pièce). Sur les Renaudin, article de Paul Thomas dans *B.S.H.P.F.*, 1904, p. 227-233.

16. Francis P. de Labillière, «History of a Cevenol Family», *Proceedings of the Huguenot Society of London*, vol. II, 1887-1888, Londres, 1889, p. 352-405 [389]. Le descendant de Francis, le Lieutenant-General Peter de la Billière, a commandé les troupes britanniques lors de la guerre du Golfe (*Sunday Telegraph*, 3 février 1991).

On peut citer ainsi, y compris dans des milieux beaucoup plus modestes, des renouements qui tiennent largement à la réinvention commémorante et historicisante de l'identité huguenote au XIXe siècle. Ils ne se font pas à l'initiative des Français, mais bien des « cousins » exilés, dont la principale ambition est de reprendre contact avec une famille mais aussi avec ce territoire devenu mythique où s'est inscrite l'histoire protestante française, avec la persécution, la fidélité clandestine, le prophétisme et la rébellion. On a gardé plusieurs témoignages, lettres, récits, ouvrages même, de ces « retrouvailles » du XIXe ou du XXe siècle. Une caractéristique retient l'attention : pasteurs, intellectuels, officiers, architectes, ingénieurs, ces « oncles d'Amérique » venus d'Angleterre, de Suisse ou d'Allemagne, débarquent dans des hameaux et des fermes. La distance sociale et culturelle est presque maximale, et ne peut laisser indifférents ses spectateurs étrangers qui surmontent la difficulté en admirant la pérennité des qualités natives de la souche paysanne huguenote. L'exil semble en effet avoir accéléré la réussite sociale des réfugiés, qui appartiennent aux pays riches (Europe du Nord, États-Unis, voire dominions), alors que les branches françaises, surtout dans les milieux paysans, n'ont guère évolué, quand bien même elles ne se sont pas appauvries à la veille d'émigrer à leur tour, sur le modèle domestique de l'exode rural[17].

Le phénomène des « retrouvailles » n'a cessé de s'accroître, surtout depuis la création en 1911 du Musée du Désert, dans les Cévennes gardoises. Ce musée est en fait conçu comme un lieu de mémoire et de religion. Il réunit 20 000 personnes le premier dimanche de septembre, pour un culte en plein air (« au Désert ») le matin et des conférences historiques, l'après-midi, et accueille de nombreux visiteurs venus des pays du Refuge et en quête de leurs racines huguenotes. La commémoration du tricentenaire de la révocation de l'édit de Nantes, en 1985, et l'explosion de la généalogie populaire en France, ont fait que la demande de mémoire autour des réfugiés huguenots vient désormais aussi largement de France que des pays du Refuge.

L'immatériel collectif : la foi et la langue

En dehors des mémoires et des papiers de famille, l'identité huguenote collective s'est conservée autour de deux éléments étroitement liés, la religion et la langue. Des Églises se sont constituées à l'étranger et ont

17. On trouvera un très bel exemple dans le récit du voyage que le pasteur August Ebrard, d'Erlangen, accomplit dans les Cévennes en 1877 : A. Ebrard, *Reise in die Sevennen im Jahre 1877*, Gütersloh, 1880, (trad. fr. : *Voyage dans les Cévennes en l'an 1877*, Alès, Club Cévenol, 1985).

offert aux exilés un lieu collectif d'exercice et de perpétuation de l'identité. D'autant, on l'a dit, que les seuls protestants autorisés par Louis XIV à émigrer ont été les pasteurs : 78 % d'entre eux ont gagné le Refuge en 1685 (680 sur 870), dont 405 pour les seules Provinces-Unies. Plusieurs ont pu obtenir une place dans les paroisses autochtones, d'autres ont créé de toutes pièces des paroisses huguenotes ou « françaises ». En Hollande, on parle jusqu'à nos jours d'Églises wallonnes, parce qu'elles ont accueilli aussi les protestants francophones de l'actuelle Belgique, après que le territoire a été soumis à la reconquête catholique menée par l'Espagne. Ces Églises séparées sont d'autant plus nécessaires que les huguenots ne partagent pas toujours le protestantisme du pays d'accueil, luthérien dans l'Europe germanique ou scandinave, anglican en Angleterre, et qu'ils tiennent à garder leur organisation et leur liturgie calvinistes. Le recrutement du clergé protestant étant très dynastique, les pasteurs ont été remplacés dans leurs charges par leurs propres fils, leurs gendres ou neveux. La paroisse huguenote a pu se perpétuer, avec sa liturgie et sa langue françaises, jusqu'au XIXe siècle. Elle disparaît plus vite en Allemagne qu'en Hollande, où à la fin du XIXe siècle il est de tradition que de jeunes pasteurs de qualité, venus de France, prennent en charge les Églises wallonnes[18]. Aujourd'hui encore le culte se déroule en français dans ces paroisses, et l'hebdomadaire protestant français *Réforme* a publié en octobre 2003 l'annonce suivante :

> Poste pastoral.
>
> L'Église Réformée Wallonne d'Amsterdam cherche un pasteur (M/F) à plein temps à partir du 1er janvier 2004. Depuis plus de quatre siècles, il existe une communauté protestante de langue française à Amsterdam. Elle fut fondée en 1578 par des réfugiés protestants venus des régions francophones des Pays-Bas méridionaux. Cette Église fait partie intégrante de l'Église réformée des Pays-Bas. La langue du culte et des autres activités est le français. [...] Si le candidat ne parle pas le néerlandais, il doit être prêt à apprendre cette langue dans un délai raisonnable, en vue de son intégration dans la société et l'Église néerlandaises. Pour tout renseignement s'adresser à M. H.L.F. du Corbier, membre de la commission d'appel, etc.[19]

L'usage du français dans ces paroisses mérite qu'on s'y arrête un instant. Au départ, c'est un trait banal puisque l'on sait bien que les Églises de la Réforme ont traduit la Bible dans les principales langues européennes[20].

18. L'un d'eux, Albert Réville, un proche de Renan, n'a quitté Rotterdam qu'après la défaite de 1870. Il devait devenir le premier titulaire de la chaire d'histoire des religions au Collège de France en 1880.

19. *Réforme*, n° 3047, 2-8 octobre 2003, p. 10.

20. Olivetan, le cousin de Calvin, l'a fait pour le français ; sa traduction a été révisée par Ostervald, en Suisse, au XVIIIe siècle.

Dans une France qui parlait encore très peu le français, surtout dans ce Midi occitan où le protestantisme se trouvait fortement implanté, le français biblique du XVIe siècle est devenu une sorte de langue sacrée, celle dans laquelle on lit et l'on écoute la Parole de Dieu, celle qu'a choisie Dieu pour s'exprimer par la bouche des prophètes[21]. Dans un Refuge qui n'est francophone que dans une partie de la Suisse, la langue sacrée signifie aussi celle de l'identité : l'Église huguenote est l'Église de langue française, foi et langue se confortent mutuellement. Lorsque le français disparaît de la communication sociale et même familiale, au bénéfice de l'intégration linguistique, il survit dans la communication religieuse. Le « reste de France », pour l'immense majorité des descendants de réfugiés, ce fut donc le culte du dimanche matin, qui proposait un triple signe identitaire, le bâtiment lui-même, la foi calviniste, la langue française.

Dans le monde germanique, la principale pression a porté sur la langue. Dans l'église réformée de Berlin, il faut attendre avril-mai 1896 pour voir l'allemand remplacer le français sur le registre des mariages. Il est assez probable que ce français était utilisé comme une « langue morte » adaptée à la solennité des circonstances. L'évolution a été plus rapide dans des communautés moins prestigieuses. En 1821, lorsque les Églises vaudoises installées dans la région de Stuttgart doivent accepter l'arrivée de pasteurs et de maîtres d'école allemands, en échange d'un soutien financier dont elles ont cruellement besoin, le malaise est vif chez ces descendants des quelque 2 000 huguenots passés en 1685 dans les vallées vaudoises et contraints d'émigrer à nouveau en 1698[22]. À l'arrivée des jeunes pasteurs allemands, certains s'éloignent des temples, beaucoup se taisent au moment d'entonner les cantiques dans une langue inconnue. Le trouble est plus vif encore lorsqu'il s'agit de passer de la version française de la Bible à l'allemande, comme en témoigne un vieillard auprès du pasteur et historien français venu enquêter sur place dans les années 1840 :

> Alors il ne nous resta plus que nos Bibles héréditaires ; et je puis vous affirmer, ajoutait-il, qu'avant d'admettre dans nos maisons les Bibles allemandes, il y eut dans chaque village des conférences assidues qui durèrent plus d'une année, pendant lesquelles on se réunissait le soir, pour examiner ligne après ligne si tout le contenu des éditions nouvelles

---

21. Et dont un exemple très pur est donné dans Élie Marion, *Avertissements prophétiques* (1707), réédité par Jean-Paul Chabrol et Daniel Vidal, Grenoble, Jérôme Million, 2003.

22. Le duc Victor-Amédée de Savoie a décrété cette année-là l'expulsion de tous ceux qui n'étaient pas nés dans les vallées, dont les réfugiés huguenots.

> était réellement conforme au texte primitif. Cette conformité ayant été reconnue, nous fûmes un peu consolés[23].

Le vieillard ajoute que la vérification fut concluante, mais que les enfants de la communauté ne comprenaient déjà presque plus le français, et qu'après la disparition de sa génération nul n'aurait à regretter « l'absence d'une langue inconnue ».

Pour les élites lettrées du Refuge, pasteurs, théologiens, intellectuels, traducteurs, précepteurs, journalistes, publicistes, la langue française a représenté un autre type de territoire immatériel, élargi à l'ensemble de l'Europe : celui d'une « internationale » de l'intelligence. C'est le philosophe Pierre Bayle, fils et frère de pasteur, réfugié à Rotterdam dès 1683, qui fonde et anime la revue *Nouvelles de la République des lettres* (1684-1687). Les savants catholiques ont toute leur place dans cette République, et le français en est la langue pour des raisons qui dépassent largement le Refuge et sont liées à son propre prestige et à celui de la France et de ses écrivains. Mais pour des intellectuels brutalement plongés dans l'exil, l'expression de *République des lettres* est à prendre au sens fort : c'est l'espace, le havre, la communauté au sein desquels on peut recommencer à travailler, à réinventer du lien social, à corriger la violence de l'exil. Il s'agit d'une communauté largement immatérielle, éparpillée dans des dizaines de villes et bibliothèques d'Europe. Les signes tangibles en sont les extraordinaires correspondances alors échangées, les revues, les livres, les comptes rendus. Le tout se fait en français, qui n'est plus ici une langue religieuse, sans être encore celle de Voltaire et de Frédéric : elle est la patrie imprimée des exilés. Un exemple : Jean Henri Samuel Formey (1711-1797), secrétaire perpétuel de l'Académie des sciences et belles-lettres de Berlin, auteur et éditeur d'une bonne douzaine de périodiques, correspondant d'une demi-douzaine de journaux francophones, a rédigé et reçu plus de 17 000 lettres, aujourd'hui conservées à Berlin et pour partie à Cracovie[24]. Le noyau huguenot s'est rapidement fondu au sein d'une communauté intellectuelle européenne beaucoup plus large, mais une partie du Refuge a tenu bon grâce aux ressources de tous ordres procurées par cet espace intellectuel.

---

23. Alexis Muston, *Ismaël au désert ou cruelle expulsion des habitants des Vallées vaudoises en 1698, avec le tableau des colonies qu'ils allèrent fonder en Allemagne, dans les pays dépeuplés par la guerre de trente ans*, Ducloux, 1850, p. 54-55.

24. Jens Häseler (dir.), *La correspondance de Jean Henri Samuel Formey (1711-1797) : Inventaire alphabétique*, Champion, 2003.

Conclusion : Les deux temps de l'exil

Le Refuge huguenot s'inscrit dans une durée moyenne, voire longue : deux siècles au maximum, si l'on inclut les départs du XVIe siècle, qui ont été importants ; et plus de quatre siècles si l'on prend en compte les phénomènes de mémoire et de renouement. Mon hypothèse est que deux temporalités ont joué, avec des effets passablement opposés.

Il y a la temporalité de l'intégration dans lcs pays d'accucil, avec toutes les formes possibles d'adhésion, d'invitation et de pression sur la langue, l'onomastique, les mariages, les appartenances et fidélités. Que ces pressions semblent avoir été maximales dans l'Europe germanique, où Herder et Fichte inventent contre l'universalisme des Lumières puis de la Révolution française le modèle d'une communauté nationale fondée sur la langue allemande, est logique. Les historiens ont montré combien les héritiers des réfugiés sont devenus des patriotes prussiens[25], et au-delà : l'un des fondateurs vénéneux du nationalisme antisémite allemand, Paul de Lagarde, l'auteur de *Deutsche Schriften* (*Écrits allemands*, 1886), descendait d'une famille huguenote[26]. À la même époque, le pasteur professeur à la faculté de théologie d'Erlangen, August Ebrard, est capable de prendre la tête d'un comité de soutien à la guerre contre la France, en 1870, avant d'effectuer un voyage ébloui au pays de ses ancêtres cévenols, en se félicitant de la réserve observée par ses interlocuteurs sur la guerre passée... et en rêvant sur le thème d'une origine ethnique commune des Cévenols et des Goths[27]... C'est le destin commun des exils de longue durée, que cette usure de l'identité dans le temps et ce passage à l'identité d'accueil, parfois même surinvestie. On peut penser aussi que la loi de décembre 1790 sur le « droit au retour », en puisant dans le Refuge ses éléments les plus fidèles à la France, puisqu'ils choisissent de changer de vie et de « revenir » dans le pays de leurs ancêtres, a contribué à affaiblir le groupe exilé et sa conscience. Encore faudrait-il savoir comment leurs proches et leurs relations, ont réagi à ces choix de France. L'enquête reste à mener.

Le temps, toutefois, n'a pas travaillé suffisamment pour creuser le fossé irrémédiable de la dilution et de l'oubli. Plusieurs facteurs l'expliquent.

25. Cf. les articles de Rudolf von Thadden, « Du réfugié pour sa foi au patriote prussien » et d'Étienne François, « Du patriote prussien au meilleur des Allemands », in M. Magdelaine et R. von Thadden (eds.), *Le Refuge huguenot*, *op. cit.*, p. 213-244.

26. Il a du reste adopté le nom de sa branche maternelle française ; il s'appelait en réalité Böttichen.

27. *Voyage dans les Cévennes en l'an 1877, op. cit.* Ces rêveries ethniques se retrouvent dans Alfred Rosenberg, *Le Mythe du XXe siècle*, 1930 (Étienne François, article cité, p. 243).

L'existence d'un exil perlé, notamment familial, jusque tard dans le XVIIIe siècle, avec des reprises collectives au moment où la persécution réapparaît (dans les années 1750), entretient la vitalité du Refuge. C'est vrai également, sur un autre plan, de la continuation et de l'extension d'un discours, typique du cercle vertueux des Lumières (tolérance-commerce-richesse des nations), autour du rappel souhaitable des huguenots. L'existence d'une « niche » religieuse, église, culte et langue sacrée, permet à l'identité de trouver un abri jusqu'à nos jours dans certains cas. Enfin, alors que tout semblait annoncer l'épuisement du Refuge, y compris un certain déclin de la France au XIXe tel qu'on pouvait le percevoir depuis Londres ou Berlin, le travail de la mémoire change la donne et autorise des renouements sur lesquels il reste beaucoup à faire, pour établir entre autres comment se rencontrent deux désirs d'histoire : celui du Désert parmi les protestants français[28], celui du Refuge parmi leurs lointains « cousins » de la diaspora. Que le Français Charles Weiss publie en 1853 l'*Histoire des réfugiés protestants de France depuis la révocation de l'Édit de Nantes jusqu'à nos jours* (2 vol., 1853) et Samuel Smiles en 1866, comme on l'a dit, *Les Huguenots en Angleterre* (traduit dès 1870 en français), montre qu'il s'agit de la même chronologie, de la même commémoration, bien avant que la France et l'Europe s'abandonnent à ce vertige de la mémoire et de ces lieux qui les caractérise aujourd'hui.

Pour illustrer cette double temporalité, je prendrai l'exemple de la communauté huguenote la plus éloignée dans l'espace et la plus modeste par ses effectifs : *a priori*, donc, l'une des plus fragiles. Il s'agit des réfugiés installés en 1688 dans le comptoir hollandais du Cap de Bonne-Espérance, la future Afrique du Sud : quelque 150 personnes qui ont vécu une authentique expérience de colonisation, sont très vite passées à la langue hollandaise et ont contribué à fonder la « nation » des Afrikaners, ces Africains blancs qui allaient s'auto-proclamer les premiers et légitimes maîtres du pays. En 1846, un missionnaire protestant français en poste au Lesotho, Thomas Arbousset, enquête auprès des descendants, mais il est déçu : l'oubli a fait son travail.

> Je leur ai anxieusement demandé de me raconter l'histoire de leurs pères, si noble au point de vue de la foi, et sous tous les rapports si digne d'être bien connue et bien méditée ; mais l'épaisse poussière d'un siècle et demi la couvre : comme ses héros, elle est descendue, en quelque sorte, dans le tombeau de l'oubli. Hélas ! sur cet océan de la vie, où tout s'efface

---

28. Les premières histoires de la période des persécutions paraissent dans les années 1840 ; la Société de l'Histoire du Protestantisme Français est fondée en 1852 ; la maison natale du principal chef camisard est rachetée en 1880 pour être transformée en Musée du Désert en 1911.

si rapidement, l'homme laisse-t-il jamais des traces durables de son passage.

Tout n'a pas disparu, pourtant : la colonie conserve quelques « annales protestantes » et beaucoup de noms de famille, et l'on montre au missionnaire les ruines du premier temple bâti par les réfugiés en bousillage (mélange de chaume et de terre). Rien ne subsiste, en revanche, de la langue française, sinon « une espèce de relique, inintelligible schibolet » : les descendants des réfugiés sont « devenus hollandais en tout, et c'est ce que demandait le gouvernement ». Ainsi la volonté politique des autorités, la réussite de l'intégration, le temps lui-même ont-ils accompli leur office. C'est alors que surgit, de manière très précoce, le geste commémoratif : en 1824, les descendants décident d'élever un mémorial près de Drakenstein, haut lieu de l'installation. « Chacun aurait trouvé là toute une religion, toute une histoire. On rassembla quelques vieilles coupes, apportées de France par les réfugiés, certains anciens documents, aussi destinés à servir de matériaux à une courte histoire de l'émigration ; personne d'autre que leurs descendants légitimes par le père ne devait avoir le privilège de souscrire, et les souscriptions ne manquèrent pas ». Le projet aurait échoué parce que son trésorier ne tenait aux huguenots que par sa mère ! Mais le missionnaire lance un appel vibrant, et que l'on pourrait trouver bien indiscret, à la mémoire des descendants : « Frères ! rappelez-vous bien votre origine. Remontez l'histoire de vos pères, et méditez-la soigneusement[29] ». Depuis, un imposant Mémorial huguenot a été bâti à Franschhoek (le « coin français », dans la vallée du Berg)[30] et trois premiers livres ont été consacrés entre 1921 et 1939 à l'histoire des réfugiés huguenots en Afrique du Sud[31]. Pieter Willem Botha, président de la République sud-africaine dans les années 1980, se disait le descendant de huguenots, une telle revendication de descendance n'étant pas, bien sûr, sans lien avec les stratégies de reproduction de l'élite blanche, en tant que minorité dominante, dans le contexte de l'Apartheid.

29. Les articles de Thomas Arbousset ont été publiés dans le *South African Commercial Advertiser*, les 17 et 21 janvier 1846 ; traduction dans *Société des missions évangéliques de Paris*, 1846, p. 188-200.

30. Cf. sa photographie en couverture de la revue *Causses et Cévennes*, 1999, 2, *La diaspora cévenole*.

31. Colin Graham Botha, *The French Refugees at the Cape*, Cape Town, Cape Times Ltd., 1921 ; E. Strangman, *Early French Callers at the Cape*, Cape Town, 1936 ; M. Nathan, *The Huguenots in South Africa*, Johannesburg, Chatham, 1939. Du côté français, les premiers articles apparaissent dans le *B.S.H.P.F.* en 1931, 1951, 1953, 1967. Lire notamment Charles D. Hérisson, « Les réfugiés huguenots du XVIIe siècle et la survivance française en Afrique du Sud « », *B.S.H.P.F.*, 1953, p. 563-590.

On le voit, la persistance d'une identité huguenote ne tient exclusivement ni à la mémoire, supposée vivante et spontanée, ni à l'histoire, supposée scientifique et distanciée. Le mot de *commémoration* paraît le plus juste, à condition de ne pas lui donner son sens « trivial » et politique autour d'événements et de dates précis (la chose n'en a pas moins existé avec les anniversaires de 1685), mais un sens large, plus anthropologique, mêlant la mémoire et la (re) création, le legs subi ou assumé et la réinvention ou le renouement volontaristes et dynamiques, l'intime (la liasse de lettres jaunies) et le social (l'association historique, la publication, le pèlerinage, le monument, la plaque...). Après avoir victorieusement affronté le temps « court » de l'interdiction politique et juridique en France, la diaspora huguenote a réussi à maîtriser celui, éminemment long, du passage des générations et du transfert des langues, des nations et des appartenances. Il y a là quelque chose qui la rapproche, *mutatis mutandis*, de la diaspora millénaire des juifs[32].

32. P. Cabanel, *Juifs et protestants en France, les affinités électives (XVIe-XXe siècle)*, Paris, Fayard, 2004.

3

Exil et catastrophe arménienne : le difficile travail de deuil

Martine HOVANESSIAN
URMIS Université Paris 7-Denis Diderot

Les temps de la recherche : de l'étude des diasporas à une anthropologie de l'exil

Nous reviendrons sur cette idée de la temporalité étroitement liée à l'étude des diasporas. Selon nous, l'enjeu d'une diaspora arménienne en voie d'institutionnalisation semble moins résider dans des formes d'alliance à visée opérationnelle (des capacités organisationnelles) que dans la préservation de l'efficacité symbolique d'un lien où se réactualisent sous des formes diverses et variées les récits sur l'exil en écho à la rupture radicale[1].

L'étude du projet d'existence de la diaspora arménienne nous conduit à distinguer plusieurs niveaux de signification. De l'analyse des modes de structuration du champ communautaire à l'évocation d'un principe de refondation d'un soi collectif dans la dispersion, nous en sommes venus à évoquer l'évolution d'une conscience de la dispersion depuis les années 1920 jusqu'à nos jours[2] (Hovanessian, 2001).

---

1. Dans le sens d'une rupture contraignante, totale et signifiant une cassure avec les fondements et les « racines » (à entendre de manière métaphorique pour désigner le rapport à un territoire ou une terre qui a été vecteur d'identifications collectives et de rapports sociaux).

2. Il faudra attendre les années 1965 (cinquantième anniversaire du génocide) pour voir surgir cette conscience de la dispersion.

Cette dernière perspective qui se décline autour du thème « diaspora et lien social » nous a amené à affiner l'analyse des logiques internes. Ces logiques nous ont éclairé sur les enjeux de l'autodésignation (se penser et se faire reconnaître comme une diaspora). Elles nous ont permis de percevoir dans le temps long de l'exil, un mouvement identitaire se proposant d'établir des connexions entre un passé, un présent et l'anticipation d'un futur à travers l'utopique visée de rétablir une continuité de mémoire, de donner à lire une ancienne question nationale et politique toujours non résolue et de rendre visible et traduisible la condition de l'exil massif et extrême des années 1920-1930.

Les cadres sociaux de la mémoire portent les traces d'une catastrophe : le mode générationnel, le devoir de mémoire, le sens de « l'ethnico-religieux » (Schnapper, 1993), le territoire inventé dans l'exil, les commémorations sont autant de tentatives de réinscription d'une histoire déniée. Les travaux d'Alain Médam (1991, 1993) sur la judéité en exil auxquels nous nous référons régulièrement, nous ont aidé à comprendre la nature de la fidélité autour du lien religieux qui, durant l'exil, a maintenu un imaginaire national. Mais contrairement à l'expérience juive on n'assiste pas à une interprétation religieuse de l'exil. Au devoir de mémoire s'ajoutent des volontés de reconnaissance qui dépassent de nos jours la stricte commémoration et s'orientent vers le témoignage politique de la perte, sorte d'« agir » performatif venant débouter ce temps répétitif de la commémoration[3], puisant parfois dans le religieux, les thèmes fondateurs de l'idéologie nationale (Hovanessian, 2004).

Au commencement de mes observations de terrain sur un pôle du regroupement arménien en région parisienne, la question de la nature catastrophique de la rupture avec la société d'origine n'était pas l'une de mes priorités de recherche. Mes investigations se proposaient plutôt de dégager les principes organisateurs du lien communautaire, d'en évaluer les modifications depuis la formation de la « Grande Diaspora du XXe siècle »[4].

Cependant, les entretiens mettaient l'accent sur le caractère « non conforme » du sort collectif advenu. L'exode massif des Arméniens dans les années 1930 ne cadrait pas avec les schémas classiques des mouvements migratoires qui présentent une mobilité hésitante entre une société d'origine et un pays d'accueil : « Tant qu'il y avait du travail dans les usines, les Arméniens se débrouillaient bien. Ensuite, quand ils ont commencé à

3. Dans l'attente précisément d'un moment de vérité en attente d'énonciation.

4. Aïda Boudjikanian-Keuroghlian. (1986, p. 625) applique le terme « Grande Diaspora » à la dispersion des Arméniens après le génocide de 1915.

débaucher... Malheureusement... Les Espagnols étaient protégés, les Italiens aussi, parce que, entre les nations, il y avait des accords. Mais nous on n'avait pas de pays qui nous soutenait. Nous, on n'avait rien... » poursuivait Haroutioun[5]. Précisons l'importance de ce « rien » que le narrateur portera à son point extrême en évoquant, sur le mode anecdotique, le comportement impulsif de son père qui, lors de la traversée du bateau voulait jeter son passeport à la mer et faire disparaître ainsi la trace de son appartenance ottomane, responsable de son dénuement. Le recueil du récit de vie d'Haroutioun s'est étalé sur plusieurs années : ce témoignage, saisissant par son souci d'exhaustivité, prendra aussi valeur de document ethnographique. Recoupé avec d'autres entretiens, il rendait compte des conditions d'arrivée des réfugiés apatrides, de leurs trajets migratoires, du processus de remontée sociale en France, des épreuves endurées tout au long de l'exil, des comportements au travail, des solidarités villageoises toujours actives, des rivalités politiques au sein de la communauté, des manières de s'approprier une portion d'espace en terre d'accueil, d'habiter l'espace de l'exil, de poser en lieu les fondements d'une existence non provisoire, etc.

Nous avions évoqué la teneur des conflits inconscients issus d'un morcellement collectif, la réalité « forclose » du phénomène génocidaire à travers ce récit de vie. Haroutioun se placera au centre du récit pour nous prouver sa chance d'avoir échappé au sort collectif des Arméniens. Nul mérite ni exploit dont il pourrait selon lui se glorifier, mais plutôt une justification d'être resté en vie.

La question du statut du survivant est ainsi venue s'accoler à ma problématique des diasporas. Son émergence a été favorisée par la longue durée qui m'a amenée à percevoir des choix sociaux largement motivés par une histoire de la dépossession, une complexité des mécanismes de la mémoire qui brasse du temps intime et du temps public, du temps politique et du temps d'une histoire longue.

Ces histoires de vie nous laissaient deviner des modes d'intériorisation d'un exil « hors norme », qui échappaient aux investigations et aux regards produits sur l'étranger dans la ville. Elles légitimaient alors certaines préoccupations des sociologues des migrations, attachés à mettre en lumière des zones de marginalité peu étudiées ou nouvelles (Marié, 1993). Indéniablement, les nouvelles orientations du contexte scientifique ont conditionné mon regard vers une anthropologie de l'exil susceptible de faire jaillir des figures inédites consécutives à des transferts culturels marqués du sceau de la disparition. Par la suite, notre travail de capture des récits a cerné des

5. Haroutioun est né en 1910 à Stanoze (à trente kilomètres d'Ankara) et il débarque à Marseille en 1923 avec toute sa famille (Hovanessian, 1992).

fissures, a rendu imaginable l'étendue des dégâts dans le démantèlement des ressources symboliques.

Haroutioun, « étranger devenu invisible », se placera au centre du récit comme pour s'étonner d'être toujours en vie. Ce travail qui s'est alors engagé vers la reconnaissance d'une trajectoire collective lourde de sens, difficile à traduire, sera constamment soutenu grâce à des identifications respectives à une histoire héritée de la destruction. Fort heureusement, le dessein d'une restitution écrite imposera des limites à nos échanges risquant de ne plus pouvoir se terminer, me ramènera à un rôle de passeur si judicieusement défini par S. Ostrowetsky[6] dans la difficile tâche de rendre publique par l'écriture une mémoire non seulement privée mais déniée. Nous avons toujours veillé à conserver la vigilance nécessaire pour nous tenir sur une frontière dont le franchissement pouvait mettre en arrêt le travail et confirmer ainsi l'impuissance de ne pouvoir rien en dire visée par les bourreaux, de nous confiner dans la seule perspective de la commémoration. De toute évidence et cela presque malgré nous, nous avons réglé nos échanges sur un dispositif garantissant un rapport à la continuité : le recours aux dates, aux noms de lieux, aux noms de personnes puis la perspective d'une réalité textuelle à élaborer (Hovanessian, 1998) nous permettaient de revenir de nos incursions déréalisantes du *Deir-Zor*[7].

Une culture du fragment : fragments de corps, fragments d'exil

L'expérience d'une telle relation de proximité entre le chercheur et l'informateur a contribué à nous faire comprendre les enjeux d'un tel travail sur la mémoire qui ne se réduit pas au déroulement de souvenirs. Il a permis de nous lancer dans une subjectivation libérée de la contrainte qui pèse tant, celle d'avoir constamment à justifier de la réalité génocidaire au regard extérieur.

Ces enjeux de mémoire nous ont incité à approfondir nos tâtonnements sur la valeur heuristique du témoignage et de l'histoire orale. Nous avons multiplié le recueil des histoires de vie auprès d'adultes nés en France pour la plupart dans l'entre-deux-guerres, dont certains de leurs parents ont été des orphelins. Toutefois, il n'est pas question de réduire la condition de survivance au statut des orphelins.

---

6. « Le terme de passeur, il faut le prendre comme un concept, celui des passages de ligne de démarcation, d'une discipline à une autre, celui des transgressions habiles, celui d'un médiateur entre cultures dominantes et dominées. Passeur entre savoir et savoir-faire, passeur entre subjectivité et objectivité, passeur entre individu et société. Le passeur fait de la frontière justement un lieu de passage ». (Sylvia Ostrowetsky (1996), p. 25).

7. Désert de Syrie où moururent entassés les Arméniens déportés.

Pour en revenir au dispositif mis en place, précisons d'un point de vue méthodologique qu'il n'a obéi à aucune préméditation préalable. Il s'est construit à travers une relation de confiance, principe premier sur lequel reposent les investigations de l'ethnologue et qui s'est solidifiée une fois encore grâce au temps[8], permettant de nouer et de dénouer des identifications. Le privilège explicatif que nous accordons à notre démarche a consisté à « faire du lien » entre ces polyphonies narratives travaillées dans la perspective d'une confrontation du « dit » d'un seul à la discussion de plusieurs. Il s'est appuyé sur les encouragements du groupe. Grâce à une mise en circulation collective du décryptage des récits, des connivences se sont nouées qui ont permis de poser les fondements du témoignage collectif. Celui-ci ne se réduit pas à une somme de témoignages individuels, mais il se conçoit comme un ensemble d'interactions où la prise de parole de chaque sujet contribue dans le même temps à redéfinir sa position dans un cadre collectif.

Notre démarche qui s'appuyait sur des témoignages indirects (les héritiers de la catastrophe) prolongeait certains thèmes de la littérature de l'exil traitant d'une impossible sortie de l'Histoire. Face à la violence de l'irreprésentable, quelques textes de la littérature arménienne d'expression française expriment les retombées d'un exil extrême poussé à se séparer de ce qu'il y a de plus séparé dans le « hors de soi » et le « hors-lieu » et rendent compte de ce processus de la « désappartenance » ou « d'extraterritorialité mentale »[9]. Certains intellectuels de la diaspora faisant allusion aux modes de réception interne de la catastrophe[10], disaient à juste titre qu'elle « paralysait tout discours et toute pensée » (Nichanian, 1992, 69). Ces lectures qui échappaient au positivisme historiographique s'accordaient à nos expériences sensibles du témoignage. Ces recherches,

8. Cette entreprise de restitution s'est déroulée pendant plus de trois années.

9. Denis Donikian appartient à cette génération de la diaspora arménienne de France qui se demande si l'on peut écrire après un génocide. « Une part de mon existence présente se situe ailleurs, sorte d'existence qui aurait précédé celle que je vis actuellement. Ainsi le quotidien me rappelle constamment que là où je suis je ne suis pas en (ma) réalité. Mais cet ailleurs censé combler le défaut – je le comprends maintenant – ne saurait être un gage d'harmonie retrouvée, de totalité vivante. J'habite, je vis, je suis dans le défaut... Pour nous, « la mort est avant la vie ». Une histoire aberrante, sanglante, criante précède immédiatement notre histoire personnelle. Elle nous a faits. Écho tragique qui n'en finit pas d'étendre sa noirceur au sein même de notre conscience. Père rescapé, fils expulsé. Nous sommes nés d'une immense panique et expulsés en permanence. Nous sommes nés dans le deuil. » (Donikian, 1995, p. 104-105).

10. Selon Krikor Beledian (1995), le terme le plus communément employé dans la littérature arménienne moderne pour rendre compte du processus d'anéantissement programmé qu'est 1915 est la « catastrophe » (*aghéd*). Pour une histoire de ce concept se reporter à Beledian (1995).

appartenant à des champs plus marginalisés des sciences humaines (littérature, psychanalyse) analysent les effets au long cours des logiques de dénégation dans la succession des générations. Elles confirment notre approche anthropologique de l'exil, devant nécessairement opérer au décloisonnement du savoir dit objectif et du savoir dit subjectif. Cette approche se situe du côté de l'identité narrative, celle de l'histoire racontée qui refigure les histoires véridiques ou fictives et qui s'oppose à tout inventaire des différences en tant que classement intemporel (Ricœur, 1985, 216). Les récits introduisent au contraire une dimension temporelle, des modes d'individuation permettant de travailler sur la nature des investissements identitaires.

Parmi les diverses voix sollicitées comme autant de subjectivités témoignantes, la biographie d'Haroutioun a fonctionné comme un récit exemplaire bordant mes commentaires. Comme si sa parole allait servir de moment initiatique, libérateur, par quoi le sens pouvait être délivré, dévoilant dans le même temps l'insuffisance de mes commentaires explicatifs. Elle rendait compte de cette pointe extrême d'une expérience qui nous fait quitter les rivages de la science et toute forme de rationalité, pour nous laisser entrevoir l'ambiguïté de la parole nous faisant glisser du registre du savoir à celui de l'ignorance (Marié, 1993).

La demande de se raconter : une restauration possible de la continuité ?

La demande de *se raconter* est liée au retour d'une temporalité qui n'obéit pas aux logiques de la chronologie événementielle. Les motifs politiques, religieux, territoriaux, les commentaires de vérité explicative sur le génocide apparaissent quelquefois, mais souvent en arrière-fond du récit. Un statut particulier néanmoins sera réservé aux thèmes sociaux de l'exil, sur lesquels nous reviendrons.

Il semble fondamental pour le sujet de cerner tout au long de l'histoire orale déroulant des voix en présence, les moments de vérité où l'histoire individuelle s'est accordée sans ambiguïté à l'histoire collective. On ne peut pas à proprement parler d'une volonté d'exhumer le traumatisme du génocide, ni même d'une fonction cathartique de la parole. On décèle plutôt un désir de rétablir *le sens* d'une transmission intergénérationnelle que l'on a deviné sous le mouvement hésitant de réappropriation de sa propre place. Peut-on certifier, doutaient quelques-uns, que les récits de la survivance des parents avaient eu un impact sur les choix individuels d'appartenance ? Car les récits racontent des tentatives de sortir de l'emprise de « la grande histoire », estompent le cruel souvenir de la condition d'« homme-sans »[11] de l'aîné.

Nous avons tenu à dérouler ces timides avancées afin de rejoindre au plus près ce que chaque sujet a osé risquer d'être, ayant l'intime conviction que le doute recélait les ambiguïtés de l'appartenance qui cherche à croiser l'histoire individuelle à l'histoire collective.

Notre démarche étoffait la compréhension du paradigme « culture et identité » ; elle traquait la culture non dans des manifestations stables[12], mais dans ce qu'il en reste, dans un filtrage dynamique des fragments de code et de valeurs qui ont agi de façon souterraine et parfois fait chambouler de manière imprévisible la conscience d'appartenance. Cette mémoire sélective nous a éclairé sur les processus d'identification et sur la transmission qui ne se bornent pas nous le savons, à la seule volonté de transmettre. Nous voulions cerner les instants même fugitifs où le sujet qui se raconte s'accorde à une communauté de destin ou explique le rejet d'une condition d'Arménien à certaines étapes de sa vie. De ce fait, la mise en commun de nos ressources constituantes avait une portée plus large que la question arménienne : elle visait également à la compréhension des faits de culture à partir d'un interdit d'exister ayant engendré des ruptures de filiation. Les personnes sont en attente d'une restitution de leurs histoires et nous avons interprété ce signe d'encouragement comme un désir de s'articuler à une histoire collective, comme une parole en espoir de reconnaissance comprimée sous le poids des contraintes intergénérationnelles. En effet, les sujets rapportent cette parole tendue défiant le déni, sorte d'injonction mémorielle ou d'énoncé préexistant à la déliaison du récit, traduisant un intraduisible de la violence qui avait été à l'œuvre : « Souviens-toi ! », « N'oublie pas ! », « Apprends ta langue maternelle ! », « Essaie de faire des études », « Il fallait se souvenir », « se souvenir de quoi ? », etc.

L'idée de signifiants identitaires merveilleusement définie dans un texte de Michel de Certeau[13] laissait espérer un espace de symbolisation possible et nous dirigeait vers un mouvement de poétisation des bribes où nous

11. Expression empruntée à Catherine Coquio (1998) à propos des expériences de privation radicale d'humanité advenues.

12. Loin de nous en effet l'idée d'une reproduction d'éléments culturels en tant qu'attributs irréductibles.

13. « Souvenirs-fétiches d'une mémoire collective, ces fragments d'appartenance ont un rôle métonymique (ils disent la partie pour le tout), historique (ils représentent la place du mort), elliptique (de ces citations on ne connaît plus ni le sens, ni la référence) et poétique (ce sont des inducteurs d'invention). Par eux se garde, têtue, morcelée, muette, échappant aux mains mises, une altérité ethnique ». (Michel de Certeau, 1986, p. 809).

pouvions inventer des raccords à un sens possible autrement que dans le ressassement ou la célébration.

Dans ces récits collectés, il y aussi des figures vivantes qui décrivent un environnement socioculturel dans lequel le narrateur a identifié les éléments qui ont façonné son identité sociale. L'immersion ou non dans la vie communautaire demeure une référence essentielle de ce faisceau de récits : elle justifie dans bien des cas les choix futurs et l'adhésion à « une cause ».

Dette et réparation

Très vite, les récits glissent sur une *condition* en liaison avec le génocide dont le rappel suscite de nombreux discours, incitent les sujets à revisiter le roman familial le plus souvent en défaut d'élaboration. Les récits autorisent les expressions inquiétantes d'un déni diffus de certains sujets de la seconde génération née en France « sachant tout en ne sachant pas ». Ils décrivent le malaise de la maison. « On savait qu'ils avaient été massacrés par des Turcs, mais c'est tout. À la limite, on se demandait si ça pouvait exister. Ce qu'on leur reprochait, c'est de ne pas être des parents heureux comme les autres, on refusait d'être Arménien. C'était bizarre notre situation… », etc. Le temps vécu n'évolue pas sur l'axe linéaire du temps ; il progresse dans une trajectoire circulaire où le présent en tant que moment tangible « d'un être-là » est sans cesse préoccupé de réparer le destin des « autres disparus ». Et en cela, nous avançons la thèse d'un travail de deuil en attente d'accomplissement.

L'idée d'une réparation implique chez les sujets bien souvent des positions héroïques : « Il ne s'agit même pas d'une histoire que l'on porte mais d'une histoire que l'on a en charge », rapportait une jeune femme. Ici, le sujet se désigne ou se croit désigné comme porteur d'une tâche à accomplir, et conditionne l'accès à sa propre histoire par l'intégration d'un temps collectif, en essayant de saisir le « pourquoi » d'un tel héritage. Cette phrase concise ouvrait sur l'expérience de l'histoire de vie comme *moment* d'une transmission où se pose la question du « comment exister en tant que sujet » face à un tel fardeau ?

Face au projet de restitution écrite, les craintes sont multiples, notamment de « n'être pas à la hauteur » du message des disparus : « *Je n'ai pas grand-chose à dire* », ou « *mon histoire n'est pas particulièrement intéressante* » comme s'il y avait une sorte de pudeur à se présenter comme un témoin. Cette réticence est vite levée, lorsqu'on explique que le travail de mémoire ne prétend pas juger ou hiérarchiser les trajectoires et les choix d'appartenance.

Les témoignages des personnes de seconde génération se séparent du trajet identificatoire par un mouvement actif à travers le mécanisme d'appropriation de nouvelles places et tracent un champ des possibles[14]. Il y a, chez le sujet qui raconte la dépossession, un travail à l'œuvre de nouvelle négociation de sa présence au monde, qui prend d'autant plus de temps qu'en racontant le sujet interpelle les « autres » absents, voix anonymes ou intimes broyées par l'histoire.

Les dynamiques du récit s'accompagnent du rappel des trajectoires des parents rescapés et redessinent par un tracé extrêmement riche en détails géographiques et topographiques, les traversées des lieux de leur exil, les lieux de passage et d'ancrage. On décline dans un premier temps les singularités géographiques et ethnographiques du village natal, les identités sociales à l'intérieur de la communauté (l'appartenance confessionnelle et politique), la reprise en exil de savoir-faire professionnels et les nouveaux métiers. On précise toujours si la famille a subi ou non le génocide. Quelquefois, on réunit cartes, correspondances, photos, certificats de travail, passeports, registre d'inscription dans un orphelinat afin de rendre visibles les traces des rescapés, de les doter de nouveaux signes sociaux susceptibles de leur conférer une nouvelle dignité en réponse au dénuement.

La parole possible est subordonnée à la condition de rétablir préalablement une sorte de cartographie des liens de parenté de la famille élargie, tout en précisant à chaque fois la nature de la mort qui a frappé tel ou tel membre du clan. Au-delà d'une dynamique intergénérationnelle dont nous avons parlé, de l'impératif humiliant pour les rescapés de décliner leur identité tout en justifiant des conditions de leur survie en écho aux « autres » disparus[15], les propos sur la survivance touchent à la question structurelle de la filiation, aux Noms des pères destitués par l'Histoire.

Les sujets s'articulent à l'histoire familiale en signifiant l'impact sur leur propre vécu de ces voix qui ont traversé la mort. Quelle leçon doit-on tirer

14. Si nous distinguons les témoins directs de l'exode des témoins indirects, l'on assiste néanmoins à des identifications toujours actives aux scènes traumatisantes, vues et rapportées par un tiers (voisin ou ami), un parent, un grand-parent, un aïeul : viol, cicatrice, oreille tranchée, marche sur les cadavres ou camouflages, sont autant de marques de corps mutilés et soumis à la barbarie, imprimant au récit une inquiétante étrangeté. Cette inquiétante étrangeté traduisant une sorte d'enfermement traumatique est liée à une confusion des temps où le présent « colle » à celui du passé.

15. L'analyse du récit d'Haroutioun Kieusseian montre que sa trajectoire n'évoque pas une continuité progressive où il deviendrait « quelqu'un », contrairement au héros de la figure romanesque classique. Comme nous l'avons dit plus haut, Haroutioun se place au centre du récit pour nous prouver sa chance d'avoir échappé au sort collectif des Arméniens.

d'un sujet de seconde génération qui débute son récit en faisant dérouler sur le magnétophone la voix cassée d'un père défunt, témoin du génocide, s'exprimant en langue arménienne pour témoigner à la fin de sa vie de « ce qui n'était pas un sujet de conversation », dit B. né en 1939. « Je suis un petit garçon de dix ans », ainsi commence le récit de la déportation du père. La voix a permis de rompre le silence et surtout comme l'indique B. de réhabiliter la nomination. La fonction paternelle a été constamment évoquée du point de vue du nom de famille et de son autorité mais surtout à travers l'instance de « l'origine », et de la destruction « d'une origine ». Ces récits ont permis de retrouver le chemin de la représentation du père.

Maints exemples dans la littérature de la diaspora également attestent de la figure structurante du père qui conditionnera selon les cas la passation d'un patrimoine[16]. L'on repère des tentatives d'écrivains de recueillir les traces du père, de les inscrire de nouveau dans la langue, comme si cette « réinscription maintenait l'instance paternelle, la sauvait de justesse » (Beledian, 2001 : 220). Janine Altounian évoque les « mots » d'un père, la dette aux ancêtres, comme autant de thèmes posant la question d'une impossible filiation redoublée par la question du déni. Certaines réflexions psychanalytiques autour de la notion de « forclusion des signifiants du Nom-du-Père » (Godelier et Hassoun, 1995) montrent que cette impossible filiation peut rester silencieuse dans ses effets tant qu'elle ne rencontre pas ce qui permet de révéler l'existence d'une interruption de la trame signifiante. On peut approcher en effet, la question du désastre des Pères à travers l'exécution de la menace touchant à l'autofondation et le projet de faire disparaître toute forme de transmission possible avec pour conséquence l'inscription d'une redoutable « souffrance blanche ».

En restituant les voix des parents, les sujets obéissent à une exigence éthique de la transmission : on gratifie les aînés des leçons de vie qu'ils ont insufflées malgré leurs tortures morales soigneusement dissimulées. Malgré cela, les enfants ont été investis comme témoins de la survie et en cela les récits sont extrêmement précieux car ils attestent de ce malaise incommunicable, irréprésentable pour eux-mêmes et pour ceux qui n'ont pas éprouvé l'expérience d'une telle proximité avec des positions

16. On pense au roman de M. Arlen, *Embarquement pour l'Ararat*, commenté par J. Altounian (Les Belles Lettres, 1990, p. 60) : « Au pied de l'Ararat, montagne sacrée et symbole de l'arménité, où le fils se rend à la mort du père, le père peut enfin mourir et le fils naître à lui-même ; ils se libèrent ainsi mutuellement leur place dans la chaîne des générations ; une passation s'opère alors rendue possible d'un patrimoine meurtrier en même temps une condition nécessaire pour intégrer une histoire. Le deuil impossible à travers le vivant du Père peut le devenir à travers le fils ; le commentateur montre qu'il faut au moins deux générations pour intégrer un tel traumatisme ».

dépressives. Être témoin de la survie des parents signifie avoir été témoin d'une insoutenable condition, en lutte quotidiennement pour « tenir » ou « rester debout ». Les récits laissent poindre cette culpabilité envahissante à prendre le risque de se lancer dans le vivant sans avoir réparé l'histoire des parents. « Ma pauvre mère s'est usée à l'usine d'abord en se faisant du souci pour moi : qu'est-ce que j'allais devenir ? » exprime dans le cours de son récit, E. né en 1934, dont l'enfance a été marquée par la solitude de la mère, contrainte, des suites de l'exil, « de se lever à quatre heures le matin, d'aller à pied pendant plusieurs stations de métro et à cinq heures de prendre le métro pour travailler à Issy-les-Moulineaux comme bobineuse ». « J'étais un enfant des rues ». « E. ne s'est pas perdu ; il s'en est sorti », disaient les voisines.

Le thème de la réparation traverse toutes les histoires orales et peut prendre de multiples figures ; il dénote l'immense dette dont on se sent redevable pour cet autre dont l'attitude héroïque a consisté à maintenir des apparences de sujet normalement vivant. La dette peut occasionner un engagement dans une activité communautaire après avoir reconstruit une unité familiale, prendre la forme d'une décision tardive d'apprentissage de la langue arménienne. Le rapport à la langue demeure un vecteur d'appartenance privilégié pour prendre place dans le roman familial, un lieu de remémoration avec les autres disparus, un lieu où vont s'inventer les représentations personnelles de séparation et de reconnaissance de soi. Certains décident, après un événement familial introduisant un changement de position générationnelle (mort d'un parent le plus souvent ou naissance d'un enfant) réouvrant la brèche, de rétablir une continuité par une plongée dans une langue, qui non seulement dit le lieu d'où l'on vient mais révèle les répudiations de l'exil, les déplacements, les mises aux arrêts de la langue.

La méthode biographique des récits de vie a permis d'affiner cette « phénoménologie de la survivance » à partir de l'exigence de l'introspection, de la « nécessité pour le survivant d'une vie à rebours » (Altounian, 2000, 79). Le concept de « ressouvenir »[17] qui évoque la reprise d'un ébranlement de la conscience semble approprié, pour traduire la fulgurance de ces « moments de vérité ». La dimension subjective de cette anthropologie narrative non seulement n'était pas un frein à notre entreprise, mais se trouvait sollicitée afin d'analyser le *passage* de l'expérience traumatique. Ces récits sont animés d'une reconquête, d'une capacité « à faire

17. Philippe Bouchereau (1999) distingue le ressouvenir du souvenir ou la souvenance.

son histoire », d'une volonté de rationaliser une identité diffuse qui désoriente.

Ce travail qui tente de donner forme au passé se dirige vers le retour d'un temps du présent et chemine vers l'accès à l'autorisation de sa propre parole : bruissements, chuchotements, pleurs, arrêts, silences, importance du détail et de l'anecdote sont autant de marques discrètes qui ponctuent le récit et tracent un temps possible de retrouvailles entre soi et les autres vivants, entre soi et soi, entre soi et les disparus, entre mémoire sociale et statut du sujet.

Ces histoires orales venant dérouler quantités de détails absents de l'histoire des grands événements, des monuments et des élites s'enracinent certes dans la quotidienneté, et nous fournissent des données anthropologiques sur les bricolages identitaires d'une communauté en exil. Mais l'enjeu essentiel qui les gouverne réside dans la reconstitution d'une visibilité de soi qui travaille à se dégager de l'emprise des figures de la survie. Si les récits n'attendent pas de réponse, ils espèrent un acquiescement. Le sujet sera amené à confronter ses multiples « je » notamment lors de la restitution écrite de ces histoires orales, où il devient alors lecteur et scripteur de son fragment de vie mesurant alors les écarts entre les modèles intériorisés et les modèles de la narration. Cette qualité réflexive présente l'avantage de dégager un champ interprétatif sur *les temps identitaires* du sujet autorisant l'ouverture d'un espace de méditation, d'une méditation compréhensive (Bouchereau, 1999). En aucun cas, ces récits n'impliquent une réécriture du passé ; ils ne cherchent pas à accumuler des preuves comme les historiens du génocide qui, malgré leur travail considérable vont devenir prisonniers « d'une compulsion à réfuter » (Dabag, 1993, 108).

Au contraire, le sujet s'inscrit dans une dynamique qui dessine les frontières du rapport à lui-même et à sa propre présence et que le récit institue en montrant « un corps parlant » portant en lui d'autres corps détruits. Le témoin en effet, fait plus que raconter : il désigne la trace qu'il est (Dulong, 1998, 213) dans son travail d'appropriation d'une conscience du passé. À la différence de la parole documentée sur les horreurs de la disparition et le cortège des corps mutilés qui emporte notre imagination et nous absente de nous-mêmes, la parole du témoignage circonscrit une situation d'interaction, des corps en présence, un souffle du non-humain qu'elle tente de raccorder à un langage partagé. Précisons encore une fois, que ces histoires orales se déroulent sans objectif de démonstration. Il ne s'agit pas de fournir la preuve que ce qui a eu lieu a bien eu lieu mais de bien de témoigner de la désappartenance, notion tout à fait adéquate pour comprendre les conséquences des violences déniées, empêchant le deuil des morts.

Les thèmes sociaux de l'exil

L'histoire du sujet se heurte et parfois se brise aux limites d'une grande Histoire du déni, « violent orchestrateur du malentendu »[22] venant interrompre la progression linéaire d'un récit de vie. Pourtant un temps de la continuité se repère dans l'évocation de la trajectoire sociale, sorte de preuve tangible d'un exil réellement éprouvé et non fantasmé. Les voies empruntées pour signifier les contraintes du déracinement suscitent des tâtonnements scrupuleux et une exigence d'exactitude d'autant que se profile le souhait de ranimer les expériences sociales des aînés.

Il y a un souci des participants de faire converger des tranches de vie malgré la diversité des itinéraires individuels et qui se rapportent à la figure du migrant travailleur : conditions de logement, usine, histoires de papiers, rapport entre le dedans et le dehors de la communauté, statut de l'immigré mobilisé pendant la guerre, etc. Les sujets tiennent à ces descriptions pour nous convaincre du caractère « vrai » de ces traversées.

Si le déni produit de l'identification annihilante, les thèmes sociaux de l'exil vont servir de socle pour ranimer les humiliations subies et réveiller dans le même temps un vécu de la persécution, une histoire des vaincus s'attelant à réparer le statut du rescapé et de l'apatride en accédant aux droits du citoyen de la culture d'accueil. De même, les arrêts sur le détail offrent l'occasion de percevoir et de mesurer les retombées de pratiques discriminantes, insidieuses qui vont, au cours du projet d'intégration, ravaler le sujet au rang de citoyen-étranger et le re-plonger[18] dans une ancienne condition de victime. Un autre antidote à ce phénomène consiste à appuyer le récit des fidélités sociales aux orientations normatives de la société d'accueil. Les formes de sacralisation de la citoyenneté acquise renvoient en écho l'impuissance des parents. Tant et tant d'exemples, qui, dans une retenue contrôlée, nous font découvrir ce qui s'est joué dans la dépossession radicale.

Il y a une demande sociologique de faire se recouper des déterminations communes, d'organiser les récits suivant une perspective comparative, de dresser des typologies afin d'attester d'une réalité vécue et non imaginée. Les allusions à l'organisation de l'univers des orphelins, les filiations politiques au sein de la communauté, la reprise de savoir-faire artisanaux au moment du contingentement de la main-d'œuvre ouvrière dans les usines en France, l'impact de la Seconde Guerre mondiale dans le rapport à la

18. Le préfixe « re » signifie l'idée d'une nouvelle présentation de soi révélée dans le retour à l'histoire catastrophique des parents.

citoyenneté, sont autant de preuves d'un exil et de faits objectifs qui, face au déni de la tragédie, inscrivent un principe de réalité.

Le découpage générationnel s'inscrit dans cet effort de réorganisation des repères à partir du point zéro de la catastrophe. Autre temps, autre lieu, on décrit les errances des premiers réfugiés depuis les orphelinats de Grèce ou d'ailleurs, déambulant le long du sillon rhodanien en France, s'entassant sur les bateaux ou dans le fameux camp Oddo à Marseille avec ses baraquements insalubres. On relate la condition du travailleur « de la première génération » pris dans un convoi pour alimenter les industries lourdes en France en quête d'une main-d'œuvre étrangère, marchant de longs jours à recherche des familiers du village et s'imaginant que, dans le port de Marseille, l'autochtone comprendra la langue de la terre d'où il vient. Les histoires orales empruntent souvent la voie générationnelle pour justifier du démantèlement des familles. Après la catastrophe, la notion de génération est confondue avec une tranche de l'histoire sociale : elle introduit une dissociation entre âge/génération, un brouillage des repères entre génération/histoire/mémoire. Le déracinement a produit une définition sociale des générations (Attias-Donfut, 2000) aux frontières de la mémoire collective et de l'histoire contemporaine. Certaines analyses (Tisseron, 2001) pointent dans l'écart générationnel une dissociation progressive entre la famille et le groupe. Dans notre cas, les représentations de l'exil ne séparent pas les épreuves de la famille de la solitude du groupe en exil. Cette référence à une solidarité de destin collectif a contribué à préserver le partage d'un espace de sens.

Il y a une grande difficulté pour le groupe en exil à se représenter dans sa totalité sociale du point de vue de la gradation des générations familiales liées par la filiation qui a précédé le temps génocidaire. Les sujets sont constamment obligés de justifier de leur position générationnelle au sein du groupe avec cette impossibilité majeure de reconstituer l'ordre généalogique des familles. Claudine Attias-Donfut évoque la notion de « génération historique « comme une construction se caractérisant par un référentiel commun, à travers des changements historiques ou un événement marquant, et dont la fonction essentielle est d'organiser le temps. Elle renvoie à un monde de la dépossession, bien souvent en référence au statut du migrant orphelin. De toute évidence, le mode générationnel introduit de la contrainte sociale en même temps qu'il a participé au sauvetage communautaire. Ce qu'il faut retenir dans le cadre de notre propos, c'est l'intensité des liens intergénérationnels qui vont se recréer sur la base de ce « *rien* » marqué par une dépendance affective et sociale et qui organisera la transmission vers « un devoir de mémoire ».

Conclusion

Les récits se présentent comme un long parcours balisé de ruptures qui sont intégrées dans la référence à un destin. Renaud Dulong nous livre une conception intéressante de cette notion de destin, philosophiquement peu exploitée selon lui. Elle convient pour « conceptualiser cette dimension de l'institution du témoignage, entrelacs du registre personnel et de la réflexion sur l'histoire qui, déplaçant les questions par rapport à leur foyer subjectif, déploie autrement la problématique du témoignage : l'idée de destin est indissociable de l'idée d'appel » (Dulong, 1998, 95).

L'écriture de ces fragments d'exil s'oppose au lieu de l'écriture comme mémoire d'une réconciliation possible et restaurée. À la manière des monuments religieux qui fleurissent en milieu urbain dans les lieux du regroupement (les *Khatchars*, pierres à croix), le passage de ces histoires orales à la matérialité de l'écriture semble un enjeu de tout importance. Ce passage confirme l'existence de traces « témoignantes » dont la fonction métonymique convoque une totalité disparue en même temps qu'il atteste d'une destruction qui a bien eu lieu. On peut assigner à ces traces la possibilité de fabriquer des espaces du témoignage en autant d'histoires qu'il y a de survivants[19], de dire et de rendre public un langage de la désarticulation mais en aucun cas on ne peut évoquer une continuité restaurée.

Pourtant le travail de mémoire procède d'un sauvetage, choix engagé en direction d'un futur non inféodé à l'héritage écrasant : sorte de vocation sociale orientée « vers une détermination historique de l'agir » (Dulong, 1998, 95), faisant entrevoir « un horizon non barré », l'espoir de voir s'animer une parole, la sienne, trop longtemps emprisonnée dans la certitude d'un passé « hors de ». Il y a un droit reconquis avec ces histoires orales, celui d'exister en tant que sujet distancié par rapport au statut du survivant au moins le temps d'une narration. Et en cela aussi, nous pouvons prétendre à la fonction politique de ces histoires orales qui réhabilitent une autorisation, un langage partagé des histoires enfouies de chacun[20] et qui explorent les véritables enjeux de l'appartenance à une communauté du déni[21].

19. Krikor Beledian (1999) précise que la catastrophe a fait éclater l'unicité de l'Histoire (celle de la nation) et que le naufrage de l'Histoire laisse à la dérive des épaves de récits.

20. Chacun a une histoire enfouie en effet, ou secrète. Et il y a tout lieu de penser que les sujets ont tenu à préserver les autres proches mais aussi eux-mêmes en « épargnant » l'impossible oubli.

21. La notion de « communautés de déni » a été introduite par le psychanalyste René Kaës (1989).

Références

ALTOUNIAN J.,1990, *Ouvrez-moi seulement les chemins de l'Arménie*, Paris, Les Belles Lettres.

ALTOUNIAN J., 2000, *La& survivance. Traduire le trauma collectif*, Paris, Dunod.

ARLEN M., 1977, *Embarquement pour l'Ararat*, Paris, Gallimard.

ATTIAS-DONFUT C., 2000, « Rapports de génération. Transferts intra-familiaux et dynamiques macrosociales », *Revue française de sociologie*, 14-4 : 643-684.

BELEDIAN K., 1995, « L'expérience de la catastrophe dans la littérature arménienne », *Revue d'histoire arménienne contemporaine*, Bibliothèque Nubar, tome 1, 127-197.

BELEDIAN K., 1999, « La catastrophe et l'expérience des limites du langage dans la littérature de langue arménienne », *Parler des camps, penser les génocides*, textes réunis par Catherine Coquio, Paris, Albin Michel, 367-381.

BELEDIAN K., 2001, *Cinquante ans de littérature arménienne en France. Du même à l'autre*, Paris, CNRS Éditions.

BOUCHEREAU P., 1999, « La désappartenance » in *L'Intranquille*, 4-5, Paris, 165-211.

BOUDJIKANIAN-KEUROGHLIAN A., 1986, « Un peuple en exil : la nouvelle Diaspora XIXe-XXe siècles) » in *Histoire des Arméniens* sous la dir. de Gérard Dédéyan, Toulouse, Privat,601-625.

COQUIO C., 1998, « L'homme-sans-utopie », in *PTAH*, Revue de l'Association Rencontres Psychanalyse Anthropologie et Recherches sur le Processus de Socialisation, ARAPS, 7/8.

COQUIO C. (dir.), 1999, *Parler des camps, penser le génocide*, Paris, Albin Michel.

DABAG M., 1994, « Le traumatisme des bourreaux : à propos du livre de Taner Akçam », *Revue du monde arménien moderne et contemporain*, tome 1, 103-108.

DE CERTEAU M., 1986, « Économies ethniques : pour une école de le diversité », *Annales ESC*, 41ème année, n° 4, 789-815.

DE GAULEGAC V., 1999, *L'histoire en héritage. Roman familial et trajectoire sociale*, Paris, Desclée de Brouwer.

DONIKIAN D., 1995, *Fragments de figures apatrides*, Publisud/Presse & Design.

DULONG R., 1998, *Le témoin oculaire. Les conditions sociales de l'attestation personnelle*, Paris, Éditions de l'École des Hautes Études en Sciences Sociales.

GODELIER M., MASSON J. (dir.), 1995, *Meurtre du père, sacrifice de la sexualité*, Paris, Arcanes.

HOVANESSIAN M., 1992, *Le lien communautaire. Trois générations d'Arméniens*, Paris, Armand Colin.

HOVANESSIAN M., 1996, « Territoires de l'émigration » in *Sociologues en ville,* Paris, L'Harmattan, 57-63.

HOVANESSIAN M., 1998, « L'écriture du génocide des Arméniens : un texte à plusieurs voix », *Journal des anthropologues*, n°75, 63-84.

HOVANESSIAN M., 2000, »La diaspora arménienne : de l'exil commémoré à l'appartenance active », *Cahiers d'études sur la Méditerranée orientale et le monde turco-iranien*, n° 30, 83-109.

HOVANESSIAN M., 2001, « La notion de diaspora : Les enjeux de la désignation et la question de la temporalité », Colloque international, École française d'Athènes, (à paraître).

HOVANESSIAN M., 2003, « Fonctions anthropologiques du témoignage et de l'histoire orale : traversée des lieux de l'exil et désappartenance », in C. Coquio (ed.), *L'Histoire trouée*, Nantes, Éditions L'Atalante, 329-346.

HOVANESSIAN M., 2004, « Le religieux et la reconnaissance : formes symboliques et politiques au sein de la diaspora arménienne », *Annales de la Recherche urbaine*, n° 96, octobre 2004 : 125-134.

KAËS M., 1989, « Le pacte dénégatif dans les ensembles transsubjectifs » in *Le Négatif. Figures et Modalités*, Paris, Dunod.

LEVI P., 1989, *Les naufragés et les rescapés. Quarante ans après Auschwitz*, Arcades Gallimard (1ère éd. 1986 en italien).

MARIE M., 1993, « À propos de quatre livres récents sur le phénomène migratoire, sur le territoire, l'identité et la marge », *Sociologie du travail*, n° 3.

MEDAM A., 1991, *Mondes juifs, l'envers et l'endroit*, Paris, PUF.

MEDAM A., 1993, « Diaspora/diasporas. Archétype et typologie », *Revue Européenne des Migrations Internationales,* vol. 9, n° 1.

NICHANIAN M., 1992, « L'Empire du sacrifice », *L'Intranquille*, 1 : 61-115.

OSTROWETSKY S., 1996, « Les passeurs en ville. Introduction » in S. Ostrowestsky (ed.), *Sociologues en ville*, Paris, L'Harmattan : 25-31.

PUGET J., 1996, « En quête d'une ineffable reconnaissance », *Topique*, 61, Dunod : 467-480.

RICŒUR P., 1985, *Temps et récit*, tome III, Paris, Seuil.

SCHNAPPER D., 1993, « Le sens de l'ethnico-religieux », *Archives de Sciences Sociales des Religions,* 81 : 149-163.

TISSERON S., 2001, « La mémoire à l'épreuve de la famille et du groupe », *Tumultes* : 41-52.

4

Le thème de l'exil chez les leaders du mouvement sioniste

Ilan GREILSAMMER
Université Bar-Ilan, Ramat-Gan (Israël)

Je voudrais tout d'abord rappeler le sens du mot hébreu « *Galouth* », ou Exil, dans la tradition juive, puisqu'il ne faut pas oublier que le peuple juif a vécu, jusqu'à l'émancipation et la sortie du ghetto, une vie presque exclusivement religieuse, le thème de l'Exil étant omniprésent dans la littérature rabbinique. D'après la tradition juive le peuple juif, qui s'est installé sur la Terre de Canaan, la « terre des sept peuples » promise par Dieu à Abraham, Isaac et Jacob, a été chassé de sa terre en raison de ses fautes (dans la ligne de l'éviction d'Adam et Eve du Jardin d'Eden, à cause de leur péché). Parce qu'il n'a pas observé les *mitsvot*, les commandements divins prescrits par la Thora, et parce qu'il s'est adonné à l'idolâtrie et à une conduite morale répréhensible, le peuple juif a été chassé hors d'Eretz Israël, Jérusalem a été détruite, le Temple a disparu, et les Juifs se sont retrouvés dispersés dans tous les pays de la Terre. Ceci étant, les Juifs trouvent une consolation dans leur peine, les Prophètes annoncent qu'un jour viendra où Dieu décidera de ramener les Exilés à Sion, de reconstruire Jérusalem et d'y rebâtir le Temple où reprendront enfin les sacrifices. C'est pourquoi le peuple juif, dans sa dispersion et sa souffrance, a toujours vécu et prié pour ce jour-là, le jour où le Messie viendrait et annoncerait la Rédemption et le retour. Les rabbins, tout au long des siècles de l'Exil, discutent constamment sur le contexte de la décision divine : Dieu ramènera-t-il les Juifs lorsqu'ils auront fait pénitence, où le retour est-il décidé par Dieu indépendamment de leur conduite en exil ? Toujours est-il que le Juif de la diaspora a toujours vécu dans une situation d'attente, a fait des calculs concernant la date de la délivrance, et a régulièrement cru en de « faux messies », tant son impatience de la Rédemption était grande.

La négation de la diaspora

Le sionisme, idéologie politique nationalitaire, date de la seconde moitié du XIXe siècle. Même si certains Sages, tel le Rav Alkalay ou le Rav Kalischer ont été des précurseurs (vers le milieu du siècle), c'est un fait que le mouvement sioniste n'a vraiment pris son essor qu'en 1881, avec la création des *Hovevei Zion*, les Amants de Sion. Ce mouvement était d'inspiration et de direction laïque, et pratiquement tous les penseurs et dirigeants du sionisme dans les années qui ont suivi ont été des laïcs : chez eux, le rejet des pratiques religieuses, considérées comme faisant partie d'un passé moyenâgeux, était intimement lié au rejet de la diaspora.

Lorsque le sionisme est apparu, il a été violemment condamné par la grande majorité des rabbins, qui ont vu en lui une nouvelle forme de faux messianisme, pire peut-être que les autres, et qui ont considéré la volonté de Juifs « mécréants » de reprendre possession d'Eretz Israël sans décision divine comme une véritable rébellion contre Dieu. Ces rabbins ont même créé, en 1912, l'organisation internationale *Agoudat Israël* pour lutter, de toutes leurs forces, contre l'idéologie sioniste.

L'un des sujets majeurs auquel les penseurs et leaders sionistes se sont vus très tôt confrontés, a été celui de la continuation de la vie des Juifs dans la diaspora, après que serait créé un État juif souverain. En termes simples : la diaspora a-t-elle encore des raisons d'exister à l'ère du sionisme ou est-elle appelée à disparaître ? C'est ce que l'on a appelé la controverse autour de « la négation de la diaspora », qui a joué un rôle fondamental dans l'histoire intellectuelle du sionisme. Quelques très rares penseurs sionistes ont accepté l'idée que des communautés juives continueraient à vivre et à prospérer en Exil après le rétablissement de la souveraineté juive en Eretz Israël. L'écrasante majorité des chefs du mouvement ont très tôt adopté une position radicale, celle de la négation absolue de la diaspora et de sa légitimité. Certes, on peut trouver des nuances dans l'intensité de cette condamnation, d'après le courant et la tendance politique auquel tel ou tel penseur appartenait, mais, en général, l'ensemble du mouvement a adopté une orientation extrémiste sur ce sujet.

Le premier courant négateur de la diaspora est représenté surtout par Théodore Herzl lui-même, le fondateur du sionisme politique, mais aussi par d'autres leaders importants. Ce courant, d'après l'analyse faite par Herzl[1]

1. Se reporter à Ilan Greilsammer, *Le sionisme*, Paris, PUF, 2005.

à la suite de l'Affaire Dreyfus, considérait la diaspora comme une situation intolérable pour les Juifs, en raison de l'insécurité permanente et de la persécution dont ils sont l'objet de la part des non-Juifs. Pour eux, la persécution des Juifs (comme la dégradation de Dreyfus et sa condamnation automatique, sans aucune preuve) résulte intrinsèquement de leur existence « non naturelle », anormale au sens propre du mot : il s'agit d'une nation qui cherche désespérément à maintenir son identité séparée au sein d'autres peuples, alors qu'elle ne dispose plus des conditions de base d'existence d'une nation, à savoir un territoire, des frontières, une langue vivante et une souveraineté politique. Cette situation absolument anormale explique la faiblesse des Juifs et leur exposition constante à l'antisémitisme. Le fait que les Juifs d'Europe de l'Est continuaient à être vus par leurs gouvernements comme des étrangers dans leurs propre pays était considéré comme la preuve de la haine éternelle contre les Juifs et de l'anormalité de leur condition. Pour Théodore Herzl, une fois que serait créé l'État juif souverain, il n'y aurait aucune possibilité que la diaspora puisse continuer à exister en dehors de lui : les Juifs qui voudraient continuer à maintenir leur identité juive dans le respect et la dignité viendraient naturellement résider dans l'État juif, et ceux qui décideraient de rester en exil disparaîtraient rapidement en tant que Juifs, du fait de l'assimilation et des persécutions redoublées. Sous-jacente à cette position, se trouve l'idée que les Juifs de la diaspora sont en partie responsables de l'antisémitisme qui les entoure, qu'un danger d'annihilation les guette, et qu'il faudrait (peut-être ?) les forcer par tous les moyens à quitter la diaspora le jour où l'État juif naîtra.

Une variante est celle des penseurs sionistes qui ont condamné la diaspora, pas tellement parce qu'elle est génératrice de persécution, mais parce qu'elle entraîne inévitablement l'assimilation. Pour ceux-là, le véritable risque était celui de la disparition du Judaïsme et du peuple juif, liée à l'amélioration constante de la situation des Juifs dans les pays occidentaux, depuis l'émancipation. C'est probablement Asher Ginzberg (Ahad Haam)[2] qui exposa le mieux ce point de vue : Ahad Haam considérait l'État juif plus comme une solution pour la pérennité du Judaïsme qu'une solution pour la survie des Juifs eux-mêmes. Contrairement à Herzl, il estimait que les communautés de diaspora pourraient continuer à subsister après la création de l'État, mais que seul cet État serait en mesure de prendre la relève du Judaïsme : l'État serait le centre spirituel exclusif, qui aspirerait à lui les Juifs du monde entier, en danger d'assimilation totale.

En fait, il faut reconnaître que chez presque tous les penseurs sionistes, le Juif de l'Exil était perçu de façon extrêmement négative, pour employer

2. *Ibidem.*

un euphémisme. Selon eux, la détresse des Juifs de la diaspora est attribuable pas seulement au fait qu'ils se trouvent loin de leur terre, exposés à de multiples dangers, à la persécution et à l'assimilation, mais aussi aux traits particuliers du Juif de diaspora et à son mode de vie. Ces traits de caractère et ce mode de vie constituent l'un des facteurs des réactions antisémites au sein de la société qui les entoure.

Cette approche a été particulièrement mise en avant par David Ben Gourion. Pour celui-ci, l'Exil n'est pas seulement un concept géopolitique qui signifierait dispersion et aliénation, détresse et asservissement. L'exil est aussi un mode de vie et un ensemble de caractéristiques négatives que produit l'existence des Juifs loin de leur terre. Eliezer Don Yiehia, dans plusieurs études parues sur ce sujet[3] a très bien résumé ces caractéristiques en quelques mots :

- passivité : le fait que les Juifs ne font rien pour changer leur sort ;
- dépendance vis-à-vis des autres : l'incapacité des Juifs à prendre en main leur destin ;
- spiritualité excessive et occupations non productives : trop de professeurs, pas assez d'agriculteurs et d'ouvriers ;
- égoïsme et repli sur soi-même : absence d'intérêt pour le monde qui les entoure ;
- ignorance de la culture générale et manque de sens esthétique ;
- absence de lien à la terre et indifférence à la nature ;
- manque de créativité, étroitesse d'esprit, conservatisme, rigidité ;
- faiblesse, lâcheté et absence de dignité personnelle.

Comme le grand critique littéraire israélien Baruch Kurzweil l'a remarqué, cette représentation que beaucoup de penseurs sionistes avaient du juif de l'Exil ressemblait beaucoup (inconsciemment) à l'image projetée par les antisémites. Ils ne voyaient aucune possibilité de changer ce mode de vie et ces caractéristiques tant que les Juifs vivraient en exil, et prétendaient que la seule solution était de créer une autre façon de vivre et d'autres valeurs, propres à la souveraineté en Terre d'Israël. Bien entendu, l'attitude négative des sionistes laïques à l'égard de la diaspora était liée à leur rejet du Judaïsme traditionnel, de la religion et des *mitsvot*, qui avaient nourri la diaspora et constituaient le pilier de l'identité juive en exil.

Cette vision négative était partagée par les sionistes de tous bords, et touchait aussi bien les chefs du sionisme-socialiste, que le leader de la droite

---

3. Voir Eliezer Don Yiehia (ed.), *Israel and Diaspora Jewry: Ideological and Political Perspectives*, Ramat-Gan, Bar-Ilan University Press, 1990 ; et du même auteur : «The Negation of Galuth in Religious Zionism», *Modern Judaism*, 12, 1992, p. 129-155.

nationaliste Wladimir Jabotinsky. Ce dernier écrivit qu'il avait constaté les caractéristiques négatives de l'exil lorsqu'il avait eu ses premiers contacts avec les Juifs religieux des ghettos[4]. Lui aussi avait critiqué leur style de vie et avait été révulsé par leur faiblesse. Il avoua qu'il avait longtemps éprouvé une répulsion pour le style de vie traditionnel des Juifs observants, leurs habits, leurs coutumes moyenâgeuses... Mais plus tard, Jabotinsky et son mouvement dit révisionniste (puis le parti Hérouth) avaient progressivement abandonné cette attitude à l'égard des Juifs religieux, lorsqu'ils avaient saisi l'importance cruciale du facteur religieux dans le façonnement de l'identité nationale. La droite nationaliste a abandonné son attitude de rejet de la culture et de l'histoire juives en diaspora, vers les années 1930 (on le verra particulièrement chez l'héritier de Jabotinsky, Menachem Begin, qui a adopté l'allure et les manières d'un Juif traditionnel). La droite n'a continué à se défier que des éléments de la tradition religieuse (humanisme, pacifisme, universalisme, cosmopolitisme) qui s'opposaient à l'expression d'un nationalisme juif.

Comme le note le professeur Charles S. Liebman, les sentiments anti-diaspora du sionisme-socialisme apparaissent clairement dans la sélection des valeurs, symboles, mythes et cérémonies qu'il a opéré dans l'histoire juive afin de façonner la nouvelle identité nationale. C'est ce que Liebman qualifie de « Nouvelle religion civile d'Israël »[5]. Selon lui, les leaders sionistes ont fait un bond en arrière en sautant par dessus les 2 000 ans de dispersion pour en revenir à l'époque du premier et du second temple, pour y choisir les symboles capables de légitimer ses programmes. Le Talmud, texte de l'Exil, a complètement été mis de côté, ses grands Sages négligés, et on en est revenu à l'époque du Pentateuque et des royaumes juifs d'Eretz Israël. Les dirigeants sionistes-socialistes ont donné aux rites d'avant l'Exil une signification purement laïque permettant de conforter leur idéologie. Les héros sont ceux des récits bibliques : Samson, Pinhas, les Prophètes, les Rois, etc. Durant toute la période du mandat britannique, jusqu'à la Seconde Guerre mondiale, Ben Gourion et ses collègues du parti Mapai (sioniste-ouvrier) ne manquent pas une occasion pour exprimer leur répulsion à l'égard de la diaspora, et leur admiration pour la stature et le courage des héros bibliques.

Le changement d'attitude n'est pas survenu avec la Shoah, contrairement à ce qu'on aurait pu penser. Parmi les dirigeants de la communauté juive de Palestine, beaucoup ont exprimé leur déception que les Juifs

4. Se reporter à Ilan Greilsammer, *Le sionisme*, *op. cit.*

5. Charles S. Liebman and Eliezer Don-Yiehia, *Civil Religion in Israel*, University of California Press, 1983.

d'Europe n'aient pas cherché à se défendre contre les nazis, et se soient laissés conduire *katson latevah'* « comme la brebis à l'abattoir » (un peu comme la thèse défendue par J. F. Steiner dans le livre à scandale *Treblinka*). Ils ont lié cette attitude de (soi-disant) « soumission » et de « veulerie » à la mentalité traditionnelle du ghetto, faite de passivité et de couardise. Cette attitude, qui paraît aujourd'hui – disons-le – révoltante, était très courante parmi les chefs de la communauté juive de Palestine, et elle s'est même renforcée durant les premières années de l'État d'Israël : le fondateur et Premier ministre de l'État ne cessait d'insister sur la centralité de l'État, qui devait être désormais l'unique pôle de loyauté, de solidarité et d'identification pour les Juifs du monde entier. À cette époque, on en revenait à condamner la passivité, la reddition morale du judaïsme de diaspora, défauts qui étaient mis en contraste avec les valeurs des citoyens de l'État juif : héroïsme, vigueur et activisme. Ces valeurs devaient servir à façonner le « nouvel Israélien » fier, fort et souverain dans son État. La Shoah était présentée comme le produit de ce qu'avaient été les caractéristiques négatives de la diaspora : détresse, asservissement, dégradation, isolement et impuissance. On sait, en particulier que les rescapés de la Shoah arrivés dans le jeune État n'ont pas trop osé rappeler leurs souffrances, ni à leur entourage, ni même à leurs enfants. On n'insista pas sur la Shoah dans les premières années de l'État, car on ne voulait pas que le rappel de l'Holocauste encourage d'une quelconque manière l'identification des jeunes sabras au Judaïsme de l'Exil. Dans ces années-là, l'Holocauste a occupé une place marginale dans la vie publique du pays, et ne figurait que de façon très restreinte dans l'enseignement de l'histoire dans les écoles.

Du côté des rabbins et des penseurs religieux, on a vu qu'il existait deux courants bien distincts et opposés. D'un côté la grande majorité des Sages de la Thora étaient farouchement antisionistes, car ils considéraient le sionisme comme un faux messianisme et une rébellion contre Dieu. Ils avaient en mémoire des phénomènes de faux messianisme qui avaient failli mener le Judaïsme à la catastrophe, comme celui de Sabbatai Zevi. Ils considéraient les sionistes comme des hérétiques. Mais d'un autre côté, un certain nombre de rabbins se sont joints au mouvement sioniste ou l'ont soutenu dans telle ou telle mesure, et sont à la base de ce qu'on appelle le mouvement « sioniste-religieux ». Le plus célèbre de ces Sages de la Torah est le Rav Abraham Itshak Kook, qui fut Grand Rabbin de Palestine mandataire jusqu'à sa mort en 1935. Le thème de l'Exil joue un rôle central dans la philosophie de celui qui fut l'un des plus grands penseurs juifs du XXe siècle (souvent méconnu en France, peut-être du fait de l'absence de traduction). Ce qui est spécifique, c'est sa vision du sionisme, du retour des exilés, comme annonciateur de la Rédemption : l'enfantement du Messie. L'État juif n'est pas seulement la première étape sur la voie de l'arrivée du Messie, c'est aussi la manifestation du réveil de la nation juive endormie et une révolte contre le mode de vie de la diaspora. Pour lui, la renaissance nationale en Terre d'Israël signifie un retour à la nature et à l'activité créatrice, la promotion des valeurs d'héroïsme et d'esthétisme longtemps réprimées, et le renouveau du pouvoir de l'individu et de la société juive. Selon Rav Kook, l'Exil ne sépara pas seulement le peuple juif de sa patrie ancestrale, il a aussi séparé le sacré du séculier au sein de l'existence nationale juive. Les Juifs de diaspora ont été forcés de se scotomiser, de se comprimer, bref de restreindre leurs aspirations nationales au cadre de leurs cérémonies religieuses et de leur culte. Le fait de se consacrer à des activités purement spirituelles a constitué une sorte d'autodéfense, visant à préserver l'identité nationale juive des dangers qui la menaçaient. Pour Rav Kook, la polarisation du juif de diaspora sur les questions spirituelles est en fait un contrepoids à sa préoccupation outrancière des questions politiques et matérielles à l'époque de sa souveraineté. La vie des Juifs en exil les a purgés de leurs excès de matérialisme, en les mettant en attente de la renaissance religieuse et nationale définitive qui va les ramener dans leur ancienne patrie.

Dans la façon dont il critique l'affaiblissement du Juif de diaspora, Rav Kook rejoint souvent la perspective négative des penseurs sionistes laïques. Comme eux, il appelle à une renaissance nationale qui susciterait le renouveau des zones de créativité juive réprimées en diaspora, et le développement de tout ce qui avait été affaibli chez le Juif de la dispersion. Par contre, contrairement aux penseurs sionistes laïques qui liaient condamnation de l'Exil et condamnation de la religion, Rav Kook considérait la libération de la diaspora comme devant étendre le domaine de l'être religieux du Juif, et précisément réconcilier la vie religieuse et les autres domaines d'activité humaine. Cette réconciliation du *kodesh* et du *h'ol*, du sacré et du séculier, recréera l'homme juif dans son intégralité mais ne peut prendre place que dans l'État juif souverain dont les lois seront fondées sur la *halacha*, le droit juif.

Le fils du Rav Avraham Itshak Kook, qui s'appelait Zvi Yehouda Kook, lui-même rabbin très écouté dans les milieux sionistes-religieux, partageait les vues de son père sur l'exil, mais était nettement plus extrémiste que lui dans sa critique de la diaspora qui empêche, selon lui, toute possibilité d'existence nationale juive. Pour lui, seuls les Juifs qui vivent en Eretz Israël peuvent être considérés comme vivant une existence nationale pleine et entière. Après 1948, il a même adopté une attitude de plus en plus nationaliste, portant aux nues le seul vrai Israël qui est l'État d'Israël, avec sa force et son armée. Pour Zvi Yehouda Kook, la diaspora est une totale dégradation de l'existence juive et la fin de toute fierté nationale, la vie en diaspora ne peut qu'être une humiliation perpétuelle. Vivre dans un monde de non-juifs est contraire à la nature et à la spécificité du peuple juif. Pour Zvi Yehouda Kook, la Shoah était la conclusion inévitable de cette vie anormale dans le monde des non-Juifs. Il adopte une position franchement messianiste, selon laquelle la création de l'État d'Israël en 1948 constitue le retour du peuple juif à sa fierté, à sa majesté, à son unicité. Dès lors, l'Armée de Défense d'Israël, ses avions, ses mitrailleuses et ses tanks, deviennent des instruments du sacré. Après la Shoah, la diaspora est terminée et tout ce qui a été détruit, tous les centres du Judaïsme, renaissent en Israël : c'est la fin de la passivité, de la dépendance qui caractérisaient le Juif de l'Exil. Notons que l'influence de la pensée messianiste et nationaliste de Zvi Yehouda Kook a été extrêmement importante sur la jeunesse sioniste-religieuse qui, après la guerre des Six-Jours a entrepris de créer des points de peuplement dans les territoires occupés, à Gaza, en Cisjordanie et sur le Golan. Ce sont les adeptes de Zvi Yehouda Kook qui sont à l'origine de la plupart des colonies de peuplement. Ils se sont regroupés politiquement autour du mouvement *Goush Emounim*, le « Bloc de la Foi ».

La diaspora reconsidérée

Peu à peu, l'attitude envers la diaspora s'est mise à changer dans les milieux laïques, à partir du milieu des années cinquante. L'un des grands facteurs du changement a été l'immigration de masse des Juifs originaires des pays arabes, Yemen, Irak, Égypte, Maroc, etc. immigrants qui allaient bientôt devenir la majorité de la population de l'État d'Israël. Le plus grand nombre des nouveaux arrivés étaient religieux, ou au moins d'aspect et de comportement traditionnels. Ces Juifs pieux vivaient la tradition juive comme un ensemble d'enseignements et de pratiques quotidiennes et ils n'éprouvaient aucune sympathie pour l'idéologie sioniste-socialiste du « Juif nouveau » et du rejet du passé diasporique. C'est là que les dirigeants du mouvement sioniste-ouvrier en général, se sont vus confrontés à un problème extrêmement sérieux : leur idéologie ne pouvait plus servir de facteur unificateur de la nation ! Tout à coup, ils se sont rendu compte que la négation de l'exil et de la religion juive risquait d'avoir des effets désastreux sur la nouvelle génération des sabras. En effet, ceux-ci, élevés dans le mépris total de la diaspora et l'ignorance de la tradition, ne connaissaient strictement rien à leur identité juive. Ils risquaient, à un moment donné, de se dire : « Pourquoi rester ici ? ».

Surtout, ils risquaient de se tourner vers la nouvelle idéologie en vogue en Israël à l'époque, le « canaanisme », qui était en fait un rejet total de toute espèce d'identité juive, et un appel à se fondre parmi les peuples du Moyen-Orient.... Or cette idéologie, animée par le poète Yonatan Ratosh, gagnait de plus en plus d'intellectuels, d'écrivains et d'artistes, et était considérée par les sionistes comme extrêmement dangereuse. Il est aussi probable que plusieurs vétérans du mouvement sioniste aient peu à peu perdu leurs illusions sur ce « Nouvel Israélien » cet homme nouveau qu'ils avaient cherché à promouvoir sur le modèle des héros bibliques, antithétique du Juif de la diaspora. Car si le jeune sabra était certes sain de corps, courageux et habile au combat, dans la vie civile il n'était pas un exemple enthousiasmant d'altruisme, d'idéalisme et de culture...

C'est ainsi que dans les années cinquante plusieurs leaders du parti de Ben Gourion firent une révision déchirante et admirent que le mouvement sioniste avait fait une grave erreur en niant la diaspora. Surtout, on commença à assister à un changement d'attitude envers la Shoah. Je pense que le signe le plus important du changement fut, en 1960, la capture par le Mossad d'Adolf Eichmann, amené à Jérusalem pour être jugé de crimes à l'égard du peuple juif. On connaît les réflexions de Hanna Harendt sur ce procès et sur la banalité du mal[6]. Pour le public israélien et pour les jeunes en particulier, nourris à l'ignorance de la diaspora, le procès Eichmann (1961) constitua un choc, une révélation, pas seulement de la Shoah mais aussi de la vie des Juifs dans la dispersion, et renforça les liens et les sentiments d'identification à leur égard. On trouve une expression éclatante de ce choc dans le livre du poète sabra Haim Gouri : *La Cage de Verre*, récemment réédité en France[7]. Le nouveau programme d'Éducation nationale mis en œuvre en 1960 fut présenté par le ministre de l'Éducation, comme cherchant « à présenter à nos jeunes la lumière intime qui a guidé le Judaïsme de la diaspora durant des siècles, et à leur faire comprendre l'histoire juive et leur responsabilité pour la perpétuation de la vie juive dans toutes les parties du monde, afin qu'ils reconnaissent l'interdépendance entre Israël et la diaspora ».

Mais c'est surtout à la suite de la Guerre des Six-Jours que survint un grand changement dans l'attitude à l'égard de la diaspora. La guerre de 1967 a suscité un sursaut d'identité juive chez les Israéliens, en raison des dimensions incroyables – presque mystiques – de la victoire d'Israël, et de la reconquête des Lieux saints juifs, le Mont du Temple et le Mur des Lamentations. De plus, il y a eu cette longue période d'attente et d'angoisse extrême avant le déclenchement des hostilités, qui a fait sentir aux Israéliens leur solitude et a renforcé leur sentiment qu'ils ne pouvaient compter que sur les Juifs de la diaspora. La guerre des Six-Jours, avec les masses de volontaires juifs arrivés en Israël a beaucoup renforcé ces liens d'iden-

---

6. Hannah Arendt, *Eichmann à Jérusalem : Rapport sur la banalité du mal*, Paris, Gallimard, 1991.

7. Haim Gouri, *Face à la cage de verre*, Paris, Éditions Tirésias, 1995.

tification. Ceux-ci ont été renouvelés sept ans plus tard avec l'attaque surprise des Égyptiens et des Syriens lors de la Guerre de Kippour. Tous ces événements ont abouti à un renversement total dans l'attitude des Israéliens à l'égard de la diaspora et de la Shoah. La Shoah est devenue pour eux comme la manifestation extrême de l'antisémitisme des non-Juifs, qui se poursuit avec leur haine à l'égard de l'État d'Israël. La nouvelle approche se fondait sur la centralité de la solidarité entre Israël et la diaspora, face à un monde qui est hostile aussi bien à Israël qu'aux Juifs de l'exil. Les liens devaient être renforcés dans tous les domaines, Israël devait prendre la défense des Juifs de la diaspora ; il fallait respecter, aimer et aider les communautés juives menacées ; chacun devait étudier l'histoire et de la culture de l'autre. Les cérémonies de commémoration de la Shoah ont subitement changé : on en a supprimé les longs passages à la langue de bois sur « l'héroisme des partisans surgis des forêts, ou les glorieux combattants du ghetto de Varsovie qui annoncent les victoires de Tsahal », qui venaient autrefois « compenser » la soi-disant « passivité » et la « couardise » de la masse des Juifs « menés comme un troupeau à l'abattoir »... Bref on a enfin admis que les millions de victimes non combattantes de la Shoah soient considérées avec respect et dignité. Les victimes non combattantes de la Shoah et les Juifs de la diaspora ont subi une réhabilitation commune. Aujourd'hui encore, avec l'accentuation de l'hostilité à l'égard d'Israël en Europe et dans le monde entier, l'Israélien ressent tout particulièrement l'importance de ses liens avec la diaspora.

Ce phénomène n'a cessé de se renforcer au cours des trente dernières années, du fait de l'individualisme croissant de la société israélienne et de l'abandon progressif de ses valeurs collectives[8]. La « nation », le « sionisme », « l'idéal socialiste », la « solidarité » le « collectivisme », le kibboutz, etc. ont été plus ou moins mis de côté. Peu à peu, le concept d'Israël comme une société modèle s'est effacé, et les Israéliens ont cessé de se considérer comme – selon les mots de David Ben Gourion – une « lumière pour les nations », comme le nombril du monde et le centre de toutes les aspirations de la diaspora.

La réévaluation de la diaspora a aussi été liée à l'ouverture croissante des Israéliens à la société occidentale, par les mass media, la multiplication des chaînes de télévision, et surtout les voyages à l'étranger dont ils sont extrêmement friands. Les Israéliens se sont de plus en plus rendu compte que l'image qu'ils avaient en Israël du Juif de la diaspora dégradé, veule, apeuré, dépendant, passif, le Juif du ghetto, ne correspondait absolument

---

8. C'est ce que j'ai souhaité montrer dans mon livre, I. Greilsamer, *La nouvelle histoire d'Israel : Essai sur une identité nationale*, Paris, Gallimard, 1998.

pas à la réalité du Juif des États-Unis, de France ou d'Angleterre. Les intellectuels israéliens ont fait un grand mea culpa, et se sont rendu compte de l'absurdité de l'image du Juif de l'exil projetée dans les écrits des pères du sionisme politique.

En conclusion, ce qui est resté de la négation de la diaspora, c'est probablement un doute – à mon avis justifié – quant à la possibilité d'éradiquer l'antisémitisme une fois pour toutes dans les sociétés où vivent les Juifs, et de mettre fin aux menaces physiques auxquelles ils sont confrontés. L'idée la plus répandue en Israël – peut-être paradoxale en ces temps d'*Intifada* et d'attentats meurtriers – est qu'il est plus sûr de vivre dans l'État juif qu'ailleurs, et qu'il faut continuer à encourager l'émigration en Israël. Mais il n'y a plus aucun mépris vis-à-vis de la culture, du mode de vie, ou de soi-disant caractéristiques négatives des Juifs de la diaspora, et l'idée d'une relation approfondie de coexistence et d'aide mutuelle est dominante aujourd'hui. Reste le conflit sempiternel entre ceux qui pensent que tout l'argent récolté chez les Juifs de la diaspora devrait aller à Israël qui reste le centre de la vie juive, et ceux qui admettent le fait qu'une grande partie de ces dons reste dans la diaspora pour les programmes éducatifs et sociaux de celle-ci. Dans un autre domaine, alors que durant longtemps le mouvement sioniste a nié tout droit du Juif de la diaspora d'exprimer une opinion sur les politiques d'Israël, on constate aujourd'hui une bien plus grande tolérance à l'égard de telles opinions.

Le concept d'Exil a joué un très grand rôle parmi les représentations du mouvement sioniste. Comme l'a très bien suggéré le professeur Eliezer Don Yiehia[9], durant toute la période qui a précédé la création de l'État et même durant les premières années de son existence, c'était en fait « un mythe négatif » qui a servi d'antithèse à l'image du « nouveau juif », l'Exil servant de repoussoir. À partir des années cinquante, on a assisté à un net déclin de ce mythe dans la culture israélienne. Un des facteurs de ce déclin a été l'acceptation croissante de la distinction entre « *Galouth* » (Exil) et « *Tfoutsa* » (Dispersion). L'autre facteur est l'effritement des valeurs collectives et des considérations idéologiques, qui a été parallèle à l'érosion du sionisme-socialiste autrefois dominant. On a assisté à la disparition de l'image de l'Israélien comme « Juif modèle ». Il y a aussi un regain du religieux (lié aux guerres de 1967 et 1973), qui s'est vu intégré à la nouvelle religion civile d'Israël, et qui a, par là même, réévalué le contenu de la vie juive en diaspora. Au sein de la gauche israélienne, très critique des attitudes nationalistes de la droite et des colons, on assiste même à une focalisation positive sur les « valeurs de la diaspora », qui seraient des valeurs de

9. Don Yehia (1990, 1992), *op. cit.*

retenue, de réserve, de modération, de prudence, voire de passivité face au bellicisme de la droite.

L'auteur tient à remercier son collègue le professeur Eliezer Don Yiehia, de l'Université Bar-Ilan, grand spécialiste des questions de religion et d'État en Israël, pour les conversations tenues sur le sujet de cette conférence.

Partie 3

EFFETS MIROIR : DIVERSITÉ DES REGISTRES DE L'APPARTENANCE

Chapitre 5

Le registre du lieu. Le *retour* des diasporas : entre argumentation politique et pratiques circulatoires des migrants

Introduction

Revenir, rester ou circuler ?

Marie-Antoinette HILY
UMR 6588 MITI

Le « retour » en question

Le terme de « retour » sous son apparente simplicité – rester ou repartir – masque des situations forts différentes selon l'histoire des populations concernées, les conjonctures politiques et économiques des États impliqués, etc. et l'on peut se demander si cette notion fait encore sens et pour qui ?

De façon générale, on trouve dans la littérature deux approches de la question du « retour » : la première concerne des populations considérées comme exilées ou réfugiées qui bénéficient d'un « droit au retour » lequel relève d'une reconnaissance politique, juridique et administrative d'une identité originelle commune réelle ou supposée. La seconde concerne plus classiquement, des immigrés qui repartent « au pays » d'où ils ont émigré ; mouvement dont les logiques se comprennent dans les « raisons propres » avancées par les candidats au « retour ».

Ainsi, le même mot « retour » définit des situations migratoires qui concernent autant le retour des émigrés (ceux qui reviennent au pays qu'ils définissent comme tel et qui n'est pas forcément le pays où ils sont nés), que des mouvements décrits sous le terme « d'immigration ethnique » mais aussi ceux des réfugiés, déplacés après un conflit ou une catastrophe naturelle ou encore, le retour d'une diaspora.

Deux raisonnements peuvent être tenus sur le retour selon que l'on se situe du point de vue de ce que l'on peut nommer la « raison d'État » ou selon que l'on se situe du point de vue des « volontés des sujets ». Ces deux points de vue mettent en tension la vision politique et idéologique des États et la vision des « candidats au retour ».

C'est dans cette logique que se situent S. de Tapia, K. Kaurinkoski, B. Michalon et W. Berthomière qui dans leurs articles soumettent à un examen critique la rhétorique du « retour » en montrant ce qu'elle dit de la conception de la migration et des identités dans différents contextes nationaux, Turquie, Grèce, Allemagne et Israël.

S. de Tapia se demande « quel sens peut prendre la notion de retour lorsqu'une part importante de l'immigration admise en Turquie, sous les vocables de *muhacir* (migrant, réfugié, rapatrié) ou *göçmen* (migrant, dans quelques cas lexicaux anciens, nomade), n'est turque, ni linguistiquement, ni ethniquement, mais a appartenu au monde ottoman, ou encore peut-être turcophone, mais sans aucun lien véritable avec l'état turc moderne ou l'Empire ottoman ? » Et pourtant l'auteur signale que « même si il est difficile de parler de « retour », le phénomène « *muhacir-göçmen* » est important par son ampleur. Des millions de Turcs actuels peuvent se réclamer de ces *Muhacir* souvent devenus « plus turcs que les Turcs » qui ont contribué à l'ethnogenèse turque. Dans le cas du « retour » des Grecs de l'ex-Union soviétique, en parlant de « droit de retour » la rhétorique utilisée par l'État Grec traduit l'idéologie en matière d'intégration nationale : différencier l'immigrant du « rapatrié », ce dernier étant d'abord « grec » et « sujet légitime » (la grécité). Pour les Saxons de Transylvanie en Allemagne, *Siebenbürger Sachsen*, décrit par B. Michalon, la rhétorique de l'État renvoie à la germanité supposée qui préside au « retour » (migration ethnique).

Du point de vue des acteurs, K. Kaurinkoski montre bien que pour les Grecs d'ex-Union soviétique, il ne s'agit pas de « retour » mais de « départ » et « d'arrivée » et de « nouveaux arrivés ». Les « migrants » ne parlent jamais de « retour » mais d'« origine historique ». Dans le cas des Saxons de Roumanie, B. Michalon souligne que les catégories qui font appel à l'ethnicité se brouillent et ne remplissent plus leur rôle de classement dès lors que les Saxons de « retour » changent de nom quand ils sont réinstallés en Roumanie. Mais ce qu'elle montre aussi c'est le jeu sur les appellations qui sont mobilisées selon les contextes. « La question qui se pose aujourd'hui aux Saxons (...) est : « suis-je d'ici ou de là-bas ? ». (...) de manière paradoxale pour cette migration, c'est dans le va-et-vient que de nouvelles réponses sont formulées. Les saxons parlent de « *ré-migrants* » pour désigner ceux qui reviennent, à nouveau s'installer en Transylvanie. S. de Tapia, lui, met l'accent sur le fait que la capacité d'intégration d'éléments très divers sur le temps long « fait dire aux intéressés, avec conviction et pas seulement par prudence : « nous sommes arrivés d'Asie centrale », alors qu'ils savent parfaitement, pour l'immense majorité d'entre eux, que ce n'est pas vrai ! ».

Le recours pour ces groupes à des stratégies identitaires et des façons de se présenter qui peuvent être perçues comme des formes d'instrumentalisation des appartenances ne peut cependant déguiser la pression des États à maintenir la légitimité du « retour » justifiée par une origine historique commune.

Toujours depuis cette double perspective – dispositif politique, pratiques des migrants – William Berthomière explore les questionnements que peut susciter l'expérience israélienne. Le retour, élément constitutif de la société israélienne, est ici observé à travers l'exemple des Juifs ex-soviétiques qui ont quitté leur « exil » pour « revenir sur leur terre d'origine ». Dans cette recherche, W. Berthomière suit le fil d'un raisonnement qui part d'un événement construit sur le mode du retour et de l'unité pour être progressivement décliné sous les termes d'un anachronisme où idéologie et pratiques sociales s'opposent. À partir de nombreux points d'entrée – allant de la politique de « retour » à celle d'aménagement du territoire ou bien encore de l'égalité des droits à la ségrégation spatiale –, il met en questions le principe d'unité que sous-tend l'idéologie du retour. « L'archétype autocentré » de la diaspora s'en trouve considérablement modifié. Il laisse place à une interprétation où, contre toute attente, « l'entre soi », « les contours du Nous », la « fusion » attendue des exilés suite à l'idéal concrétisé du retour, s'expriment par des fractures socio-spatiales, des clivages sociaux, et d'une ethnicisation grandissante des interactions sociales.

La mobilité sans « retour » ?

Il n'est pas certain aujourd'hui que les jeunes générations et surtout les nouveaux migrants plus installés dans des pratiques de mobilité soient encore dans l'entretien de l'illusion d'un « retour » comme les anciens immigrés ont pu le faire dans les années quatre-vingt par exemple : retour toujours remis à plus tard. Le retour tend à laisser la place à des pratiques de mobilité qui rendent plus accessible une éventuelle réinstallation sans qu'il y ait pour cela rupture. En outre l'importance des flux et des mouvements de population à l'échelle de la planète va dans le sens d'une remise en question des identités « territorialisées ». On observe déjà une hétérogénéité des formes de circulation et le développement de modes d'organisation en diaspora. Dans cette logique, le terme « retour » et le phénomène qu'il décrivait reste encore prisonnier des références à l'histoire (celles des migrations des années soixante et soixante-dix alors que les projets prêtés aux migrants se résumaient le plus souvent à l'alternative : s'installer définitivement dans le pays d'accueil ou rentrer tout aussi définitivement dans le pays d'origine) mais il tend à perdre de sa capacité à nommer les processus décrits par nos quatre auteurs, à l'exception peut-être du cas d'Israël. Sans doute le choix de citoyenneté tend-il encore à l'univocité mais beaucoup de migrants se retrouvent dans des communautés « diasporiques » où circulent des notions communes portées par les réseaux transnationaux. Tout se passe alors comme si l'attachement au lieu d'origine perdait sa capacité de revitalisation au profit de ressources symboliques que l'on retrouve là où on est, que ce soit en Roumanie, en Allemagne ou en Grèce.

Dès lors il apparaît de plus en plus difficile et hasardeux d'utiliser un même mot pour décrire des phénomènes très différents et des situations multiples. Sans doute les réfugiés, les personnels d'entreprises multi-nationales, les pendulaires, les étudiants etc. représentent des profils de migrants différents mais dans tous les cas, la mobilité contrainte, choisie ou encore subie est – comme le souligne Marc Abélès dans la préface qu'il consacre à l'ouvrage de A. Appadurai (2001, 18) – « à l'origine de nouveaux référents subjectifs qui rendent de plus en plus anachroniques les formes d'identification liées au territoire et à l'État ». Dans cette logique, retourner vers le lieu d'origine s'apparente plus à une migration à rebours et plus encore à un projet d'installation nouvelle, comme le montre K. Kaurinkoski dans sa contribution. Une installation qui s'effectue dans des environnements où l'idéntité – dans le retour – finit par se séparer à nouveau de la symbolique du lieu où se puisait la filiation, au point de donner prise à de nouveaux référents de « l'origine », comme ceux de l'expérience russe, pour les Grecs de l'ex-Union Soviétique revenus en Grèce.

Ces pratiques de migrants, re-émigrant, migrant ethnique, rapatriés, retournés, etc., obligent à récuser une vision du « retour » qui réintroduirait des clivages : émigrés/immigrés ; étranger/immigrés ; d'ici/de là-bas, etc. On voit aussi se dessiner des expressions de l'identité culturelle qui échappent aux injonctions des États et aux modèles de rationalité économique et préfigurent des formes d'identification multiples. Dans cette logique, c'est bien la tension existant entre la permanence du mythe des origines et des modes d'organisation transnationaux, susceptibles de résister à des formes d'homogénéisation, qui fait question.

D'une manière générale, ce que montrent les travaux de nos auteurs c'est la difficulté de maintenir la notion de « retour » sans la repenser dans le cadre de l'expérience et des pratiques des acteurs. C'est alors dans leurs propres catégories qu'il convient de la repenser comme des moments, des étapes, des passages, des circulations dans un parcours de mobilité.

Ce chapitre se veut donc l'une des deux facettes de la diversité des registres de l'appartenance – le lieu et le politique – que se propose d'explorer l'ultime partie de cet ouvrage pensée comme un effet miroir. Il s'agit en effet dans ce chapitre d'exercer la critique sur l'homogénéité présupposée de ces diasporas « de retour » tandis que le chapitre suivant, intellectuellement construit sur une base inverse, cherchera à démontrer que l'hétérogénéité peut être observée pour révéler ce qui ne pourrait être en fait qu'un stigmate donnant sens et corps à l'appartenance et fabriquant ainsi de l'unité. Ainsi, cet effet miroir où se mirent unité et hétérogénéité nous inviterait plus à saisir des convergences qu'à déceler des différences discriminantes entre modèles diasporiques.

Références

APPADURAI A., 2001, *Après le colonialisme. Les conséquences culturelles de la globalisation*, Paris, Payot.

QUIMINAL C., 1991, *Gens d'ici, gens d'ailleurs*, Christian Bourgois Éditeur, 148.

SAYAD A., « Immigration et pensée d'État », *Actes de la Recherche en Sciences Sociales*, n° 129, septembre 1999.

CHARBIT Y., HILY M.A. et POINARD M., 1997, « Le va-et-vient identitaire : Migrants portugais et villages d'origine », *Cahiers de l'Ined* : travaux et documents n° 140, PUF/Ined, 144 p.

1

Muhacir et *Göçmen* de Turquie : une version turque du « retour » à la « mère patrie » ?

Stéphane de TAPIA
Université Marc Bloch (Strasbourg)
Migrinter (Poitiers)

Entre Mère patrie et Père-patrie : à la recherche d'un territoire

En turc, la patrie ne peut être, en théorie, ni père, ni mère, pour la simple et bonne raison que les langues de la famille turque du groupe linguistique altaïque (qui comprend également les familles mongole et toungouze-mandchoue) n'ont pas de genre grammatical. Ceci n'empêche pas de jouer sur des images comme *Anayurt* (mère patrie) et *Atayurt* (père-patrie). Le livre de Halife Altay (1981), acteur et témoin de l'exode des Kazakhs du Xinjiang vers l'Anatolie, entre les années 1930 et 1960, intitulé *Anayurt'tan Anadolu'ya* [de la Mère-patrie à l'Anatolie], en joue, tout comme une revue récente éditée par le ministère de la Culture, *Anayurt'tan Atayurd'a* [De la Mère-patrie au Père-patrie]. L'expression *ana* + *yurt* [mère, avec un sens d'ancienneté, d'origine, de matrice (le turc actuel emploie *anne*) + un terme polysémique définissant le territoire d'un groupe social] renvoie ainsi à *ata* + *yurt* [père, ancêtre]. *Ata* est ainsi le premier élément du patronyme choisi par Mustafa Kemal Atatürk qui est ainsi le Père-ancêtre turc plus que le père des Turcs ! *Yurt*, très vieux mot turc qui a donné le français « yourte » avec le sens de tente ronde en feutre des nomades turco-mongols, signifie en fait « territoire d'un groupe social déterminé » et a pris le sens moderne de pays, patrie[1]. La thèse d'Etienne Copeaux (1997a, 2000) et plusieurs de ses écrits (par exemple, 1997b) nous rappellent que la « patrie » des Turcs est un concept élastique, pouvant définir le territoire d'origine (historiquement attesté, jamais revendiqué) en actuelle Mongolie centrale – l'*anayurt* des Kazakhs du Xinjiang n'en est d'ailleurs pas loin – ou au contraire, en concurrence avec l'ottoman *vatan*, l'État-nation turc, de construction récente, *i.e.* le territoire de l'actuelle Turquie.

Nous voilà de fait au cœur du problème : le peuple turc, du moins celui qui s'autodésigne comme tel dans l'histoire, apparaît en Haute Asie aux Ve-VIe siècles, au centre de l'actuelle Mongolie et sur les confins de la Grande Muraille de Chine. Or, l'actuel peuple turc vit en Asie mineure (Anatolie) et en Thrace orientale (région d'Istanbul). Les Turcs, habitants de la Turquie, sont locuteurs d'une langue apparentée à celles d'une quarantaine de peuples de l'Eurasie : Azéris, Tatars, Kazakhs, Ouzbeks, Kirghizes, Turkmènes, Ouïgours, pour ne citer que les principaux. Fondateurs de deux grands empires, l'un médiéval et l'autre plus récent (seldjoukide et ottoman) ; ils ont essaimé dans les Balkans et autour de la Méditerranée, jusqu'au Maghreb et au Moyen-Orient. Les Tatars de Crimée, les Azéris du Caucase et d'Iran, les Turkmènes d'Asie centrale et d'Afghanistan, sont leurs proches cousins linguistiques, parfois violemment concurrents pour des raisons historiques et confessionnelles. Ainsi, Ottomans champions du sunnisme et Azéris champions du chiisme iranien, au pouvoir en Iran pendant (presque) un millier d'années sous des noms différents (Grands Seldjoukides, Karakoyunlu, Akkoyunlu, Séfévides, Avsars, Kadjars…) se sont opposés pendant des siècles, en ayant pourtant la même origine ethno-linguistique. La migration internationale, intervenue très tardivement, avec la construction d'un champ migratoire sur les cinq continents, vient encore compliquer le problème.

Il convient donc d'analyser, sans nécessairement les dissocier, l'appartenance à la turcité, qu'elle désigne l'appartenance à la Turquie, issue de l'Empire ottoman, et/ou à un monde turc, composé de multiples entités turcophones, jalousement campées sur leurs prérogatives, leurs identités et leurs histoires, alors que les interférences sont bien plus nombreuses et anciennes qu'il n'y paraît (Bezanis, 1994 ; Kläy, 1983). L'appartenance à l'islam, depuis un peu plus d'un millénaire pour certains éléments de la turcophonie, vient encore complexifier le tableau en créant des solidarités pourtant très sélectives. Le Sultan ottoman Yavuz Selim ne s'est pas privé

1. C'est ainsi que l'on achète à la Poste des timbres *yurtiçi* (littéralement intérieur du *yurt*) pour le courrier interne et des timbres *yurtdışı* (l'extérieur du *yurt*) pour le courrier international. On rend aussi visite à un étudiant dans un *öğrenci yurdu* (foyer d'étudiants, cité universitaire).

de s'arroger le titre de Calife en 1517, dans des circonstances assez peu claires (Bacqué-Grammont, 1989, 145), devenant ainsi le « commandeur des croyants », titre qu'un autre Turc, Mustafa Kemal Atatürk, fondateur de l'un des rares états du monde officiellement laïque, s'est empressé de jeter au panier en 1924, créant le trouble parmi beaucoup de peuples musulmans. Une vraie frontière mentale sépare Arabes et Turcs, mettant à mal la notion d'*umma* (communauté musulmane) alors que des solidarités réelles ont joué avec des Caucasiens (Tcherkesses, Tchétchènes...) ou des Européens des Balkans (Albanais, Bulgares, Serbes, Roumains...) islamisés. La dissémination de populations turcophones entre Balkans et Sibérie arctique, de populations turco-musulmanes entre Balkans et Caucase, répond-elle à la définition d'une diaspora ? Quel rôle joue la migration de travail contemporaine ? Quel sens prend la notion de retour lorsqu'une part importante de l'immigration admise en Turquie, sous les vocables de *muhacir* ou *göçmen* (migrant), n'est turque, ni linguistiquement, ni ethniquement, mais a appartenu au monde ottoman, ou encore peut-être turcophone, mais sans aucun lien véritable avec l'état turc moderne ou l'Empire ottoman ?

***Muhacir* et *Göçmen* : deux mots pour une réalité proche**

Débutons par quelques notions du lexique historique :

- *Muhacir* [migrant, réfugié, rapatrié] provient de l'arabe *hadjr* [migration] et désigne un migrant en général, si ce n'est que le terme ottoman, comme dans d'autres langues (*mohajjer* en persan, pachtou, ourdou) rappelle la migration du Prophète, parti de La Mecque à Médine, pour échapper à ses détracteurs. Le calendrier islamique est ainsi dit *hicrî* (Hégire). Le retour en terre d'Islam (*Dar-ül Islam*), alors que son pays est tombé sous la coupe des mécréants, n'est pas absent de l'imaginaire des immigrés. Le terme est pourtant ambigu car, comme le rappelle Karpat (1990, 1996), en ottoman, la migration – *hacer/muhaceret* n'est pas toujours chargée de sens religieux.
- *Göçmen* [migrant, dans quelques cas lexicaux anciens, nomade], d'origine turque, est *a priori* plus neutre ; c'est le terme choisi par la République pour qualifier ces immigrés venus de tous les horizons pour se réfugier en Turquie. Mais là aussi, l'emploi a longtemps été ambigu : il était impossible pour beaucoup d'admettre que des émigrés en Europe puissent être qualifiés de migrants ! Le terme officiel est généralement celui de travailleurs expatriés (*yurtdışı işçiler*).

En d'autres termes, apparaît ici une acception de l'immigration proche de notions connues sous d'autres cieux, à l'instar des *Aussiedler* allemands ou de l'*Aliyah* israélienne. De fait, ces immigrés bénéficient d'une législation favorable quant à leur intégration : la qualité de citoyen turc leur est (assez) facilement octroyée, l'État peut même leur réserver des terres agricoles et des logements, voire leur construire des villages, pour les accueillir et les intégrer, ce qui a été le cas tant à la fin de l'Empire que jusque récemment sous la République. Ainsi les Kirghizes du Pamir afghan ont-ils été installés sur la rive nord du lac de Van (après 1981), les Boharlyks, tatars sibériens d'origine ouzbèke, au nord de la steppe de Konya, les Kazakhs du Xinjiang (entre 1954 et 1969), autour du lac Salé [Tuzgölü] et différentes agglomérations de l'ouest, comme Salihli (où ils ont rejoints des Turcs de Bulgarie). Les derniers arrivés – les Turcs de Bulgarie (plus de 360 000 personnes en 1989-1990) – ont été dirigés vers des logements collectifs dans la banlieue de Bursa, ville déjà en grande partie peuplée de *muhacir*s. Au total, la Turquie ottomane et républicaine a admis plus de sept millions « d'immigrés-rapatriés » entre 1699 – perte de la Hongrie au traité de Karlowitz – et aujourd'hui, sur un territoire en rétrécissement constant. Des descendants des réfugiés tatars ou tcherkesses sont encore présents en Syrie, en Roumanie, en Bulgarie, en Jordanie (Shami, 1994)... rattrapés par les défaites des armées ottomanes. La Turquie n'a pas été le seul objectif de ces réfugiés turco-musulmans : l'Arabie Saoudite (Balci, 2003), l'Afghanistan, l'Iran (Balland, 1978, 1992 ; Centlivres & Centlivres-Demont, 1983), le Pakistan, ont reçu ces réfugiés, mais la Turquie a longtemps été le principal lieu d'attraction, avec Istanbul, siège du Sultan Calife.

Au-delà des éléments factuels, exposés dans des contributions précédentes (de Tapia, 2001, 1994), le cas turc pose quelques questions intéressantes :

- quel est le lien qui permet à des populations aussi diverses au départ de se considérer turques à un moment donné ?
- l'appartenance à l'islam est-elle nécessaire et suffisante pour s'affirmer turc ?
- quel est le degré de sélectivité éventuel de l'admission en Turquie ?
- peut-on, dans les conditions brièvement exposées (mais faisant référence à nombre d'études disponibles), imaginer d'autres « retours » ?
- la notion de « retour » fait-elle sens ?
- la population turque relève-t-elle des définitions de la diaspora ?

La définition turque de la turcité

Riva Kastoryano le souligne à plusieurs reprises (par exemple : 1987), pour nombre d'immigrés turcs, être turc signifie d'abord être musulman. Mais c'était au départ de l'aventure migratoire qui les a justement mis en contact avec d'autres musulmans (Maghrébins et Africains en France, Pakistanais en Grande-Bretagne... ou Arabes au Moyen-Orient). Cette assertion simple semble avoir mal résisté au contact avec d'autres immigrés qui avaient toutes les raisons de s'estimer, autant que les Turcs, musulmans.

N'est pas toujours turc qui veut !

Dans la pratique, être turc se révèle assez simple. Cela consiste à parler turc, se déclarer musulman sunnite (sans remettre en cause la République laïque), revendiquer une turcité de bon aloi (sans trop afficher ses véritables origines ethniques, linguistiques ou culturelles), adhérer à ce qui relève du licite (*helâl*) et de ce qui est acceptable par la société (*gelenek-görenek*). En d'autres termes, la conformité avec la norme sociale et politique est une vertu, une déviance trop affirmée une prise de risque non négligeable. Mais il est des Turcs moins égaux, moins « turcs », que d'autres : les hétérodoxes alévîs, les minoritaires chrétiens, les Kurdes autonomistes... La répression n'est en rien systématique, nombre d'hommes politiques (dont chacun connaît par ailleurs les origines) ont occupé une place de premier plan : la Turquie a fait place à de nombreux ministres d'origine kurde, dont l'un, Turgut Özal, a même été Président de la République. À l'entrée, les *muhacirs* et autres *göçmens* ont occupé des rôles et places éminents : députés, professeurs d'Université, officiers de tous grades, intellectuels, artistes ; le nationalisme turc est même en grande part né des apports des intellectuels azéris, tatars et centrasiatiques (Bennigsen & Lemercier-Quelquejay, 1968 ; Copeaux 1997a ; Bezanis, 1994 ; Georgeon, 1980). L'intégration des Caucasiens ou des Bosniaques et Albanais a bien fonctionné : l'immense majorité d'entre eux, tout en étant consciente de ses origines, est redevable à la Turquie de son existence même (tout au moins par parents ou grands-parents interposés).

Attractivité turque et nouvelles indépendances

Entre les XVIIIe et XIXe siècles, époque où la Russie des Romanov prend pied au Caucase et en Asie centrale et contrôle les territoires des actuels Azerbaïdjan, Kazakhstan, Ouzbékistan, Kirghizie, Turkménistan, et les années 1989-1992, où la perestroïka se termine par l'indépendance de ces Républiques soviétiques turcophones, la Turquie est restée le seul État turc souverain et le seul abri possible d'éventuels opposants ou populations en rupture avec le pouvoir central. Dans la réalité, les choses ne sont pas aussi tranchées : Iran, Afghanistan, Chine (ou Russie pour les turcophones chinois), Mongolie, voire plus loin encore Japon et Corée ou pays occidentaux, ont pu accueillir des individus ou des groupes réfugiés. Dans l'immense espace eurasiatique aux frontières longtemps poreuses, la relativité était la règle : si les Kazakhs ont fui la Russie de 1916 pour se réfugier dans la Chine en effervescence de Sun Yat-Sen, les Ouïgours ont fui la Chine de Mao Ze-Dong pour se réfugier dans la Russie de Khrouchtchev. Par rebonds successifs, les enfants de ces réfugiés se retrouvent parfois citoyens turcs.

Depuis 1992, avec l'indépendance retrouvée, les États turcophones, d'abord intéressés par l'expérience turque (modernité, laïcité, libéralisme, appartenance à l'Occident), ont multiplié les contacts avec Ankara qui a pour sa part multiplié les visites, les aides, les conseils… (encouragée par certains pays occidentaux comme les USA). Istanbul est devenue destination incontournable des *tchelnoky*, qu'ils soient russes ou centrasiatiques (Aslan & Pérouse, 2003). Cependant, il est vite apparu que les nouveaux États avaient eux aussi des ambitions régionales (Kazakhstan de Nazarbayev, Ouzbékistan de Karimov) et leurs propres recherches d'identité. La surenchère nationaliste est aujourd'hui la règle, chaque pays essayant de rentabiliser « sa » diaspora, issue de deux courants différents : migration politique des années 1890-1938, émigration de travail après 1990. Les *kurultay* et autres *kongre* (assemblées) kazakhes, kirghizes, ouzbèkes, azéries, tatares… se multiplient, demandant le retour des émigrés et l'organisation d'une diaspora susceptible de jouer le rôle de lobby (face au Conseil de l'Europe, à l'Union Européenne, au Congrès américain… à la diaspora arménienne). Ainsi, après avoir caressé l'idée d'un leadership turc sur le monde turc (*Türk Dünyası*), Ankara a dû revoir ses positions à la baisse.

Retours et diasporas

Dans un monde construit sur une logique aussi fluctuante de mobilités incessantes pour les motifs les plus divers, il n'est pas toujours aisé de définir des critères reconnus par tous. C'est ainsi que les notions de « retour » et de « diaspora », *a priori* applicables à la situation turque, méritent d'être interrogées.

L'expansion ottomane (1280-1683) ; conséquences en matière de peuplement

Avant de parler de retour, il convient d'examiner les conditions d'un départ. En simplifiant, les nomades turcs, venus en deux grandes vagues d'Asie centrale aux XIe et XIIIe siècles, ce qui correspond à deux séries d'événements historiques différents par leur nature – une première vague due à l'expansion seldjoukide, une seconde due à la conquête mongole gengiskhanide qui mobilise des centaines de milliers de cavaliers, en réalité plus réfugiés que conquérants – s'installent d'abord en Anatolie orientale et centrale. La turquisation de l'Asie mineure est enclenchée ; elle va durer plus de neuf siècles et n'est pas encore achevée.

Subissant au moins deux coups d'arrêt (sur fond de Croisades occidentales, ce qu'il convient de ne pas oublier ou minimiser), avec l'invasion mongole (1240) et la bataille d'Ankara entre le Sultan Bayazıt et l'Emir Tamerlan (1402), l'expansion ottomane prend d'abord le chemin de l'Europe (1354 Gallipoli des Dardanelles, 1361 Andrinople, 1386 Sofia, 1389 Nicopolis) bien avant celui du Caire (1517) et de Bagdad (1534). Ainsi la présence turque en Grèce ou en Bulgarie a-t-elle été plus longue qu'au Kurdistan turc !

Ce qui nous intéresse ici n'est pas tant l'histoire de l'expansion ottomane, connue par ailleurs (Mantran (dir.), 1989 ; Roux, 1984, Castellan, 1991) que ses conséquences en matière de migrations de peuplement. Or là encore, la situation apparaît fort complexe :

- L'occupation turque des terrains conquis est extrêmement variable au cours du temps et dans l'espace : très limitée au Maghreb et au Machrek, elle est anecdotique et clairsemée dans le Caucase et en Crimée qui sont plus des protectorats ou des alliés plus ou moins vassalisés, et beaucoup plus massive dans les Balkans. Ceci se traduira par des retours massifs des Balkans, des immigrations massives de Caucasiens (où il ne s'agit donc pas d'un retour), des cas isolés venant des pays arabes.
- L'occupation turque est polymorphe : elle est évidemment militaire et administrative par transfert de garnisons et de populations turques anatoliennes, mais il faut aussi faire la part des colonisations religieuses, souvent hétérodoxes (Barkan, 1942 ; Ocak, 1989), *La révolte de Baba Resul ou la formation de l'hétérodoxie musulmane en Anatolie au XIIIe siècle*, Ankara, Türk Tarih Kurumu, n° VII/99, 163 p. Le kalenderisme (une confrérie de derviches errants et mendiants) et le bektachisme y jouent un rôle important, même en terre chrétienne (islamisation de la Bosnie, de l'Albanie, de la Bulgarie). Elle prend aussi la forme de déportations collectives punitives, avec le transfert de nomades yörüks en Macédoine ou de Turkmènes à Chypre et dans les Balkans.

- L'occupation turque, plutôt mal vécue par les autochtones – on parle de joug turc ou ottoman dans l'historiographie bulgare, de turcocratie en Grèce, comme du joug tatar dans l'historiographie russe – a des conséquences diverses sur le peuplement pré-établi. Les nobles se convertissent par intérêt et participent ainsi au nouveau pouvoir (ce qui n'est pourtant pas général, vu des cas de résistances devenus légendaires). Les opposants religieux chrétiens à l'orthodoxie byzantine semblent avoir souvent opté pour l'hétérodoxie musulmane (recherches sur le passage du bogomilisme au bektachisme en Bosnie, Albanie, Bulgarie, Macédoine, voir Castellan, 1991). Malgré ce rattachement à une hétérodoxie souvent combattue par les Sultans ottomans, champions du sunnisme, des centaines de milliers de *Torki* (comme les nomment les Slaves restés chrétiens qui amalgament Turcs et convertis, même lorsqu'ils sont de même origine linguistique, comme les Bosniaques) prendront la route d'Istanbul.
- Il faut aussi faire la part des conversions forcées par le biais du recrutement (*devşirme* ou *pençlik, pencyek* : le cinquième) : les Musulmans organisaient des rafles d'enfants chrétiens élevés dans la foi musulmane et formés aux métiers de la guerre et de l'administration. Ces esclaves de la Porte (*kapıkulları*) coupés brutalement de leur milieu et de leur famille ont fourni les cadres de l'Empire, des officiers aux dirigeants les plus importants, comme les Grands Vizirs (Premier ministre)[2]. La « dynastie » des Köprülü est d'origine albanaise, son cas n'est pas isolé. Sur 47 grands Vizirs recensés entre 1453 et 1623, on relève cinq Turcs, onze Albanais, six Grecs, un Circassien, un Arménien, un Géorgien, un Italien, dix étant d'origine inconnue (Veinstein, in Mantran, 1989, 173).

Se superposant aux autres populations, les Ottomans viennent compléter un paysage humain d'une extrême diversité, véritable mosaïque de langues, confessions, traditions et cultures, source d'une immense richesse culturelle en période de paix civile, de tensions extrêmes en période d'instabilité politique. Le résultat en est une stratification sociale et culturelle complexe qui ne pourra fonctionner avec la construction de l'État-nation : chaque progrès de cette construction s'accompagne de massacres, déportations, exodes, entraînant des centaines de milliers de réfugiés et déplacés.

2. C'est l'ENA (École Nationale d'Administration) dans sa variante « despotique asiatique » !

À l'apogée de l'Empire, entre le règne de Soliman le Magnifique (1520-1566) et l'échec du siège de Vienne (1683), les territoires sous contrôle turc approchent les 4 à 5 millions de km², mais les Turcs ethniques sont souvent minoritaires (même dans certains régions d'Anatolie, actuelle Turquie). Le système des *millet* laisse perdurer toutes les populations non turques dans une relative autonomie. L'islamisation touche des populations très diverses (Pomaks bulgarophones, Goranji et Torbeshi serbophones, Bosniaques, Albanais à l'ouest, Tcherkesses, Tchétchènes, Adjars, Abkhazes et bien d'autres à l'est), mais islamisation est rarement synonyme de turquisation et dans ce tableau, les Turcs ethniques (présents un peu partout : Yörüks et Turkmènes de Chypre, des Balkans, Konyarides de Grèce...) sont souvent minoritaires, sauf sur des régions bien marquées (plaines bulgares). On ne peut donc guère parler de diaspora, même si Janissaires et pachas sont envoyés, ayant été islamisés et turquisés dans tout l'Empire[3].

Les reculs de l'Empire ottoman (1699-1923)

C'est dans ce contexte qu'intervient le long déclin de l'Empire. Rythmé par des conflits incessants sur tous les fronts (sur la Méditerranée, face aux Britanniques, Espagnols, Français, Italiens..., dans les Balkans face aux Autrichiens et aux Russes, en Crimée et dans le Caucase, face aux Russes, au Moyen-Orient, face aux Britanniques et aux Français) et des traités de plus en plus défavorables, le déclin est marqué par le retour, le rapatriement, l'exode de millions de *Muhacirs*, populations musulmanes, parfois chassées, parfois échangées, vers la Turquie asiatique. Bien au-delà, la Turquie impériale, puis républicaine, reste malgré tout une référence pour les Musulmans d'abord – Istanbul est la capitale du Sultan qui concentre pouvoir politique et religieux, puisqu'il s'est arrogé le titre de Calife en 1517 – dans un contexte où les peuples musulmans sont humiliés partout dans le monde, de la Mauritanie à l'Indonésie (colonisations française, britannique, néerlandaise, italienne), pour les nationalistes turciques ensuite[4]. Ces derniers, Azéris de Russie, Tatars de la Volga, Turkestanais russes ou chinois, font souvent le pèlerinage de la Mecque en passant par Istanbul, lieu de pouvoir, de modernité, de contact, de réforme, de réflexion.

3. L'exemple du Maghreb peut être donné (Tunisie, Algérie) où la présence turque, très limitée en nombre, est le fait de Janissaires, donc d'Ottomans culturels qui sont rarement des Turcs ethniques. À la suite des interventions françaises, à de rares exceptions près, il n'y aura pas de retours vers l'Empire, contrairement aux Balkans.

4. On utilise de plus en plus « turcique » pour différencier Turcs d'Asie centrale et Turcs de Turquie, comme en anglais (*turkic, turkish*).

En termes de « retour », la complexité décrite pour la situation du « départ » va se traduire par des flux massifs, presque continus, mais d'origines géographiques et culturelles très variées :

- du Maghreb et du Machrek, cela a été dit, peu de retours des garnisons ottomanes ou des administrateurs qui préfèrent s'intégrer sur place tout en gardant la conscience et la fierté d'une origine turque (Algérois, Tunisois),
- des îles de Méditerranée orientale, Crête et Chypre en particulier, des retours massifs à l'échelle des populations concernées : la Crête est (re) devenue entièrement gréco-orthodoxe et Chypre où la question n'est pas réglée aujourd'hui – partition *de facto* de l'île – garde une minorité turque de 18 % environ, avec une très forte émigration vers Londres et Sydney dans le cadre de l'ancien Commonwealth,
- pour les Balkans, avec le retour des garnisons et des colons turcs, c'est la population islamisée qui est massivement mobilisée : Hongrois musulmans, Bosniaques, Albanais, Serbes musulmans, Pomaks bulgares, Macédoniens, Roumains et Tziganes musulmans suivent les convois de soldats en déroute. La Grèce connaît un phénomène analogue, mais en 1923, c'est là qu'à lieu l'échange des Grecs de Turquie face aux « Turcs » de Grèce. Plus de 400 000 Musulmans grecs et 1 200 000 Chrétiens orthodoxes sont concernés. L'échange est réalisé sur la base de la confession ; on sait aujourd'hui que des Turcs chrétiens ont été chassés de Turquie pour faire place à des Grecs musulmans qui ne parlaient pas turc.
- pour la Russie du sud et l'Ukraine (correspondant à l'ancien khanat de Crimée issu du khanat de la Horde d'Or), des centaines de milliers de *Muhacirs* se sont réfugiés en Turquie ottomane (la Roumanie et la Bulgarie gardent quelques petites communautés tatares criméennes), passant par trois routes : rive occidentale de la mer Noire, rive orientale, route maritime directe entre la presqu'île et le port de Samsun.
- pour le Caucase du nord, ont été touchés Géorgiens musulmans (Adjars, Abkhazes, Lazes), peuples du nord Caucase non turcophones – les plus connus sont les Tcherkesses et les Tchétchènes –, turcophones comme les Karaçays, Balkars, Koumyks, Nogays et autres Turcs du Daghestan. Or ces peuples musulmans, souvent non turcophones, n'avaient de relations avec la Turquie que commerciales ou religieuses (forte présence de *tarikat*, confréries, naqshibendî et kadirî) et n'avaient jamais appartenu à l'Empire.

- au Caucase du sud, les Azéris ont été mobilisés par plusieurs biais : relations commerciales et politiques (Zarcone & Zarinebaf, 1993), contrecoups de la descente russe vers le Caucase (originaires du Karabagh, du Nakhitchevan, de Chirvan, anciens réfugiés daghestanais...).
- en Asie centrale et en Sibérie, mais aussi sur la Volga, il s'agit plus de personnes isolées, intellectuels opposants au régime tzariste, réformateurs musulmans en quête de modernité, nationalistes panturquistes, que de groupes constitués. Ceux-ci sont pourtant présents : Boukharlyks de Sibérie (une colonie de marchands ouzbeks à l'origine), Kazakhs du Xinjiang (Svanberg, 1989a, 1989b) aujourd'hui immigrés partiellement à Paris (MIGRINTER, 2000), Kirghizes du Pamir afghan...

On le voit : dans la plupart des cas, il ne s'agit aucunement d'un retour. Chaque groupe s'est dirigé vers la Turquie (ottomane ou républicaine) parce qu'elle était le dernier État musulman ou turcophone indépendant dans un monde dominé par les puissances occidentales, Russie et Japon compris ! Les « vrais » retours peuvent être imputés aux populations turcophones balkaniques d'origines ottomanes. Il est tout aussi difficile de qualifier ces populations musulmanes impériales de diaspora turque ou diaspora ottomane, même si des éléments vont bien dans ce sens.

Conclusion

S'il est difficile de parler de « retour » et de « diaspora », le phénomène « *muhacir-göçmen* » (qui, sémantiquement, n'a aucun lien avec la notion de retour) est pourtant surprenant par son ampleur et ses conséquences. Les effectifs mobilisés dépassent les sept millions d'individus. La zone géographique concernée dépasse de très loin le cadre géographique de l'Empire puisqu'elle a touché des populations, certes d'effectifs très variables, entre Iran, Irak et Syrie (plus récemment), Caucase, Afghanistan, Asie centrale et Xinjiang. Les conséquences sont difficilement mesurables : beaucoup de ces réfugiés sont morts après leur admission en territoire ottoman. Parfois rattrapés par les conflits (par exemple dans la succession des guerres balkaniques jusqu'à 1912), ils sont aussi victimes de l'impréparation de l'administration, des conditions d'accueil (par exemple les Tcherkesses du Caucase qui supporteront très mal la plaine à l'époque mal drainée de Cilicie, où la forte mortalité par malaria fait des ravages sur ces montagnards, ou les steppes surchauffées de la Syrie). Plus directement encore, ils prennent une part active aux conflits ottomans ; ce sont des Caucasiens qui, pour une bonne part, encadrent le génocide des Arméniens en formant la trame des services spéciaux de l'*Osmanlı Mahsus-i Teşkilât* (Organisation

Spéciale Ottomane)[5]. Tous se battent dans les Balkans, au Moyen-Orient, sur les Dardannelles, en Anatolie orientale, face aux Russes et aux milices arméniennes, mais aussi face aux troupes françaises, britanniques et grecques.

Il n'en reste pas moins que des millions de Turcs actuels peuvent se réclamer de ces *Muhacirs* souvent devenus « plus turcs que les Turcs ». Ainsi, des milices tcherkesses ont-elles combattu Mustafa Kemal pour la défense du Sultan Calife. Leur part dans le peuplement de l'Anatolie, dans la société et l'économie turques contemporaines est immense, même s'il est difficile de la chiffrer puisqu'il s'agit là de citoyens turcs, donc jamais comptabilisés à part. Ils forment ce que j'appelle la turquisation paradoxale, la dernière vague de peuplement de la Turquie dans son actuelle définition, bien postérieure à l'arrivée des Centrasiatiques des périodes seldjoukide et mongole ou timouride. Ce qui mérite amplement une analyse, à voir dans un futur épisode, c'est bien la capacité d'intégration d'éléments aussi divers dans l'ethnogenèse turque, celle qui fait dire aux intéressés, avec conviction et pas seulement par prudence : « nous sommes arrivés d'Asie centrale »[6], alors qu'ils savent parfaitement, pour l'immense majorité d'entre eux, que ce n'est pas vrai !

Références

ABU SAHLIEH S. A. A., 1996, « La migration dans la conception musulmane », *Migrations Société*, (8) 45, 5-26.

ALTAY H., 1981, *Anayurt'tan Anadolu'ya*, Istanbul, TC Kültür Bakanlığı, n° 354/2, 380 p.

ANDREWS P.A. (ed.) [1989], *Ethnic Groups in the Republic of Turkey*, Wiesbaden, L. Reichert, Beihehte zur Tübinger Atlas des Vorderen Orients, B/60, 659.

ASLAN M., PEROUSE J.-F., 2003, « Istanbul : le comptoir, le hub, le sas et l'impasse », *Revue Européenne des Migrations Internationales*, (19) 3, 173-204.

BACQUE-GRAMMONT J.-L., 1989, « L'apogée de l'Empire ottoman : les événements (1512-1606) », in R. Mantran (dir.), *Histoire de l'Empire ottoman*, Paris, Fayard, 139-158.

5. Officiellement reconnu par la France par une loi, le génocide ne l'est évidemment pas par la partie turque qui préfère parler de déportation (*tehcir*), admettant que cette déportation ne s'est pas faite dans des conditions correctes, mais insistant sur les victimes musulmanes de la guerre dans l'Est anatolien. La plaie est loin d'être cicatrisée entre Turcs et Azéris, d'une part, Arméniens de la République d'Arménie et de la diaspora, d'autre part. Voir le récent conflit du Karabagh-Artsakh dans le Caucase.

6. Slogan de l'extrême droite nationaliste durant les années 1970, en apparence anodin.

BALCI B., 2003, « La communauté ouzbèke d'Arabie Saoudite : entre assimilation et renouveau identitaire », *Revue Européenne des Migrations Internationales*, (19) 3, 205-228.

BALLAND D., 1978, « La diaspora des Turcs de Basse Asie Centrale soviétique au XXe siècle », *Bulletin de la Section de Géographie du CTHS*, n° 82, 23-38.

BALLAND D., 1992, « Les Turcs de Kaboul : géographie sociale d'une minorité néo-citadine », *Mélanges offerts à Louis Bazin,* Paris, L'Harmattan, Varia Turcica (19), 101-119.

BARKAN Ömer L., 1942, Osmanli İmparatorluğu'nda bir İskân ve Kolonizasyon Metodu Olarak Vakiflar ve Temlikler (Les fondations religieuses et temliks comme méthode de colonisation et de peuplement dans l'Empire Ottoman), *Vakiflar Dergisi,* (2), 283-353.

BAZIN L., 1986, « Les peuples turcophones d'Eurasie : un cas majeur d'expansion linguistique », *Hérodote (Géopolitique des Langues)*, (46), 75-109.

BAZIN L., 1988, « Les turcophones d'Iran : aperçus ethno-linguistiques », in J. P. DIGARD (dir.), *Le fait ethnique en Iran et en Afghanistan*, Paris, Éditions du CNRS, 43-54.

BAZIN L., 1994, « Les peuples turcs », in S. Yerasimos (ed.), *Les Turcs. Orient et Occident, islam et laïcité*, Paris, Autrement, Série Monde HS 76, 55-67.

BAZIN M., 1993, « Disparités et flux migratoires dans 'l'aire turque' », *CEMOTI*, (15), 227-242.

BAZIN M., 1995, « La mobilité créatrice d'un 'nouvel espace turc' », in S. de Tapia (coord.), *Les Annales de l'autre Islam (Turcs d'Europe... et d'ailleurs)*, (3), 15-26.

BAZIN M., 2000, « Méditerranée et monde turco-iranien : une aire productrice de diasporas ? », *CEMOTI*, (30), 13-32.

BENNIGSEN A. et LEMERCIER-QUELQUEJAY C., 1968, *L'Islam en Union Soviétique*, Paris, Payot, 263.

BEZANIS L., 1994, « Soviet Muslims Emigrés in the Republic of Turkey », *Central Asian Survey*, 13 (1), 59-180.

BEZERG S., 1990, *Çerkes Göçmenleri II* [*Les migrants tcherkesses*], Nart, Istanbul, 99 p. + annexes.

DUMONT P., 1980, « L'émigration des musulmans de Russie vers l'Empire ottoman. Aperçu bibliographique des travaux en langue turque », in *Les migrations internationales de la fin du XVIIIe siècle à nos jours*, Paris, Éditions du CNRS, 212-218.

CAHEN C., 1988, *La Turquie pré-ottomane*, Paris, IFEA, Varia Turcica (7), 410 p.

CASTELLAN G., 1991, *Histoire des Balkans (XIVe-XXe siècle)*, Paris, Fayard, 533 p.

CENTLIVRES P. & CENTLIVRES-DEMONT M., 1983, « Frontières et phénomènes migratoires en Asie Centrale : le cas de l'Afghanistan de 1880 à nos jours », *Ethnologica Helvetica*, n° 7 : 83-114.

CHALIAND G., JAN M. & RAGEAU J.-P., 1994, *Atlas historique des Migrations,* Paris, Le Seuil, 141 p.

COPEAUX E., 1997a, *Espace et temps de la nation turque*, Paris, CNRS Éditions, 369 p.

COPEAUX E., 1997b, « Les territoires de référence des discours identitaires turcs », in J. Bonnemaison, L. Cambrezy, L. Quinty-Bourgeois (dir.), *Le territoire, lien ou frontière ? Identités, conflits ethniques, enjeux et recompositions territoriales.* Actes du Colloque de la Sorbonne (2-4.10.1995), Bondy, Éditions de l'ORSTOM (Colloques et Séminaires), CD ROM, 9 p.

COPEAUX E., 2000, *Une vision turque du monde à travers les cartes de 1931 à nos jours*, Paris, CNRS Éditions, 240 p.

GEORGEON F., 1980, *Aux origines du nationalisme turc, Yusuf Akçura (1876-1935),* Paris, ADPF, 152 p.

KARPAT K.H., 1990, « The "hijra" from Russia and the Balkans : the Process of Self-definition in the Late Ottoman State », in D.F. Eickelmann & J. Pescatori (eds.), *Muslim Travellers: Pilgrimage, Migration and the Religious Imagination,* London, Routledge, 131-152.

KARPAT K.H., 1996, « Muslim Migration: a Response to Aldeeb Abu Sahlieh », *IMR*, 30 (1), 79-89.

KASTORYANO R., 1987, « Frontières de l'identité : Turcs et Musulmans », *Revue Française de Sociologie Politique*, 37 (6), 833-854.

KAZGAN G., 1980, « Migratory Movements in the Ottoman Empire and the Turkish Republic from the End of the 18th Century to the Present Day », *Les migrations internationales de la fin du XVIIIe siècle à nos jours*, Paris, CNRS, 615-641.

KIRISÇI K., 1991, « Refugee Movements and Turkey », *International Migration*, 29 (4), 545-560.

KIRISÇI K., 1996, « Refugees of Turkish Origin: "Coerced Immigrants" to Turkey since 1945 », *IMR* 34 (3), 385-412.

KLÄY E. J., 1983, « "Endstation Islambol". Die Türkei als Asylland für muslimische Glaubensflüchtlinge und Rückwanderer (muhacir) in 19. und 20. Jahrhundert », *Ethnologica Helvetica*, 7, 9-82.

MANTRAN R. (dir.), 1989, *Histoire de l'Empire ottoman*, Paris, Fayard, 810 p.

MIGRINTER, 2000, *Des steppes de Haute Asie à l'Ile-de-France : Kazakhs, Kalmouks et Tibétains ; immigrations méconnues et diasporas en devenir,* rapport Migrinter pour le FAS, rédigé par S. de Tapia et S. Akgönül, avec la collaboration de S. Fautrez, F. Gosselin et A. Larsonnier, Poitiers, 219 p.

OCAK Ahmet Y., 1989, *La révolte de Baba Resul ou la formation de l'hétérodoxie musulmane en Anatolie au XIIIe siècle*, Ankara, Türk Tarih Kurumu, n° VII/99, 163 p.

ROUX J. P., 1984, *Histoire des Turcs*, Paris, Fayard, 389 p.

SELLIER J. & SELLIER A., *Atlas des peuples d'Orient (Moyen-Orient, Caucase, Asie centrale)*, Paris, La Découverte, 200 p.

SHAMI S., 1994, « Displacement, Historical Memory and Identity: The Circassians in Jordan », in S. Shami, *Population, Displacement and Resettlement, Development and Conflict in the Middle East*, New York, Center for Migration Studies, 189-202.

SVANBERG I., 1989a, « Turkistani Refugees », in P.A. Andrews (dir.), *Ethnic Groups in the Republic of Turkey*, Wiesbaden, L. Reichert Verlag, Beihefte zum Tübinger Atlas des Vorderen Orients, B/60, 591-601.

SVANBERG I., 1989b, *Kazak Refugees in Turkey. A Study of Cultural Persistence and Social Change*, Acta Universitatis Upsaliensis, 8, 211 p.

TARHAN N., 1988, « Les mouvements de migration de la Turquie », *Cahiers Balkaniques*, 13, 15-56.

TAPIA S. de, 1992, « L'exportation des minorités ethniques : instrument de la "synthèse turco-islamique" en Anatolie », in A. L. Sanguin (ed.), *Les minorités ethniques en Europe*, Paris, L'Harmattan, 253-266.

TAPIA S. de, 1994, « Turquie balkanique et Turquie caucasienne. La Turquie face à son environnement, héritages et interrogations », communication au Colloque international « La Nouvelle Question d'Orient » du 5 au 7.12.1994, Université de Toulouse-Le Mirail.

TAPIA S. de, 2001, « Rôle des flux migratoires et des réfugiés dans la construction d'un État : la Turquie », in L. Cambrezy, V. Lassailly-Jacob (eds.), *Populations réfugiées, de l'exil au retour*, Bondy, IRD Éditions, 119-148.

TEKELI I., 1994, « Involuntary Displacement and the Problem of Resettlement in Turkey from the Ottoman Empire to the Present », in S. Shami, *Population, Displacement and Resettlement, Development and Conflict in the Middle East*, New York, Center for Migration Studies, 202-226.

TOUMARKINE A., 1995, *Les migrations des populations musulmanes balkaniques en Anatolie (1876-1913)*, Istanbul, Isis, 139 p.

TANOGLU A. [1955], « The Recent Emigration of the Bulgarian Turks », *Review of the Geographical Institute of the University of Istanbul*, 2, 3-36.

VASILEVA D., 1992, « Bulgarian Turkish Emigration and Return », *IMR* 26 (98-2), 342-352.

VEINSTEIN G., 1989, « L'Empire dans sa grandeur (XIVe siècle) », in R. Mantran (dir.), *Histoire de l'Empire ottoman*, Paris, Fayard, 159-226.

YERASIMOS S., 1993, *Questions d'Orient. Frontières et minorités des Balkans au Caucase.* Paris, La Découverte, 249 p. (Livres Hérodote).

ZARCONE T., 1991, « Histoire et croyance des derviches turkestanais et indiens à Istanbul », *Anatolia Moderna*, 34 (2), 137-201.

ZARCONE T., 1993, « La communauté iranienne d'Istanbul à la fin du XIXe et au début du XXe siècle », Rome, Accademia Nazionale dei Lincei, Convegno sul tema : *La Shi'a nell'Impero Ottomano*, 57-83.

ZARCONE T. et ZARINEBAF-SHAHR F. (dir.), 1993, *Les Iraniens d'Istanbul*, Paris, IFRI/IFEA, 280 p.

2

Le « retour » des Grecs de l'ex-Union soviétique : politiques d'accueil et stragéries des migrants dans l'agglomération athénienne

Kira KAURINKOSKI
Institut d'ethnologie méditerranéenne et comparative
UMR 6591

La transformation de la Grèce, connue historiquement comme un pays d'émigration et d'exil, en pays d'immigration est un phénomène assez récent[1]. Aujourd'hui, sur une population totale d'environ 11 millions, les étrangers recensés représentent environ 10 % des habitants. Les groupes nationaux les plus importants sont les Albanais, les Bulgares, les Géorgiens, les Roumains, les Américains des États-Unis, les Chypriotes, les Russes, etc.[2] (Baldwin-Edwards, 2004). Parmi ces migrants, une partie sont d'origine grecque. Or, en tant que pays d'accueil, la Grèce, comme l'Allemagne, la Finlande et certains autres pays d'Europe ainsi qu'Israël, est un pays qui reconnaît le *jus sanguinis* dans la définition de la citoyenneté. En conséquence, elle applique des mesures différentes par rapport aux personnes d'origine grecque et celles qui ne le sont pas : toute personne d'origine grecque ou *omogenis* peut demander à devenir citoyen grec sans regard pour la durée pendant laquelle les ancêtres de l'intéressé ont vécu dans d'autres pays. Ceux qui « retournent au pays » sont qualifiés de

1. Pour un aperçu des émigrations et des immigrations en Grèce, voir, par exemple, E. Pteroudis (1996) ; A. Marvakis, D. Parsanoglou, M. Pavlou (eds.) (2001) ; D. Lafazani (2004).

2. www.statistics.gr; www.mmo.gr.

palinnostountes ou de « rapatriés », et des mesures spéciales sont prévues par l'État pour faciliter leur intégration. Dans la rhétorique officielle, dès 1980, c'est ce terme qui est utilisé pour désigner les Grecs venus de l'ex-Union soviétique (Argyros, 1996, 19). Les personnes d'autres origines *(allogeneis)* qui proviennent des pays tiers n'appartenant pas à l'Union européenne sont considérées comme « immigrés étrangers » *(allodapoi, metanastes).* Il y a aussi une différence importante en ce qui concerne leur accès à la citoyenneté (Baldwin-Edwards, 2001 ; 2004 ; Sitaropoulos, 2001).

Dans cet article, il s'agit de présenter les politiques d'accueil de l'État grec vis-à-vis des Grecs de l'ex-Union soviétique et de mener une réflexion sur les stratégies d'intégration et de survie des migrants dans le nouveau pays d'accueil. D'autre part, il s'agit aussi de mener une réflexion sur les notions d'identité et de grécité. Est-ce que les Grecs de l'ex-Union soviétique développent une identité collective ? Et, est-ce que l'expérience de la « patrie historique » ou de la « patrie nationale extérieure » pour reprendre le terme de Brubaker (1995), a altéré leur perception de la Grèce et de la grécité ?[3]

Les Grecs de l'ex-Union soviétique en Grèce

La grande majorité des Grecs de l'ex-Union soviétique en Grèce sont des Grecs pontiques, venus principalement de Géorgie, du Kazakstan, de Russie, dans un moindre degré aussi d'Arménie, d'Ukraine et d'Ouzbékistan[4]. Les Grecs pontiques sont des descendants des Grecs de la mer Noire (Pont-Euxin) en Turquie actuelle[5]. La majorité d'entre eux se sont installés dans l'Empire de Russie et en Union soviétique entre la fin du XVIIIe et le début du XXe siècle, cherchant refuge à la suite des guerres russo-turques ou attirés par les avantages (terres, exemption des taxes et du service militaire) concédés aux « colons étrangers ». À la veille de l'éclatement de l'Union soviétique, les grandes communautés des Grecs pontiques se trouvaient en Géorgie (100 000), dans le nord Caucase russe (98 000) ainsi que sur les lieux de leur déportation stalinienne en Asie centrale. La dernière vague d'émigration des Grecs pontiques de l'ex-Union soviétique vers la Grèce a commencé après le début de la Perestroïka atteignant des nombres

3. Ce texte repose sur des sources écrites et des entretiens avec des représentants des autorités, des associations pontiques ainsi que des migrants de l'ex-Union soviétique, en Ukraine (1993-94, 1997, 2003), en Grèce (2001) et à Chypre (2002, 2003).

4. Ministère de la Macédoine et de la Thrace (2000).

5. Sur les Grecs pontiques, voir, par exemple, *Journal of Refugee Studies* (1991) ; M. Bruneau (1998) ; M. Koromila (2001) ; M. Vergeti (1994).

significatifs vers la fin des années 1980. Beaucoup parmi ces migrants avaient de la famille, venue en Grèce lors des vagues précédentes, dans les années 1920-30 ou dès 1965 où un petit nombre a de nouveau eu la permission de quitter l'Union soviétique.

Mis à part les Grecs pontiques, il convient d'évoquer les *Grecs de Mariupol,* qui seraient des descendants des Grecs de Crimée dont les origines remontent à la période byzantine et selon certains chercheurs, jusqu'à l'Antiquité. À la fin du XVIIIe siècle, ils furent transférés à Mariupol sur les rives de la mer d'Azov en Ukraine actuelle. Aujourd'hui, ils forment une communauté de plus de 100 000 personnes. Leur émigration vers la Grèce et vers Chypre a commencé à la fin des années 1980, mais n'est devenue significative qu'après 1994, avec la prolongation de la crise économique en Ukraine (Kaurinkoski, 1997, 2003).

En outre, il y a les groupes numériquement restreints de descendants *des Grecs, originaires de la Grèce continentale et des îles de la Mer Egée,* installés dans l'Empire de Russie aux XVIIIe-XIXe siècles, et des *réfugiés politiques de la Guerre civile grecque* (1946-1949), installés principalement en Ouzbékistan. Ils ne feront pas l'objet de cette étude.

Aspects de la politique d'accueil de l'État grec

La politique de « rapatriement » de la Grèce par rapport aux Grecs pontiques de l'ex-Union soviétique est conçue dans le prolongement du Traité de Lausanne de 1923. En réalité, jusqu'à la fin des années 1980, le nombre d'arrivées fut très restreint et concernait essentiellement des personnes d'origine pontique ayant gardé des passeports grecs et des réfugiés politiques de la Guerre civile grecque (Notaras, 1998, 231). En 1983, fut fondé en Grèce le Secrétariat Général pour les Grecs de l'Étranger. Dès lors, la migration de retour devint politique officielle de l'État. En 1990, le droit de « retour » fut étendu à tous les Grecs de l'ex-Union soviétique.

Les termes « retour » et « rapatriés » *(pallinostisi, pallinostountes)* ont été critiqués aussi bien de la part des migrants et de leurs associations que des politiciens : d'une part, les Grecs de l'ex-Union soviétique ne sont pas nés en Grèce, et d'autre part, il n'y avait pas de rapatriement organisé par l'État grec, exception faite de quelques cas spécifiques (EIYAPOE, 1991-1995). Dans les discours quotidien et politique, les « rapatriés » ont souvent été désignés comme « réfugiés » *(prosfyges)* ou « nouveaux réfugiés » *(neoprosfyges)* (Keramida, 2002 ; Voutira, 2003). Pour l'usage officiel, les termes « rapatriement » et « rapatrié » furent choisis afin de mettre l'accent sur le fait qu'il s'agit d'un retour qui est le résultat d'un choix personnel et volontaire des intéressés (Argyros, 1996, 19). Pour ma part, je préférerai parler de la « migration privilégiée » comme proposé par certains auteurs pour désigner des mouvements migratoires similaires (Munz & Ohliger, 2003 ; de Tinguy, 2003).

Entre 1990 et 2004, on peut distinguer trois périodes différentes de « migration de retour » selon la législation et les politiques en vigueur. Jusqu'en 1993, il était relativement facile d'obtenir un visa de retour *(palinnostisi)* et la citoyenneté grecque. Une déclaration sur l'honneur et une preuve justifiant les origines grecques de l'intéressé constituaient les documents demandés par les services diplomatiques grecs dans ce but[6].

La loi 2130/1993 *sur l'enregistrement des migrants grecs d'origine pontique sur les registres municipaux* légalisa la notion de « migration de retour ». Selon cette loi, un nombre important de documents furent requis pour l'obtention d'un visa de retour : une photocopie d'un passeport valide, le certificat de naissance, le certificat de mariage, le certificat de mariage des parents et des grands-parents. La décision concernant l'accès à la citoyenneté relevait du préfet de la municipalité de résidence de l'intéressé en Grèce.

Avec la loi 2790/2000 *sur l'obtention de la citoyenneté par les omogeneis de l'ex-Union soviétique,* en vigueur actuellement (2004), la responsabilité du processus de la naturalisation a été transférée au ministère de l'Intérieur, de l'Administration publique et de la Décentralisation et le nombre des documents requis pour l'obtention d'un visa a été réduit[7]. En revanche, avec la nouvelle loi, les intéressés doivent passer un entretien devant une commission[8]. Le but de l'entretien est de voir si l'intéressé a une « conscience grecque ». Les personnes qui ne souhaitent pas perdre la nationalité de leur pays d'origine (l'Ukraine et la Géorgie notamment ne permettent pas la double nationalité) ont, au lieu de la nationalité, la possibilité d'obtenir une carte d'identité grecque d'*omogeneis (Eidiko Deltio*

6. La décision conjointe 24755/1990 entre le ministère de l'Intérieur et le ministère de la Défense détermina les modalités de leur inscription sur les registres municipaux de leur lieu de résidence en Grèce et la décision 34205/1990 du ministère de l'Intérieur, les modalités d'obtention de la nationalité grecque.

7. Les documents demandés sous la nouvelle loi comprennent une photocopie d'un passeport valide, un certificat de naissance, un certificat de mariage, un certificat faisant preuve de la composition de la famille, un passeport interne ou tout autre document susceptible de prouver les origines grecques de l'intéressé.

8. En Grèce, les commissions sont composées d'un représentant du ministère des Affaires étrangères, d'un représentant du ministère de l'Intérieur, de l'Administration publique et de la Décentralisation ainsi que d'un représentant des *omogeneis.* Dans les pays de la CEI, le Consul Général et deux *omogeneis* forment la commission.

Tavtotitas Omogenous) faisant fonction de permis de séjour et de travail en Grèce. La citoyenneté grecque ou la carte d'identité grecque sert également de permis de séjour et de travail à Chypre. Toutefois, il faut souligner que cette carte n'est pas assimilée à une preuve de nationalité grecque et ne donne pas le droit de vote[9].

En réalité, depuis 1994, face à des flux migratoires importants, les autorités grecques ont eu pour intention d'assurer l'existence de la diaspora orientale dans les lieux d'origine en limitant les départs vers la Grèce. Aussi, dès lors, vu les difficultés liées à l'obtention d'une carte d'identité ou d'un visa pour résidence permanente en Grèce, un nombre significatif de personnes d'origine grecque tout comme les personnes d'autres nationalités (russe, géorgienne, ukrainienne, moldave, etc.) est arrivé en Grèce, mais aussi à Chypre avec un visa touristique. Ensuite, les personnes d'origine grecque dans beaucoup de cas ont pu régulariser leur situation. Pour les migrants d'autres nationalités, le processus de régularisation est plus compliqué. À l'expiration de leur visa, beaucoup sont restés dans le pays « sans papiers »[10]. Plus tard, certains ont pris part à deux programmes de régularisation lancés par les autorités grecques en 1998 (Décrets présidentiels 358/1997 et 359/1997) et en 2001 (Loi 2910/2001). D'autre part, l'entrée en vigueur des accords de Schengen pour la Grèce fin 1997 a eu pour conséquence un renforcement du contrôle aux frontières.

Dans l'ensemble, depuis la fin des années 1980, la Grèce a accueilli environ 300 000 migrants de l'ex-Union soviétique[11], parmi lesquels près de 200 000 seraient d'origine grecque[12]. Environ 150 000 ont déjà obtenu la citoyenneté grecque[13]. Toutefois, il faut noter qu'au cours des années 1990, des dizaines de milliers de Russes, de Géorgiens, d'Arméniens, etc. ont obtenu un visa de retour et ensuite la citoyenneté grecque[14].

9. Une carte d'identité semblable est consentie aux Épirotes du Nord avec la différence que dans leur cas, la carte d'identité est consentie pour trois ans.

10. Les migrants « sans papiers » en Grèce sont estimés entre 200 000 et 300 000.

11. Entretien avec M. K. Karamarkos, Conseiller auprès de M. Dollis, Secrétaire Général pour les Grecs de l'Étranger, en mai 2001.

12. Ministère de la Macédoine et de la Thrace (2000). Entretien avec M. Elefteriadis, Président de l'Union pan-hellénique des réfugiés grecs arrivés de Russie depuis 1957, Athènes, avril 2004.

13. *Athens News*, 27.2.2003.

14. Entretien avec M. Argyros, avocat de la Fondation nationale pour l'accueil et l'installation des Grecs rapatriés (*eiyaapoe*, en grec), Athènes, septembre 2003, et avec M. Iacovou, (Président de la *Eiyaapoe*, 1993-1997), ministre des Affaires étrangères de Chypre, Nicosie, novembre 2003. Voir aussi le compte rendu du Débat du Parlement grec du 27.2.2001.

L'intégration des Grecs de l'ex-Union soviétique est un enjeu majeur pour la Grèce, et plusieurs institutions interviennent dans ce but : les ministères des Affaires étrangères, de l'Intérieur, du Travail et de l'Éducation, l'Organisme d'emploi et de la force de travail *(OAED,* en grec), mais aussi les services des préfectures, des mairies et de nombreuses autres fondations et associations. En août 1990 fut créée une *Fondation nationale pour l'accueil et l'installation des Grecs rapatriés* (*EIYAPOE,* en grec) sous les auspices du ministère des Affaires étrangères de Grèce. Bénéficiant d'un financement de l'État et de l'Union européenne, la Fondation adopta un programme de rapatriement et d'installation rurale des Grecs de l'ex-Union soviétique dans la région de Thrace (1991-1999). Dans le choix de cette région, il y avait des raisons géopolitiques évidentes. Il s'agit d'une région économiquement sous-développée faisant frontière avec la Turquie dans le nord-est de la Grèce où vit une forte minorité musulmane. Dès les années 1960, cette région a connu une émigration vers l'Allemagne et un exode rural vers les grandes agglomérations de la Grèce[15].

Dans l'ensemble, 5 200 familles (20 500 personnes) soit environ 15 % des Grecs de l'ex-Union soviétique, venus en Grèce depuis 1989 ont été intégrés dans les divers programmes de la Fondation, qui ont fait l'objet de fortes critiques. L'un des problèmes du programme d'installation en Thrace vient du fait que dans cette région il n'y avait pas de travail autre que saisonnier, essentiellement dans les secteurs de l'agriculture et de la construction. En conséquence, de nombreux migrants, originaires d'un milieu urbain et ayant une qualification universitaire et/ou professionnelle élevée, ont abandonné le programme et se sont installés à Thessalonique ou à Athènes où le marché du travail est plus ouvert. D'autres sont partis en Allemagne ou à Chypre où ils ont pu trouver du travail. Certains parmi eux sont toujours formellement inscrits dans le programme et attendent l'attribution d'une maison[16].

Depuis 2002, les ministères de l'Intérieur et de l'Économie accordent des emprunts bancaires à des taux avantageux et d'un montant de 60 000 € aux Grecs de l'ex-Union soviétique qui veulent acheter un terrain, construire une maison ou acheter une maison ou un appartement[17]. Dans ce contexte aussi, l'aide de l'État est différente selon la région choisie. Ainsi, dans la zone 1, qui couvre les régions de Macédoine orientale et de Thrace,

15. En fait, une première tentative de rapatriement et d'installation des Grecs de l'ex-Union soviétique par l'État grec dans cette région fut faite dans les années 1979-1989. Voir G. Notaras, *op. cit.*

16. Voir M. Bruneau (1998), *ibid.* ; EIYAAPOE, *1991-2001* ; Entretiens avec des migrants grecs pontiques de l'ex-Union soviétique à Athènes et à Chypre.

17. Décision ministérielle, ministère de l'Économie, 6645/23.2.2002.

les migrants reçoivent 30 % du crédit gratuitement et ne payent pas d'intérêt, alors que dans les zones 2, 3, et 4, il n'y a pas de crédit gratuit, l'État se chargeant de 80 %, 60 % et 40 % du taux d'intérêt[18].

Parmi d'autres privilèges consentis aux Grecs de l'ex-Union soviétique, il convient d'évoquer les différentes formes de bénéfices (bénéfice de réinstallation, de logement, aide économique, réduction sur l'impôt) auxquelles ils ont droit à leur arrivée (Loi 2790/2000). Des stages de langue et professionnels, d'une durée de six mois, sont organisés par l'Organisme d'emploi et de la force de travail pour faciliter leur intégration. Dans les régions de Macédoine et de Thrace, les migrants ayant investi dans les domaines de l'agriculture, de l'élevage et des petites et moyennes entreprises ont, en outre, pu bénéficier d'un soutien professionnel et financier de l'État (EIYAAPOE, 2001). Enfin, des mesures favorables sont prises pour faciliter leur entrée dans les Universités grecques (quota ou examens spéciaux), en particulier à l'Université de Thrace (Loi 1966/1991), ainsi que dans les écoles à vocation technique (IEK)[19]. Il y a aussi des quotas pour leur embauche dans la fonction publique (Argyros, 2001). Dans la réalité, cette loi n'est pas toujours appliquée (Diamanti-Karanou, 2003, 39).

La distribution géographique, les profils familial et professionnel des Grecs de l'ex-Union soviétique en Grèce

Une étude faite par le Gouvernement grec en 2000 montre que 74 % des Grecs de l'ex-Union soviétique venus en Grèce depuis la Perestroïka habitent dans le nord de la Grèce (59 % dans la région de Macédoine et 15 % en Thrace), 22 % en Grèce centrale, 2 % en Crète, 1 % en Thessalie et 1 % dans les autres régions du pays[20]. Dans le choix de la région, l'existence de liens familiaux et la possibilité de trouver un travail ou d'obtenir un logement de l'État dans le cas de la Thrace, ont été les critères principaux.

Quant à la structure familiale et aux modalités d'habitation, dans le cas des Grecs pontiques, on a essentiellement affaire à des familles simples et à des familles étendues. Parmi les Grecs de Mariupol, il y a beaucoup de personnes seules. En comparaison avec la population totale de la Grèce, il s'agit d'une population jeune.

---

18. Le pays est divisé en quatre zones : 1. Macédoine orientale et Thrace et les Îles nord de la mer Égée ; 2. Macédoine centrale et occidentale et l'Épire : 3. Autres régions de la Grèce mis à part les grandes villes (Athènes, Thessalonique, Iraklio, Patras et Pirée) ainsi que la majorité des îles de la mer Egée (Dodecannèse, Cyclades, Samos et Chios) ; 4. Agglomérations urbaines, notamment Athènes, Thessalonique, Iraklio, Patras et Pirée.

19. Décision ministérielle, D.538/2002.

20. Ministère de la Macédoine et de la Thrace (2000).

Les niveaux d'études dans cette population sont généralement élevés[21] Environ 10 % ont fini l'Université, 8 % ont fini un Institut technologique universitaire supérieur et 9 % une école à vocation technique[22]. Néanmoins, en Grèce, 54 % parmi les Grecs de l'ex-Union soviétique sont ouvriers, 13 % sont employés de maison, 3 % sont chauffeurs, 2 % travaillent dans l'agriculture, les 28 % restant font d'autres métiers[23]. Parmi les personnes ayant une formation universitaire, environ 10 % seulement exercent une profession qui va de pair avec le niveau de formation[24].

Stratégie des migrants

En lien avec les observations qui précèdent, il n'est pas étonnant de constater que la nature de l'emploi exercé en Grèce est en général un travail non spécialisé et mal payé, au moins durant les années qui suivent l'installation. Cette caractéristique se double d'une différenciation selon le genre des migrants. À leur arrivée en Grèce, les femmes ont tendance à trouver des emplois dans le secteur des services, comme employées non qualifiées, notamment dans la restauration et l'hôtellerie ou encore femmes de ménage chez des particuliers. L'équivalent pour les hommes se trouve dans le domaine de la construction. Le travail de vente sur les marchés de la ville se présente aussi comme une solution d'insertion professionnelle. On note également le recours au travail temporaire dans l'agriculture, en Thessalie ou en Macédoine et des migrations de travail temporaires avec le déplacement durant les mois d'été dans les îles. Il semble qu'une certaine mobilité s'opère avec le temps depuis des emplois subalternes ou précaires vers des emplois plus stables et lucratifs dans le commerce et l'industrie. L'entreprenariat finit par définir le profil des migrants s'installant à leur propre compte, notamment dans le domaine des soins esthétiques, de l'alimentation, de la restauration et du tourisme. Ainsi, parmi les migrants arrivés en Grèce dans les années 1960 et 1970, dans la municipalité de Menidi[25] (agglomération athénienne), on observe aujourd'hui le résultat de

21. Dans l'ensemble de la population de la Grèce, 15,5 % des hommes et 12,2 % des femmes ont une formation supérieure. Rapport de l'OCDE, chiffres du CEC, 2001, p. 23.

22. Ministère de la Macédoine et de la Thrace (2000), p. 42, 63-64.

23. Ministère de la Macédoine et de la Thrace (2000), p. 78-79, 74-75.

24. Il s'agit d'une estimation des migrants et des représentants des associations pontiques.

25. Les Grecs pontiques venus de l'ex-Union soviétique ont commencé à s'installer à Menidi dès les années 1960. Aujourd'hui, cette municipalité de l'agglomération d'Athènes a une population d'environ 75 000 habitants dont 20 à 30 % sont des Grecs pontiques. Sur les Grecs pontiques à Menidi, voir le film de K. Giannaris, *Apo tin akri ti polis (De l'autre bout de la ville)*, 1998.

cette option entrepreneuriale avec la fréquence d'occupations liées au commerce et au développement de petites entreprises. Apparemment limitée, l'ascension sociale se précise néanmoins pour certains migrants, avec des activités telles qu'ingénieurs ou dentistes.

Les échanges voire le trafic entre les pays de la CEI, la Turquie et la Grèce s'offrent comme un secteur non négligeable de ressources pour les migrants, pas seulement d'origine grecque. La circulation de produits manufacturés de basse qualité (dans le domaine de l'habillement notamment) comme les ventes illicites de certains produits (cigarettes, drogues) font apparaître l'existence de réseaux établis entre les pôles de la migration. Le constat selon lequel, après plusieurs années de résidence en Grèce, les migrants continuent d'occuper des emplois non qualifiés ou de se tourner vers des activités illégales, est certainement à interpréter comme une conséquence de la politique migratoire et de la situation sur le marché du travail grec. La Grèce continue à percevoir le nouvel arrivant comme de la main-d'œuvre bon marché, « qui viendrait travailler et repartirait sans acquérir des droits sociaux ou politiques, et non comme une personne ayant un potentiel de futur citoyen » (Lafanzani, 2004). Et même si la situation des personnes d'origine grecque, selon toute logique d'État, devrait être meilleure, surtout une fois qu'elles ont acquis la citoyenneté grecque, dans la pratique, leur situation sur le marché du travail demeure fragile, et s'explique par la compétition avec les nationaux, mais aussi avec d'autres groupes de migrants acceptant des salaires plus bas. La mauvaise connaissance du grec et la non reconnaissance des diplômes délivrés dans l'ex-Union soviétique et les pays de la CEI sont les obstacles majeurs à une meilleure insertion.

Expérience du processus migratoire

Le bilan des quinze années ayant suivi l'arrivée des Grecs de l'ex-Union soviétique en Grèce est plutôt mitigé. L'intégration au sein de la société grecque n'est toujours pas acquise pour un grand nombre. Les expressions du racisme et de la xénophobie en milieu scolaire ou dans le travail, sensibles tout au long des années 1990, ont laissés leurs traces. Dans un tel contexte, le fait d'avoir la citoyenneté n'a pas semblé faciliter une meilleure acceptation du migrant. Cette situation se lit dans la constitution des quartiers dits « sensibles » où se retrouve une concentration importante de Grecs pontiques venus de l'ex-Union soviétique, tels, Menidi et Asproyrgo dans l'agglomération d'Athènes. Dans ces municipalités, beaucoup de « rapatriés » ont construit un univers en réaction à la marginalisation dont ils étaient l'objet. La langue russe, la télévision russe, mais aussi des valeurs et traditions du pays du départ forment un environnement quotidien. Il est loin d'être rare que parmi les jeunes, venus en Grèce, à un âge compris entre douze et quinze ans, certains quittent l'école avant de parvenir au lycée, alors que dans les universités grecques, leur nombre est quasi inexistant. Les difficultés dues à la maîtrise de la langue grecque et les conditions d'une mauvaise intégration économique sont mises en avant pour indiquer les principaux facteurs responsables de l'échec scolaire. Dans ce contexte, les mesures favorables prises par l'État grec pour faciliter l'entrée dans les universités grecques et dans les filières techniques (IEK) restent lettre morte. Dans certaines familles où les parents ont bénéficié d'une formation universitaire, on n'hésite pas à envoyer les jeunes en Russie pour qu'ils effectuent leurs études supérieures. Pour la génération qui a commencé l'école en Grèce, la situation apparaît plus favorable du point de vue de la réussite scolaire. Dans l'ensemble, ceux qui sont issus d'un milieu rural, semblent plus satisfaits de leur situation à l'issue de leur parcours migratoire que ceux qui viennent d'un milieu urbain et universitaire. Bien qu'il soit difficile de l'évaluer avec rigueur et qu'il semble s'opérer à une échelle limitée, le phénomène de retour vers le pays de départ s'opère pour certains migrants. C'est notamment le cas des retours en direction de la Russie qui était jusqu'encore récemment le seul pays de la CEI où la situation économique et politique montrait des signes de stabilité. Ce phénomène touche en particulier certaines personnes âgées pour qui le coût de la marginalisation sociale et professionnelle a été lourd à porter, mais aussi des jeunes qui ont « choisi » de vivre et travailler en Russie en misant sur les opportunités de l'entreprenariat. Par ailleurs, dans les pays de la CEI où la situation économique est particulièrement difficile, tels la Géorgie et l'Ukraine, certaines personnes cherchent à acquérir la citoyenneté grecque, voire un passeport de l'Union européenne avec les droits de libre circulation qui lui sont liés, mais sans nécessairement avoir le projet de s'installer en Grèce de manière permanente[26].

Expressions des identités collectives

L'identité ethnique peut être définie comme un sentiment d'appartenance à un groupe qui revendique des origines communes et des traditions culturelles communes (Hutnik, 1991). Elle exprime une continuité dans l'existence qui est le résultat de l'affirmation personnelle ou de la désignation d'autrui. Elle peut se fonder sur l'idée de frontière et de différenciation par rapport aux autres, mais dans la plupart des cas, elle combine des aspects externes d'identification avec des aspects internes. L'un de ces aspects peut être rendu plus important que d'autres, selon la situation et le

26. Entretien avec les Grecs de l'ex-Union soviétique en Grèce et à Chypre.

contexte historiques, (Roosens, 2000, 84-85). K. Verdery souligne l'importance des catégories de genre, de race, de classe, et des changements de la forme du pouvoir de l'État dans l'étude des questions ethniques dans le contexte d'aujourd'hui (Verdery, 2000, 55). E. Voutira, pour sa part, met en avant la notion traditionnelle et aristotélicienne de *philia (Nicomachean Ethics, IX, ch. XI-XII),* notamment dans le sens de l'acceptation mutuelle de soi-même et de l'autre avec la visée d'un type de relation qui rend la vie supportable, satisfaisante et gratifiante (Voutira, 2004).

En ce qui concerne les Grecs de l'ex-Union soviétique, d'une part, on a affaire à des Grecs de Mariupol dont les liens avec la Grèce sont très anciens, et d'autre part, à des Grecs pontiques, qui, en fait, sont un groupe hétérogène selon leur lieu d'origine en ex-Union soviétique et selon qu'ils ont été déportés ou non. En règle générale, ceux qui vivaient en Russie et en Ukraine étaient bien intégrés dans la société environnante, alors que ceux qui vivaient en Géorgie – connue pour ses nationalismes – ou parmi des populations musulmanes, notamment sur les lieux de déportation stalinienne en Asie centrale, avaient tendance à se renfermer davantage sur le groupe. Les personnes ayant conclu des mariages mixtes avec les Russes, les Ukrainiens, les Géorgiens, etc. constituent un cas singulier. Les raisons du départ n'ont pas été tout à fait les mêmes selon la région et le moment du départ. Globalement, on peut dire que jusqu'au milieu des années 1990, beaucoup de Grecs pontiques, notamment d'Asie centrale, de Géorgie et de Russie arrivaient en Grèce en pensant qu'ils « retourneraient dans leur patrie ». Les conflits armés dans le Caucase, ont été des raisons importantes du départ. C'était aussi un phénomène collectif : « Tout le monde partait. » Dès le milieu des années 1990, les raisons du départ sont essentiellement économiques. Dès lors, les migrants viennent surtout de Géorgie, des provinces de Russie et d'Ukraine.

Si on prend en considération les identités collectives et les réseaux à caractère plus formels et institutionnalisés, on notera que pour les Grecs pontiques, il existe en Grèce un vaste réseau associatif : les premières associations furent fondées dans les années 1920 après l'arrivée des réfugiés de Turquie et du Caucase, alors que de nouvelles associations ont été fondées dans les années 1950 avec l'arrivée des migrants d'origine grecque de l'ex-Union soviétique. Ces associations jouent le rôle de médiateur entre les migrants et les autorités grecques et russes, notamment vis-à-vis des questions qui concernent la reconnaissance des diplômes obtenus et du stage de travail effectué en l'ex-Union soviétique et en CEI en vue du droit à la retraite en Grèce. Certaines d'entre elles se consacrent à des activités culturelles avec le souci de préserver une identité et des traits culturels pontiques (organisation de cours de danses, de musique, de théâtre, etc.), alors que d'autres ont aussi des revendications politiques. En 1985, s'est réuni pour la première fois depuis 1919, à Thessalonique, un congrès mondial pontique, qui dès sa deuxième rencontre a débattu du génocide pontique (1916-1923), reconnu par le Parlement grec en 1994 (Bruneau, 1998, 24-34), mais pas encore par la communauté internationale[27].

Sur un plan individuel, la passion des Grecs pontiques pour leurs origines s'exprime, entre autres, sous forme de lectures sur l'histoire du groupe, de participation aux manifestations culturelles pontiques, de « pèlerinages » sur les lieux d'origine dans le Pont et sur les lieux de commémoration construits par les anciens réfugiés (Bruneau, 1998, 2004), d'activation des liens avec la « famille pontique ». Le resserrement des liens avec les migrants des vagues précédentes et les descendants d'anciens réfugiés, qui désormais font partie intégrale de la société d'accueil, montre que ces derniers servent de « passerelle sociale » (Portes, 1995, 22) entre les nouveaux arrivés et le pays d'accueil. En comparaison avec les Grecs pontiques dont le processus d'intégration est bien entamé, il semblerait que les Grecs de Mariupol restent encore attachés à leur pays de départ, l'Ukraine, et à leur « communauté d'origine » à Mariupol où beaucoup ont gardé des liens familiaux, une maison ou un appartement et où ils ont une vie associative active.

Comme j'ai essayé de le montrer, par ailleurs, on a affaire à des personnes cultivant des identités multiples : grecque, pontique, russe, ukrainienne, soviétique, immigrée (Kaurinkoski, 2003). L'identité que l'on choisit d'afficher varie souvent selon le contexte social et les interlocuteurs impliqués. Dans la société grecque, c'est en règle générale l'identité grecque qui prévaut sur les autres formes d'identité. Toutefois, la perception de cette identité est hiérarchisée : la valorisation se décline depuis les Grecs de Grèce, vers ceux de la diaspora prospère d'Occident, puis enfin vers les « parents pauvres venus de l'Est » (Hristopoulos, 2002).

Formellement pour l'État grec, les Grecs de l'ex-Union soviétique sont des Grecs ayant accès à la citoyenneté grecque. Ils bénéficient de tous les droits politiques des citoyens grecs. Trop nombreux pour qu'on puisse les négliger, ils constituent une force électorale importante. Dans la pratique, la perception de ces Grecs au sein de la société grecque dépend du contexte : d'une part, on met l'accent sur leurs origines grecques pour prouver la continuité de l'hellénisme dans le temps, d'autre part, dès que les faits sont négatifs, par exemple, lorsqu'un crime est commis par un Grec venu de l'ex-Union soviétique, les origines grecques sont tout de suite mises en cause. Tout le groupe est alors stigmatisé. Si dans des contextes formels, on

27. Sur le génocide pontique, voir, par exemple, M. Haralampidis, K. Fotiadis (1991).

commence enfin à parler des « Pontiques venus de Russie ou de l'ex-Union soviétique », et même des « Grecs de Mariupol », dans la presse ainsi que dans le discours quotidien, c'est encore le terme *Rossopontioi* (Russes pontiques) qui prime sur tous les autres, et s'applique à l'ensemble des Grecs venus de l'ex-Union soviétique. Ni « dedans » ni « dehors », ils constituent un groupe intermédiaire entre les locaux et les immigrés étrangers (Nestoropoulou, 2005). Lorsqu'on interroge les Grecs pontiques ou les Mariupolites, la plupart disent qu'ils se sentent grecs, tout en se voyant néanmoins « étrangers » dans la société grecque.

Que signifie alors la grécité pour un Grec de l'ex-Union soviétique ? Selon les mots d'une de mes informatrices, une dame d'origine pontique de Géorgie :

> Là où nous vivions en Adjarie (en Géorgie), la population locale était musulmane. J'affichais toujours avec fierté que je suis grecque : cela voulait dire que tu es éduqué, droit, intelligent,... Aujourd'hui, vivant en Grèce, j'oublie que je suis grecque. Là-bas, j'en étais fière à chaque moment. Tout autour était différent. La Grèce était loin. C'était la musique, les danses, c'était un rêve. Nous nous associions avec la Grèce antique [que nous avions étudiée à l'école]. La Grèce contemporaine, nous ne la connaissions pas.

Comme le montre ce propos, qui aurait aussi bien pu être celui d'un Mariupolite, l'idée de la Grèce et de la grécité, vue de l'Union soviétique, correspondait pour beaucoup à un « monde meilleur et des valeurs élevées ». Il s'agissait aussi d'une fierté ethnique provenant du fait d'avoir « un passé prestigieux ». On ne peut pas manquer de noter ici une dimension mythique liée à la « puissance discursive » du récit (Ricœur, 2000, 350) où le lien à la nation grecque est plutôt « imaginé » (Anderson, 1983). Après l'arrivée en Grèce, beaucoup éprouvent la nostalgie de l'Union soviétique et de la culture russe, qui sont facilement sur-valorisées, alors que la grécité acquiert souvent un nouveau sens où la saga familiale, les épreuves collectives du passé, les répressions politiques et les déportations occupent une place importante. Ainsi, la perception de la grécité, notamment pour les personnes âgées et les adultes se voit souvent transformée en une histoire de souffrance et de résistance culturelle dans des conditions difficiles[28]. Ce n'est plus vrai des jeunes générations : elles ne partagent plus la vision de leurs aînés sur la Grèce comme pays mythique. En fait, pour la jeunesse post-soviétique, le fait d'aller en Grèce est en premier lieu une question de volonté de partir, d'obtention du visa et de moyens pour payer le voyage (Voutira, 2004).

---

28. Il en va de même pour les Finnois de l'ex-Union soviétique qui sont « retournés » en Finlande depuis 1990. Voir, par exemple, H. Miettinen (2004).

Ceci étant dit, la valorisation de la langue et de la culture russe, n'est pas uniquement le résultat de l'exclusion sociale à laquelle sont confrontés beaucoup de Grecs soviétiques dans le contexte de leur nouveau pays d'accueil[29]. Il s'agit aussi du résultat d'un investissement positif. Ainsi, dans les familles qui sont plutôt bien intégrées, il est fréquent de mettre l'accent sur le fait que les enfants, en dehors du grec et du curriculum scolaire habituel, apprennent aussi le russe.

Conclusion

En Grèce, où les migrants sont divisés en catégories différentes selon leur supposée origine grecque, les Grecs soviétiques forment un groupe, dont les membres sont venus de différentes parties de l'ex-Union soviétique. Ils ont en commun la langue, la culture russe et une éducation soviétique sensible à un état fort qui prend en charge la personne. Un autre héritage de l'Union soviétique est une perception des identités comme des catégories figées et hiérarchisées. Notons qu'en Union soviétique, l'origine ethnique de chacun était inscrite sur le passeport. Parfois la désignation d'autrui peut avoir plus de force que l'affirmation personnelle ou collective. C'est par le fait « qu'ils sont Grecs » que beaucoup de Grecs pontiques mais aussi de Mariupolites expliquent leur arrivée en Grèce. Pour certains, le voyage en Grèce était « une mission » qu'ils se devaient de faire avant la fin de leur vie, pour d'autres, la Grèce était une « destination naturelle » au moment du départ.

Pour conclure sur le « retour » des Grecs soviétiques, on pourrait dire que pour l'État grec, la question était idéologique, même si elle correspondait aussi à « l'esprit du temps », ainsi qu'à des considérations géopolitiques et économiques. Mais elle découle surtout de sa constitution selon laquelle toute personne d'origine grecque a le droit de retourner en Grèce. Cependant, la prise de conscience de la complexité du phénomène et l'importance de la mise en place des politiques d'intégration n'ont eu lieu que plus tard.

Du côté des migrants on ne parle pas de « retour » et très rarement d'émigration ou d'immigration. Pour beaucoup de Grecs mais aussi pour d'autres migrants de l'ex-Union soviétique en Grèce, tout comme en Israël (Yelenevskaya & Fialkova, 2002), ces termes ont gardé le *stigma* des temps soviétiques où « l'émigration » était perçue comme une « trahison de la patrie ». En fait, dans les discours des migrants, la plupart des cas, « on est parti » de l'Union soviétique, de la Russie, du Kazakstan ou de Géorgie, et « on est arrivé » en Grèce, y compris dans le cas des familles qui ont

29. Sur l'exclusion sociale dans le contexte grec, voir, par exemple, D. Karantinos, L. Maratou-Alipranti, E. Fronimou (eds.) (2002).

attendu la permission de quitter l'Union soviétique pour la Grèce pendant des décennies.

Si la « grécité » demeure une valeur incontournable, en Grèce, beaucoup parmi les migrants récents continuent à se sentir « étrangers », ce qui est aussi vrai pour la seconde génération. En fait, la situation des Grecs venus de l'ex-Union soviétique sur le marché du travail local demeure fragile, alors que parmi les personnes ayant un niveau d'éducation élevé, beaucoup travaillent au-dessous de leur niveau de qualification. L'investissement dans les réseaux associatifs avec la valorisation d'une identité déclinée par référence au passé russe, figure comme un effet notable du retour. La « grécité » si prégnante avant l'installation en Grèce est en voie d'être supplantée par un registre ou l'expérience russe-soviétique prend une autre dimension.

Références

ANDERSON B. [1983], 2002, *L'imaginaire national. Réflexions sur l'origine et l'essor du nationalisme,* Paris, La Découverte.

ARGYROS A., 2001, «To nomiko kathestos ton palinnostounton» (« La situation légale des rapatriés »), *Armenopoulos,* 8, 1022-1034.

ARGYROS A., 1996, *To nomiko kathestos ton palinnostounton* (*La situation légale des rapatriés*), EIYAPOE.

BALDWIN-EDWARDS M., 2004, *Statistical Data on Immigrants in Greece: An Analytic Study of Available Data and Recommendations for Conformity with European Union Standards.* A Study conducted for IMEPO [Migration Policy Institute], Greece, by MMO, UEHR, Panteion University, Final Report.

BALDWIN-EDWARDS M., 2001, *An Analytic Commentary on the Greek Immigration Bill,* MMO Working Paper n°1.

BRUBAKER R., 1995, «National Minorities, Nationalizing States, and External National Homelands in the New Europe», *Daedalus, Journal of the American Academy of Arts and Sciences,* Spring, 1995, 124 (2), 107-132.

BRUNEAU M., PAPOULIDIS K., 2004, *La mémoire de l'hellénisme réfugié : les monuments commémoratifs en Grèce (1936-2004),* Thessaloniki, Ekdotikos Oikos Adelfon Kyriakidi.

BRUNEAU M. (ed.), 1998, *Les Grecs pontiques. Diaspora, identité, territoires,* Paris, CNRS.

DE TINGUY A., 2003, «Ethnic Migrations of the 1990s from and to the Successor States of the Former Soviet Union: 'Repatriation' or Privileged Migration?» in R. Münz, R. Ohliger (eds.), *Diasporas and Ethnic Migrants, Germany, Israel and Post-Soviet Successor States in Comparative Perspectives*, Londres, Frank Cass, 112-127.

DIAMANTI-KARANOU P., 2003, «Migration of Ethnic Greeks from the Former Soviet Union to Greece, 1990-2000: Policy Decisions and Implications», *Journal of Southeast European and Black Sea Studies,* 3 (1), 25-45.

ΕΙΥΑΑΡΟΕ, *1991-2001.*

ΕΙΥΑΡΟΕ, *1990-1995.*

HARALAMPIDIS M., FOTIADIS K., 1991, *Pontioi. Dikaioma sti mnimi (Les Pontiques. Droit à la mémoire),* 3e éd., Thessaloniki, Ekdotikos oikos Adelfon Kyriakidi.

HRISTOPOULOS D., 2004, «Peripeteies tis ellinikis ithageneias : Poios (den) ehei ta prosonta na einai Ellinas» ; (« Aventures de la nationalité grecque : Qui a (pas) les qualités pour devenir Grec ? »), *Theseis,* 87, 59-98.

HUTNIK M., 1991, *Ethnic Minority Identity. A Social Psychological Perspective,* Oxford, Clarendon Press.

Journal of Refugee Studies, 1991, «*The Odyssey of the Pontic Greeks*», *special issue,* 4 (4).

KARANTINOS D., MARATOU-ALIPRANTI L., FRONIMOU E. (eds.), 2002, *Diastaseis tou koinonikou apokleismou stin Ellada : Kyria themata kai prosdiorismos proteraiotiton politikis (Les dimensions d'exclusion sociale en Grèce : Thèmes principaux et désignation des priorités politiques),* Athènes, EKKE.

KAURINKOSKI K., 2003, « Les Grecs de Mariupol (Ukraine). Réflexions sur une identité en diaspora », *Revue Européenne des Migrations Internationales,* 19 (1), 125-146.

KAURINKOSKI K., 1997, *Les Grecs dans le Donbass. Analyse des identités collectives dans deux villages d'Ukraine orientale,* Thèse de doctorat, Université de Provence (Aix-Marseille I), 1997 et Presses Universitaires du Septentrion.

KERAMIDA F., 2002, «'Repatriates' or 'Refugees' and other Vexed Questions: the Resettlement of Pontian Greeks from the Former Soviet Union in Greece and the Politics of Policy Discourse», *Studi Emigrazione,* XXXIX, (145) : 231-251.

KOROMILA M., 2001, *Oi Ellines sti Mavri thalassa. Apo tin epohi tou Halkou os tis arhes tou 20ou aiona (Les Grecs de la Mer Noire. De l'âge de Bronze au début du XXe siècle),* Athènes, Panorama.

LAFAZANI D., 2004, «I nea metanastevsi pros tin Ellada kata tin televtaia eikosaetia : Opseis enos protou apologismou» (Les vingt dernières années de la nouvelle immigration en Grèce : Aspects d'un premier bilan), *Koinoniki allagi sti syghroni Ellada (Changement social en Grèce contemporaine),* Actes du colloque, 9-12 April 2003, Université Panteion, Athènes, Idrima Saki Karagiorga, 698-720.

MARVAKIS A., PARSANOGLOU D., PAVLOU M., 2001, *Metanastes stin Ellada* (*Immigrés en Grèce*), Athènes, Ellinika Grammata.

MIETTINEN H., 2004, *Menetetyt kodit, elämät, unelmat. Suomalaisuus paluumuuttajastatukseen oikeutettujen venäjänsuomalaisten narratiivisessä itsemäärittelyssä (Les maisons, les vies et les rêves perdus. La finlandité dans le récit narratif des Finlandais de Russie ayant droit au statut de rapatrié),* Thèse de doctorat, Université de Helsinki.

MINISTÈRE DE LA MACÉDOINE ET DE LA THRACE, Secrétariat général pour les grecs rapatriés, 2000, *I Tavtotita ton palinnostounton omogenon apo tin proin ESSD (L'identité des Grecs rapatriés de l'ex-URSS),* Thessaloniki.

MÜNZ R., OHLIGER R. (eds.), 2003, *Diasporas and Ethnic Migrants, Germany, Israel and Post-Soviet Successor States in Comparative Perspective,* Londres, Frank Cass.

NESTOROPOULOU A., 2005, « L'altérité dans la presse régionale : L'exemple d'Imathias », in K. Kaurinkoski, G. de Rapper, P. Sintes (eds.), *Nommer et classer dans les Balkans,* 1, Collection *Champs helléniques modernes et contemporains,* École française d'Athènes (à paraître).

NOTARAS G., 1998, « État et société helléniques face au problème pontique », in M.Bruneau (ed.), *op. cit.*, 229-239.

PORTES A. (ed.), 1995, *The Economic Sociology of Immigration: Essays on Networks, Ethnicity and Entrepreneurship,* New York, Russel Sage Foundation.

PTEROUDIS E., 1996, « Émigrations et immigrations en Grèce : évolutions récentes et questions politiques », *Revue Européenne des Migrations Internationales,* vol. 12, n° 1, 159-189.

RICŒUR P., 2000, *La mémoire, l'histoire, l'oubli,* Paris, Seuil.

ROOSENS E., 2000, «The Primordial Nature of Origins in Migrant Ethnicity», in H. Vermeulen, C. Govers (eds.), *The Anthropology of Ethnicity. Beyond 'Ethnic Groups and Boundaries',* Amsterdam, Het Spinhuis, 81-104.

SITAROPOULOS N., 2001, «The New Greek Immigration Law: a Step Forward?», *Immigration and Nationality Law and Practice,* vol. 15, n° 4, 228-234.

VERDERY K., 2000, «Ethnicity, Nationalism and State-Making. Ethnic Groups and Boundaries: Past and Future», in H. Vermeulen, C. Govers (eds.), *The Anthropology of Ethnicity. Beyond 'Ethnic Groups and Boundaries',* Amsterdam, Het Spinhuis, 33-58.

VERGETI M., 1994, *Apo ton Ponto stin Ellada. Diadikasies diamorfosis mias ethnotopikis tavtotitas (Du Pont en Grèce. Les processus de la formation d'une identité ethnique et locale),* Thessaloniki, Ekdotikos Oikos Adelfon Kyriakidi.

VOUTIRA E., 2004, «The Post-Soviet Greek Diaspora and "Return" to the Homeland: Issues of Cultural Intimacy Between Newcomers and Hosts at the European Periphery», *Journal of Modern Greek Studies* (sous presse).

VOUTIRA E., 2003, «Refugees: Whose Term is it Anyway? Emic and Etic Constructions of "Refugees" in Modern Greek», in *The Refugee Convention at Fiftly: a View from Forced Migration Studies,* in J. van Selm, K. Kamanga, J. Morrison, A. Nadig, S. Spoljar Vrzina, L. van Willigen (eds.), Lexington Books, USA.

YELENEVSKAYA M., FIALKOVA L., 2002, «When Time and Space are No longer the Same: Stories about Immigration», *Studia Mythologica Slavica,* 5, 207-230.

3

Jouer sur l'ethnicité pour être ici et là-bas : la migration « ethnique » des Saxons de Transylvanie en Allemagne

Bénédicte MICHALON
Migrinter, UMR 6588 MITI (Poitiers)

Depuis les années 1989-90, deux flux migratoires alimentés par des ressortissants roumains se sont installés entre la Roumanie et l'Allemagne : les Saxons de Transylvanie d'un côté (migration dite « ethnique »), des « Roumains » qui pratiquent une circulation de type économique de l'autre. Une des questions que l'on peut se poser concernant ces deux types de migrants est celle du retour. Mais, comme on le verra dans cet article, deux conceptions du retour sous-tendent ces migrations. Le « retour » intervient au début du processus migratoire pour les Saxons, et est conçu comme définitif et unidirectionnel. Dans le cas des « Roumains », il est régi par le couple départ/retour.

Il faut tout d'abord préciser que ces deux groupes de migrants n'ont pas le même statut juridique : la migration dite « ethnique » relève d'une législation réservée aux migrants venant de minorités « allemandes » d'Europe centrale, orientale et de l'ex-URSS. Elle précise que l'installation en Allemagne est définitive. En revanche les déplacements des migrants roumains se font soit hors de tous cadres légaux (clandestins), soit dans le cadre de contrats temporaires officiels. Dans ce cas, on a alors affaire à une alternance entre départ et retour. Ces deux groupes se distinguent en outre par leur catégorisation ethnique. L'immigration des *Siebenbürger Sachsen* (les Saxons de Transylvanie) en Allemagne relève d'une germanité supposée. Ces deux groupes se différencient aussi par leur histoire migratoire : l'immigration saxonne a débuté dans les années cinquante, alors que l'immigration des Roumains démarre après la destitution de Nicolae Ceauşescu. On remarquera cependant que ces deux flux migratoires ont pris une ampleur sans précédent après 1989. L'Allemagne est depuis la destination privilégiée des ressortissants roumains, tous types de migrants confondus.

En m'appuyant sur un travail d'enquête auprès des Saxons en Transylvanie et en Allemagne[1], je propose de discuter et d'illustrer le fait que la migration saxonne dite « ethnique », fondée sur un lien mythifié avec l'Allemagne, est devenue circulatoire, inscrite dans des allers et retours à l'instar de l'ensemble des Roumains en Europe. Sur le plan théorique, ce constat permet d'interroger la notion de « retour » ou de migration « ethnique » au regard des nouvelles formes de mobilités et du transnationalisme.

Afin d'étayer cette proposition, on verra que ce type de migration est supposé être antinomique à la logique de circulation, ce à quoi les politiques migratoires de la RFA et de la Roumanie communiste ont largement contribué en mettant en avant la germanité supposée des candidats à la migration (I). Pourtant, depuis 1990, la pratique du va-et-vient s'est répandue parmi les migrants vivant en Allemagne (II). Ce qui, finalement, aboutit à une réorganisation des espaces locaux de départ en Transylvanie méridionale (III).

Une migration fondée sur les usages scientifiques et politiques de l'ethnicité

C'est à partir de travaux menés sur les *Aussiedler*[2] vers l'Allemagne, les Juifs vers Israël, les Grecs pontiques vers la Grèce, les Japonais d'Amérique latine vers le Japon, les ressortissants russes vers la Finlande ou la Pologne que l'on propose une définition du « retour » (synonyme de la migration « ethnique ») : il s'agit d'*une migration au cours de laquelle*

1. Pour une thèse de géographie consacrée à la migration contemporaine des Saxons de Transylvanie vers l'Allemagne (Michalon, 2003).

2. Le terme « *Aussiedler* » désigne les migrants venant d'Allemagne à partir des diverses minorités allemandes d'Europe centrale, orientale et de l'ex-URSS, et qui bénéficient d'un droit à l'immigration spécifique. Cette catégorie comprend ainsi les Saxons de Transylvanie.

l'ethnicité des migrants guide le processus migratoire[3]. La préservation d'une ethnicité commune aux membres du groupe migrant est centrale. Mais, paradoxalement, l'écueil principal de cette approche est d'en écarter la dimension migrante pour en faire un phénomène sédentaire. Car elle contient l'idée que l'identité ne peut se construire que dans un milieu où elle domine. L'émigration semble alors nécessaire ; elle permet aux membres de la minorité concernée de pouvoir se retrouver « parmi les leurs ». Une logique de rupture avec l'espace de départ sous-tend donc cette première définition de la migration « ethnique ».

Cette position est remise en cause par les difficultés rencontrées par les immigrants *Aussiedler* après leur arrivée en République Fédérale. Elle est également en porte-à-faux avec d'autres lectures de la migration, de plus en plus affirmées et appuyées sur les restrictions croissantes de la politique allemande vis-à-vis des *Aussiedler*. En l'intégrant aux études sur les phénomènes migratoires, quelles que soient leurs spécificités, et en la replaçant dans le débat sur la société d'immigration allemande, ces travaux tendent à « normaliser » l'approche de ce flux (Bade, 1994, 8 ; 1998, 5-6). C'est dans une perspective de relativisation des processus d'ethnicisation sous-jacents à ces flux que Rogers Brubaker proposa une définition globale des « migrations ethniques », qu'il nomme « *migrations of ethnic unmixing* » (Brubaker, 1998). On retiendra finalement des migrations « ethniques » ou de « retour » que ce sont des migrations paradoxales : les (futurs) migrants se déplacent vers un pays dans lequel ils n'ont jamais vécu, auquel ils se considèrent et dans lequel ils sont considérés comme affiliés par l'identité, l'ascendance.

La migration des Saxons de Transylvanie fait partie du mouvement migratoire des *Aussiedler*, lancé par une loi promulguée en 1953 en RFA et qui vise à faciliter la venue de membres des minorités allemandes des nouveaux États communistes d'Europe centrale, orientale, et de l'Union Soviétique. La mise en place de ce dispositif est souvent expliquée par la conception dite « allemande » de la nation, car le droit à l'immigration

3. Cette définition générale se décompose en trois éléments principaux. L'ethnicité est supposée intervenir en premier lieu dans l'espace de départ, sous la forme de conflits ou discriminations interethniques. L'ethnicité est supposée intervenir en second lieu dans l'espace d'arrivée des migrants. Elle est censée être partagée avec les habitants du pays d'accueil, et exercer un effet attractif sur les membres de la minorité non émigrés. Enfin, l'ethnicité est présumée jouer dans l'établissement d'une politique par les autorités de l'État d'accueil, à destination des membres de la minorité concernée. Cette politique vise à faciliter l'immigration des membres de la minorité ou des minorités « affiliées » à l'État d'accueil, et à constituer un corpus législatif qui leur permette de bénéficier de droits larges lors de leur arrivée. La place de l'ethnique dans la migration repose donc sur l'intervention volontaire des dirigeants du pays d'accueil.

octroyé aux *Aussiedler* est justifié par leur germanité supposée et les discriminations subies au lendemain de la guerre. Une définition de la germanité est introduite dans la loi (« *l'ascendance, la langue, l'éducation, la culture* ») (B.V.F.G., Art.6[4]), ce qui institutionnalise la croyance en une généalogie germanique.

Certes le contexte politique et juridique de l'Allemagne d'après-guerre a été déterminant dans la mise en place de cette migration, mais la forme de société développée dans la Roumanie communiste et post-communiste a été tout aussi décisive. Car les catégories ethniques sont instrumentalisées dans le cadre de cette migration. Elles le sont :

- par la reconnaissance politique, juridique et administrative de l'ethnicité de chaque habitant du pays. C'est dans ce cadre que la catégorie des « Allemands de Roumanie » est créée pendant l'entre-deux-guerres en regroupant l'ensemble des populations se croyant d'origine germanique, et ce alors qu'elles n'entretenaient que peu de relations et avaient pour seul point commun la croyance en une généalogie germanique et la pratique de dialectes germanophones ;
- par les grandes difficultés à sortir du pays pendant la période communiste. Le régime migratoire roumain est alors caractérisé par des départs beaucoup plus nombreux que les arrivées ; précisément à cause de la limitation des sorties, ceux qui peuvent bénéficier du soutien d'un gouvernement étranger parviennent à quitter le pays plus aisément. Ce sont les Allemands, les Juifs, les Magyars. Jusqu'à la fin du régime communiste, l'ethnicité est donc un facteur structurant de l'espace migratoire roumain. Les membres de minorités sont sur-représentés dans la migration roumaine jusqu'à la chute de N. Ceaucescu[5].

La sur-représentation des groupes « ethniques » dans l'émigration de Roumanie dura quelques années après la chute de N. Ceauşescu. Jusqu'en 1992, l'émigration resta marquée par les flux de « retour » vers l'Allemagne et la Hongrie. De manière parallèle, les Roumains s'orientèrent aussi

4. À consulter sur le site http://jurcom5.juris.de/bundesrecht/bvfg/inhalt/html
5. Les membres des minorités représentent les deux tiers des émigrants entre 1974 et 1989 (Ministère roumain de l'Intérieur), alors que les minorités représentent 12 % à 15 % environ de la population totale du pays pendant cette même période.

de façon majoritaire vers l'Allemagne[6]. Enfin, l'enquête a montré que les *Aussiedler* venus de Roumanie ont souvent aidé leurs amis roumains, magyars ou tsiganes à migrer dans l'espace Schengen en leur fournissant les invitations nécessaires à l'obtention d'un visa jusqu'au premier janvier 2002. Et, on le verra plus loin, certains de ces migrants « non allemands » trouvèrent des emplois en Allemagne par l'intermédiaire de Saxons.

L'expérience migratoire saxonne de Transylvanie, marginale à plusieurs points de vue (car portant sur une minorité, une région précise, et un type de migration particulier), a finalement soutenu l'essor généralisé des « nouvelles mobilités » dans le pays. Ce constat de l'importance des transmissions va en faveur d'une réflexion intégrant et l'espace de départ et l'espace d'arrivée. Ce qui revient à un véritable renversement de perspective par rapport à de nombreuses lectures des « retours », centrées uniquement sur les espaces d'arrivée. Ce renversement est soutenu par les évolutions récentes de la migration saxonne : depuis le milieu des années 1990, elle ressemble de plus en plus à de la circulation.

La circulation migratoire des Saxons, un mode de vie entre Allemagne et Roumanie

La question qui se pose aujourd'hui aux Saxons comme à tous les autres migrants est : « suis-je d'ici ou de là-bas ? » Longtemps occultée par l'argument de la germanité, cette interrogation prend de la vigueur une fois l'immigration en Allemagne accomplie. Il faut alors trouver de nouvelles réponses. Et de manière paradoxale pour cette migration (mais de manière prévisible si on regarde d'autres flux), c'est dans le va-et-vient que de nouvelles réponses sont formulées.

Comment s'est faite la diffusion de la circulation parmi les Saxons ?

> Nos livres sont rangés dans des étagères construites sur commande par un migrant. Notre dentiste est un ré-migrant. Avec nos invités nous allons dans le restaurant d'un ré-migrant, d'autres fois nous allons à la pizzeria d'un autre. Lorsqu'on nous interroge sur des possibilités d'hébergement,

---

6. « Les Allemands de Transylvanie et du Banat ont transmis à leurs concitoyens toute une idéologie sur "comment et où il faut migrer". Leurs comportements migratoires, leurs réseaux et leur vécu (comme par exemple sur la marginalisation dont ils souffraient dans la société allemande), leur succès (surtout matériel), leurs destinations en Allemagne, leurs idées sur l'Europe, vont se retrouver dans les projets de mobilité de centaines de milliers de Roumains qui commencent à sillonner l'Europe au début des années 1990 » (D. Diminescu, R. Ohliger, V. Rey, 2001).

> nous pouvons tout de suite orienter les gens vers deux pensions tenues par des ré-migrants. (...). S'il faut faire réparer la voiture, nous l'amenons au garage d'un ré-migrant. (...) Si nous partons en voiture à l'ouest, nous pouvons faire halte dans deux stations et une auberge tenues par des ré-migrants (Zugänge, 1998, 20).

Ces propos sont ceux d'une Saxonne revenue en Roumanie après avoir vécu une vingtaine d'années en Allemagne fédérale. Car des Saxons quittent aujourd'hui leur « mère-patrie » mythifiée pour revenir en Transylvanie. Cette tendance récente contrecarre la notion de migration « ethnique » ou de « retour ». Elle montre que l'immigration saxonne en Allemagne n'est pas définitive.

Ce nouveau processus de retour en Roumanie rapproche la migration saxonne de nombreux flux non qualifiées par l'ethnicité. Une nouvelle facette de la mobilité internationale des Saxons émerge. On assiste bien à un renversement de perspective. Pour les Saxons migrants, l'immigration en Allemagne a joué un rôle fédérateur, soutenu par le mythe du « retour ». Ce mythe a été élaboré pour justifier l'immigration en République fédérale. Il véhicule l'idée de rupture avec le pays de départ, la Roumanie. Or, pour pouvoir aller et venir entre les deux pays, les migrants doivent dépasser cette idée de rupture et rétablir le lien avec le pays de départ. C'est ce que font les Saxons qui se mettent à circuler après 1989.

Les premiers Saxons qui se mettent à circuler ne sont pas des entrepreneurs ni des travailleurs (ce qui prévaut en revanche pour d'autres flux). Ce sont des notables : des intellectuels, des religieux, voire des individus ayant eu des responsabilités politiques en Roumanie (avant l'émigration) ou en Allemagne. Ils ont émigré assez tôt, immédiatement après la guerre ou dans les années 1960-1970, et sont retraités lorsqu'ils décident de revenir en Roumanie. Ces notables de retour en Roumanie ont deux objectifs : d'abord, ils usent de leur respectabilité pour promouvoir une autre définition endogène du groupe[7]. Ils veulent aussi promouvoir un autre type de relation entre la Roumanie et l'Allemagne que celui de l'émigration défini-

7. En un premier temps, les croyances fondatrices du groupe sont redéfinies. Ce que l'on peut résumer par la phrase suivante : « *on ne peut être saxon qu'en Transylvanie* » (Paul Philippi cité par le *Monitorul de Sibiu*, 26.5.2000) ! Pour ces notables, l'avenir du groupe est en Roumanie et ce pour une raison simple : leur spécificité n'est pas seulement issue de leur relation complexe à la germanité, mais aussi du fait qu'ils ont vécu dans la société transylvaine. Mais le retournement du mythe du « retour » est nécessaire, faute de quoi les Saxons finiraient par disparaître en tant que groupe en Allemagne. Ce nouveau discours vise donc à préserver le groupe saxon en migration. C'est un retournement complet de situation qui est issu de l'expérience migratoire : après coup, les Saxons ne peuvent se redéfinir que par leur position dans la société roumaine, et relativiser l'importance de l'idéal national allemand dans leur définition endogène.

tive[8]. En fait, ils œuvrent pour que les autorités roumaines et allemandes reconnaissent officiellement la réorganisation du collectif saxon dans la circulation migratoire. La première forme de circulation pratiquée par des Saxons est donc une circulation de notables à visées politiques et idéologiques, circulation qui compose leur réponse à la question « être d'ici ou de là-bas ? ».

Tout ceci montre que la circulation des notables facilite les choses pour d'autres groupes de Saxons installés dans le va-et-vient. Ils négocient une nouvelle position sociale et individuelle parce qu'ils ont la possibilité de se faire entendre des autorités, et ce à l'inverse d'autres groupes socio-économiques. L'engagement des notables retraités pose la question des relations entre groupes pratiquant le va-et-vient.

Des catégories ethniques dépassées dans les pratiques circulatoires

La transformation du « retour » en circulation bénéficie à divers collectifs saxons qui, en s'inscrivant eux-mêmes dans une pratique mobile de l'espace, contribuent à la redéfinition du groupe. C'est le cas de Saxons vivant en Transylvanie et n'ayant jamais immigré en Allemagne. Ils mettent à profit les nouvelles possibilités d'aller et venir entre les deux pays pour travailler temporairement outre-Rhin. À l'heure actuelle, la migration saxonne est aussi une migration de main-d'œuvre. Le groupe, étudié dans un village (Mălâncrav), est constitué de ruraux, paysans pour la plupart. Tous ses membres ont des proches vivant en Allemagne. Ils ont commencé à aller et venir entre les deux pôles migratoires dès que la Roumanie s'est ouverte, mais le mouvement s'est accentué à partir de la seconde moitié des années quatre-vingt-dix. Ce sont essentiellement des hommes ; ils sont en âge d'activité, partent pour des durées limitées (de quelques jours à quelques semaines) en laissant leur famille au village.

L'étude du va-et-vient des Saxons « non migrants » démontre que la circulation saxonne dépasse les catégorisations ethniques grâce à la migration de travail : la place de l'ethnicité y est sérieusement remodelée. À l'appui de cette hypothèse, rappelons que l'Allemagne est la première destination des migrants roumains, quelle que soit leur ethnicité supposée Depuis une

8. Dans un second temps et une fois les croyances fondatrices redéfinies, elles doivent être concrétisées et diffusées auprès du plus grand nombre possible de Saxons. Pour y parvenir, les notables migrants en Roumanie créent et s'insèrent dans des institutions destinées à diffuser cette position idéologique et politique : ce sont le Forum Démocratique des Allemands de Roumanie, et une organisation religieuse, l'Académie luthérienne. Une troisième institution a été créée en 1994 pour légitimer le va-et-vient entre Allemagne et Roumanie : *Arche Noah*. Sa principale fonction est de soutenir les ré-migrants saxons et de leur donner une représentation officielle.

dizaine d'années, les accords de main-d'œuvre ont repris et facilitent d'autant la circulation de travail. Les parcours des circulants saxons de Mălâncrav sont éloquents quant à ce dépassement des catégories ethniques dans la migration.

Ces parcours suivent trois étapes. Des justifications d'ordre familial ou personnel sont invoquées pour l'entrée dans la mobilité (visite aux parents et amis, fêtes familiales) : les réseaux de migrants génèrent le va-et-vient. Les premiers voyages entre les deux pays reposent donc sur la nécessité de maintenir le lien malgré l'éloignement. Puis, rapidement, la circulation adopte une configuration qui témoigne de l'imbrication des migrations ethniques aux migrations de main-d'œuvre. Lors des séjours en Allemagne chez les parents ou les amis, l'un d'eux trouve un emploi temporaire (et généralement non déclaré) pour celui qui est venu en vacances. Parfois les emplois sont trouvés au sein du groupe saxon ; d'autres fois, les possibilités d'emploi sont extérieures. La transformation vers une migration de main-d'œuvre demeure par conséquent fortement encadrée par les réseaux saxons. Enfin, des « non Saxons » sont intégrés au circuit par le biais de la migration de travail. Des intermédiaires saxons recrutent en Roumanie de la main-d'œuvre pour des entreprises en Allemagne, main-d'œuvre qui n'est pas nécessairement saxonne. Mais les travailleurs saxons jouent alors eux-mêmes un rôle de passeurs, puisqu'ils font la traduction et sont les interlocuteurs privilégiés de l'employeur[9].

Finalement, que reste-t-il de la migration « ethnique » des Saxons dix ans après son ralentissement ? La spécificité ethnique du flux a perdu en importance. Aujourd'hui, la migration saxonne accompagne des déplacements de ressortissants roumains dont l'ethnicité n'est pas décisive pour migrer. Si la migration saxonne s'est sans aucun doute aucun éloignée de la problématique du « retour », elle s'est rapprochée de la problématique des « nouvelles mobilités » des Roumains dans l'espace Schengen. Ceci va de pair avec un autre changement majeur : la reprise des échanges avec les localités de départ des Saxons en Roumanie.

Des rapports aux lieux de départ transformés par la circulation migratoire

La circulation des Saxons est possible grâce à une relativisation du rôle de l'ethnicité dans leur mobilité. Mais que devient-elle dans leur région de départ ? Quelles sont les retombées du « retour » en Allemagne puis de

9. Ils obtiennent en échange une rémunération plus élevée que leurs collègues roumains, magyars ou tsiganes.

l'essor de la circulation sur les relations entretenues par les Saxons avec les autres groupes dits « ethniques » dans leurs localités d'origine ? La question mérite examen car ces relations influent fortement sur l'agencement géographique de ces localités.

En effet, les villages de Transylvanie méridionale sont organisés autour d'une séparation nette des groupes qualifiés d'« ethniques », et par des positionnements significatifs de ces groupes dans l'espace villageois. Ainsi, le centre géographique du village est défini par tous les habitants interrogés comme étant historiquement lié aux *Sachsen*[10]. Dans la narration, ce centre géographique devient le pôle central de l'espace villageois : le cœur du village était saxon, tant socialement que spatialement, et continue de l'être dans les récits. Autour du centre saxon, des zones autres sont désignées par les habitants. Ce sont des zones « roumaines » et des espaces marqués par la présence tsigane. Les lieux d'implantation des Roumains se trouvent de manière générale à proximité directe du centre habité par les Saxons. Plus loin, souvent à l'extérieur même du village se trouvent aujourd'hui les espaces attribués aux Tsiganes. L'agencement des localités rurales de Transylvanie méridionale associe donc hiérarchies sociales et positionnements spatiaux. Ce constat frappe par la nécessaire relecture des positions de majoritaire ou de minoritaire qu'il implique : au niveau local, les Saxons ont été jusqu'à récemment en position dominante, dans la mesure où ils ont imposé la norme sociale[11].

Toutefois, dès la fin de la Seconde Guerre mondiale, l'organisation socio-spatiale des localités rurales de Transylvanie du sud est bouleversée par des mesures gouvernementales prises à l'encontre de la minorité saxonne, en représailles à leur collaboration avec l'armée allemande[12]. Et lorsque les Saxons se mettent à émigrer après la guerre, c'est la structure villageoise même qui est bouleversée. La migration saxonne a donc pour conséquence une réorganisation sociale et spatiale des villages sud-transylvains.

10. On le repère dès que l'on entre dans un village, car il est organisé autour de trois lieux symboliques érigés par les Saxons : l'église, fortifiée ou non, catholique au Moyen Age puis luthérienne après la Réforme ; la maison paroissiale, souvent proche de l'église ; l'école de langue allemande, propriété de l'Église luthérienne jusqu'en 1948. Le cimetière est placé sur un versant opposé, de manière à faire face à l'église. Ces éléments matériels sont associés dans les propos des habitants à l'importance numérique et politique des Saxons au cours de l'histoire transylvaine.

11. Division et hiérarchie ne signifient pourtant pas cloisonnement total : les habitants des villages sont interdépendants les uns des autres, quels que soient leur ethnicité supposée, leur pouvoir politique, leurs professions, leur niveau de richesse économique.

12. Il s'agit de la déportation en URSS, l'expropriation des *Sachsen* de tous leurs biens, et l'installation de Roumains et Tsiganes dans les fermes ainsi libérées.

L'immobilier au cœur des négociations entre migrants saxons et locaux

La transformation du « retour » des Saxons passe par l'habitat : en Transylvanie, le logement est le « nœud » qui permet aux Saxons de développer des relations nouvelles avec les habitants de leurs villages de départ. Ils peuvent ainsi prendre part aux recompositions territoriales issues de leur propre émigration. C'est d'abord par la gestion publique que le logement des émigrants saxons acquiert une signification particulière : c'est un témoin éloquent du rapport des autorités roumaines à l'émigration. Tant que celle-ci est indésirable, les émigrants sont expropriés.

Après 1989, en revanche, la propriété immobilière est instrumentalisée pour rendre attractives les localités touchées par le départ massif des *Sachsen*, et ce notamment par la reprise des contacts avec les Saxons installés en Allemagne. La gestion de l'habitat sert à rétablir le lien avec les émigrés. Les autorités adoptent d'abord une position hésitante. À partir du milieu de la décennie quatre-vingt-dix en revanche, le logement devient un moyen de valoriser les relations aux migrants, quitte à ce que cela entraîne des conflits avec les nouveaux occupants des maisons. C'est dès lors un outil de maintien de la relation entre les migrants saxons et les administrateurs roumains. La gestion publique du logement reflète par conséquent l'évolution heurtée de la politique roumaine sur les questions migratoires. À partir de 1989, les émigrants peuvent conserver leurs propriétés en Roumanie s'ils le souhaitent. Au début des années quatre-vingt-dix, les propriétaires cherchent en majorité à vendre leurs biens car la situation politique du pays ne leur semble pas stable. Mais la société roumaine se stabilise progressivement, et les propriétaires migrants conservent leurs propriétés et y installent des personnes de confiance. Dans un troisième temps enfin, depuis 1998-1999, les propriétaires migrants cherchent à récupérer les biens dont ils ont été expropriés, réhabilitent les maisons, et rétablissent des contacts avec leurs localités de provenance. Ces trois phases mettent au jour des dynamiques relationnelles particulières entre les *Sachsen* installés en Allemagne et les habitants : en dépit de leur croyance en une généalogie germanique, les Saxons sont étroitement liés aux autres locaux. Le devenir de leurs propriétés témoigne de ces liens forts. La question immobilière devient donc un enjeu majeur de la transformation du « retour » en une migration ouverte, non définie par l'ethnicité des migrants.

La réactivation de logiques relationnelles complexes et anciennes par la transmission de l'immobilier

Le départ de nombreux Saxons débouche sur une complexification des sociétés rurales dans la région de départ. De nouveaux groupes sociaux apparaissent, dont la constitution est liée à la possibilité d'occuper les logements des migrants (je pense ici à l'arrivée de migrants internes néo-protestants). D'autres, plus anciens mais occultés, émergent à cette occasion : c'est notamment le cas des Tsiganes sortis de « leurs » quartiers. La trajectoire de ces Tsiganes qui parviennent à sortir de la *ţigănie* pour s'installer dans le centre de Mălâncrav repose sur la réactivation de liens étroits et anciens avec des familles saxonnes. Voici l'itinéraire croisé des familles Rusalim (famille tsigane) et Gärtner (famille saxonne)[13].

La relation étroite nouée entre ces deux familles trouve son origine dans l'abolition du servage des Tsiganes à la fin du XIXe siècle. En Transylvanie méridionale, les paysans les plus aisés sont souvent des *Sachsen*. Les plus pauvres, paysans sans terre, sont tsiganes en général[14]. Le grand-père de Monsieur Rusalim est *slugă* ou domestique chez les grands-parents Gärtner. Le domestique travaille pour son maître en échange d'un logement et d'une petite rémunération. La relation passée entre les deux familles est donc une relation de dépendance des Rusalim vis-à-vis des Gärtner. Elle se traduit sur le plan spatial : les Gärtner, riches paysans propriétaires, vivent dans le centre villageois dit « saxon ». Les Rusalim vivent à l'écart du village, sur les terres mêmes des maîtres. Cette liaison de maîtres à domestiques inclut la génération suivante née dans les années vingt. La relation est celle d'un rapport de pouvoir défavorable aux Tsiganes, mais les compensations versées par les maîtres saxons introduisent une proximité certaine entre les deux familles.

Il faut attendre la Seconde Guerre mondiale et l'instauration du régime communiste pour que la relation des Tsiganes aux Saxons soit bouleversée. Les Gärtner perdent leurs propriétés, qui sont attribuées par les autorités locales à la famille Rusalim. La relation de dépendance est inversée ; les Saxons sont désormais subordonnés aux décisions prises par leurs anciens domestiques. Les deux familles entrent alors dans une période de cohabitation qui dure une dizaine d'années (de 1945 à 1954). En outre, les anciens propriétaires saxons, pour pouvoir subvenir à leurs besoins, se voient contraints de travailler leurs anciennes terres sous le contrôle des nouveaux propriétaires. Les rôles de travailleurs et d'employeurs sont intervertis et placés dans une forte proximité spatiale.

---

13. Les noms propres ont été modifiés.

14. Il convient toutefois de ne pas considérer la scission économique comme superposée aux catégories ethniques : les Saxons ne sont pas tous riches, une partie de la paysannerie pauvre est saxonne. En revanche les Tsiganes sont en général dans les situations les plus défavorables.

Une dizaine d'années plus tard, les titres de propriété des *Sachsen* leur sont restitués et les occupants des maisons doivent trouver de nouveaux logements. La famille Rusalim, comme les autres familles tsiganes ayant vécu chez des Saxons, reçoit des fonds de l'État pour construire une maison. La famille Rusalim s'installe donc dans l'espace villageois alors qu'elle avait vécu, jusqu'à la fin de la guerre, dans une périphérie éloignée. Par ailleurs, les structures de l'agriculture collectivisée sont progressivement mises sur pied. Plusieurs membres des familles Gärtner et Rusalim y sont employés. Il n'existe plus de relation d'ordre professionnel entre les deux familles. Mais les individus continuent à se côtoyer dans le cadre du travail agricole en commun.

La dynamique relationnelle entre les Rusalim et les Gärtner prend un nouveau tour avec l'émigration vers l'Allemagne d'une bonne partie de la famille Gärtner, au début de 1990. Deux trajectoires se dessinent progressivement. Un des fils Gärtner décide de conserver sa maison. Il en confie la garde et l'entretien à Monsieur Rusalim en échange de quoi celui-ci peut venir s'y installer avec sa famille. Cette pratique du prêt contre entretien fait partie des méthodes les plus courantes de transmission du logement. Ici, la relation Rusalim-Gärtner apporte une solution, au moins temporaire, au problème de gestion des maisons laissées en Roumanie par les propriétaires quittant le village. L'ancienneté des contacts inter-familiaux et la force de ces contacts sont réactivées par la nécessité de préserver les habitations. L'étape finale de ce processus de réactivation des liens anciens survient à la fin des années quatre-vingt-dix : le fils Gärtner vend sa maison à Monsieur Rusalim. La transmission du bâti, loin de suivre les lignes des catégories ethniques, marque la reprise de contacts durables. La conséquence en est l'installation des Rusalim, famille tsigane, dans le centre du village et dans une maison ayant appartenu à des Saxons. Des Tsiganes peuvent ainsi accéder à l'espace résidentiel central selon un mode très précis : par la reprise des échanges avec des *Sachsen* avec lesquels la famille a été en relation d'interdépendance depuis un siècle. L'organisation du village par les catégories ethniques disparaît donc au profit de logiques relationnelles autres.

Dans le même temps, l'autre fils Gärtner reste à Mălâncrav dans la maison parentale du centre villageois. Grâce à la loi de 1991 sur la restitution des terres dite « loi du fonds foncier », il obtient plusieurs hectares à travailler. Sa famille ne parvient à faire fructifier à elle seule toute la superficie détenue, et les proches saxons ont tous quitté le village pour l'Allemagne. Ce fils Gärtner fait donc appel aux enfants de Monsieur Rusalim et les rémunère : le travail de la terre pousse de nombreux Saxons à faire appel à des travailleurs tsiganes. L'échange demeure toutefois inégal, plus favorable au propriétaire saxon des terres qu'aux travailleurs tsiganes dépendant de l'emploi journalier. Monsieur Gärtner et les Rusalim, ainsi que d'autres Tsiganes du village, sont désormais liés par une reprise des relations de dépendance, conséquence indirecte de l'émigration.

Le récit de cet itinéraire familial croisé des Rusalim et des Gärtner montre bien les transformations des relations « inter-ethniques » dans le village. Il montre aussi les logiques de recomposition locales, une fois les Saxons émigrés. Le centre du village voit arriver de nouveaux habitants. Le découpage tripartite en zones reprenant les catégories ethniques s'efface peu à peu au profit de logiques relationnelles, économiques et politiques. Et cela s'accompagne du fait que les Saxons migrants sont finalement des acteurs à part entière des recompositions territoriales aujourd'hui à l'œuvre dans la Transylvanie bouleversée par la migration internationale. La dimension ethnique de la migration saxonne en est singulièrement affaiblie.

Conclusion

Lorsque la migration « ethnique » des Saxons vers l'Allemagne se met en place au lendemain de la Seconde Guerre mondiale, elle traduit leur croyance dans une généalogie germanique. Elle correspond à une vision bipartite de l'espace parcouru par les migrants, clairement et définitivement scindé entre un pays à quitter pour « préserver l'identité saxonne » (selon les mots de certains migrants) et un pôle d'installation érigé en « mère patrie » accueillante. L'ouverture des frontières en 1989-1990 met un terme à ce schéma fondé sur l'idée de rupture. Lui succède une réorganisation de la collectivité saxonne grâce à la circulation. Désormais, Transylvanie et Allemagne font partie d'un même espace de vie, d'un champ migratoire animé et structuré par les déplacements des individus. Appuyées sur des processus anciens longtemps occultés, les innovations aujourd'hui à l'œuvre en Transylvanie et dans tous les espaces de départ de ressortissants roumains impliqués dans de la mobilité doivent beaucoup aux relations qui sous-tendent ces va-et-vient, ainsi qu'aux échanges et « transferts » qui s'y passent.

Cette conclusion amène à revisiter la notion de migration « ethnique » et son synonyme « retour », et à en mettre à jour les paradoxes. Le premier de ces paradoxes porte sur les usages et significations de l'ethnicité des migrants : s'ils ne s'étaient pas revendiqués allemands, les Saxons ne pourraient aujourd'hui se revendiquer de Transylvanie, donc de Roumanie. Le second paradoxe mis en évidence concerne la relation créée et entretenue entre Allemagne et Roumanie par les migrants : l'enquête a fait ressortir que c'est en ayant mis en avant l'ethnicité (comme mode de cloisonnement spatial et social) que les Saxons migrants peuvent aujourd'hui développer d'autres relations aux acteurs locaux en Transylvanie tout en modifiant le profil de l'ethnicité. Enfin, les articulations entre sédentarité et mobilité au sein de ces flux se révèlent elles-mêmes paradoxales : après l'arrêt de l'immigration définitive en Allemagne sous statut de *Aussiedler*, la migration des Saxons se transforme aujourd'hui en va-et-vient. Mais cette circulation repose pour partie sur un discours de sédentarité. Finalement, la migration « ethnique » est un jeu permanent et complexe entre l'identité pour pouvoir être à la fois ici et là-bas...

Références

BADE K.J., 1994, «Immigration and Integration in United Germany: Historical Development and Present Status», in I. Troen, K.J. Bade (dir.), *Returning Home. Immigration and Absorbtion into their Homelands of Germans and Jews from the Former Soviet Union*, Beer-Sheva, Ben Gurion University of the Negev, 2-10.

BADE K.J., 1998, « Einführung : Zuwanderung und Eingliederung in Deutschland seit dem Zweiten Weltkrieg »,
http://www.univerlag.uni-snabrueck.de/books/migratio/imis3.htm

BRUBAKER R., 1998, « Migrations of Ethnic Unmixing in the New Europe », *International Migration Review*, vol.32, n° 4, 1047-1065.

DAWIDSON K.E.K., 2004, «Redistributing Nationalized Housing: Impacts on Property Patterns in Timisoara, Romania», *Eurasian Geography and Economics*, 45, n° 2, 134-156.

DIMINESCU D., 1999, « Faire une saison. Pour une anthropologie des migrations roumaines en France. Le cas du pays d'Oas », *Migrations Études. Synthèse des travaux sur l'immigration et la présence étrangère en France*, Paris, Ministère de l'Emploi et de la Solidarité, n° 91.

DIMINESCU D., 2001, « L'installation dans la mobilité : les savoir-faire migratoires des Roumains », *Migrations Société*, vol. 13, n° 74, 108-116.

DIMINESCU D., OHLIGER R., REY V., 2001, *Les circulations migratoires roumaines, une intégration par le bas ?*, Paris, Rapport à la D.P.M.

KING R., 2000, « Generalizations from the History of Return Migration », in B. Ghosh (ed.), *Return Migration. Journey of Hope or Despair?*, Genève, Office International des Migrations, 7-55.

MA MUNG E., 1999, « La dispersion comme ressource », *Cultures et conflits*, n° 33-34, 89-103.

MICHALON B., 2003, *Migrations des Saxons de Roumanie en Allemagne. Mythe, interdépendance et altérité dans le « retour »*, Université de Poitiers, Thèse de géographie.

MOROKVASIC M., ANGENENDT S., FISCHER A., 1994, « Migrations Est-Ouest dans le débat scientifique et politique en France et en Allemagne », *Revue d'Etudes Comparatives Est-Ouest*, vol. 25, n° 3, 135-160.

MOROKVASIC-MÜLLER M., 1999, « La mobilité transnationale comme ressource : le cas des migrants de l'Europe de l'Est », *Cultures et Conflits*, n° 33-34, 75-125.

POLEDNA R. I., 1998, *Tranformari sociale la Sasii ardeleni dupa 1945*, Cluj, Université Babes-Bolsyai, Thèse de sociologie.

POTOT S., 2000, « Étude de deux réseaux migratoires roumains », *Sociologie Româneasca*, n° 2, 101-119.

POTOT S., 2003, *Circulation et réseaux de migrants roumains : une contribution à l'étude des nouvelles mobilités en Europe*, Université de Nice-Sophia Antipolis, Thèse de sociologie.

REY V., GROZA O., IANOŞ I., PĂTROESCU M., 2000, *Atlas de la Roumanie*, Paris, Montpellier, CNRS, GDR Libergéo, La Documentation française, Reclus.

Documents législatifs et presse

Buletin Oficial, 6 décembre 1974, n° 152.

Monitorul Oficial, 29 novembre 1995, n° 279.

Monitorul Oficial, 6 février 1998, n° 52.

Monitorul Oficial, 14 février 2001, n° 75.

Monitorul de Sibiu, 26.5.2000.

Evangelische Akademie, *Zugänge*, 1998.

Bundesvertriebenen und Flüchtlingsgesetz (B.V.F.G.), sur le site :
http://jurcom5.juris.de/bundesrecht/bvfg/inhalt/html

4

Les enjeux du retour en Israël : une lecture de géographie politique à partir du cas des Juifs ex-soviétiques[1]

William BERTHOMIÈRE
Migrinter, UMR 6588 MITI (Poitiers)

Cardinale pour les uns, obsolète pour les autres, la notion de retour reste bien difficile à définir. Elle représente l'incarnation d'une valeur, celle de l'unité organique entre un peuple et sa terre ancestrale. De tout temps et de tous les lieux de la *galout*, le vœu inlassablement répété de « L'an prochain à Jérusalem » a souligné le lien indéfectible qui existe entre sionisme et immigration. Avec l'événement que constitue le 14 mai 1948, elle est aussi perçue comme une rupture. Le lien entre sionisme et immigration est pensé – pour une partie de la diaspora dès la création de l'État et rétrospectivement pour d'autres – comme un vœu pieux qui n'a plus de véritable vocation car le sionisme a rempli sa tâche en offrant au peuple juif sa renaissance nationale. Après plus d'un siècle de sionisme politique, le débat demeure néanmoins ouvert, d'autant plus que les questionnements sur la production de l'antisémitisme et la place du judaïsme, sur lesquels a notamment reposé le débat d'idées qui a fédéré la pensée sioniste, sont toujours des éléments prégnants du débat auquel est venu

1. Ce chapitre est une synthèse des réflexions présentées sur le thème du retour lors du séminaire ACI Diasporas *Le Retour des diasporas : entre argumentation politique et pratiques sociales et circulatoires des migrants* (Poitiers, 2004) et de trois colloques : *2000 ans de diasporas* (Poitiers, 2002), *Refugee Repatriation: Process, Patterns and Modes of Transnationality. A Comparative Approach* (Ramallah, 2004) et *Rural-Urbain. Nouveaux liens, nouvelles frontières* (Poitiers, 2004).

se surajouter la question du conflit avec les Palestiniens, qui n'a fait que gagner en intensité depuis ses origines dans les années vingt. Dans son article « La révolution sioniste est morte »[2], Avraham Burg a livré toute son inquiétude sur une période qu'il pressent comme la fin de « l'aventure sioniste » et a souligné le dilemme qu'offre cette « tectonique » du sionisme où jouent côte à côte une pluralité de modes de relations au foyer national en diaspora et au sein même d'Israël. Prétendre embrasser cette question dans sa totalité sans risquer de tomber dans l'excès est chose impossible, comme a pu le montrer la vague de réactions qu'a suscitée la parution du texte d'Avraham Burg, même si la question est foncièrement celle-ci : comment penser ce mouvement national aujourd'hui alors qu'il s'est construit sur une utopie politique non sans contradictions lorsque le discours national formulait le souhait de devenir une « lumière des nations » sans rejeter l'idée d'« une terre sans peuple pour un peuple sans terre ». Il ne s'agit donc pas de mesurer, au filtre de l'état des relations entre sionisme et immigration, la pérennité de cette idéologie nationale mais bien plus de l'observer à travers ce miroir qu'est le retour afin de saisir au mieux, à travers l'exemple des juifs ex-soviétiques, les questionnements qui intéressent aujourd'hui dans son quotidien cet archétype autocentré de diaspora.

Le retour ou l'expression de la « révolution sioniste »

Le retour constitue le cœur de la révolution sioniste. Pensée comme un idéologie qui a « ordonné » au peuple juif « de quitter son milieu ambiant situé en diaspora pour s'établir sur cette terre d'Israël ancienne et nouvelle à la fois » (Yehoshua, 2005), le retour compose un prisme d'observation de la force du politique sur le destin des populations mais aussi un espace de lecture privilégié des fragilités originelles du projet sioniste.

L'aliya[3] ou le support de l'idéologie sioniste

Impulsée par l'activité diplomatique d'un homme, Théodore Herzl, qui a donné à la pensée sioniste toute sa dimension politique dès la fin du XIXe siècle, l'immigration n'a cessé de s'accroître jusqu'à la création de l'État en 1948 : les premiers sionistes émigrant vers la Palestine, poussés

2. « La révolution sioniste est morte », *Le Monde*, 10.09.2003.

3. Le terme d'*aliya* aux fondements religieux signifiant « ascension, montée » est utilisé en Israël pour définir l'immigration juive. Le terme *yerida* « descente » est employée pour décrire l'émigration juive d'Israël. Dans cette terminologie, le mot *oleh* (pl. *olim*) désigne « celui qui monte », l'immigrant juif. *A contrario*, celui qui émigre d'Israël est nommé *yored* « celui qui descend ».

notamment par la multiplication des pogroms en Europe orientale et par le désir de rétablissement du « Pays d'Israël », les suivants y trouvant prioritairement un refuge face à la montée du fascisme en Europe. Puis, dès sa création, les immigrants juifs *(olim)* sont « montés » en Israël dans le cadre législatif qu'a offert la promulgation de la Loi du retour (1950) qui autorise l'entrée du pays à tout juif et de la Loi sur la nationalité (1952) permettant l'acquisition de la nationalité israélienne à tout immigrant juif. Ainsi, alors que la première guerre israélo-arabe fait rage et que plus de 750 000 Palestiniens prennent la route de l'exil, ce sont plus de 650 000 *olim*, principalement des juifs rescapés de la Shoah mais aussi originaires du Moyen-Orient, comme les juifs d'Irak, qui ont trouvé refuge dans le jeune État et permis le doublement de sa population. Puis, avec la décolonisation, c'est depuis les rives maghrébines de la Méditerranée que des milliers de juifs sont partis pour Israël. L'immigration marocaine des années 1950 et 60 (270 000 personnes) a constitué la troisième plus importante *aliya* de l'histoire migratoire d'Israël et a permis à l'État d'approcher les trois millions d'habitants dont 2 435 000 juifs. Au lendemain de ces deux grands vagues migratoires, l'*aliya* s'est peu à peu tarie. La croissance démographique d'Israël a décru de moitié pour passer de 3 % par an sur la décennie soixante à 1,4 % par an à la fin des années quatre-vingt. Par la suite, seuls deux événements sont venus troubler l'histoire migratoire d'Israël après 1965. La guerre des Six Jours, en faisant rejaillir la crainte d'un nouveau génocide, a créé un fort mouvement de solidarité au sein de la diaspora, concrétisé par un net sursaut de l'*aliya*[4]. Cette période a d'ailleurs été la seule où les grands foyers de la diaspora ont véritablement participé à l'essor démographique d'Israël[5]. Le second événement migratoire a été l'ouverture, plus ou moins grande suivant l'état des relations américano-soviétiques, des frontières de l'URSS à l'émigration juive. Ainsi, entre 1965 et 1989, l'*aliya* s'est élevée à plus de 400 000 personnes, majoritairement des juifs soviétiques. Plus récemment, l'ouverture totale des frontières du bloc soviétique et l'effondrement du régime de Mengistu sont venus redonner à la courbe de l'*aliya* le profil de ses premières années : les immigrants d'ex-URSS et d'Éthiopie comptant respectivement pour plus de 900 000 et 65 000 personnes dans la population israélienne d'aujourd'hui. Avec le retour en nombre des juifs d'ex-URSS et d'Éthiopie, l'État d'Israël s'est retrouvé, de fait, réinscrit

4. Parallèlement, la Guerre des Six Jours a entraîné à nouveau sur les routes de l'exode plus de 200 000 Palestiniens.

5. Entre 1965-1971, six fois plus d'*olim* issus des grands établissements de la diaspora (Canada, États-Unis, France, Royaume-Uni, ont été enregistrés par rapport à la période 1961-1964 (30 550 contre 4 795). Au total, ces immigrants n'ont représenté que 6,5 % du flux global d'immigration juive enregistré entre 1948 et 1989.

dans une temporalité du retour alors qu'il s'en était quelque peu distancé (Anteby, 1998). L'accalmie migratoire des années 1970-80, que seuls quelques sursauts d'immigration étaient venus perturber, avait amené à une redéfinition des rapports entre la diaspora et Israël et à une concomitante définition des contours du « nous, les Israéliens ». Ce passage d'une temporalité du retour à un temps de « l'entre soi » n'avait pas été exempt de répercussions sociales (cf. figure 1).

Urgence, « angoisse des retrouvailles » et globalisation ou les éléments d'une reformulation du projet sioniste

La multiplication des conflits armés avec les pays voisins et la nécessité de sécuriser les espaces périphériques du pays ont poussé les Pères fondateurs de l'État sur la voie d'une stratégie territoriale qui a reposé sur la dispersion des nouveaux arrivants afin de mieux contrôler le territoire et répondre à l'urgence de la situation géostratégique. Fondée sur l'idée, exprimée par Golda Meir, que « la frontière de l'État se trouve là où sont les Juifs », la création d'un ensemble d'établissements de populations au sein de l'espace rural israélien s'est faite en laissant de coté la dimension sociale que requerrait alors l'installation de populations déracinées. La création, dans l'urgence, d'un tissu humain dans les espaces périphériques d'Israël (le Néguev au sud, et la Galilée au nord) s'est trouvée génératrice d'une fracture socio-spatiale. Très rapidement, les difficultés rencontrées par les aménageurs d'État pour assurer l'essor économique des villes de développement ont eu pour effet de dessiner une ligne de fracture entre ces régions périphériques et le cœur du pays constitué par la région métropolitaine de Tel-Aviv.

Peuplées dans leur très grande majorité par des Juifs orientaux (venus d'Afrique du Nord ou du Moyen-Orient), les populations des territoires périurbains et ruraux ont progressivement inscrit leur représentation des inégalités sociales dans une grille de lecture articulée autour de la ligne de fracture « séfarade-ashkénaze ». Le repli sur lui-même que connaît le pays à la fin des années soixante-dix avec l'affaiblissement de la dynamique migratoire n'a en rien permis de réduire cette fracture. À défaut d'une « fusion des exilés » par la rencontre des filles et fils d'Israël, cette période voit émerger une société multiculturelle où les problèmes communautaires ont pris une importance considérable démontrant qu'ils n'étaient pas que transitoires[6]. L'année 1977 marque doublement cette temporalité puisqu'elle est l'occasion, lors des élections de mai, d'un vote de rejet exprimé par les Séfarades envers l'establishment ashkénaze et,

6. Voir notamment les travaux de S. N. Eisenstadt.

Figure 1 - 1948-2003 : Schématisation des contextes migratoires et sociaux d'Israël

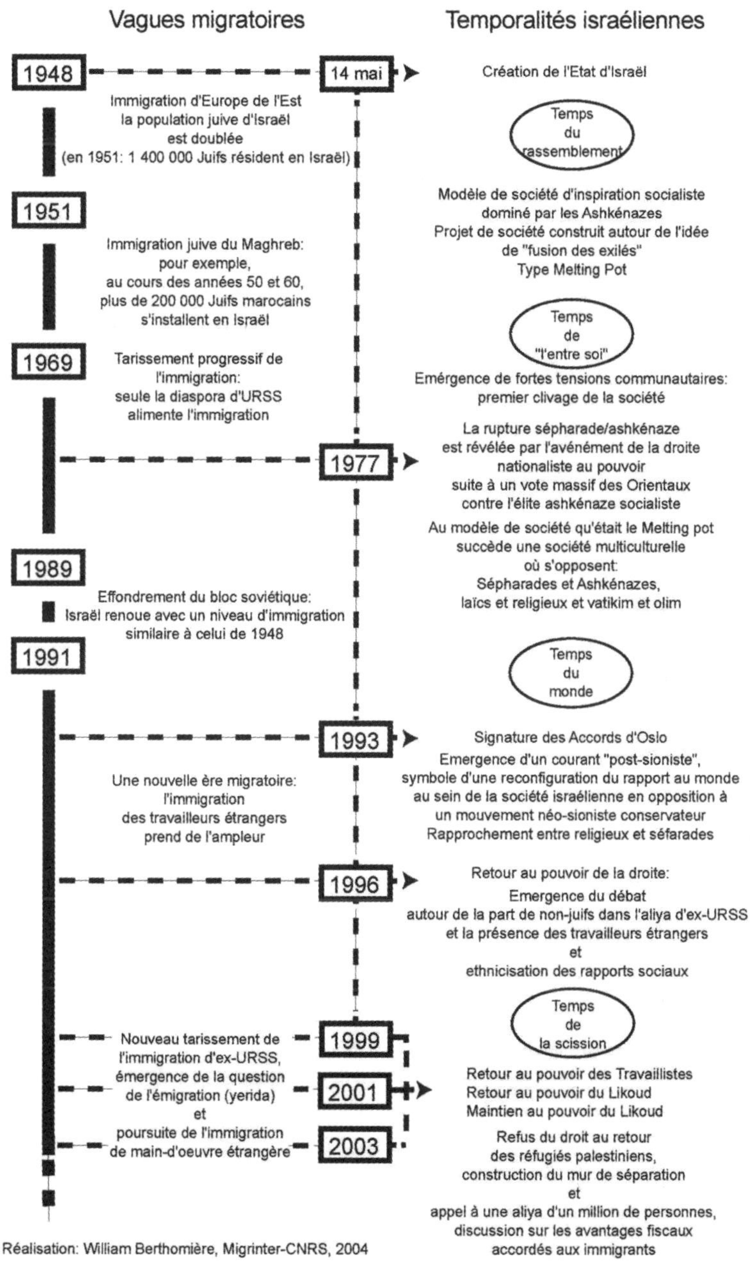

Réalisation: William Berthomière, Migrinter-CNRS, 2004

avec l'accession au pouvoir de la droite nationaliste qui en découle, le moment d'une intensification de la politique de colonisation des territoires occupés depuis 1967 (cf. figure 1). Avec cette arrivée au pouvoir du *Likoud* se mettent en place les premiers éléments de complexification des clivages sociaux d'Israël où s'entrecroisent les facteurs socio-économiques, politiques, communautaires et religieux.

Un tel processus a abouti à la production d'un sionisme de « l'entre deux » structuré le long d'un axe néo-sionisme/post-sionisme, où le premier, comme l'a défini Uri Ram, « représente un mouvement de repli identitaire, nationaliste, raciste et anti-démocratique, qui cherche à élever des barrières autour de l'identité nationale israélienne (...) qui se nourrit de la violence du conflit israélo-arabe et du bas niveau d'intégration dans l'économie capitaliste » et où le second se présente tel « (...) un courant "libertaire" d'ouverture qui souhaite réduire les barrières de l'identité nationale et y intégrer "l'autre" » (Rom, 1998).

C'est dans ce spectre social, aux bornes fortement prononcées, que se sont inscrites les vagues migratoires des années quatre-vingt et surtout quatre-vingt-dix avec l'arrivée de milliers de juifs éthiopiens et de près d'un million de juifs d'ex-URSS. Ces deux vagues migratoires ont participé à l'affirmation de ce processus de complexification des rapports sociaux, notamment par l'importance croissante des partis dits ethniques comme le *Shas* (parti séfarade orthodoxe) ou *Israel Be'Aliya* (parti russe créé par Nathan Charansky) dans le débat de société.

À la fin des années quatre-vingt-dix, Israël apparaît comme « tiraillé » entre ces deux pôles – post et néo-sionistes – et voit toute tentative de négociation sociale neutralisée par son incapacité à faire évoluer un processus de construction nationale « empêtré » dans un pseudo *statu quo* entre société civile, religieuse et militaire, en fait très en faveur de cette dernière. Le projet sioniste, alors qu'il a rempli sa « mission » en ayant offert une terre d'accueil pour près de 2 millions et demi de juifs et en regroupant près de 40 % de la population juive mondiale, subit aujourd'hui la critique tant sur le plan interne qu'externe. En Israël, la question de l'ethnicisation des rapports sociaux se fait de plus en plus prégnante et confirme, comme l'avait souligné Vladimir Jankélévitch, l'inévitable angoisse des retrouvailles que comporte en lui le projet sioniste. L'émergence du débat sur la part « grandissante » des non-juifs dans l'immigration d'ex-URSS ou sur le racisme que peut affronter la communauté éthiopienne est en cela révélatrice des débats que peut susciter aujourd'hui le retour (Anteby, 1999). Cette dynamique sociale est d'autant plus forte qu'elle est mêlée à de nouvelles questions liées à présence de travailleurs étrangers[7] comme la création d'un *jus soli* pour les quelque 2 000 enfants d'immigrés non-juifs sans réelle existence légale en Israël[8].

Autant d'éléments qui alimentent la critique sur le sionisme de plus en plus fréquemment décrit comme un projet national qui faillit à son devoir de production de cohésion nationale. L'observation « grandeur nature » – avec le « retour » de plus d'un million de juifs ex-soviétiques – de la révolution sioniste offre donc une clef de lecture supplémentaire à la compréhension de la question du retour des diasporas.

« Aujourd'hui à Moscou, demain à Jérusalem ? » : Le retour, une dynamique migratoire complexe

Le retour entre choix et contraintes

Trois dimensions structurent cette première approche du retour des juifs d'ex-URSS. Vers quelle(s) destination(s) émigrer et qui préside à ce choix est la première des questions. Il s'agit d'une dimension qui mêle les intérêts des émigrants mais aussi ceux de l'État d'Israël. Une véritable géopolitique du retour est ainsi rendue visible. Parallèlement, les dimensions contextuelles et individuelles sont à explorer. La politique d'accueil (pré) détermine les modes d'inclusion dans la société et les interactions sociales qu'elle suscite sont l'une des principales clefs de lecture de la place du retour dans l'idéologie nationale israélienne.

Comme l'a fort justement fait remarquer S.-A. Rozenblum (1982) avec l'expression « L'an prochain à Jérusalem... ou ailleurs », l'histoire de l'émigration juive d'ex-URSS a montré que le retour vers la « mère patrie » n'occupait pas toujours la place qui lui est attribuée dans une pensée classique des relations diaspora-« diasporés ». De nombreux juifs soviétiques, visa pour Israël en poche, se sont interrogés sur le pays vers lequel ils allaient se diriger. Au cours de la vague des années soixante-dix, une part impor-

7. La spirale de violence qui s'élève au milieu des années quatre-vingt-dix, suite à l'enlisement du processus d'Oslo, a eu pour conséquences d'affaiblir le capital économique palestinien par les fermetures répétées et de plus en plus prolongées des frontières d'Israël aux travailleurs palestiniens mais aussi d'obliger Israël à trouver à l'extérieur une main-d'œuvre de remplacement. Avec les appels à main-d'œuvre étrangère et de par son fort potentiel économique en Méditerranée orientale, Israël s'est donc trouvé inscrit dans le système migratoire international et s'est découvert pays d'immigration avec le remplacement progressif de sa main-d'œuvre palestinienne par des travailleurs émigrés – réguliers et irréguliers – venus de dizaines de pays (environ 250 000).

8. Voir l'article « Children of Illegal Workers Ask Court for Rights », *Ha'aretz*, 6.01.2004.

tante des émigrants n'a pas emprunté le chemin de « Sion » comme avaient pu le faire leurs illustres prédécesseurs, David Ben Gourion, Ytshak Ben Zvi ou encore Golda Meir. Sur leur trajet vers la Terre promise qui avait pour étape Vienne, un nombre non négligeable de juifs d'URSS ont profité de ce transit pour en faire une véritable croisée des chemins et se diriger vers une autre destination. Ainsi, Vienne est devenue la ville du choix, une sorte de gare de triage pour cette communauté juive. Si les défections n'ont représenté qu'une part minime du flux total d'émigration vers Israël dans les années 1970-74, le mouvement a très rapidement pris de l'ampleur. En 1977, plus de la moitié des 16 000 juifs quittant l'URSS ont choisi, une fois à Vienne, de se diriger vers une autre destination qu'Israël, principalement les États-Unis et le Canada (via Rome)[9]. En 1979, ils ont été plus de 80 % et le « record de défections » a été atteint en 1988 avec plus de 88,5 % de « *drop-outs* » (Dominitz, 1997). Cette zone de transit à Vienne, nécessaire du fait du refus soviétique d'établir des lignes directes avec Israël, posait de réels problèmes au gouvernement israélien et a été la source de vives tensions avec les organisations juives américaines puisqu'elles offraient une alternative au retour[10].

À ce facteur s'ajoutaient des motivations liées à la personnalité même des émigrants. Il ne fait aucun doute que les juifs issus des grandes agglomérations de Russie et des États occidentaux de l'Union en général, de par leur plus grande assimilation ou « russification » ont préféré émigrer ailleurs qu'en Israël. À l'inverse, les juifs traditionalistes tels ceux de Géorgie qui avaient pu conserver une culture juive au cours de ces années de régime soviétique ont choisi de réaliser la prophétie : « L'an prochain à Jérusalem ».

La lecture des statistiques concernant l'émigration juive sur la période 1968-1980 a confirmé ces orientations « infra-communautaires ». Pour exemple, plus de 60 % des juifs de Moscou et de Minsk, qui ont émigré sur cette période, ont choisi de ne pas se rendre en Israël, cette proportion attei-

9. Les migrants qui se détournent du chemin vers « Sion » sont nommés en hébreu « *noshrim* » et un tel acte est appelé « *neshira* », en anglais *drop-out*.

10. Deux organisations accueillaient les juifs soviétiques à Vienne : l'Agence Juive en tant qu'instance représentant l'État d'Israël, et une organisation américaine *HIAS*. Cette dernière justifiait sa présence par le fait que tous les juifs ne désiraient pas émigrer en Israël et qu'il était de son devoir d'assister ceux qui optaient pour une émigration vers l'Amérique du Nord. Y. Dominitz (1997) a également souligné l'importance du complexe de culpabilité, issu de « l'inactivité » de la communauté juive américaine, au cours des décennies 1930 et 1940, comme motivation à l'action de soutien des juifs d'URSS sur la période 1970-1989. Le refus d'un pont aérien direct entre les deux pays était pour l'URSS, le moyen de calmer les États arabes qui ne voyaient pas d'un très bon œil le départ des juifs qui allaient accroître le contingent militaire israélien.

gnant même les 80 % pour ceux originaires de Leningrad et Kiev, tandis que parmi ceux issus de foyers juifs traditionnels du Caucase et d'Asie centrale, les « *drop-outs* » n'ont pas dépassé les 5 % du flux d'émigration. Ces défections ont constitué un réel affront pour Israël qui avait tant lutté pour le droit à l'émigration des juifs d'URSS. Même si Israël a vu immigrer plus de la moitié des quelques 295 000 juifs qui ont quitté l'URSS sur cette période, le faible entrain de ces juifs à venir en Terre promise était le catalyseur d'une réelle remise en question. L'État d'Israël s'est d'autant plus interrogé que l'URSS était le seul réservoir de population juive susceptible de venir en Israël pour « repousser » l'enjeu démographique inhérent au conflit israélo-palestinien.

Si au fil des années soixante-dix et quatre-vingt, l'émigration juive d'ex-URSS peut être envisagée comme une résultante d'un rapprochement Est-Ouest, il faut remarquer que l'orientation du flux d'émigration est également le produit de la pression israélienne exercée sur le gouvernement américain. En effet, si la diplomatie israélienne a su convaincre la Maison blanche de faire de la liberté de mouvement pour les juifs d'URSS une condition *sine qua non* d'un resserrement des liens américano-soviétiques, elle a également su agir pour limiter au maximum les possibilités d'émigration outre-Atlantique (Jones, 1996). Ceci s'est notamment fait grâce à la signature d'un accord avec les autorités soviétiques en août 1988, où Moscou acceptait d'émettre des permis de sortie du territoire uniquement pour Bucarest. En faisant de la Roumanie[11] le point de transit où les candidats à l'émigration se voyaient accorder uniquement des visas pour Israël, la part des *noshrim*, de ceux qui se déroutaient d'Israël pour les États Unis a été notablement réduite, passant de 88,5 % à 19,7 % entre 1988 et 1990. Puis, avec l'ouverture totale des frontières de l'URSS au début des années quatre-vingt-dix et l'établissement de relations aériennes directes, Israël est devenu le seul véritable espace d'immigration possible (Tableau 1, p. 326).

L'économie du retour

Avec l'entrée de plus de 300 000 juifs d'ex-URSS en 1990 et 1991, Israël a dû réapprendre à être un pays d'accueil et, dans l'urgence, faire face aux besoins et aux attentes de ces « nouveaux Israéliens ». Quelque peu débordé par le nombre des immigrants d'ex-URSS, l'État a mis sur pied un programme dit « d'intégration directe » où chaque immigrant s'est

11. Après négociations diplomatiques, Israël a également obtenu le droit d'établir des vols directs depuis Varsovie et Budapest, des villes « hors de portée » des organisations juives américaines.

Tableau 1 - Émigration des juifs ex-soviétiques et de leurs conjoints non-juifs selon le pays d'accueil (1989-1998, en milliers)

Années	Total	Dont			Part d'Israël dans le total (%)
		Israël	États-Unis [a]	Allemagne	
1989	72	12.9	56 [b]	0.6	18
1990	205	185.2	6.5	8.5	90
1991	195	147.8	35.2	8.0	76
1992	123	65.1	45.9	4.0	53
1993	127	66.1	35.9	16.6	52
1994	116	68.1	32.9	8.8	59
1995	114	64.8	21.7	15.2	57
1996	106	59.0	19.5	16.0	56
1997	99	54.6	14.5	19.4	55
1998	83	46.0	7.4	17.8	55
1989-1998	1,240	769.9 [c]	290 [d]	114.9	62

(a) Données annuelles pour 1991-1998 concernant uniquement les immigrants pris en charge par HIAS assisted emigrants. (b) Departures. (c) Total does not equal the sum for years due to rounding. (d) Including emigrants who had not been assisted by HIAS.

Sources : Mark Tolts, « Russian Jewish Migration in the Post-Soviet Era », The European Population Conference, June 2001, Helsinki.

vu attribuer un soutien financier pour une année, assorti de détaxes sur une variété de produits et de conditions d'emprunts préférentielles notamment pour l'immobilier et une totale liberté de choix quant à son lieu de résidence dans le pays.

La mise en place de ce programme dit « d'intégration directe » n'a toutefois pas permis d'éviter une déstabilisation du pays dont l'origine plongeait ses racines dans l'inadéquation existante entre les besoins des immigrants et les objectifs de la politique gouvernementale. Le gouvernement Shamir était bien plus tourné vers la réalisation d'un « grand Israël » que vers l'aide à l'installation des nouveaux arrivants. La politique de construction de logements avait été soit reléguée au domaine privé (qui ne s'était pas empressé de construire pour les immigrants, ce qui a provoqué une pénurie de logements), soit prise en main par l'État et essentiellement orientée vers les espaces périphériques d'Israël (la Galilée et le désert du Néguev) ou au-delà de la Ligne verte[12], ce qui ne répondait pas aux attentes des nouveaux immigrants. Parallèlement, le gouvernement découvrait le paradoxe de

12. Cette expression désigne les frontières d'Israël avant les conquêtes territoriales de 1967.

l'intégration de cette vague migratoire qui était l'obstacle que constituait la surqualification des migrants. Parmi les ex-Soviétiques arrivés entre 1990 et 1995, 40 % avait effectué treize années et plus d'études (environ 25 % pour la population israélienne). Leur intégration professionnelle était d'autant plus difficile à réaliser qu'il existait une réelle inadéquation entre l'offre et la demande : inadéquation pure et simple liée à l'inutilité des qualifications possédées tels les ingénieurs en pétrochimie ou métallurgie ; inadéquation liée à une saturation du secteur concerné comme celui de la médecine notamment (Raijman, 1998).

Comme dans bien d'autres situations d'immigration, le temps a contribué à gommer les aspérités et rugosités qui caractérisaient ce processus d'insertion socio-économique au début des années quatre-vingt-dix (Siegel, 1998). Aujourd'hui, les ex-Soviétiques ont un taux de chômage identique à celui des autres Israéliens et ne présentent plus de problèmes de logement. Bien au contraire, ils sont aujourd'hui près de 80 % à être propriétaires de leur logement (Moia, 1996 ; Alterman, 2002). Ce panorama statistique laisse néanmoins dans l'ombre un processus d'insertion socio-économique où la valeur collective du retour tend à s'amenuiser.

Le retour comme miroir des mutations sociales d'Israël ?

Pour l'ensemble des Israéliens, la question de la capacité d'Israël à accueillir de larges vagues d'immigrants s'est faite de plus en plus présente. Le caractère massif de ce « retour » a en effet perturbé la lecture qui pouvait être faite des évolutions de la société israélienne. Les citoyens israéliens ont été contraints de se repenser dans un temps du retour, avec toute la charge idéologique que contient cette notion en Israël, alors même que cette temporalité, pour bon nombre d'entre eux, ne faisait plus partie intégrante de leur façon de penser la société.

Le processus de re-stratification sociale qu'a connu Israël au cours des années quatre-vingt avec, comme l'a souligné Claude Klein (1999), le passage d'un clivage classique « droite-gauche ou riches-pauvres » à des clivages superposés articulés autour de deux blocs opposés – un bloc « religieux-séfarade-droite » et un bloc « laïque-ashkénaze-gauche » –, a eu pour effet d'inscrire les immigrants dans ce nouveau schéma d'analyse sociale et a progressivement mené à une ethnicisation de la lecture des interactions sociales suscitées par leur retour. Ce recours à l'ethnique, loin d'être scientifiquement valide – ne serait-ce que du fait que la très grande majorité des juifs ex-soviétiques, comme l'a rappelé Denis Charbit[13], ont

13. Cf. l'article « Le facteur ethnique dans l'électorat "russe" : permanence et mutation » sur le site interne du CERI dans la rubrique Kiosque (juin 1999).

voté pour l'un des deux grands partis du pays (le parti travailliste ou le *Likoud*) – a surtout eu pour intérêt de souligner la crainte qu'a pu soulever l'idée de retour et les conflits d'usage existant dans les modes d'incorporation des groupes dans la société israélienne.

Alors, quand en 1989 le bloc soviétique s'effondra, que des milliers de juifs affluèrent en Israël et que le gouvernement israélien commença à planifier leur installation, ceci ne se fit pas sans accentuer la complexité de la fracture socio-spatiale du pays. Entrés dans un rapport de force les opposants aux « populations urbaines ashkénazes », les « séfarades des périphéries urbaines » ont ressenti, en premier lieu, ce retour de juifs soviétiques « ashkénazes » comme l'anéantissement de leur « espoir » de composer bientôt une majorité démographique en Israël[14] et de s'assurer, peut-être, un avenir meilleur (au moins localement). En fait, ces espoirs étaient bien minces car leur position sociale n'avait que peu évolué depuis les années soixante-dix. En 1985, la proportion de *sabarim*[15] d'origine orientale occupant un emploi d'ouvrier était identique à celle de leurs parents nés à l'étranger tandis que, pour la seconde génération d'origine ashkénaze, elle avait diminué de près de la moitié principalement au profit des postes de cadres moyens (Bensimon, 1989). Pis encore, à cette date, la proportion d'Orientaux de la seconde génération dans le haut de l'échelle sociale (professions libérales et cadres supérieurs) était inférieure à celle de leurs parents : autant d'éléments qui ne pouvaient qu'accroître le sentiment de discrimination et de ségrégation.

Dans ce contexte social fait de tensions et de divisions croissantes, la politique de répartition des nouveaux immigrants a pris un caractère très sensible car elle devait à la fois répondre aux objectifs de dispersion de la population dans les zones périphériques afin d'éviter de renforcer la concentration démographique sur la plaine côtière et servir les objectifs stratégiques de l'État (Menahem, 1996). La politique de construction de logements dans les espaces périphériques a eu pour conséquences de raviver les tensions entre Ashkénazes et Séfarades et d'amener au cœur même des « territoires séfarades », des populations ashkénazes. En effet, en favorisant la construction de nouveaux logements en Galilée, dans le Néguev et au-delà de la ligne verte, ces espaces traditionnellement séfarades ont vu émerger de nouveaux quartiers où se sont installés des milliers d'ex-Soviétiques (cf. figure 2).

14. Depuis sa création, l'État d'Israël a vu la part de sa population d'origine européenne ou américaine s'amoindrir passant ainsi de 88 % en 1948 à 49 % à la fin des années quatre-vingt.

15. Personnes nées en Israël.

Figure 2 – Répartition par districts des nouveaux immigrants d'ex-URSS (1990-2002)

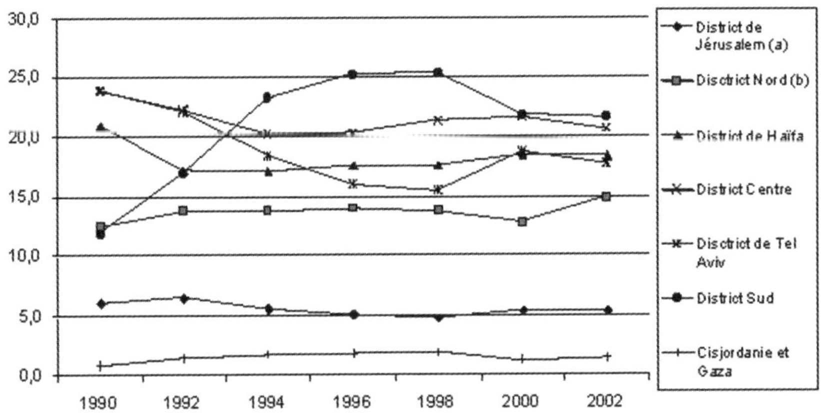

(a) : inclus Jérusalem-est ; (b) : inclus Golan ; (c) : uniquement les Isaréliens des colonies.
N.B. ÷ Ne sont pas inclus les enfants nés en Israël de mères venues d'ex-URSS.
Source : Central Bureau of Statistics, Israel.

Dans le Néguev (devenu progressivement le premier espace d'accueil des immigrants), cette rencontre a pu conduire à de vives tensions. Face aux mécontentements manifestés par les ex-Soviétiques confrontés aux problèmes d'installation et d'emplois, les *vatikim*[16] ont été quelque peu choqués par ces attitudes, le « second Israël » ressentant comme une injustice les plaintes des ex-Soviétiques (Berthomière, 1998)[17]. Les Séfarades vivaient d'autant plus mal les plaintes des ex-Soviétiques que ceux-ci n'avaient pas été obligés, comme eux l'avaient été, de s'installer dans des villes périphériques du pays. De surcroît, pour nombre de Séfarades, qui n'avaient eu que le choix d'y rester, les nouveaux immigrants, qui se sont installés dans les villes de développement, suite aux problèmes d'insertion économique

16. Terme hébreu signifiant « vétéran », utilisé pour définir les « Israéliens de longue date ».

17. Dans cette incompréhension mutuelle est sous-jacente une interaction de temporalités distinctes. Les Séfarades replacent les doléances des ex-Soviétiques dans « le temps long d'Israël » tandis que ces derniers produisent leurs revendications dans le « temps long de la diaspora ». Ainsi, pour les premiers, les plaintes des ex-Soviétiques sont « irrecevables » car ils doivent, comme eux l'ont fait, construire leur nouvelle vie en Israël de leurs « propres mains » et non « à coup de subventions de l'État » ; pour les intéressés, l'État doit les soutenir car depuis toujours le souhait de voir immigrer la communauté juive d'URSS a été formulé et maintenant que ce vœu est réalisé, il faut « l'assumer ».

qu'ils rencontraient dans le centre du pays, ont été rapidement perçus comme des concurrents « déloyaux ». Très qualifiés et « nantis » par les aides de l'État (notamment à travers l'aide à l'accès à la propriété[18]), ces immigrants ont capté l'attention des employeurs et n'ont fait qu'aviver le sentiment de discrimination des Séfarades confrontés au chômage fort élevé de ces villes nouvelles (Isralowitz *et al.*, 1992).

En reléguant une large part de la prise en charge de l'installation des nouveaux immigrants au secteur privé, les tensions créées par les nouveaux immigrants ont été d'autant plus fortes que les jeunes d'origine séfarade ont pour certains été contraints d'abandonner leur projet d'installation dans les espaces centraux d'Israël du fait de la flambée des prix à la location et à la vente de l'immobilier dans ces espaces. Pour nombre de jeunes, leur exclusion de ces espaces a pu avoir pour conséquences de gonfler les rangs des Israéliens résidant dans les cités-dortoirs des colonies de Cisjordanie comme Ma'ale Adoumim ou Ariel (Berthomière, 2001).

Le sentiment de discrimination dans ces espaces périurbains et ruraux était d'autant plus fort que leur situation sociale, en termes d'éducation et de catégories d'emplois n'avait toujours que peu évolué. À la fin des années quatre-vingt-dix, le revenu moyen des Séfarades était estimé à moins de 70 % de celui des Ashkénazes (Klein, 1999). Ainsi, malgré les difficultés socio-économiques que partageaient le « Second Israël » avec de nombreux ex-Soviétiques, les rapports entre ces populations se sont cristallisés autour de la question ethnique, d'une concurrence communautaire sur le terreau fertile qu'avaient produit les dysfonctionnements de la politique d'aménagement du territoire.

Ainsi, un « parti ethnique » comme le *Shas*[19] a pu s'attirer les faveurs des jeunes générations séfarades en leur proposant l'aide sociale et la reconnaissance que ne leur avaient jamais témoignées les Travaillistes, ni la droite d'ailleurs. Dès sa première participation, les suffrages exprimés lui ont permis d'obtenir quatre sièges à la Knesset en 1984 et six quatre ans plus tard (cf. tableau 2). En prenant des électeurs séfarades au *Likoud* mais aussi au PNR, le succès du *Shas* a affirmé « l'ethnicisation » grandissante de la société israélienne.

---

18. En septembre 2000, plus des 4/5 des immigrants ex-soviétiques entrés en Israël lors de la grande vague migratoire des années 1990, 1991 et 1992 étaient propriétaires. En 1989, la part des propriétaires dans l'ensemble de la population israélienne était de 70 %.

19. Parti séfarade orthodoxe créé en 1984.

Tableau 2 - Nombre de sièges obtenus à la Knesset par les principaux partis religieux, le Parti travailliste et le Likoud et les partis « russes » (1977-2003)

	1977	1984	1988	1992	1996	1999	2003
Parti Travailliste/One israel	32	44	39	44	34	26	19
Likoud	43	41	40	40	32	19	38
Parti National Religieux (PNR)	5	4	5	6	9	5	6
Shas (parti orthodoxe séfarade)	-	4	6	6	10	17	11
Israel ba-Aliya	-	-	-	-	7	6	2
Israel Beiteinou	-	-	-	-	-	4	4

Source : Claude Klein (1999), *État en quête d'identité*, Florence, Casterman-Guinti, p. 62-63 et Knesset website.

Contrairement à ce que notait Judith Shuval dans les années quatre-vingt, l'approfondissement des clivages sociaux a évolué vers une « ethnicisation » des partis politiques (Shuval, 1998). Lors des élections de 1999, les votes opérés dans les villes de développement ont retranscrit avec clarté les tensions suscitées par la permanence des inégalités socio-spatiales. Le parti *Shas* a effectué dans ces espaces son meilleur score avec deux fois plus de voix qu'à l'échelle nationale (21,9 % contre 14,1 %). Presque caricaturalement, le parti russe, *Israel ba'Aliya*, réalise également son plus haut résultat dans ces mêmes villes avec un score quasi identique à celui du *Shas* en termes de proportion (9,8 % contre 5,7 %).

Cette « ethnicisation » de la société mise en lumière par le retour des juifs d'ex-URSS a été rendue d'autant plus perceptible qu'elle a reposé sur un processus de communautarisation. À la fois cause et conséquence de la politique d'accueil mise en place par l'État et de la tension sociale qui entoure cette immigration, la géographie des espaces de vie des juifs ex-soviétiques a été de plus en plus déclinée en termes de repli et de ségrégation. Bien qu'aucune relation de causalité ne puisse être implicitement établie entre ségrégation résidentielle et cohésion sociale, cette relation acquiert toutefois toute son importance par un effet de lieu. La dimension idéologique du retour dans l'idéologie israélienne et l'importance numérique de l'immigration ont de fait donné corps à cette problématique.

L'approche statistique de cette question a montré que les réseaux sociaux des ex-Soviétiques installés dans les espaces économiquement abordables ont généré l'établissement de filières migratoires qui n'ont fait que renforcer l'idée du caractère « communautaire » de certaines localités, de certains quartiers. La ville de Jérusalem, haut lieu stratégique pour les gouvernants israéliens, a très clairement illustré ces dynamiques ségrégatives en illustrant à la fois les facteurs économiques et géopolitiques sous-jacents avec une forte polarisation des lieux d'installation, soit dans les quartiers sud-ouest de la ville – caractérisés par un habitat souvent dégradé – et ceux du nord-est, récents et en plein essor du fait de leur inscription dans une dynamique urbaine visant à contrôler la partie palestinienne de la ville (cf. figure 3, p. 333).

Cette « reconstruction » de la diaspora juive d'ex-URSS en Israël a notamment été très perceptible au sein de groupes juifs très identifiables comme les juifs d'Asie centrale ou du Caucase. À la fin des années quatre-vingt-dix, les juifs de Tbilissi montraient ainsi une forte propension au rassemblement dans les villes de Bat Yam et de Holon, situées dans la conurbation de Tel Aviv. Ce groupe juif est en effet le seul à avoir choisi ces deux villes comme principaux lieux de résidence et ceci très nettement car plus de la moitié du groupe géorgien y résidait. Parmi ceux venus des métropoles de ces régions orientales, le cas des immigrants de Tachkent et de Douchanbe est également parmi les plus remarquables. L'essentiel de ces immigrants s'est regroupé à Tel Aviv. Plus de 3 800 juifs de Tachkent et 2 455 de Douchanbe l'ont choisie comme première ville de résidence et plus particulièrement ses quartiers sud. Deux éléments permettent de comprendre cette attirance : premièrement, ces quartiers ont été le lieu d'implantation des juifs d'Asie centrale arrivés au début du siècle, notamment le quartier de Shapira ; deuxièmement, ces quartiers sont des espaces mixtes où se juxtaposent des friches industrielles et un habitat vieillissant, ce qui en fait une zone de logements à faible coût.

Plus largement à l'échelle des localités israéliennes, ces phénomènes de regroupement sont fort visibles, notamment dans des villes de développement comme Beersheva où les quartiers de résidence connaissent d'importants déséquilibres de répartition de la population immigrante qui correspondent dans la plupart des cas à des logiques de groupes notamment pour les populations évoquées précédemment (cf. figure 4, p. 334).

Ces observations ne doivent pas chercher à valider la condition implicite du lien qui pourrait exister entre regroupement « communautaire » et perte de cohésion sociale mais bien plus à souligner la difficulté qu'entraîne la prise en charge du retour.

Le panorama ici dressé d'une situation de retour sous différents angles d'approche souligne donc la densité de ce thème de recherche. Au-delà du cœur du questionnement que constitue la problématique de la fin de l'exil,

Figure 3 - Principaux quartiers de résidence des immigrants d'ex-URSS à Jérusalem (1995 et 1999)

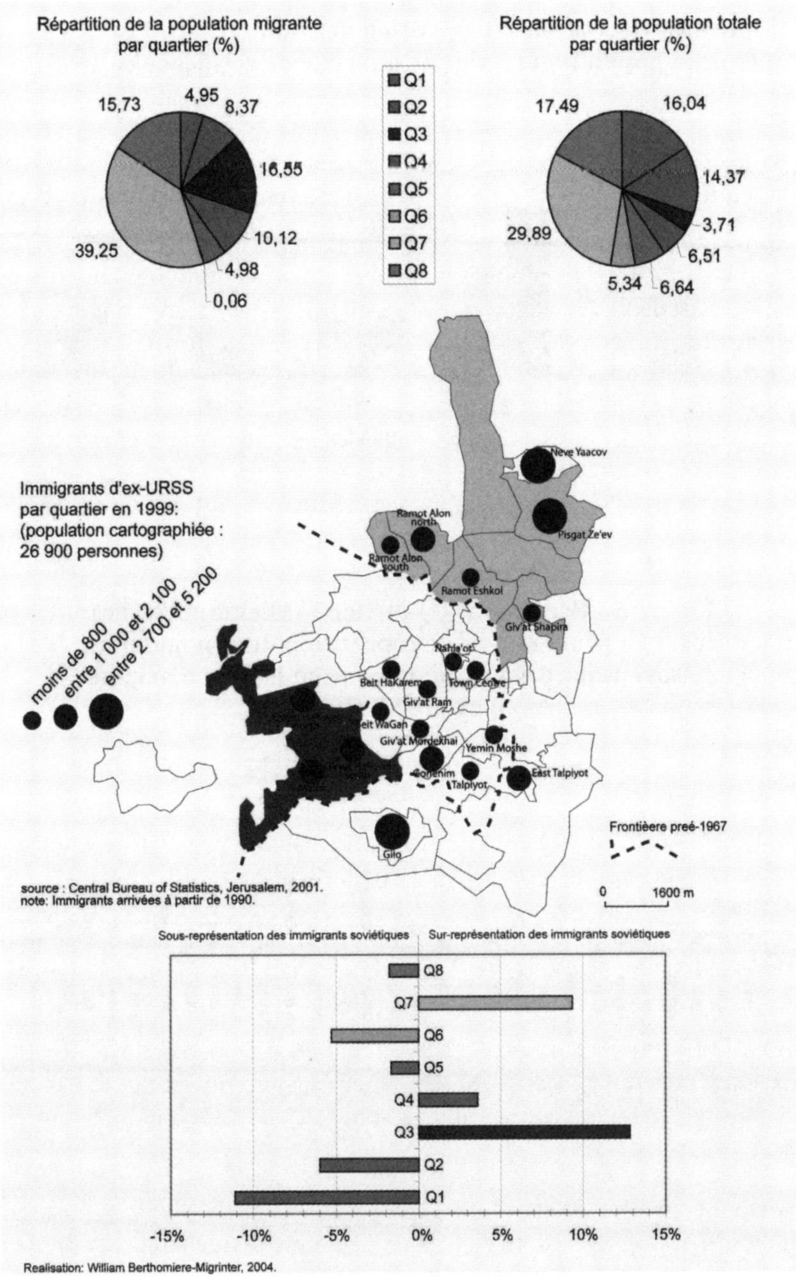

Figure 4 - Beersheva : Répartition des immigrants d'ex-URSS et de la population totale par quartier de résidence en 1995

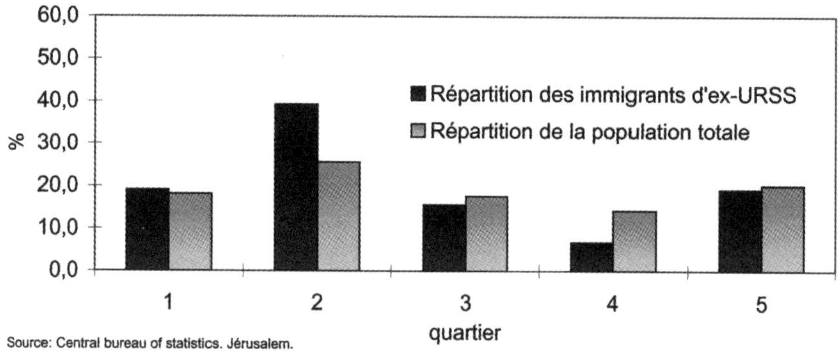

Source: Central bureau of statistics. Jérusalem.

Figure 5 - Beersheva – Quartier 1 (Shekhuna Dalet) Écart au profil moyen de répartition de la population ex-soviétique dans le quartier selon la ville d'origine en ex-URSS (1995)

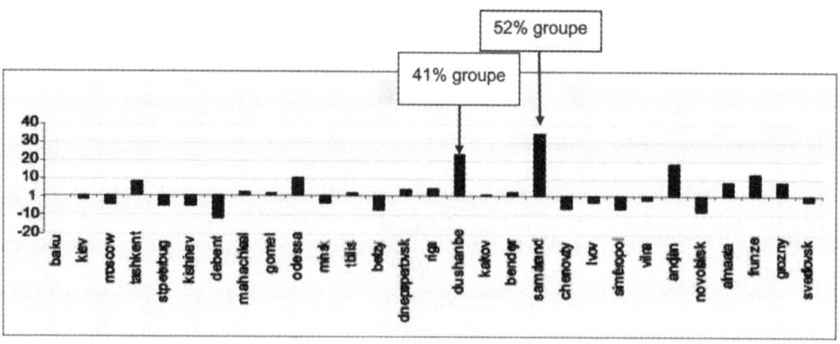

une variété de points d'analyse doit être envisagée pour qui veut explorer cette question. Dans le cas israélien, cette tâche est d'autant plus intéressante que le retour est un élément constitutif de l'idéologie nationale. La situation de retour suscite des dynamiques sociales qui sont autant de témoins permettant d'estimer la capacité d'Israël à « perpétuer un vouloir vivre ensemble » (Dieckhoff, 1998 et 1999).

Plus largement, le recours à la notion de temporalités sociales pour décrire la situation israélienne suggère que le retour reste une notion difficilement saisissable. Construite dans le cas d'Israël sur le présupposé qu'il s'agit d'une donnée immuable, la notion de retour n'en demeure pas moins une donnée à l'épreuve du temps. La révolution sioniste comportait en son sein une notion « commensale » qu'est l'oubli. L'examen réalisé dans cette étude en est l'illustration puisqu'il s'est agi, pour reprendre Marc Augé (1998), de décrypter les formes de l'oubli, de lire la notion de retour à travers ce qui l'éloigne ou la rapproche de « la certitude de la continuité ».

Références

ALTERMAN Rachelle, 2002, *Planning in the Face of Crisis. Land Use, Housing and Mass Immigration in Israel*, London, Routledge.

ANTEBY Lisa, 1998, « Post-sionisme et *Aliyah* : Regards sur l'immigration d'Éthiopie et de l'ex-Union soviétique en Israël », *Bulletin du CRFJ,* Automne, n° 3.

ANTEBY Lisa, 1999, « De nouveaux citoyens à la peau noire : les juifs éthiopiens en Israël », *Les Cahiers de l'Orient*, n° 54.

AUGÉ Marc, 1998, *Les formes de l'oubli*, Paris, Payot.

BERTHOMIÈRE William, 1998, « L'épopée des juifs d'ex-URSS en Israël », *Confluences Méditerranée*, n° 26.

BERTHOMIÈRE William, 2001, « L'immigration d'ex-URSS et les colonies de Cisjordanie et de Gaza », *Revue Européenne des Migrations Internationales*, vol. 16-3.

DIECKHOFF Alain, 1998, « Entre citoyenneté et nationalité », *Confluences Méditerranée*, n° 26.

DIECKHOFF Alain, 1999, « Israël, une nation plurielle », *Les Cahiers de l'Orient*, n° 54.

DOMINITZ Yehuda, 1997, « Israel's Immigration Policy and the Dropout Phenomenon », in N. Lewin-Epstein *et al.* (eds.), *Russian Jews on Three Continents: Migration and Resettlement*, London, Frank Cass (The Cummings Center Series).

EISENTADT S. N., 1986, The development of the Ethnic Proble in Isrraeli Society, Jerusalem, The Jerusalem Institute for Israel Studies, 45 p.

FORAN Niva, 1992, «Upper Nazareth: The City that Absorbs New Immigrants», in Y. Golani *et al.* (eds.), *Planning and Housing in Israel in the Wake of Rapid Changes*, Tel Aviv, R & L Creative Communications.

ISRALOWITZ R., ABU SAAD I., 1992, «Soviet Immigration: Ethnic Conflicts and Social Cohesion in Israel», *International Journal of Group Tensions*, vol.22, n°2.

JONES Clive, 1996, *Soviet Jewish Aliyah, 1989-1992. Impact and Implications for Israel and the Middle East*, London, Frank Cass.

KLEIN Claude, 1999, Israël, *État en quête d'identité*, Firenze, Casterman-Giunti (XXe Siècle).

MENAHEM Gila, 1996, «Urban Restructuring and the Absorption of Immigrants: A Case Study in Tel-Aviv», in N. Carmon (ed.), *Immigration and Integration in Post-Industrial Societies: Theoretical Analysis and Policy-Related Research*, London, Macmillan Press. (Migration, Minorities and Citizenship).

MOIA, 1996, *Immigrant Absorption: Situation, Challenges and Goals*, Jerusalem, Ministry of Immigrant Absorption, Planning and Research Division.

RAIJMAN R., SEMYONOV M., 1998, «Best of Times, Worst of Times, and Occupational Mobility: The Case of the Soviet Immigrants in Israel», *International Migration*, vol. 36 (3).

RAM Uri, « Mémoire et identité : sociologie du débat des historiens en Israël » in Fl. Heymann, M. Abitbol, 1998, *L'historiographie israélienne aujourd'hui*, Paris, CNRS Éditions (CRFJ Mélanges).

ROZENBLUM Serge-Allain, 1982, *Être juif en URSS,* Paris, PUF (collection de la RPP).

SHUVAL Judith, 1998, «The Sociology of Migration in Israel: A Critical View», in Elazar Leshem, Judith Shuval (eds.), *Immigration to Israel. Sociological Perspectives*, London, Transaction Publishers (Volume VIII: Studies of Israeli Society).

SIEGEL Dina, 1998, *The Great Immigration. Russian Jews in Israel*, New York, Berghahn Books. (New directions in Anthropology, vol. 11).

YEHOSHUA Avraham B., 2005, *Israël : un examen moral*, Paris, Calmann-Lévy.

Chapitre 6

Le registre du politique. Cultures diasporiques contre le politique ? Expériences afro-américaines de la (non ?) production d'un ordre politique

Introduction

Une culture contre le politique ? Des sociétés afro-américaines face au politique[1]

Christine CHIVALLON
CEAN
Denis-Constant MARTIN
CERI, Paris

Dans le cadre de cet ouvrage consacré entre autres aux acceptions conceptuelles de la « diaspora », le détour par le politique vient directement interroger ce qui paraît au fondement de certaines définitions quand celles-ci associent la diaspora à l'idée d'une nation dispersée partageant un imaginaire commun qui suppose dès lors la gestion politique des symboles servant à fabriquer cette unité idéale, ou à générer ce que Robin Cohen tient pour spécifique des diasporas, à savoir « la croyance en un destin commun. »[2] L'exemple afro-américain sert ici de contrepoint utile. Utilisé tour à tour pour illustrer des conceptions fort divergentes du « tout » que serait la « diaspora noire des Amériques » – des approches classiques où prédomine la mise en valeur du registre de filiation africaine aux théories

1. Les textes réunis dans ce chapitre ont été présentés lors du séminaire qui s'est tenu le 16 juin 2003 à Paris au Centre d'études et de recherches internationales (CERI) sous l'égide du CERI et du groupe ACI « Interroger les diasporas ». Nous souhaitons remercier non seulement les auteurs dont les textes figurent dans le présent ouvrage mais aussi les autres participants, dont les présentations ou les commentaires ont stimulé la réflexion de tous : Dominique Chancé, François-Xavier Fauvelle-Aymard, Robert Hill et Comi Toulabor.

2. Se reporter au texte de Robin Cohen dans ce même ouvrage et à R. Cohen, *Global Diasporas: An Introduction*, Londres, UCL Press, 1997.

post-structuralistes insistant sur le caractère hybride des identités – ce vaste ensemble culturel pourrait indiquer une manière particulière d'agencer les appartenances collectives dans des registres qui laissent justement peu d'emprise à la construction d'un méta-récit national ou même communautaire. Dans les sociétés des Amériques dont la population afro-américaine[3] représente une composante importante, la question du « politique » renvoie effectivement à des expériences particulières dont les dynamiques trouvent leur source dans la traite et l'esclavage. Au commencement, l'ordre particulier aux « univers plantationnaires » détermina indissociablement les manières dont pouvaient être ressenti le pouvoir et imaginées des pratiques culturelles capables d'assurer la survie puis de permettre l'amorce de luttes multiformes pour l'émancipation. Si l'on définit le « politique » selon une acception large qui engloberait l'ensemble des relations de pouvoir à l'intérieur d'un groupe, perçues et agies au sein de processus à la fois institutionnels et symboliques visant à la maîtrise du projet collectif et à sa pérennisation, il faut en revenir aux spécificités mêmes des expériences afro-américaines continentales et insulaires, tenter de saisir quels projets collectifs ont pu être élaborés et sur quelles conceptions du pouvoir ils ont été basés.

La recherche nous a habitué en ce domaine à une relative incertitude dont on trouve déjà trace dans l'ouvrage fondateur de Roger Bastide *Les Amériques noires*[4], lorsque celui-ci décrit une double culture, et même une « double diaspora » dont l'une serait caractérisée par sa résistance culturelle traduite dans la reconduction de modèles d'identification marqués par leur origine africaine et l'autre par une rupture avec ces mêmes modèles du fait de la pression des milieux esclavagistes. Définissant ainsi des univers sociaux très typés, selon leur plus ou moins grande part « d'héritages africains »[5], il pose là une question fondamentale qui n'a cessé de traverser la recherche sur les mondes afro-américains : la recomposition par des personnes d'origine africaine d'un univers culturel autonome dans les Amériques a-t-elle été possible, et comment ? Cette question en entraîne d'autres : dans quelle mesure les Afro-américains ont-ils pu acquérir la maîtrise des constituants de leur identité ? Les pratiques et formes politiques (de la production de « communautés » à la mise en place de systèmes juridiques et institutionnels dans le cadre d'États indépendants) en ont-elles été affec-

3. Le terme « afro-américain » est employé ici dans le sens que lui donnent S.W. Mintz et R. Price (*The Birth of African-American Culture, An Anthropological Perspective*, Boston, Beacon Press, [1976] 1992, p. xi) pour faire référence « aux populations d'ascendance africaine aux Amériques ».

4. R. Bastide, *Les Amériques Noires*, Paris, Petite Bibliothèque Payot, 1967, p. 17.

5. *Ibid.*, p. 17, 49 et 99.

tées ? Nombre de réponses ont été esquissées, tout spécialement par les anthropologues, répartis entre des interprétations « privatives », dérivées de la thèse de l'aliénation où le déracinement radical et la dépossession esclavagiste auraient rendu impossible tout projet communautaire et, par conséquent, toute tentative de prise en charge du politique, jusqu'aux interprétations les plus enclines à attribuer à ces formations sociales une historicité assumée. Elles interprètent alors les innombrables pratiques culturelles (dans les domaines de la religion, des fêtes, des musiques, des arts de la parole, notamment) comme l'affirmation de collectifs dynamiques et inventifs ayant vocation à se gouverner et à engendrer des organisations et des fonctionnements politiques originaux. Quand elles abandonnent l'idée de la créativité et du métissage au profit d'une vision de la continuité et de la filiation enracinée, ces thèses vont jusqu'à envisager les manifestations culturelles contemporaines comme autant de témoignages d'héritages africains, voire de « nations » reconduites dans le Nouveau Monde[6].

En partant de ce débat articulé autour des trois pôles « aliénation-créolisation-continuité », on peut aussi prendre en considération et interroger une nouvelle piste interprétative. Si elle se rapproche des théories de la « créolisation », elle s'efforce cependant de garder une distance critique vis-à-vis de certaines conceptions que ces théories auraient inspirées, avec le risque du nouvel essentialisme du « tout est hybride »[7] qu'elles contiennent et la dérive vers ce que Roger Brubaker appelle un « constructivisme mou »[8]. Elle n'en décèle pas moins dans les expériences afro-américaines une diversité de productions sociales et culturelles qui paraît incompatible avec des registres communautaires stables, uniques et facilement identifiables. On retrouve cette diversité à l'intérieur de sociétés, d'îles-États, formant pourtant des unités apparemment bien circonscrites, comme la Jamaïque, où les citoyens adhèrent à et agissent au sein d'une foultitude de communautés et d'organisations distinctes que la multiplicité des cultes religieux représente assez bien. Cette diversité signifie-t-elle que le collectif, atomisé en plusieurs lieux, échappe à lui-même ? Cette apparente absence de noyau communautaire fédérateur, de localisation centrale d'un foyer social et culturel implique-t-elle l'absence de reconnaissance des institutions politiques et de partage des symboles collectifs ?

6. C. Chivallon, *La diaspora noire des Amériques, expériences et théories à partir de la Caraïbe*, Paris, CNRS Éditions, 2004.

7. Voir sur ce point C. Chivallon, « L'expérience de la diaspora noire des Amériques. Réflexions sur le modèle de l'*hybridité* de Paul Gilroy », *L'Homme*, 2002, 161, p. 51-74.

8. R. Brubaker, « Au-delà de l'identité », *Actes de la Recherche en Sciences Sociales*, 2001, 139, p. 66-85.

Une réponse positive à ces interrogations engagerait à appréhender les sociétés afro-américaines comme porteuses de cultures « contre le politique », un peu à la manière dont Pierre Clastres parlait de « société contre l'État »[9], c'est-à-dire de cultures organisées par un effort pour ne pas produire d'ordre ni de pouvoir communautaire, tâchant d'en diluer les effets contraignants à force de le faire être partout et nulle part. Plus ou moins portée à la conscience collective, ou redevable d'elle, cette aspiration, née au cœur de l'univers esclavagiste, pourrait être issue de la subjugation, plus aiguë dans la plantation et la colonie qu'ailleurs, à la force coercitive inhérente à tout pouvoir érigé en système et s'être construite en réaction contre elle. Pourtant, cette tentation de l'anarchisme, au sens étymologique du terme, butte en permanence contre les systèmes et les institutions hérités des puissances ayant, dans le passé, organisé l'esclavage et assumé l'autorité publique, qu'il s'agisse du gouvernement des États-Unis ou des métropoles coloniales dans la Caraïbe. La tension engendrée de ce fait est une donnée structurelle de la vie politique de ces pays qui peut s'exprimer par une défiance à l'égard des systèmes politiques n'interdisant pourtant pas la participation[10] et par la focalisation de sentiments forts sur des groupes qui, au départ, ne sont pas politiques mais qui finissent par jouer dans la vie politique un rôle décisif (les groupes religieux, en particulier).

Les quatre chapitres réunis dans cette partie mettent en lumière la diversité sociale et culturelle intrinsèque des sociétés afro-américaines, y compris dans l'émigration : qu'il s'agisse des religions et des musiques mais aussi des conceptions politiques et des engagements partisans, communautés noires des États-Unis, de Grande-Bretagne ou du Brésil, populations antillaises vivant dans des États indépendants ou des possessions ultra-marines se diffractent en une multiplicité d'adhésions et d'actions qui engendrent une extraordinaire variété de discours identitaires. Toutefois, comme le montre Justin Daniel, cette mosaïque identitaire se conjugue avec une stabilité politique remarquable à l'aune des pays dits « du Sud ». Les îles-États antillaises sont particulièrement remarquables de ce point de vue, dotées de systèmes pérennes dont les fondations ont été coulées pendant la colonisation, dont les évolutions, depuis l'instauration

9. P. Clastres, *La société contre l'état*, Paris, Éditions de Minuit, 1974. Signalons que le philosophe guadeloupéen Jacky Dahomey a lui aussi de son côté eu recours à cette idée de « sociétés contre l'état » pour caractériser les cultures antillaises qui seraient des cultures « réactives », mues par « une pulsion très forte d'égalité, et le refus constant de toute accumulation ». (Cf. J. Dahomey, « Identité culturelle et identité politique. Le cas antillais », in W. Kymlicka, S. Mesure, *Comprendre les identités culturelles*, numéro 1, Paris, PUF, 2000, p. 105. Collection Comprendre).

10. Voir le texte de Justin Daniel p. 361 dans cette partie et aussi D.-C. Martin (avec F. Constant), *Les démocraties antillaises en crise*, Paris, Karthala, 1996.

du suffrage universel et l'accès à l'indépendance, n'ont jamais radicalement remis en cause des principes de fonctionnement jugés « démocratiques », c'est-à-dire permettant la tenue d'élections régulières et l'alternance au pouvoir de partis aux orientations distinctes. La socialisation dans de tels systèmes constitue probablement l'un des facteurs qui ont favorisé le militantisme des Antillais émigrés aux États-Unis et au Royaume-Uni et leur ont permis d'y devenir des dirigeants influents et reconnus[11], quelle que soit par ailleurs la diversité associative et confessionnelle qui y a été transportée. S'exprime ainsi la plasticité du politique, ou encore sa « dilatation » ou son caractère « diffus » souligné par Justin Daniel qui y décèle le paradoxe d'un ordre politique apparemment intégré dans des sociétés culturellement différenciées où se multiplient sans cesse les registres d'appartenance.

Les sociétés afro-américaines exemplifient parfaitement le caractère contingent des proclamations identitaires, dans la manière qu'elles ont d'exprimer des réponses aux contextes et conditions qui sont les leurs. Stuart Hall suggère que « l'identité culturelle » peut être saisie à partir de la notion de différence et, de ce fait, conçue comme devenir plutôt qu'être ; il en conclut que l'identité, loin d'être une essence est un positionnement et que toute politique identitaire est en réalité une politique de position[12]. Si l'on pousse à une logique extrême son idée qu'il ne peut y avoir d'identité répondant à des lois d'origine transcendantales, qu'on l'enrichit de la réflexion de Paul Ricœur sur les rapports intriqués du Soi et de l'Autre[13], on aboutit à une conception discursive de l'identité – l'identité n'existe que dans les discours qui la proclament, ce qui n'empêche nullement ces discours d'être dotés d'une grande et parfois terrible efficacité – où celle-ci, objet de choix plus ou moins ouverts selon les systèmes de contraintes dans lesquels ils peuvent être opérés, possède des vertus mobilisatrices qui en font un instrument de changement, y compris politique[14]. Cette conception permet de retrouver dans les sociétés afro-américaines des phénomènes d'identités empilées et d'identifications changeantes, aboutissant à des construits identitaires variables. Ils se manifestent aux Antilles où, comme au Brésil

11. L'exemple des « baronnes » britanniques d'origine antillaise donné par Harry Goulbourne est frappant à cet égard.

12. S. Hall, « Cultural Identity and Diaspora », in P. Williams & L. Chrisman (eds.), *Colonial Discourse and Post Colonial Theory, A Reader*, New York, Harvester Wheatsheaf, 1994, p. 392-403.

13. P. Ricœur, *Soi-même comme un autre*, Paris, Le Seuil, 1990.

14. D.-C. Martin, « Identités et politique : récit, mythe et idéologie » in D.-C. Martin (dir.), *Cartes d'identité, comment dit-on « nous » en politique ?*, Paris, Presses de la Fondation nationale des Sciences politiques, 1994, p. 13-38 et D.-C. Martin, « Le choix d'identité », *Revue française de science politique*, 1992, 42 (4), 582-593.

traité par Michel Agier, le vécu local se trouve au départ des quêtes identitaires, vécu dont ce dernier nous dit qu'il est fait d'un « ensemble de relations sociales racialisées, douloureuses ou problématiques ». Sur la base de ce vécu local s'agrègent des cercles d'identifications qui nourrissent des discours articulés mais distincts selon les moments, les stratégies, les enjeux, dans le cadre de ce que, précisément, Stuart Hall nomme une politique de position, laquelle ne peut s'interpréter sans le recours à la contextualisation dans l'expérience d'un ordre racialisé, dans « l'intimité » du sujet conçu comme racial dont parle Percy Hintzen dans ce même ouvrage (p. 107).

S'agissant des phénomènes de pouvoir, Barry Chevannes, se réfère à Georges Balandier pour rappeler qu'on ne peut ni dissocier ni même opposer ordre et désordre, qu'ils sont consubstantiellement associés. Le rapport à l'ordre et à l'autorité, dans toutes les sociétés humaines, se construit à partir d'une ambivalence fondamentale faite de fascination et de répulsion à l'endroit du pouvoir[15]. L'équilibre entre soutien au et rejet du pouvoir – soutien à certains pouvoirs et rejets d'autres – varie, dans les temps, les espaces et selon les domaines d'exercice de ces pouvoirs. Le paradoxe dont il était question plus haut, défini par Justin Daniel, montre bien que les sociétés de la Caraïbe, si elles ont acclimaté les démocraties métropolitaines et continuent à les faire fonctionner, n'en persistent pas moins à manifester de la défiance à l'égard des institutions. Les élections suscitent un niveau de participation qu'envieraient les États-Unis mais le politique s'exprime aussi et surtout hors des cadres institutionnels. De ce point de vue, le rastafarisme à la Jamaïque, étudié par Barry Chevannes incarne, dans sa théologie et ses institutions, un désordre radical même s'il a été partiellement incorporé au système et en a renouvelé les symboliques politiques. Il confirme l'affirmation de Harry Goulbourne : la méfiance (*distrust*) sous-tend toute notion de démocratie.

Ramener à une généralité – voire à l'universalité – des sociétés humaines, ces phénomènes que sont la variabilité des constructions identitaires et leur ambivalence à l'égard du pouvoir ne peut se faire sans tenir compte des formes spécifiques qu'ils prennent dans des circonstances différentes, en fonction des trajectoires historiques des sociétés et des expériences des groupes humains. C'est à ce niveau qu'il convient de repérer ce qui pourrait être particulier aux sociétés afro-américaines, au-delà de leur infinie diversité. Historiquement, elles sont liées par l'expérience de la traite Atlantique, de l'esclavage américain et, quoique moins généralement,

15. D.-C. Martin, « Les OPNI, l'essence du pouvoir et le pouvoir des sens » in D.-C. Martin (dir.), *Sur la piste des OPNI (Objets politiques non identifiés)*, Paris, Karthala, 2002, p. 11-45.

par la société de plantation[16]. Michel Agier nous le rappelle avec force : le contexte de création des cultures afro-américaines définit « un monde inédit, inexistant ailleurs, marqué par l'esclavage et la domination, militaire et policière des colons blancs. » En contrepoint se lisent les « politiques de position ». Au cœur de la cosmologie créée par le rastafarisme, Barry Chevannes voit se préciser « la véritable signification de l'esclavage », tant les rituels de ce mouvement politico-religieux, et notamment le langage qu'il invente, sont tout entiers dévolus à déconstruire les codes de l'ordre occidental, à introduire un sens là où l'ordre n'a été que violence insensée. Pas nécessairement aussi radicales, les manifestations identitaires notées par les auteurs des textes qui suivent, relèvent pourtant de ce même principe de défiance doté d'échos singuliers. Il se loge dans ce potentiel de « contestation politique » (Justin Daniel) toujours à l'œuvre dans les pratiques culturelles, elles-mêmes dispersées en plusieurs lieux, comme dans ce caractère « hautement flexible », « poreux » et « ouvert » des limites identitaires des groupes (Harry Goulbourne), comme s'il s'agissait bien de ne laisser aucun pouvoir discipliner le corps social. Les sociétés afro-américaines entretiennent ainsi un rapport spécifique à l'histoire, producteur de registres divers dont les centres de gravité sont multiples, mais tous liés, dans la dynamique générale qu'ils finissent par mettre en œuvre, à l'expérience de l'esclavage.

À partir du moment où il fut décidé de n'appliquer aux Amériques cette forme de « mort sociale »[17] – l'esclavage – qu'à des personnes d'origine africaine, et d'épargner tant les Européens que les Amérindiens, un corps, caractérisé par des traits phénotypiques aisément reconnaissables (couleur de peau et type de cheveux tout spécialement), devint cible pour les perpétrateurs et insigne pour les victimes de la servitude, donc de l'oppression, donc de l'humiliation absolue. Le rapport à l'histoire se trouve par conséquent indissociable d'un rapport au corps stigmatisé. Ses caractères apparents (peau plus ou moins foncée ; cheveux plus ou moins raides) furent donc longtemps, et restent encore aujourd'hui en certains endroits, autant d'indices visibles d'une position sociale permettant d'accéder à des fonctions politiques et sous-tendant ainsi l'équilibre entre répulsion et désir du pouvoir. Dans nombre de pays (à Trinidad et Tobago, par exemple, avec Eric Williams) les mouvements nationalistes changèrent la donne corporelle de la politique mais, en Jamaïque, il fallut attendre 1992, après que le rastafarisme ait profondément modifié les systèmes de valeurs au-delà de son

16. Les formes de celle-ci ont varié selon les régions et n'ont pas donné naissance à des structures de pouvoir et à des conceptions de l'autorité identiques.

17. O. Patterson, *Slavery and Social Death:A Comparative Study*, Cambridge, Mass., Harvard University Press, 1982.

influence strictement religieuse[18], pour qu'un homme à la peau noire exerce véritablement et durablement le pouvoir. La « politique de position » et les ambitions de positionnement se concevaient ainsi en fonction du corps. Or, même si toute trace de cette mémoire honteuse d'une apparence non-européenne n'a pas disparu, le corps ne fait plus l'objet d'une discrimination politique officielle, bien qu'il demeure souvent (notamment aux États-Unis et au Brésil) indicateur d'une position sociale. Compte tenu de l'association forte des signes culturels au corps, que relève Harry Goulbourne à l'orée de son chapitre, il n'est pas surprenant que la tension entre intégration politique et répertoires d'actions collectives tirés des pratiques culturelles, dont parle Justin Daniel, permette tout ensemble le fonctionnement de systèmes politiques inclusifs (plus fortement encore là où les acteurs principaux en sont des ensembles solides parti-syndicat) et la perpétuation, parfois le renouvellement revendicatif ou rebelle, de mouvements religieux, carnavalesques, musicaux ou littéraires opérant à partir du « château de la peau »[19], ce que montre l'émergence de « blocs africains » que décrit Michel Agier à Salvador de Bahia[20].

La place occupée par le corps dans la politique et les cultures afro-américaines est singulière. Elle doit évidemment être située sur l'arrière-plan d'une caractéristique générale des sociétés humaines – le corps n'est jamais absent du politique[21]. Mais elle est le résultat d'une histoire de stigmatisation extrême des apparences corporelles, toujours contestée, jamais absolument éradiquée, d'une histoire de contradictions et d'ambivalences qui a construit, en des modalités diverses, le pouvoir politique en instance nécessaire, désirable et suspecte : en objet institutionnellement reconnu de ce que l'on pourrait appeler une « défiance participative éclatée ».

18. B. Chevannes, *Rastafari, Roots and Ideology*, Syracuse, Syracuse University Press, 1994 ; E. Anglès, C. Hensley, D.-C. Martin, *Les tambours de Jah et les sirènes de Babylone, rastafarisme et reggae dans la société jamaïcaine*, Paris, Fondation nationale des Sciences politiques, Centre d'étude et de recherches internationales, 1994, (*Cahiers du CERI*, 9).

19. Pour paraphraser George Lamming, *In The Castle of My Skin*, Harlow, Longman, 1953.

20. Voir son chapitre dans le présent ouvrage p. 347, ainsi que M. Agier, *Anthropologie du carnaval, la ville, la fête et l'Afrique à Bahia*, Marseille, Parenthèses/IRD, 2000.

21. Voir G. Balandier, *Le détour, pouvoir et modernité*, Paris, Fayard, 1985.

1

Race, culture et politique
La construction métisse du mouvement culturel noir à Bahia (Brésil)

Michel AGIER
IRD, CNRS-EHESS

Au lendemain de la Deuxième Guerre mondiale, de nombreux intellectuels français et américains ont mis en évidence, dans le cadre d'un vaste programme de l'Unesco, la très originale « contribution brésilienne à l'humanité » : alors que le monde venait de connaître une guerre inspirée jusqu'à la terreur et l'extermination par l'idéologie de la pureté raciale, le Brésil offrait l'exemple, très particulier semblait-il, d'un pays où, certes la démocratie politique était loin d'être satisfaisante, mais l'absence de conflit racial régnait au milieu d'une grande diversité humaine et d'infinis mélanges, lesquels (personne n'était naïf) n'excluaient pas les différences de traitement et les préjugés.

De la démocratie raciale au multiculturalisme

À usage interne autant qu'externe, depuis cette date, le modèle de la « démocratie raciale » a servi, mille fois perverti, manipulé, retourné, pour penser une certaine tolérance autant que le *statu quo* des discriminations contre les Brésiliens à la peau noire. Spécificité nationale, ce modèle se fonde sur l'œuvre majeure de Gilberto Freyre : son éloge du métissage entendu comme la rencontre des trois races mythiques (blanche, noire, indienne) débouche sur une conception populiste selon laquelle le véritable consensus du Brésil ne serait pas politique ; selon Freyre, la société brésilienne vit une « démocratie » sociale, ethnique, plus puissante et authentique que la démocratie politique. Ces idées ont marqué la pensée raciale brésilienne. C'est principalement dans *Casa grande e senzala* que Freyre développe les arguments de sa théorie du métissage, qui restera sa contribution principale à la pensée nationale brésilienne[1]. Cet ouvrage est publié pour la première fois en 1933, c'est-à-dire dans la phase montante du national-populisme de Getulio Vargas, qui prendra le pouvoir par un coup d'État en 1937. Gilberto Freyre a figé une manière *enchantée* d'être brésilien, dans une écriture elle-même enchanteresse, en harmonie parfaite avec son objet. Les lignes ci-dessous sont exemplaires de l'imagerie d'un étrange et singulier bonheur d'être brésilien, répandue par ses écrits :

> Dans notre façon d'être tendre, dans notre mimique excessive, dans notre catholicisme qui est un délice des sens, dans notre musique, dans notre manière de marcher, de parler, dans les cantiques qui ont bercé notre enfance, bref dans toutes les expressions sincères de notre vie, l'influence nègre est patente. Celle de l'esclave ou de la domestique noire qui veillait sur notre sommeil. Qui nous a allaité. Qui nous faisait manger, adoucissant souvent entre ses mains la pâtée qu'elle nous donnait. De la vieille négresse qui nous a raconté les premières histoires, de bêtes ou de fantômes. De la mulâtresse qui nous tirait les vers des pieds comme si elle faisait une caresse. De celle qui nous a initié à l'amour physique et nous a donné, dans le hamac qui grinçait sous le vent, notre première impression de virilité. Du gamin de couleur qui fut notre premier compagnon de jeu.[2]

Il y a selon Freyre une confusion, un mélange entre ce qui est « propre » (on dirait aujourd'hui ethnique) et ce qui est social et tient à la relation esclavagiste : la distinction entre « l'influence du nègre en tant que nègre – qu'il est presque impossible d'isoler – et celle du nègre en tant qu'esclave »[3] débouche sur un raisonnement compliqué et pseudo-scientifique sur la transmission des caractères acquis, en tentant d'effectuer le passage de la culture au biologique. Toute l'entreprise de Freyre à ce moment-là consiste donc à produire littéralement une *culture faite nature.*

L'argumentation de Gilberto Freyre le montre très clairement : l'idée de métissage n'est pas exclusive d'une pensée raciale ; bien au contraire, elle naît en son sein. Puis un glissement langagier s'opère progressivement, entre les années 1930 et 1950, menant de l'exposé des vertus du « mélange des gènes » – ainsi peut-on traduire l'étrange concept freyrien de « *miscigenação* » – dont Freyre fut bien l'initiateur, au mythe brésilien de la « démo-

---

1. Gilberto Freyre, 1934, *Casa grande e senzala.* Je me réfère à la traduction française de Roger Bastide, *Maîtres et esclaves,* Paris, Gallimard, 1974.

2. *Op. cit.*, p. 261.

3. *Op. cit.*, p. 299.

cratie raciale », que d'autres se sont chargés de systématiser pour lui[4]. Plus tard, dans les années 1960, les gouvernants en ont fait la base d'une « paix raciale » trompeuse, puisque fondée non pas sur l'égalité réelle entre tous, mais sur le « préjugé de ne pas avoir de préjugé racial » (selon l'expression attribuée au sociologue brésilien Florestan Fernandes) et, en conséquence, sur l'interdiction officielle de parler de racisme.

Au cours des années 1970, dans un contexte national de forte croissance urbaine et industrielle, des mouvements noirs se développèrent contre la discrimination raciale, réagissant contre les illusions de justice associées au métissage et contre les manières cordiales d'imposer l'immobilisme et la domination sociale et raciale des blancs. Des stratégies identitaires « raciales » ont ainsi vu le jour, comme dans diverses parties du monde à la même époque, aux États-Unis et en Afrique du Sud en particulier[5]. Au Brésil, tout ambigu qu'il fût, le mythe de la démocratie raciale s'était cependant assez répandu pour rendre irrécusable sur le fond la revendication d'égalité entre blancs et noirs que ces mouvements faisaient émerger sur la scène politique.

En effet, il est intéressant d'observer dans le monde intellectuel brésilien aujourd'hui une querelle autour de la double acception du « mythe » de la démocratie raciale : d'une part, le mythe dans son sens commun, celui d'une mystification idéologique cachant de véritables préjugés et discriminations ; d'autre part, le sens anthropologique, celui d'un mythe fondateur d'une société, fondateur en l'occurrence de l'identité nationale brésilienne parmi d'autres composantes mythiques : « eldorado et conquête de la nature (le mythe de la frontière, de la colonisation des *bandeirantes*) », « ordre et progrès » (le mythe de la modernité), « *futebol* et samba » (le mythe, peut-être, du Brésil dans le monde), etc. Dans ce sens, le mythe de la démocratie raciale fait donc partie du passé national commun et lui permet de prendre aujourd'hui un caractère *performatif* qui se traduit, entre autres effets, dans une revendication d'égalité et de justice raciales bien admise en principe par tous.

Un demi-siècle après l'éloge du métissage et de la démocratie raciale largement repris par l'enquête de l'Unesco des années 1950, une autre contribution du Brésil à la réflexion sur le racisme se dessine sur une

4. À propos de la formation du mot et du mythe de la démocratie raciale au Brésil, voir A.S. Guimarães, « Démocratie raciale », *Cahiers du Brésil Contemporain*, 2002, n° 49-50, p. 11-37.

5. Sur ces mouvements identitaires, je renvoie entre autres à M. Agier, « Racism, Culture and Black Identity in Brazil », *Bulletin of Latin American Research*, 1995, vol.14 (3), Pergamon, p. 245-264, et A. S. Guimarães, *Racismo e antiracismo no Brasil*, São Paulo, Editora 34, 1998.

autre scène planétaire, celle de la Conférence mondiale des Nations-Unies contre le racisme et la discrimination raciale, tenue à Durban, en Afrique du Sud, en août 2001. La participation remarquée du Brésil a montré un tournant décisif par rapport aux positions adoptées un peu plus de dix ans auparavant, à l'occasion de la rédaction de la nouvelle Constitution du pays en 1988. Celle-ci avait déjà marqué une évolution importante comparée à l'image officielle que le pays s'était auparavant donnée. Dans la Constitution de 1988, le racisme a été reconnu comme « crime » irrévocable, ce qui représenta à la fois la reconnaissance de l'existence du racisme au Brésil et la création d'instruments juridiques pour le combattre. Le caractère « pluri-ethnique » ou « multiculturel » de la nation a également été mentionné, et les bases ont été posées pour l'attribution de terres aux personnes reconnues comme « rémanentes des communautés de *quilombo* » (communautés marronnes).

À la suite de la conférence de Durban, la fin de l'année 2001 et l'année 2002 ont été marquées au Brésil par la reconnaissance officielle de la légitimité des réparations de l'esclavage et de la nécessité de quotas raciaux ; diverses mesures en ce sens ont été prises, publiquement défendues et assumées par Fernando Henrique Cardoso, alors président de la République : l'attribution de terres collectives aux descendants attestés de *quilombolas* a été entreprise ; 20 % des postes sont réservés pour les « afro-descendants » dans la fonction publique ; des mesures du même ordre sont en train d'être mises en place pour l'accès à l'université, avec des taux différents selon les cas (40 % de places d'étudiants réservés pour les « noirs et métis » à l'Université fédérale de Rio de Janeiro, par exemple). Notons finalement que le Programme « Faim Zéro » créé par Luis Ignacio Lula da Silva, le président en place depuis le début de l'année 2003, devait atteindre de lui-même – sans nécessité d'être discriminatoire envers quiconque – une part sans doute très majoritaire de noirs et métis (ou « afrodescendants »). C'est cependant sous le signe de dosages, sans doute plus politiques que « théoriques », que la nouvelle administration a placé son combat contre la faim : l'échantillonnage de la phase de démarrage du Programme *Fome Zero* a ainsi inclus trois parts symboliques de la nation brésilienne : premièrement, la population la plus pauvre de l'État nordestin le plus pauvre du pays, le Piauí ; deuxièmement, 114 000 familles paysannes des campements du Mouvement des sans-terre ; et troisièmement, environ 100 000 descendants de *quilombolas*...

Au-delà des querelles qui surgissent autour de l'application des lois et recommandations à caractère identitaire (concernant l'authenticité des centaines de demandes de reconnaissance de terre comme *quilombos* rémanents ; ou concernant l'auto-identification des ayant-droits des quotas raciaux), il convient de s'interroger sur les effets politiques, idéologiques et, disons-le, moraux du changement actuel, effets sans aucun doute plus importants pour la société brésilienne que les conséquences socio-économiques immédiates. C'est de ces dimensions-là que je souhaite parler, à partir d'une question – le rapport entre race, culture et politique – et d'un exemple, le mouvement dit d'africanisation du carnaval et, plus généralement, de la culture de Bahia.

Discriminations raciales et imagination culturelle : un double jeu d'échelles

Une nouvelle rhétorique identitaire et simultanément politique accompagne les changements politiques et identitaires en cours. Dans ce cadre, un déplacement sémantique s'opère depuis les inégalités sociales et les identités « raciales » vers les différences culturelles, et vice-versa. Ces diverses dimensions de l'altérité sont constamment mises en relation, et en équivalence, sur les modes de l'analogie (du social au racial : être noir c'est être pauvre et avoir naturellement droit à une réparation sociale), de l'euphémisation (du racial à l'ethnique : être noir c'est être africain au Brésil) ou de la fiction (de l'histoire à « l'invention de traditions » : être noir c'est recevoir et transmettre un arsenal de pratiques sociales et rituelles différentes).

Tout ce travail culturel crée au bout du compte le sentiment qu'il existe une « vérité » collective unique et apparemment indiscutable, pourtant largement constituée de fausses évidences : affirmation de l'existence d'une famille noire ou d'une communauté noire comme réalités spécifiques ; nécessaire préservation d'une *capoeira* « angola » comme tradition de la résistance à l'esclavage ; existence d'un théâtre noir ; d'une mémoire africaine ; d'une religion africaine (candomblé), etc.[6] La configuration d'ensemble qui réunit tous ces termes compose un discours actuel comme fondement de vérité d'une « communauté » imaginaire ou, pour le moins, virtuelle, à l'usage de tous les individus noirs et métis du Brésil d'aujourd'hui.

La transparence ainsi supposée entre les sphères de l'individu, de la communauté et de la culture, engendre un mode d'interpellation, normé et normatif, du sujet défini par cette identité collective. Cette interpellation, ou reconnaissance, du sujet est aussi évolutive : elle se modifie avec le changement des contextes. Ainsi, un langage codé opère une progression

6. Voir M. Agier (ed.), « Les mots du discours afro-brésilien en débat », *Cahiers du Brésil Contemporain*, 2002, n° 49-50.

du sens des classifications depuis la désignation externe (négative, stigmatisée) du noir racisé et discriminé (*preto*) vers le noir proche, intime ou érotisé (*neguinho/a*, *pretinho/a*, mais aussi *nigrinha*, femme de mauvaise vie, prostituée), jusqu'à l'auto-identification du noir politiquement « assumé » : le *negro* du mouvement noir, de la culture noire ou de la communauté noire. À partir de ce dernier terme, des versions ont surgi ces dernières années, celle de l'Africain-Brésilien d'abord, façon États-Unis, puis celle de l'Afro-descendant, terme aujourd'hui le plus en vogue, dans les milieux qui détiennent le pouvoir des mots et de l'identification « par le haut », selon une adhésion croissante à l'idée d'une diaspora transnationale dont la racine historique est l'Afrique.

Or – et c'est le point principal de mon argumentation –, ces termes d'assomption, qui se placent à une échelle de dialogue mondialisé (*via* le cadre social de la « diaspora »), sont un aboutissement de quêtes identitaires dont le point de départ est un vécu local : un ensemble de relations sociales racialisées, douloureuses ou problématiques, que ce soit dans les mémoires familiales ou, par exemple, dans les trajectoires professionnelles individuelles. Relations localisées-mondialisées dont le résultat est l'affirmation d'une différence culturelle, le contenu de celle-ci étant largement bricolé, métis ou « hybride ». Mais le local des discriminations raciales n'est jamais seulement local dans ses déterminants, et le mondial des références culturelles de la diaspora puise lui-même à diverses sources locales. Il y a donc un double jeu d'échelles dans la détermination des faits relevant de la discrimination raciale, du racisme, et ceux résultant de la création culturelle et du travail de mémoire. Les relations étroites entre l'un et l'autre domaine, et entre l'une et l'autre échelle, sont une donnée permanente du discours afro-brésilien aujourd'hui. C'est ce que j'illustrerai en quelques mots à partir de la trajectoire du mouvement d'africanisation culturelle à Bahia.

L'Afrique des noirs du *Ilê Aiyê* (Bahia)

Au début des années 1970, un petit groupe de jeunes gens – parents, voisins et anciens collègues d'école – noirs issus de familles ouvrières et de travailleurs du port de Bahia, jeunes ouvriers et stagiaires des entreprises du pétrole, de la chimie ou de la métallurgie florissantes à cette époque, élèves d'écoles techniques, employés subalternes ou chômeurs, décidèrent de créer un groupe de carnaval pour les seuls noirs, à l'exclusion des blancs et des métis. Leur *bloco*[7] fit sa première sortie au carnaval de 1975 sous le

7. Littéralement « bloc » : association carnavalesque comprenant généralement plusieurs centaines de membres qui défilent avec une tenue identique derrière un ensemble de percussions (la *bateria*).

nom de *Ilê Aiyê*, mot généralement traduit par « monde noir » et formé à partir de termes empruntés à la langue rituelle yoruba (*ilê* = maison ; *aiyê* = le monde des humains, distingué du monde des esprits, dans la représentation du monde en vigueur dans le culte du candomblé).

La trajectoire de ce groupe carnavalesque peut être évoquée, de manière très résumée, en trois grandes étapes[8]. Il institua d'abord, entre l'année de sa fondation, 1974, et le début des années 1980, un carnaval qu'on peut dire séditieux (ce qui correspond à une certaine tradition de l'énergie carnavalesque), c'est-à-dire comme une scène où s'exhibent, non pas des déguisements, mais des « vérités » : la dénonciation du racisme ordinaire, et la quête des origines. La première brochure du *Ilê Aiyê*, pour se présenter au carnaval de 1975, annonçait sa création en ces termes : « Ce sont les Africains à Bahia ». L'affichette avait été composée à partir de la photo d'une rue de Lagos au Nigeria (portrait de trois hommes vêtus de boubous et marchant dans la rue) qu'ils avaient découpée dans un hebdomadaire de São Paulo.

Volontiers provocateurs, les premiers participants furent vertement réprimandés par les milieux officiels et médiatiques qui les accusèrent de racisme et d'agitation politique[9]. Mais ils provoquèrent aussi un engouement parmi la jeunesse noire de la ville qui vit là un espace de loisir et d'expression qui la valorisait : on peut dire que le *Ilê Aiyê* fut l'expression bahianaise et carnavalesque des mouvements de révolte raciale et d'organisation politique des noirs qui se développèrent dans les années 1970 dans le monde, notamment aux États-Unis, en Europe et en Afrique du Sud.

Connaissant un développement rapide et atteignant en quelques années deux mille membres permanents, le *Ilê Aiyê* devint, au long de la décennie 1980, un mouvement culturel organisé et influent. D'une part, il joua un rôle important dans la mobilisation et l'orientation du Mouvement noir au plan national et fut connu, à ce moment-là, comme le « bloc de la race ». Ses dirigeants apportèrent le soutien du *Ilê Aiyê* à des candidats noirs à des élections municipales, et se présentèrent eux-mêmes à deux reprises (mais sans succès), l'un dans un parti conservateur (*Partido Democrático Social*), l'autre dans un parti populiste de gauche (*Partido Democrático Trabalhista*). D'autre part, il fut le lieu où prit naissance toute une panoplie de cérémonies et héros bien connus aujourd'hui du monde afro-bahia-

---

8. La chronique détaillée de la fondation et de la transformation du *Ilê Aiyê* est relatée dans M. Agier, *Anthropologie du carnaval. La ville, la fête et l'Afrique à Bahia*, Marseille, Éditions Parenthèses, 2000.

9. C'était alors une période de dictature militaire : les jeunes fondateurs du *Ilê Aiyê* furent soupçonnés de vouloir « ajouter aux propos de la lutte des classes le spectacle de la lutte des races » et d'être des « agents de l'agitation » (Journal *A Tarde*, 12.02.1975).

nais : le jour de la Mère Noire, l'élection de la Déesse d'Ébène, la messe catholique de commémoration annuelle de la fondation du *Ilê Aiyê*, la commémoration de la mort de Zumbi (héros de la résistance des *quilombos*), les « cortèges de la négritude » à l'occasion de fêtes religieuses de Bahia (Yemanjá, Senhor do Bonfim), le rituel d'ouverture de son carnaval (une séquence rituelle de « passage » inspirée tout à la fois du candomblé, du catholicisme, de l'umbanda, des écoles de samba de Rio, d'imageries africaines, etc.). Des centaines de compositions poétiques et musicales (préparées pour son concours annuel de sambas) et un ensemble de textes, déclarations, discours (par exemple pour expliquer le thème annuel des défilés) ont consolidé l'image de la pure référence africaine à Bahia en même temps que la mobilisation de personnes et d'apprentissages les plus divers pour construire cet ensemble d'événements répété chaque année et considéré aujourd'hui comme l'incarnation de la « tradition africaine » à Bahia.

Enfin, les années 1990 ont vu le *Ilê Aiyê* se transformer en une Organisation non gouvernementale locale, qui balance désormais entre la stratégie associative à caractère social et la stratégie privée entrepreneuriale. Grâce à de nombreuses relations tissées au long des années avec les milieux populistes qui dominent la politique bahianaise depuis le début des années 1990, mais aussi grâce à la persévérance des dirigeants pour prendre en charge les problèmes sociaux du quartier où il fut fondé, le quartier Liberdade, le *Ilê Aiyê* est devenu le relais de diverses institutions et organisations internationales – qui sont toujours à la recherche d'intermédiaires à la « base » –, notamment pour l'aide alimentaire, la formation professionnelle et la scolarisation d'enfants défavorisés. Depuis le milieu des années 1990, des grandes entreprises locales ou nationales sponsorisent, chaque année sans failles, la sortie carnavalesque du bloc. Enfin, après avoir transformé le groupe carnavalesque en « association culturelle » en 1986, ses dirigeants ont créé une entreprise privée en 1996 afin de commercialiser ses produits : disques, livrets de chansons, tissus et tee-shirts à l'effigie du *Ilê Aiyê*, auto-proclamé depuis ce moment-là « le visage africain de Bahia ».

Pour clore cette brève description, je voudrais revenir sur un fait important dans l'identité du bloc carnavalesque, le choix de son nom : moment initial de fondation, il représente pour l'analyse une source de réflexion sur les processus de l'invention culturelle. L'enquête sur le nom du groupe me conduisit jusqu'à la bibliothèque d'un des centres de recherche de l'Université de Bahia, celle du Centre d'Études Afro-Orientales (CEAO) ! En effet, au cours de divers entretiens, j'avais recueilli l'explication suivante : un ingénieur européen, ami de l'un des tout premiers fondateurs, avait donné au groupe de jeunes gens de l'association carnavalesque un fascicule intitulé *Yoruba tal qual se fala* (*Le Yoruba comme on le parle*), ce qui fait sens puisque, le yoruba étant la principale langue rituelle du candomblé de Bahia, elle est la plus unanimement associée à la tradition locale de l'Afrique au Brésil : « faire Africain » aujourd'hui à Bahia, c'est en grande partie utiliser des locutions tirées du *yoruba* rituel. Le petit ouvrage avait été emprunté par cet Européen, m'avait-on dit, à la bibliothèque du CEAO. Je me précipitai donc vers la bibliothèque du CEAO comme on va sur le terrain. J'étais là, non pour lire des livres ou étudier, mais pour conclure une enquête empirique et reconstituer le plus fidèlement possible un parcours emprunté vingt et un ans plus tôt par des jeunes noirs bahianais en quête d'identité, de mots et de significations. Je pus finalement retrouver une version récente du fascicule *Yoruba tal qual se fala* : le petit ouvrage, écrit à la main et publié à Salvador de Bahia à compte d'auteur en 1948, puis réédité de nombreuses fois au cours des quarante années suivantes, avait été écrit par Descóderes Maximiano dos Santos (dit Mestre Didi, un membre des élites du mouvement d'africanisation et de « purification » du candomblé). Il ne contenait cependant pas toutes les informations qui avaient servi à élaborer les cinq premiers noms du groupe. Les informations avaient été complétées auprès de l'ami européen lui-même. L'autre source complémentaire avait été la mère d'un des deux fondateurs de l'association carnavalesque, une mère-de-saint, aujourd'hui célèbre, dirigeant la maison de candomblé dans laquelle le groupe localisa ensuite son siège. Ayant retrouvé tous les cinq termes, je pus mettre en évidence la compétition entre deux références symboliques, celle du lieu (à partir du terme *Ilê*, « maison rituelle ») et celle de l'identité raciale (à partir du suffixe *Dúdú*, « noir ») et mieux comprendre ainsi les options identitaires réalisées lors de la fondation du groupe. Ils étaient en train de fabriquer une tradition[10].

Il est intéressant de relever le contraste entre, d'une part, le destin de la mère-de-saint devenue la « marraine » officielle de l'association carnavalesque, une des célébrités locales de la culture afro-brésilienne, dont la contribution didactique à la naissance et à l'identité du *Ilê Aiyê* est toujours rappelée et, d'autre part, l'oubli dans lequel est tombé l'ami européen des premières heures : selon les récits, il est mentionné comme étant belge, suisse ou encore polonais, sans parler des nombreuses versions de son nom !

10. Les cinq noms étaient *Lokun Dú* (Le Noir fort), *Dara Dú* (Le Beau Noir), *Oba Dudú* (Le Roi noir), *Naganzu na Bahia* (incertain, dérivé de Naganju, nom d'une des formes de Xangô dans le candomblé) et *Ilê Aiyê* (littéralement La maison du monde des humains). Ils furent mis en compétition parmi le groupe des fondateurs et c'est le terme *Ilê Aiyê* qui fut choisi (voir M. Agier, *Anthropologie du carnaval, op. cit.*, p. 119-122).

Cette histoire et son épilogue en forme d' *affirmative action* symbolique m'inspirent deux commentaires. D'une part, la nouvelle version de l'Afrique au Brésil qui se construit depuis les années 1970 reçoit un flux d'informations aux origines très diverses (socialisations et mémoires familiales, reportages télévisés, magazines, livres et apprentissages scolaires, tourisme culturel, collecte d'informations et d'images sur le web, etc.). D'autre part, une fois l'identité déclarée, tout le « travail » culturel qui l'a fabriquée est effacé pour mieux affirmer le caractère évident, naturel et authentique de ladite identité, la rendant ainsi apparemment plus « vraie » : « *eu não tive que pensar para ser negro* » (« Je n'ai pas eu besoin de penser pour être noir ») dit le leader du *Ilê Aiyê* pour se distinguer de certains concurrents – des intellectuels du Mouvement noir en particulier. Mais il efface ainsi, d'une seule formule, toute l'invention créatrice de cette Afrique à Bahia. « Nous sommes les Africains à Bahia » ; « *Ilê Aiyê* : le visage africain de Bahia » ; « À la couleur du tissu, on voit que je suis africain », etc. Dans leurs sambas et sur leurs habits de carnaval, les membres du *Ilê Aiyê* affirment tout simplement leur désir d'authenticité de l'identité culturelle. Il n'empêche : contraints de chercher dans le présent les multiples images et textes capables de recréer une identité noire meilleure à penser que celle imposée par le racisme « à la brésilienne », les *noirs africanisés* de Bahia sont profondément des métis culturels.

Les inventeurs et acteurs des africanismes actuels à Bahia vivent dans un contexte dont les déterminants et les enjeux sociaux et politiques ont conditionné la « fabrication » aussi bien que le sens, la portée, de leur création. Citadins, en partie scolarisés, en partie insérés dans le système d'emploi, ils ont su s'informer, chercher, rassembler des informations à travers divers canaux pour réaliser un travail de présentation, d'esthétisation l'identité noire. Le résultat est dans leur défilé de carnaval : tout entier orienté vers l'affirmation d'une apparence de noirs respectables, soigneusement esthétique et « africain », ordonné et non violent, le défilé du *Ilê Aiyê* se distingue remarquablement de la confusion carnavalesque qui l'entoure. Il montre « l'orgueil d'être noir », selon un slogan de l'association au carnaval de Bahia en 1992, slogan qui est resté pour caractériser ceux qu'on appelle, avec un certain respect, « les noirs du Ilê », mais aussi plus généralement pour caractériser l'attitude des noirs « assumés ». Il se crée dans le moment du défilé un sentiment fort, partagé voire « communautaire » de filiation imaginaire avec la racine, la mémoire et la diaspora africaines. C'est le collectif qui est créé à cette occasion qui est réel, non pas la filiation qui fait ici fonction de médiation symbolique entre tous les présents[11]. Le moment

11. Voir M. Agier, « De courts instants d'identité. La communauté rituelle dans deux carnavals 'afro' (Brésil, Colombie) », *Systèmes de pensée en Afrique noire*, 2004, n° 16 (Le rite à l'œuvre. Perspectives afro-brésiliennes et afro-cubaines), p. 155-179.

est poétique aussi, qui fait écho à ce vers du poète noir et militant Eduardo de Oliveira, « *Eu sou um pedaço d'África jogado no chão do mundo* »[12] [« Je suis un bout d'Afrique jeté sur la terre du monde »]... auquel font à leur tour écho des vers de sambas composés par les auteurs amateurs du *Ilê Aiyê* : « Je suis un noir exotique » !

La diaspora comme produit de la mondialisation

Pour conclure, je voudrais revenir sur la façon dont la relation entre race, culture et politique se pose dans le contexte afro-brésilien d'aujourd'hui, dont on peut dire qu'il prolonge d'une certaine manière, chronologiquement et politiquement, l'expérience du *Ilê Aiyê* que j'ai rapidement retracée du milieu des années 1970 à la fin des années 1990.

Prise au pied de la lettre, la reconstruction proclamée des généalogies culturelles « africaines » (qu'elles soient considérées « pures » ou « mêlées » : à ce point du raisonnement cela ne fait pas de différence), cette reconstruction nécessiterait l'usage d'une machine à remonter le temps capable de revenir sur des siècles d'histoire brésilienne ! Mais, derrière cet artifice rhétorique du « retour » – retour à des réalités supposées originelles et, à partir d'elles, aux « altérations » ou « syncrétismes » qu'elles auraient subies dans l'histoire –, se profile une pensée bien actuelle, j'hésite à dire moderne, une pensée racialisée qui s'appuie sur une vision naturaliste, voire biologique, de la transmission culturelle.

Pourtant, la culture ne fonctionne pas selon un régime « naturel » mais bien plutôt contextuel, dirai-je plus volontiers. Richard Price et Sidney Mintz[13] l'ont déjà montré dans leur critique de la rencontre des deux cultures, africaine et européenne, initialement défendue par Melville Herskovits[14], et revenue au goût du jour dans les affirmations africanistes actuelles, « puristes » ou « syncrétiques ». Mintz et Price ont opposé à l'idée de la rencontre de deux cultures une approche contextuelle et historique. Les Africains ne provenaient pas d'une seule société, ont-ils noté, mais de plus d'une centaine, qui présentaient entre elles une grande diversité, tout comme les Européens venaient de pays et cultures différents

12. Cf. Banzo, 1964.

13. Sydney Mintz et Richard Price, *Birth of the African-American Culture. An Anthropological Perspective*, Beacon Press, 1992, (édition originale 1976, sous le titre *An Anthropological Approach to the Afro-american Past*).

14. Melville Hersovits, *The Myth of the Negro Past*, New York, Harper & Brothers, 1941, (traduction française : *L'héritage du Noir - Mythe et réalité*, Paris, Présence Africaine, 1966).

– de même, peut-on ajouter, les peuples amérindiens étaient également nombreux et divers.

La création de la culture afro-américaine s'est située dans le contexte social des colonies du Nouveau Monde en formation, un monde inédit, inexistant ailleurs, marqué par l'esclavage et la domination, militaire et policière des colons blancs. Les esclaves sont arrivés là non pas constitués en groupes, mais comme des masses d'individus : ils formaient des « foules » (« *crowds* »), signalent encore Mintz et Price, et même « des foules très hétérogènes », pas des communautés. Ils ne partageaient véritablement entre eux que leur condition d'esclave, « tout – ou presque tout – le reste devait être créé par eux »[15]. Certains regroupements, on le sait, formés dans le cadre esclavagiste, colonial ou indépendant, sont devenus par la suite des lieux d'identification pour les esclaves et les noirs : confréries catholiques réservées aux noirs, communautés marronnes, familles symboliques des cultes, sociétés de fêtes et carnavals, etc. Loin de correspondre à un syncrétisme de masque, ou à une coupure entre mondes africain et brésilien, toutes ces pratiques, institutions et croyances sont nées et se sont développées au sein des contextes sociaux et spirituels partagés du Nouveau Monde comme des phénomènes composites : des mondes mêlés, métis autant que des mondes « renversés », violents et chaotiques[16]. C'est dans le prolongement de cette historicité-là que se situe la production contextuelle, situationnelle, des identités et du changement culturel actuel. Dans ce sens, on peut dire que la rhétorique « diasporique » actuelle, avec les stratégies politiques et économiques qui l'accompagnent, naît dans le contexte de la mondialisation, comme un phénomène émergent, impliquant une relecture actuelle du passé. Elle ne traduit pas une résurgence ou rémanence naturelle du passé.

On vient de le remarquer, en passant, à propos d'Herskovits : des chercheurs ont contribué, volontairement ou non, dans leurs écrits ou leurs engagements *in situ* à forger des modèles d'authenticité identitaire. Pour nous en tenir à quelques figures du passé, Gilberto Freyre, Edison Carneiro, Roger Bastide, Pierre Verger ou Melville Herskovits ont été et sont encore convoqués par les acteurs politiques et culturels, au Brésil, dans leurs recherches de « vérités ». Ils font, en ce sens, partie de l'objet de recherche autant que de la réflexion sur l'objet.

15. Cf. Mintz et Price, *op. cit.*, p. 18.

16. Voir Serge Gruzinski, *La pensée métisse*, Paris, Fayard, 1999. Ces analyses sont reprises et plus longuement développées dans M. Agier, « D'Afrique en Amériques noires. Les métissages qu'on voit et ceux qu'on ne voit pas », *L'Autre*, 2004, volume 5, n° 3.

Le basculement, séduisant pour beaucoup d'intellectuels, entre la production de savoir et la production de vérités ne doit pas manquer de questionner les chercheurs d'aujourd'hui sur leur juste place et le juste engagement à tenir à l'égard des mouvements actuels – mouvements sociaux, politiques ou culturels –, s'ils ne veulent pas se satisfaire d'une « expertise » froide et lointaine, ni se dissoudre dans la figure de l'intellectuel organique. La sympathie voire la relation empathique que le chercheur en sciences sociales a, de par ses convictions et son implication sur le terrain, avec des personnes, des associations, en général avec des mouvements d'émancipation, comme à l'égard de la recherche de la justice sociale la plus équitable, ne doivent pas empêcher sa réflexion critique mais au contraire en fonder la nécessité : tenir un propos différent de la somme des discours en présence tout en rendant raison de leur confrontation dans le contexte étudié, montrer des pistes et des interrogations supplémentaires et suffisamment décalées pour que cela représente un apport substantiel aux débats. Ainsi, mettre au jour les constructions et modifications permanentes de l'identité culturelle permet de restituer toute l'inventivité qu'elles mettent en mouvement, et donc la profonde présence au monde ou *contemporanéité* de leurs auteurs, à l'encontre des messages d'authenticité, tradition et unicité qu'eux-mêmes pensent transmettre.

2

Les formes d'expression politique dans la Caraïbe : ambivalence et paradoxe de la production de l'ordre politique

Justin DANIEL
UMR 8053 CNRS
Université des Antilles et de la Guyane

Dans le champ des sciences sociales, le concept de créolisation s'est largement imposé comme l'une des catégories analytiques désormais privilégiées par les spécialistes, toutes disciplines confondues, de la Caraïbe. Prenant le contre-pied, sous l'impulsion décisive de K. Brathwaite (1971, 1976) du modèle de la société plurale dominant dans les années 1960 (M.G. Smith, 1965), il a été – et demeure – au cœur de multiples controverses. Celles-ci sont alimentées par les incertitudes sur les origines du terme matriciel « créole » et le caractère nébuleux des réalités qu'il permet de saisir, mais aussi et surtout par les différences d'approche entre ceux qui soulignent la dimension créatrice du processus (Mintz, Price, 1992) et ceux qui mettent l'accent sur la continuité avec l'Afrique et l'influence décisive de cette dernière dans la formation et la perpétuation des langues et cultures créoles (Alleyne, 1988). Si les incertitudes théoriques et les doutes qui entourent son emploi sont loin d'être levés, le concept de créolisation semble jouir de l'absence – ou de la faiblesse – de modèles explicatifs alternatifs capables d'appréhender les sociétés antillaises dans toute leur complexité.

Cette utilisation à la fois intensive et extensive d'un tel concept dans le champ des études caribéennes (et au-delà) entretient une étroite connivence avec un constructivisme sans véritable concurrent dont les implications ultimes ne sont pas toujours assumées ou avouées ; elle se veut également en parfaite congruence avec des sociétés qui semblent préfigurer, à travers l'extraordinaire diversité de références dont les acteurs sociaux sont les producteurs ou le siège, le « Tout-Monde » dont parle Glissant (1997). Une telle adéquation de la méthode à l'objet d'investigation peut paraître, à première vue, suspecte ; elle ne va pas non plus sans soulever plusieurs problèmes. D'un point de vue épistémologique, pareille démarche peut conduire à procéder à une assignation identitaire à des formes hybrides et changeantes, au risque de réintroduire, à travers des identités immuablement mobiles et définitivement coupées de leur socle social, un nouvel essentialisme (Chivallon, 1997, 787). En outre, le concept de créolisation, faute d'être clairement défini ou de s'inscrire dans un cadre théorique plus large expliquant le changement social et culturel, repose sur des bases théoriques parfois fragiles au point d'être tributaire d'une approche procédant tantôt d'une conception « dualiste » juxtaposant l'individu et la société, tantôt d'une démarche dialectique intégrant les tensions sociales au cœur du processus (Bolland, 2002, 28).

Si l'idée selon laquelle les cultures caribéennes ont émergé des rapports conflictuels entre les forces sociales en lutte est sous-jacente à l'analyse, trop souvent les processus culturels tendent à être dissociés des processus sociaux. Ce qui conduit à leur conférer une vie autonome et à négliger les tensions et les contradictions qui peuvent affecter la créolisation elle-même (Bolland, 2002, 30). De même, le rapport dialectique entre « l'intérieur et l'extérieur », entre les dynamiques internes aux sociétés et celles plus ou moins imposées de l'extérieur sur la base d'un lien de subordination hiérarchique est insuffisamment pris en compte dans l'analyse des processus de « création » culturelle (Giraud, 1996), au nom d'un usage parfois discutable de la notion d'« invention ».

Ces quelques réserves admises, force est d'admettre, malgré tout, que la thèse de la créolisation a très largement contribué à une meilleure connaissance des sociétés et cultures de la Caraïbe, notamment en attirant l'attention sur la capacité créatrice et le génie inventif qui s'y déploient dans les limites autorisées par les rapports de dépendance. Cette thèse a également permis de mettre en évidence les diverses modalités par lesquelles les populations d'ascendance africaine dans la Caraïbe ont « manipulé » les structures de domination auxquelles elles appartiennent, favorisant ainsi l'émergence et le développement de cultures et de sociétés créoles dans le cadre d'un processus permanent d'interaction culturelle. Enrichie d'apports récents puisés aux différentes sources des sciences sociales, elle fait un sort définitif aux théories univoques de l'aliénation coloniale tendant à assimiler les acteurs sociaux à des réceptacles passifs subissant les pressions externes, et la culture à la simple résultante de normes et valeurs imposées ou transposées de l'extérieur. Attentive aux conflits et contradictions inhérents à la société coloniale avant et après la période esclavagiste et à l'inscription de cette dernière dans un rapport de subordination, elle invite à analyser sous un angle nouveau l'interaction entre les différents apports constitutifs des cultures créoles et ces dernières dans un processus continué de transformation.

Rapportée à l'étude de la production de l'ordre politique dans les sociétés de la Caraïbe, la thèse de la créolisation peut se révéler d'autant plus fructueuse qu'elle se laisse aisément féconder par les travaux qui ont depuis longtemps mis l'accent sur l'importance des phénomènes qui tendent à déborder la sphère officielle du politique. Dans la mesure où le processus de production de l'ordre politique – entendu ici comme « la représentation conceptuelle de l'ensemble des relations politiques qui caractérisent une société donnée à un moment donné » (Hermet *et alii*, 1988) –, est également contrôlé par la culture, il importe de s'interroger sur le politique lui-même, son contenu et les modalités par lesquelles il est construit, en se plaçant au-delà de ce qui en constitue le noyau « officiel » (Martin, 2002, 11).

Nul doute, de ce point de vue, que les sociétés de la Caraïbe offrent un fascinant champ d'observation. Elles sont en effet le lieu d'un étonnant paradoxe : au tropisme institutionnel découlant de la colonisation et son corollaire, l'acclimatation de la démocratie électorale, s'ajoute un rapport parfois problématique aux institutions empruntées aux anciennes puissances coloniales, voire une sorte de défiance à leur égard témoignant du caractère diffus du politique. Celui-ci ne se donne pas toujours à voir spontanément, du moins à travers les canons privilégiés par la science politique dans sa version la plus conventionnelle. Pas plus qu'ailleurs, il n'existe donc dans les sociétés de la Caraïbe un univers politique clairement et définitivement circonscrit ou identifié : ce qui est politique aujourd'hui ne l'a pas nécessairement été hier et ne le sera pas nécessairement demain ; à l'inverse aucun phénomène social ne peut prétendre échapper, à titre définitif, à l'emprise d'une forme de politisation. Circonstance de nature à compliquer les données du problème, lesdites sociétés se caractérisent, sans doute davantage qu'ailleurs cette fois-ci, par la démultiplication des registres et niveaux d'identification et par la capacité des acteurs sociaux à en changer stratégiquement et de manière quasi permanente en fonction des enjeux constitués. À l'image classique d'un ordre politique intégré, structuré et parfaitement lisible semble donc se substituer donc celle d'un univers politique éclaté dans des sociétés elles-mêmes culturellement différenciées et caractérisées par un foisonnement d'appartenances, rendant difficile l'appréhension d'une cohérence globale. En dépit de l'hétérogénéité apparente de ces sociétés, plusieurs questions se trouvent dès lors posées : quelles sont les modalités de production de l'ordre politique ? Comment est régulée la tension qui naît de l'extrême diversité des registres – alternativement ou simultanément – mobilisés par les acteurs sociaux d'un côté, et de l'impératif de construction de la cité de l'autre ? Comment est régulée l'opposition entre la coexistence imposée par celle-ci et la différenciation que suppose celle-là ? Quels sont les lieux où se diffuse le politique et quels sont les vecteurs de cette diffusion ?

Cette contribution ne prétend pas répondre à toutes ces questions. Plus modestement, on propose de s'interroger sur les modalités de production de l'ordre politique dans ces sociétés[1]. Prenant comme appui le paradoxe précédemment mentionné, on voudrait s'interroger plus particulièrement sur deux points : d'une part, le rôle de la démocratie électorale comme lieu d'expression privilégié du politique et sa capacité à contribuer à l'intégration des systèmes politiques ; d'autre part, les modes d'expression du politique au-delà du tropisme institutionnel.

La démocratie électorale comme lieu privilégié d'expression du politique

Il ne fait guère de doute que le passé colonial, selon des formes très différentes en fonction des puissances et des possessions concernées, a profondément influencé le destin politique des territoires de la Caraïbe.

On s'accorde généralement à reconnaître le poids de l'expérience coloniale britannique dans le développement politique des îles anglophones de la Caraïbe. La mise en place d'embryons de bureaucratie tournés vers le maintien de l'ordre dans des pays dont la structure sociale contient des ferments de violence, l'imposition de principes et d'institutions représentatifs ont en effet été déterminants pour la plupart des anciennes colonies (Weiner, Özbudun, 1987 ; Seligson, 1987 ; Jaffrelot, 2002, 26). Une place décisive est d'emblée conférée, au sein des cultures politiques en formation, à la liberté érigée durant la période servile en objectif central et ultime tout en étant positivement associé au droit de propriété, à la liberté d'expression et du culte qui restent un horizon inaccessible pour les esclaves (Payne, 1996, 49). Ainsi, la tentation de recourir à la violence pour briser

1. Il ne saurait être question de traiter en quelques pages l'ensemble des sociétés de la Caraïbe, compte tenu de l'extrême diversité des situations rencontrées, même si – nouveau paradoxe – elles sont issues d'une matrice socio-historique commune qui leur confère, à bien des égards, une certaine unité. Les hypothèses explorées ici concernent plus particulièrement les territoires anglophones et francophones de la Caraïbe.

les chaînes de la servitude tend à céder progressivement devant une certaine propension à « négocier des arrangements » au fur et à mesure que le processus de créolisation étend son œuvre comme cela a pu être observé à la Barbade (Beckles, 2002), ou encore à St. Kitts (Richards, 2002). Signe d'une appropriation précoce de la démocratie électorale, des petits propriétaires noirs à peine libérés du joug esclavagiste proclament dès 1849 leur volonté de participer au jeu politique, leur attachement aux valeurs universelles de paix, de liberté et de justice sur lesquelles prétend reposer la société jamaïcaine : ils revendiquent l'extension à tous les individus des droits et privilèges réservés à la caste coloniale, sans distinction de race, dans un contexte de tensions et de conflits exacerbés opposant d'un côté, les planteurs ainsi que les marchands blancs et de couleur, et de l'autre les paysans et ouvriers agricoles noirs (Wilmot, 2002).

Dans ces conditions, il n'est guère étonnant que les élites politiques, au moment de l'accession à l'indépendance, adoptent puis adaptent en le mettant en phase avec les cultures créoles, le système de Westminster (Sutton, 1991), quitte à le teinter fortement de populisme (Allahar, 2002) et de clientélisme dans des univers sociaux saturés en relations très personnalisées ; système auquel ces élites manifestent encore aujourd'hui, dans leur grande majorité, une fidélité incontestable (Munroe, 2000 ; Ryan, 2000). Certes, le suffrage est resté pendant longtemps limité. Mais précisément la formation d'élites susceptibles d'intérioriser les procédures démocratiques et enclines à participer à la compétition électorale a permis d'élargir les enjeux : ceux-ci dépassent très rapidement la simple lutte contre le pouvoir colonial pour opposer les leaders politiques entre eux sur une scène qui se veut désormais ouverte. Sous-tendues par la montée des nationalismes créoles, les stratégies ainsi mises en œuvre revendiquent délibérément leur dimension inclusive et se fondent sur l'affirmation de l'existence d'un moule commun – sauf à Trinidad et en Guyana caractérisées par une forte fragmentation ethnique – apte à intégrer dans une sorte de « *melting-pot* » l'ensemble des composantes de la société. Les partis politiques s'imposent, à la fois dans les discours des principaux leaders et dans la compétition électorale, comme les vecteurs structurants de l'espace politique.

Dans ce contexte, trois éléments au moins d'une remarquable congruence, expliquent le succès d'un modèle privilégiant délibérément la démocratie électorale. D'abord, l'instauration progressive du suffrage universel, bien avant l'indépendance dans la plupart des cas : la Jamaïque en 1944, Trinidad en 1946, les États de la Caraïbe orientale en 1951, la Guyana en 1953, Belize en 1954 et les Bahamas en 1962. La compétition électorale s'est ainsi rapidement érigée en norme majoritaire, avec comme conséquence un taux d'inscription élevé sur les listes électorales et une participation aux élections rarement inférieure à 50 %. Car en dépit des désaccords pouvant surgir au moment de l'élaboration de telle ou telle politique sectorielle, il existe un indéniable consensus sur les règles et les procédures du jeu politique ; consensus largement partagé par les différents secteurs sociaux comme cela a été observé dans les îles de la Caraïbe orientale (Thorndike, 1991 ; Peters, 1992).

Ensuite, deuxième élément, l'émergence dans les années 1940-50 et l'institutionnalisation des partis politiques : pour la plupart, ces partis ont prospéré en étroite relation avec les syndicats, sauf à Trinidad et Tobago et aux Iles Vierges britanniques (Cross, Heuman, 1988), avant d'acquérir progressivement leur autonomie comme le montre bien l'exemple de la Barbade (Martin, 1991). La quasi-fusion originelle entre partis et syndicats a de toute évidence permis aux leaders en lutte pour l'indépendance d'être simultanément les porte-parole de la cause des travailleurs et de faciliter l'intégration de ces derniers au sein du système politique en étant l'un des vecteurs de leur socialisation. Cette canalisation et cette mobilisation des masses constituent évidemment un facteur non négligeable dans la pérennisation d'une forme de démocratie inclusive et dont l'influence ultérieure sur les comportements électoraux ne saurait être négligée. Ces différents processus ont largement contribué à la structuration de systèmes partisans relativement stables : le *People's National Party* (PNP) de la Jamaïque a fêté son soixantième anniversaire en 1998. Pour la plupart, l'origine des partis de gouvernement et d'opposition remonte aux années cinquante et parmi ces derniers, nombreux sont ceux qui exercent régulièrement le pouvoir. La confiscation prolongée du pouvoir par un seul et même parti a été remise en cause récemment dans plusieurs pays anglophones de la Caraïbe (le *People's National Movement* à Trinidad, le *Labour Party* à St. Kitts et le *People's United Party* à Belize) ; de même, les effets bien connus du scrutin majoritaire simple ont limité l'apparition de systèmes multipartisans en marginalisant les petits partis ainsi que les candidats indépendants. Enfin, dans bien des cas, les forces politiques en présence recrutent sur des bases interclassistes. Autrement dit, les clivages partisans sont loin d'être le simple reflet des clivages sociaux, ethniques ou encore religieux à l'œuvre dans les différentes sociétés. Dès lors, les partis apparaissent comme de puissants vecteurs de mobilisation et d'intégration sociale ; ce qui renforce la stabilité des systèmes politiques en réduisant les risques de fragmentation.

Enfin, troisième élément explicatif dérivant logiquement des facteurs précédents, la démocratie électorale dans la Caraïbe anglophone fonctionne, à quelques exceptions près, selon le principe d'une alternance régulière. Sur les 43 élections organisées, depuis leur indépendance jusqu'au début des années quatre-vingt-dix par les pays du Commonwealth Britannique, 14 se sont soldées par des changements de gouvernement (Sutton, 1991, 55).

La trajectoire politique des possessions françaises dans la Caraïbe, la Martinique et la Guadeloupe, est différente. En effet, portée par un État qui n'a jamais cessé de brandir la bannière de l'universalisme, la doctrine coloniale française repose avant tout sur le principe de l'assimilation. Principe qui s'applique non seulement aux institutions, mais aussi aux personnes tant du point de vue juridique que culturel (dans les limites, dans un premier temps, compatibles avec le maintien d'un régime colonial fondé sur une hiérarchisation et une différenciation très marquées). C'est dire que l'État unificateur à la française, tant à l'intérieur du cadre national qu'il a forgé qu'à sa périphérie externe et éloignée, a eu tendance à refuser toute expression identitaire publique autre que la sienne et à marginaliser toutes les autres appartenances au profit de l'allégeance citoyenne.

Les résultats de cette politique assimilationniste sont suffisamment connus pour qu'on se contente simplement de les rappeler ici : extension de la revendication d'égalité initialement incarnée par le groupe des mulâtres à l'ensemble des couches sociales – en dehors bien sûr de la minorité blanche – dès la seconde moitié du XIXe siècle ; naissance d'une « démocratie coloniale octroyée » pervertie par le clientélisme et investissement du champ politique par les élites de couleur – écartées du pouvoir économique parce que dépourvues de tout attribut et de toute prérogative en la matière – qui se chargent de relayer la revendication d'égalité qui finit par s'imposer avec l'assimilation institutionnelle en 1946. L'intégration à un ensemble plus vaste, dont les normes sont imposées, permet de consolider une forme de démocratie électorale fortement asservie au lien de dépendance avec la métropole (Daniel, 2001). Un tel système tend à désamorcer, au moins partiellement, les formes possibles de contestation grâce à la « cooptation » des contre-pouvoirs ou forces d'opposition potentiels qui se trouvent associés à une stratégie collective de dépendance, assortie, le cas échéant, d'un modeste renforcement des pouvoirs locaux[2].

C'est peu dire que cette forme de démocratie porte encore la marque des ambiguïtés qui ont présidé à ses origines. Elle se traduit à la fois par la consécration – mais non la sacralisation – des élections comme mode de désignation des gouvernants et par un rapport pour le moins ambivalent aux institutions dont le plus sûr exemple est la variation des taux de participation en fonction de la nature des scrutins : élevé pour les élections présidentielles et municipales, ce taux est pour toutes les autres consulta-

2. L'évolution des mouvements indépendantistes en Guadeloupe et à la Martinique est particulièrement intéressante à analyser de ce point de vue.

tions sévèrement affecté par un abstentionnisme structurel. En outre, dans un contexte marqué par la démultiplication des niveaux d'identification, ce rapport ambivalent aux institutions explique sans aucun doute la difficulté à penser l'avenir institutionnel de la Martinique et de la Guadeloupe : il paraît difficile d'articuler dans un même projet les aspirations apparemment contradictoires des populations locales soucieuses de réconcilier l'universalisme républicain, dans sa forme la plus instrumentalisée (les droits sociaux ou « acquis »), le respect des particularismes culturels fortement valorisés et la revendication d'une autonomie politique s'accommodant d'une dépendance accrue à l'égard de l'ensemble franco-européen, voire d'une intégration renforcée au sein de cet ensemble (Daniel, 2002).

Au total, il est clair que les mécanismes électoraux se voient assigner un rôle central dans le fonctionnement des démocraties de la Caraïbe. Sans doute un tel constat s'explique-t-il par l'osmose entretenue avec les milieux sociétal et intellectuel de leur matrice européenne (Jaffrelot, 2002, 62). À l'instar de leurs homologues du « Vieux Continent », les systèmes politiques de la Caraïbe, à de rares exceptions près, se présentent sous une forme relativement stable, induisant l'idée d'une greffe démocratique procédant de la transposition, sans solution de continuité, des institutions des anciennes métropoles, avec leurs forces et leurs faiblesses.

Les élites politiques ou intellectuelles de la région n'ont d'ailleurs jamais réellement cherché à s'écarter des référents européens, qu'il s'agisse du modèle républicain français ou du système de Westminster[3]. Après les avoir adoptés, parfois en les utilisant comme « armes miraculeuses », elles ont tout au plus participé à leur « mise en conformité » et à leur adaptation aux conditions particulières des sociétés créoles. Autrement dit, l'appropriation a été accompagnée d'une phase d'acclimatation au cours de laquelle l'invention de traditions démocratiques nationales et locales s'est de toute évidence nourrie des comportements produits par les phénomènes de créolisation dans le champ de la religion ou dans celui des autres modes de sociabilité. Les effets de ces phénomènes sont perceptibles, de manière plus générale, dans l'ensemble du champ politique. D'où l'intérêt de réexaminer les implications de la créolisation culturelle sur le fonctionnement

3. Il n'est d'ailleurs pas étonnant que nombre de spécialistes des systèmes politiques antillais abordent la crise actuelle qui les affecte à partir de grilles d'analyse qui pourraient parfaitement s'appliquer à leurs homologues européens. Les solutions envisagées, en dépit de l'appel de Lloyd Best à une pensée politique autonome et à « une certaine tradition intellectuelle et politique subversive » (Best, 2000, 283) ne vont guère au-delà de réaménagements techniques du modèle de Westminster pour corriger ses effets négatifs les plus connus, même si un courant de pensée en faveur d'un modèle présidentiel semble émerger à la Jamaïque et que certaines propositions semblent guidées par une volonté de distanciation à l'égard du modèle de l'ancienne métropole (Ryan, 2000).

de l'ordre politique qui ne saurait, de ce fait, se réduire à un simple agencement institutionnel ou à une scène politique officielle négligeant des phénomènes qui, pour ne pas être immédiatement perçus comme politiques, ne jouent pas moins un rôle décisif.

Au-delà du tropisme institutionnel : les formes alternatives d'expression du politique

Indépendamment de l'importance qui lui est attribuée et de sa prétention à centraliser le politique en un lieu unique, la démocratie électorale n'épuise pas toute la complexité de l'ordre politique dans les sociétés de la Caraïbe, ni toutes les subtilités caractérisant la phase actuelle de développement de ces dernières et, encore moins, de la crise qui semble affecter leur système politique. La « crise des démocraties antillaises » (Constant, Martin, 1996), si souvent évoquée, s'analyse aussi comme l'exacerbation de la tension structurelle entre quête identitaire et construction de la cité : d'un côté s'affirme la volonté, à travers la forme d'expression politique privilégiée qu'est la démocratie électorale et qui sert de support à la construction de la cité, de capter l'ensemble des appartenances ainsi que les identités foisonnantes et incertaines dans un ordonnancement politique stable ; de l'autre, persiste la tendance inhérente à ces appartenances et identités à proliférer et à se décomposer et recomposer en permanence en fonction des contraintes de situation, de la multiplicité des jeux interactifs et de la variété des plans dans lesquels les acteurs sociaux s'insèrent (Badie, 2002). Certes, les indices les plus visibles de cette crise ne sont pas fondamentalement différents de ceux observés dans les plus vieilles démocraties : déficience des mécanismes de représentation se traduisant par une baisse tendancielle de la participation électorale, affaiblissement des loyautés et phénomènes de réalignement partisans susceptibles de menacer à terme la stabilité des systèmes politiques, montée de la corruption aggravée par le développement du narcotrafic, problèmes de gouvernance amplifiés par le tarissement des financements extérieurs (Munroe, 2000 ; Ryan 2000)... Mais les effets cumulés de ces différents facteurs ne sauraient suffire pour expliquer la persistance d'interrogations sur le fonctionnement et le devenir des démocraties antillaises, l'essentiel étant sans doute ailleurs.

Les travaux des anthropologues ont depuis longtemps souligné la formidable capacité des sociétés antillaises, façonnées par le rapport colonial, à produire de la différence et de la différenciation culturelle. Le paradigme pluraliste incarné par M.G. Smith a aussi permis de focaliser l'attention sur la complexité de la différenciation culturelle et institutionnelle des sociétés de la Caraïbe, au risque, il est vrai, de subsumer les catégories de race, de culture et de classe dans une simple hiérarchie sociale négligeant les phénomènes de distribution du pouvoir au sein des sociétés. La thèse de la créolisation dans ses multiples versions a le mérite de mettre l'accent sur le caractère dynamique d'un processus de changement social et culturel. Elle permet d'intégrer dans l'analyse l'extrême fluidité des appartenances et des identités, la multiplicité des registres et des répertoires d'action collective et la capacité des acteurs sociaux à en changer de manière contextualisée. On ne reviendra pas ici sur les débats qui ont opposé les tenants de ces deux thèses, sauf pour rappeler qu'il convient de considérer le pluralisme culturel moins comme une donnée pérenne et figée que comme une situation potentiellement évolutive. Dès lors, ce dernier est susceptible d'affecter à des degrés divers toute société car il procède avant tout d'une histoire politique faite d'enjeux et d'actions de nature sociale, d'entreprises manquées ou réussies d'intégration ou de désintégration politique et résulte par conséquent de phénomènes permanents de composition et de recomposition (Badie, 2002). Autant de phénomènes que l'on peut observer sous un prisme grossissant dans les sociétés de la Caraïbe : ici le processus de créolisation, perceptible notamment dans le champ de la religion, a assurément une incidence directe sur le fonctionnement du champ politique et conduit à corriger la conception préconstruite d'un ordre politique intégré et immédiatement lisible, décalque presque parfait des modèles à l'œuvre sur le Vieux Continent, pour prendre en considération le caractère diffus d'un politique construit certes en référence à l'Occident, mais aussi en défiance parfois par rapport à ce dernier. Le développement des cultures créoles se traduit ainsi par un relatif déphasage avec les modèles politiques hérités. Sans être entièrement dénaturés ou totalement supplantés par de nouveaux mécanismes, ceux-ci sont concurrencés ou complétés par des modes d'expression politique alternatifs que l'on voudrait tenter d'explorer.

Le paradoxe d'un ordre politique apparemment intégré dans des sociétés culturellement différenciées puise sa source dans la capacité des acteurs sociaux à recourir simultanément ou alternativement à plusieurs registres ou répertoires d'action, tout en accréditant l'idée qu'ils partagent un système de valeurs commun, selon des mécanismes proches de la pratique du « *switch code* » décrite par Barry Chevannes dans son analyse des problèmes d'intégration sociale à la Jamaïque (Chevannes, 2000). Un même enjeu social, politique ou culturel peut faire l'objet d'interprétations et de comportements qui varient en fonction de l'insertion des individus dans différents univers sociaux et de leur capacité à naviguer entre ces différents univers. Une même institution peut donner lieu à des usages sociaux différents pouvant la détourner de sa finalité initiale ou lui faire acquérir un sens nouveau, grâce à la mobilisation de symboles puisés dans la culture populaire.

Le politique n'échappe pas à ce type de comportements d'autant qu'il est adossé à un « social » potentiellement fragmenté. Il se déploie par conséquent en de multiples lieux débordant très largement la sphère officielle qui lui est traditionnellement assignée. Ainsi la culture populaire peut-elle devenir un vecteur de contestation politique. Les pratiques magico-religieuses telles que le *Jonkonnu* à la Jamaïque ne sauraient être analysées comme de simples survivances africaines ou le fruit d'une simple synthèse entre les apports européens et africains au sein des cultures créoles : elles ont contribué à l'émergence de nouvelles identités, et donc au déploiement de stratégies d'affirmation et d'auto-construction par rapport à l'autre, leur conférant un sens largement différent de celui qu'elles avaient en Afrique tout en s'inscrivant dans un contexte hautement politique. Au-delà de l'héritage africain – les masques d'animaux, les têtes de chevaux et de vaches – et de l'héritage européen perceptible à travers certains costumes, le *Jonkonnu* était aussi une façon pour les individus d'exprimer une forme de résistance culturelle et politique en recourant à un répertoire varié de traditions et de symboles culturels (Bolland, 2002, 36).

De la même manière, certaines pratiques culturelles et religieuses – que le nationalisme créole est loin d'avoir complètement marginalisé – ont un prolongement politique évident. C'est le cas notamment à la Jamaïque : basés sur la reconstruction de la subjectivité de la composante noire de la population, plusieurs mouvements[4] dont les origines remontent à la période servile se sont développés après l'abolition de l'esclavage en réinvestissant des textes, des mythes et des symboles chargés de sens dans le cadre d'une stratégie contestataire issue d'une autre tradition historico-politique, celle de la pensée rédemptrice noire porteuse de nouvelles utopies (Bogues, 2002)[5].

Ces situations caractéristiques d'un politique diffus, véritable pendant d'un social lui-même potentiellement fragmenté, ne sont pas irrémédiablement pérennes ou figées. Les espaces politiques connaissent en effet des périodes de dilatation dues à la politisation d'enjeux sociaux et culturels plus ou moins sédimentés avec le temps, et donc possiblement évolutifs, à un moment donné de l'histoire. Dilatation qui peut prendre la forme, par exemple, de mobilisations identitaires et politiques ou résulter tout simplement de l'instrumentalisation de ces enjeux. On a déjà souligné comment

---

4. Il en est ainsi du Myalism, du Bedwardism, du Zionism et de toute une série de prophètes ayant occupé l'espace public.

5. Pour cet auteur, la crise du politique à la Jamaïque n'est pas simplement due à des problèmes de gouvernance témoignant de l'épuisement du projet d'État-nation porté par le nationalisme créole, mais aussi à l'effondrement ou à la marginalisation de ces expressions politiques alternatives qui restent néanmoins très présentes dans l'imaginaire collectif.

les élites politiques qui ont pris en charge le projet d'indépendance dans la Caraïbe anglophone ont stratégiquement utilisé le modèle de la société créole parfaitement congruent avec l'objectif d'intégration nationale poursuivi dans les années soixante. Aux Antilles françaises, les courants nationalistes ont naguère procédé à une très forte instrumentalisation des formes culturelles de la Martinique et de la Guadeloupe avant d'être relayés aujourd'hui par la quasi-totalité du personnel politique ainsi qu'une frange de l'élite intellectuelle qui mettent constamment en scène des « spécificités » culturelles, s'engagent dans des luttes symboliques pour la sélection des événements marquants dans l'histoire des sociétés antillaises et pour l'imposition de sens à donner à telle ou telle figure héroïque et se livrent à un travail permanent d'interpellation de la mémoire (Daniel, 2002).

Ces tentations instrumentales sont également repérables à la Jamaïque à travers certaines modalités de participation à la vie politique. La démocratie électorale issue de la matrice de Westminster semble, en effet, s'accommoder dans ce cas d'une forme de « tribalisme politique », expression sans doute contestable qui condense la violence héritée de la période esclavagiste et admise comme un mode de régulation des rapports sociaux et politiques, un clientélisme institutionnalisé et spatialisé ainsi que l'ensemble des stratégies utilisées par les partis politiques pour contrôler certains quartiers urbains (National Committee, 1997). Nourries d'une violence endémique et la nourrissant à son tour, ces pratiques sont devenues un instrument essentiel à la fois de mobilisation politique et de la lutte pour la conquête et la conservation du pouvoir tout en témoignant d'une forme de confusion entre violence politique et violence sociale.

Plus récemment, l'affaiblissement des capacités institutionnelles des États de la Caraïbe anglophone a ouvert de nouvelles failles permettant à des mobilisations substitutives – politiques ou identitaires – de se développer. Plusieurs indices, déjà signalés, ont en effet révélé une certaine déficience des institutions politiques, voire une perte relative de sens de ces dernières et plus généralement du projet post-colonial. D'où la libération d'un espace pour des acteurs de la « société civile » porteurs de légitimités concurrentes. Dans ces conditions, des micro-identités cherchent à s'affirmer, à travers les cultures et les communautés locales (Premdas, 2000), en marge de systèmes politiques jugés défaillants, sans pour autant que l'allégeance à ces derniers soit fondamentalement remise en cause. Aux Antilles françaises, l'essoufflement du mythe républicain a favorisé l'exacerbation des affirmations identitaires, la mise en balance, sur un plan culturel, de l'identification à la France et à l'Europe, voire dans une certaine mesure de l'allégeance citoyenne, avec une pluralité d'affiliations identitaires dont les conséquences les plus perceptibles sont la valorisation des ressources politiques locales, la fragmentation du paysage politique et corrélativement, une nette tendance au repli sur des micro-identités. Ailleurs, on assiste à la réactivation de réseaux de solidarité ou d'entraide sous la forme, par exemple, de « communautés locales », de coopératives de crédit et d'aide mutuelle venant compenser la faiblesse ou l'absence d'infrastructures dans certaines îles (Klak, Convay, 1998, 268). De même, l'avancée du « capitalisme mondialisé » a débouché sur le confinement de franges importantes des populations de différents territoires dans des activités temporaires, souvent précaires, relevant de l'économie informelle. Pratiquant ainsi une forme de « survie », à défaut d'être pris en charge par le marché officiel de l'emploi et un système de protection sociale essoufflé, ces « îlots » de population se livrent à une lutte quotidienne, renouant ainsi avec de vieilles traditions de solidarité construites sur la base d'affiliations religieuses et d'appartenances communautaires que nombre d'intellectuels et leaders politiques, dans leur volonté de s'investir dans la construction de nouvelles identités, n'hésitent pas à identifier à une forme de marronnage moderne.

On le voit bien, au moins trois hypothèses se combinent parfaitement entre elles[6] pour éclairer les modalités de construction du politique dans la Caraïbe, en dehors du noyau officiel qui lui est traditionnellement assigné : celle tout d'abord de mobilisations politiques ou identitaires servant de substituts à un défaut d'intégration institutionnelle ; celle ensuite de l'instrumentalisation de mobilisations identitaires contribuant à renforcer ou cultiver les différences au sein des sociétés antillaises ; celle enfin d'une prise en charge des identifications communautaires par des mouvements sociaux ou religieux plus ou moins organisés.

Références

ALLAHAR A. (ed.), 2001, *Caribbean Charisma: Reflections on Leadership, Legitimacy, and Populist Politics*, Boulder, Co., Lynne Rienner Publishers.

ALLEYNE M. C., 1988, *Roots of Jamaican Culture*, London, Bridgetown, Barbados, Pluto Press, Karia.

ANGLÈS E., 1994, « Rastafarisme, reggae et résistance » in E. Angles, C. Hensley, D.-C. Martin (eds.), Les Tambours de Jah et les sirènes de Babylone. Rastafarisme et reggae dans la société jamaïcaine, *Les Cahiers du CERI*, n° 9, 32-47.

BADIE B., 2002, « La société plurielle entre mythe et réalités : un essai d'identification politique de situations pluralistes » in J. Santiso (ed.), *À la recherche de la démocratie. Mélanges offerts à Guy Hermet*, Paris, Karthala, 59-70.

6. Ces hypothèses sont empruntées à Bertrand Badie dans son analyse de la société plurielle (Badie, 2002).

BALLIGER R., 1999, «Popular Music and the Cultural Politics of Globalization among the Post-Oil Boom Generation in Trinidad» in R.R. Premdas (ed.), *Identity, Ethnicity and Culture in the Caribbean*, St. Augustine, Trinidad and Tobago, University of the West Indies (School of Continuing Studies), 54-79.

BECKLES H. Mc.D., 2002, «Creolisation in Action: The Slave Labour Elite and Anti-Slavery in Barbados» in V.A. Shepherd, G. L. Richards (eds.), *Questioning Creole: Creolisation Discourses in Caribbean Culture*, Kingston, Jamaica, Oxford, Ian Randle James Curry, 181-201.

BEST L.l., «Independent Thought, Policy Process,» in Kenneth Hall & Denis Benn (eds.), 2000, *Contending with Destiny Century*, Kingston (Jamaica), Ian Randle, 248-273.

BOGUES A., 2002, «Politics, Nation and Post-Colony: Caribbean Inflections», Small Axe, 1-30.

BOLLAND O.N., 2004, «Creolisation and Creole Societies: A Cultural Nationalist View of Caribbean Social History,» in V.A. Shepherd, G.L. Richards (eds.), *Questioning Creole: Creolisation Discourses in Caribbean Culture*, Kingston, Jamaica, Oxford, Ian Randle James Curry, 15-46.

BRATHWAITE K., 1974, *Contradictory Omens: Cultural Diversity and Integration in the Caribbean*, Mona, (Jamaica), Savacou Publications.

BRATHWAITE K., 1971, *The Development of Creole Society in Jamaica, 1770-1820*, Oxford, Clarendon Press.

CHEVANNES B., 2000, «Those Two Jamaicas: The Problem of Social Integration.» in K. Hall, D. Benn (eds.), *Contending with Destiny: The Caribbean in the 21st Century*, Kingston, Ian Randle, 179-184.

CHIVALLON C., 1997, « Du territoire au réseau : comment penser l'identité antillaise », *Cahiers d'Études africaines*, 148 (4), 767-794.

CONSTANT F., MARTIN D.-C., 1996, *Les démocraties antillaises en crise*, Paris, Karthala.

CROSS M., HEUMAN G.J. (eds.), 1988, *Labour in the Caribbean: From Emancipation to Independence*, London, Macmillan Caribbean.

CROSS M., 1988, «The Political Representation of Organised Labour in Trinidad and Guyana: A Comparative Puzzle.» in M. Cross, G. J. Heuman (eds.), *Labour in the Caribbean: From Emancipation to Independence*, London, Macmillan Caribbean.

DANIEL J., 2002, « L'espace politique aux Antilles françaises », *Ethnologie française*, XXXII (4), 589-600.

DANIEL J., 2001, «The Construction of Dependency: Economy and Politics in the French Antilles» in A.G. Ramos, A.I. Rivera Ortiz (eds.), Islands at the Crossroads: Politics in the Non-Independent Caribbean, Kingston, Jamaica; Boulder, Co., Ian Randle Publishers/Lynne Rienner Publishers, 61-79.

GIRAUD M., 1996, « Des usages politiques et politologiques de la culture dans les études caribéennes » in J. DANIEL (ed.), *Les îles Caraïbes : modèles politiques et stratégies de développement*, Paris, Karthala, 323-340.

GLISSANT É., 1997, *Traité du Tout-Monde*, Paris, Gallimard.

HERMET G., BADIE B., BIRNBAUM P. *et al.*, 1994, *Dictionnaire de la science politique et des institutions politiques*, Paris, Armand Colin.

JAFFRELOT C. (ed.), 2000, *Démocraties d'ailleurs*, Paris, Karthala.

KLAK T., CONVAY D., «From Neoliberalism to Sustainable Development.» in Thomas KLAK T. (ed.), 1998, *Globalization and Neoliberalism: The Caribbean Context*, Lanham, Oxford, Rowman & Littlefield, 257-275.

MARTIN D.-C. (ed.), 2002, Sur la piste des OPNI (Objets politiques non identifiés), Paris, Karthala.

MARTIN D.-C., 1991, « Le développement des forces politiques à la Barbade » in M.-L. Martin, A. Yacou (eds.), Société et politique, Études Caraïbéennes, Toulouse, Presses de l'IEP de Toulouse, 199-228.

MINTZ S.W., PRICE R., 1992, *The Birth of African-American Culture: An Anthropological Perspective*, Boston, Beacon Press.

MUNROE T., 1996, «Caribbean Democracy: Decay or Renewal?» in J.I. Domínguez & A.F. Lowenthal (eds.), *Constructing Democratic Governance: South America*, Baltimore, MP, Johns Hopkins University Press.

MUNROE T., 2000, «Caribbean Thought and the Political Process» in K. Hall, D. Benn (eds.), *Contending with Destiny: The Caribbean in the 21st Century*, Kingston, Ian Randle, 237-247.

NATIONAL COMMITTEE ON POLITICAL TRIBALISM, 1997, *Report of the National Committee on Political Tribalism*, Kingston, Jamaica.

PAYNE A., 1996, « Adaptation et ajustements du système de Westminster. L'ordre politique dans la Caraïbe anglophone » in J. Daniel (ed.), *Les îles Caraïbes : modèles politiques et stratégies de développement*, Paris, Karthala, 48-73.

PETERS D.C., 1992, *The Democratic System in the Eastern Caribbean*, New York, Greenwood Press.

PREMDAS R.R., 2000, «Diversity and Liberation in the Caribbean: The Decentralist Policy Challenge in the New Millenium» in K. Hall, D. Benn (eds.), *Contending with Destiny: The Caribbean in the 21st Century*, Kingston, Ian Randle,161-177.

RICHARDS G.L., 2002, «'Driber Tan Mi Side': Creolisation and the Labour Process in St. Kitts-Nevis, 1810-1905» in V.A. Shepherd, G.L. Richards (eds.), *Questioning Creole: Creolisation Discourses in Caribbean Culture*, Kingston, (Jamaica), Oxford, Ian Randle, James Curry, 202-226.

RYAN S.D., 2000, «Caribbean Political Thought, From Westminster to Philadelphia» in K. Hall, D. Benn (eds.), *Contending with Destiny: The Caribbean in the 21st Century*, Kingston, Ian Randle, 248-273.

SELIGSON M.A., 1987, «Costa Rica and Jamaica» in M. Weiner, E. Özbudun (eds.), *Competitive Elections in Developing Countries*, Durham, NC, Duke University Press.

SHEPHERD V.A., RICHARDS G.L. (eds.), 2002, *Questioning Creole: Creolisation Discourses in Caribbean Culture*, Kingston, (Jamaica), Oxford, Ian Randle, James Curry.

SMITH M.G., 1965, *The Plural Society in the British West Indies*, Berkeley, University of California Press.

SUTTON P.K., 1991, «Politics in the Commonwealth Caribbean: The Post Colonial Experience», *European Review of Latin and Caribbean Studies*, 51, 51-66.

THORNDIKE T., 1991, «Politics and Society in the South-Eastern Caribbean» in C.G. Clarke (ed.), *Society and politics in the Caribbean*, London, Macmillan, 111-130.

WEINER M., ÖZBUDUN E. (eds.), 1987, *Competitive Elections in Developing Countries*, Durham, NC, Duke University Press.

WILMOT S., 2002, «The Politics of Samuel Clarke: Black Creole Politician in Free Jamaica, 1851-1865» in V.A. Shepherd, G.L. Richards (eds.), *Questioning Creole: Creolisation Discourses in Caribbean Culture*, Kingston, (Jamaica), Oxford, Ian Randle, James Curry, 227-241.

3

A Distrust of Politics ? People of African Heritage in Britain and the Atlantic Word

Harry GOULBOURNE
London South Bank University (Royaume-Uni)

Introduction

The general problematic addressed in this essay involves questions about the nature of integration of people and communities of African historic heritage into the wider social, civil and political societies and orders in the Atlantic world. The questions themselves are multifarious and complex, but can be said to comprise at least uncertainties about who are included, what are the boundaries, and how have these communities been constructed – indeed, it may be asked whether these are fully formed or still undergoing construction. This essay responds to these intriguing questions and issues by first providing a background or context for such a discussion; second, offer some empirical observations with regard to Britain; and, third, suggest some characteristics of political engagement in a developing Black or African presence in the North Atlantic world.

The general context

The first of these preliminary points setting the general context of this discussion, is that it is vitally important to recognise the simple fact of the heterogeneity of the populations and societies we are discussing. This heterogeneity includes ethnic and racial diversity, which is important if we are properly to understand the complex relationships and interplay that go on between these identities in populations exhibiting elements of African heritage in the North Atlantic world. Although they overlap, and are often used interchangeably, racial and ethnic identities may be taken to denote what many presume to be commonly shared descent manifested by such identifiable factors as physical colour (of skin, hair, eyes), shape (of lips, nose), size (head, nose), and so forth on the one hand, and on the other identification by such broadly cultural factors as language, religion, customs, and history; the one is presumed to be naturally endowed through parentage, and the other by membership of a given society (see, for example, Smith, 2001; Cornell & Hartmann, 2001). Of course, these identities are interlinked in complex ways, and in some circumstances they not only overlap but also are almost impossible meaningfully to separate them. However, it is at least a useful starting point theoretically to separate these concepts about identity, particularly in a discussion which involves their relevance to practical social action.

The meetings, mingling and mixing of Africans, Europeans, Asians, indigenous Americans, and others (each exhibiting or embracing plural identities) is one of the major features of modernity. In other words, for the majority of humans on the planet, the last half millennium has been a period of universal dispersal, resettlement and reconstruction of the common human project of constructing and maintaining communities. And the significant point here is that these communities – in both the 'old' and the 'new' worlds – have formed, and are forming, communities which transgress or undermine boundaries justified by the profound ideology of nationalism that asserts a congruity of folk or community and political power or the state.

With regard to societies or populations in the North Atlantic world with a degree of African heritage – such as the USA, the Caribbean, Britain, Belgium, France and the Netherlands – there have been massive intrusions and/or excursions into other communities of folks from various parts of Asia (the Arab lands, South and East Asia), and most profoundly, North West Europe (particularly, but not exclusively, Britain, France, the Netherlands, and Spain). More specifically, the peoples involved in this unplanned project of intermingling have included the various 'nation' groups of the British-Irish islands (English, Scots, Welsh, and Irish), the various Iberians, French and Dutch peoples with different traditions, languages, and variations in belief systems. Also included are different groups from what used to be called Hindustan (now Bangladesh, India, and Pakistan) and Ceylon as well as groups from China and Indo-China. In short, while it is part of the popular wisdom to regard the societies of the North Atlantic world to be dominated by Europeans and/or people of European heritage, a proper assessment of the present sociological situation must recognise the complex racial and ethnic kaleidoscopic scenes that describe the peopling of these parts of the contemporary world. This intermingling of racial and ethnic groups is likely to be a lasting feature of the North Atlantic world, and perhaps no identifiable group has been more affected by this process than people of African descent. Thus, people of African descent in the USA have variously described themselves as 'Negroes', 'Blacks', 'Afro-Americans', 'African-Americans', and more recently as part of a wider collective called 'people of colour' It is not surprising, therefore, that over the last half century, people from the Caribbean (with earlier African backgrounds) in Britain have expressed their collective identity in terms of being 'West Indians', then 'Afro-Caribbeans', 'Blacks', and now 'African-Caribbeans' and sometimes 'people of African heritage'. Although Britain usually follow the US, the appellation 'people of colour' has not yet taken on general use on the European side of the Atlantic.

The differences between people in the African Diaspora make it not only very difficult but also perhaps impossible to compress the American or the North Atlantic world into a single whole. From a distance this vast world may appear to give a flat or rounded appearance. But this apparent singularity soon falls apart when we come to examine it at close quarters, and this exercise can have conceptual as well as practical social and political implications. While then the notion of an African Diaspora is easily understood at a very general level to embrace folks with historical backgrounds in Africa (see, for example, Bonnett & Watson, 1990), we cannot be certain about the *centre* nor the *boundaries* of this Diaspora, particularly with regard to ethnic and racial identities. This problem forces us to think, therefore, in terms that transcend notions of colour (black and white) as the uniting factor; this is also true with respect to most aspects of ethnicity, as these populations are divided by religion and language, recently shared histories, and so forth.

Of course, it used to be easier to answer the question of who constitutes the African Diaspora, when this was presumed to be located by and large in the Atlantic world. Plantation slavery, domination on the basis of racial traits and the resultant exclusion from the mainstream of society provide a common experience for all Africans in these places. But the sharing of the experiences of slavery and the subsequent loss of languages, customs and traditions, beliefs and values, may also provide the bridging between Africans across the Atlantic and Indian oceans and the Arabian peninsular (see, for example, Unesco, n.d.; Davis, 1999; Oostindie, 2001). However, while exclusion from mainstream society is part of the experience of these communities, not only has Atlantic slavery been distinct from other forms of slavery (see, for example, King, 2001a, 2001b; Oostindie, 2001), but the general response of Africans in the North Atlantic would appear to be significantly different from those of Africans elsewhere in at least two important respects. These are, first, the emergence, development and maintenance of the concept of Africa as a singular whole coupled with a shared memory of slavery (see, for example, Chivallon, 2001); and, second, a strong insistence on participating and being represented in the mainstream activities of the societies they have helped to construct in the Atlantic world. The first of these impulses has led to such developments as the Pan-African movement, and the second has helped to give representation and visibility to the African or Black presence in the Atlantic world.

What is there then that provides linking or bonding between these diverse communities across time and space, such that we can meaningfully speak about an African presence and its links with the wider worlds in which people with some share in the diverse heritage of Africa live their lives in the Atlantic world? I want to suggest that there are at least four important relevant factors that bind these various experiences and groups. These are, first, the origins of these communities in modern or chattel slavery between the seventeenth and nineteenth centuries, and the continuing experiences of exclusion and domination from the nineteenth century; second, commonly shared myths (dreams about real and mythical African past glory, messianic salvation in the future, etc.) and icons (key figures such as Marcus Garvey, W.E.B. DuBois, Martin Luther King, Malcolm X); third, sharing a set of values, including notions of equality, the right to participate in public affairs, a strong sense of individualism/individuality, a loose inclusiveness or a sense of community with porous boundaries. The last of these is of particular importance, but I also have a sense that taken together these characteristics sometimes give rise to a fourth factor – a kind of moral superiority and an attendant piety bred of suffering, exclusion, and relative powerlessness.

The second contextual point to be made arises from the heterogeneous situation outlined: in Britain as elsewhere in the African Diaspora, it is not a straightforward task either to centre or determine the boundaries of the African presence. For example, there are Africans from the continent who do not share in the experience of slavery – unless their forebears were slave merchants, and therefore stand on much the same side of the divide as the European slavers – despite calls in recent times for reparations from Europeans and white Americans (see, Robinson, 2000; Abiola, 1992). But Africans have themselves undergone the experience of colonialism, which undermined but also forced reconstitution, of their cultures, values and worth. So too have South Asians, East Asians (principally, Chinese), and Europeans of various hew, experienced racial and or ethnic exclusion and domination, and their experiences constitute a link with Africans of the Diaspora. In the case of Caribbeans, it should be noted that some of the major diasporas have strong Caribbean connections – for example, the Jewish, Chinese, Indian, Irish, Lebanese (see, for example, Cohen, 1997; Goulbourne & Solomos, 2004). Perhaps most profoundly, these points of contact have been often reinforced by family membership, and are therefore more than an abstract or remote common historical human experience.

Third, central to this discussion is the notion of distrust. This denotes disbelief, suspicion, misgiving, doubt, and other negative features or characteristics that we may have about things or practices around us, and particularly the notion and practice of democracy. But it should be noted that distrust is an essential underlining feature of our notion of democracy, and this distrust has informed a distinguished body of literature about democracy in the modern world (see, for example, Hart, 1978). *The Federalist Papers* by three of the founding fathers of that republic (Alexander Hamilton, John Jay and James Madison) who sought to convince their fellow citizens of the virtues of a union of post-colonial states on the northern continent, based much of their arguments on the distrust of popular democracy that the 1787 Constitution upheld. From a different perspective and different reasoning, the post-Revolutionary French aristocrat Alexis de Tocqueville in the 1830s –just over four decades after the founding of the American Republic– described a socio-political order built on a remarkable marriage of distrust and participation. This distrust, already hinted at by Montesquieu a century earlier while examining the evolution of government in England, led to the American obsession with the notion of the 'separation of powers' between the executive, the legislature and the judiciary. In Europe too at the beginning of the last century, political theorists in Britain and France described community-based and interest-wedded groups, as bastions of democracy against states that were becoming increasingly strong and eroding the relative autonomy of civil society. In other words, this distrust amounts to a profound and healthy scepticism of the agencies of the political process –politicians and public figures, institutions (such as government, judiciary, etc.), reported events, party political manifestos, and so forth. Since the terrorist atrocities in recent years, political distrust has taken a new twist or significance. For example, particularly in Britain, the media have redoubled their role in promoting themselves as kind of fourth *estate* with the interest of questioning or mistrusting any action, statement, or intent of the state. But public distrust also pervades most areas of public life (see, for example, O'Neil, 2002).

Despite the inevitable discomfiture for politicians, public distrust is perhaps the key principle underpinning the notion of a healthy modern democracy, and while this may make it difficult to effect efficient government, this distrust also functions as a veto against excessive or even overconfident authority. Of course, excessive distrust can have disastrous effects. For example, it can lead to cynicism, resulting in a dereliction of duty or responsibility on the part of citizens in such matters as voting and engaging in political discourse about public affairs. Hyper-distrust can also result in creating a situation contrary to the democratic ideal, such as anarchism or the overthrow of a democratic system and the imposition of an undemocratic regime. But these kinds of situations must be distinguished from the healthy distrust displayed by those who submit themselves to what Jeremy Bentham described as the willingness or disposition to obey the law and accept the legitimacy or sovereignty of the extant state. In this respect, it is vitally important to recognise that distrust does not necessarily denote an absence of participation or awareness of political issues, but, on the contrary, distrust may suggests that a heavy burden is placed on citizens requiring them to be vigilant about their liberties/rights and their responsibilities within a political order.

While these remarks are about the general situation in the Anglo-American trans-Atlantic world, they also set the context for comments about the nature of the participation of people of African heritage in political processes in Britain. This is because these communities must be understood as being integral parts of Anglo-American societies, not isolated and distinct elements, as, for example, the notion of 'the West and the rest' or some attempts to re-interpret DuBois' concept of 'double consciousness' may suggest (see, Goulbourne, 2002, ch. 1). The remarks so far also provides a background against which to make some comments about the political culture that reflects the broader social values that I would suggest are held in Black communities across the North Atlantic world.

Some observations from Britain

The participation of Africans and Caribbeans generally in British political life is a paradox (see, Goulbourne, 1991, 1990). On the one hand, studies of voting behaviour in the crucial decades of the 1980s and 1990s (including intention to vote, actually voting, and membership of organised political parties) reveal that Caribbeans are the least likely to vote of all racio-ethnic groups in the population (see, for example, Anwar, 1994). For example, voters of South Asian backgrounds have consistently shown a willingness to vote, and their turnout at the polls are usually recorded to be the highest. On the other hand, Caribbeans tend to be amongst the most politically aware in the population, and are likely to express an opinion about current public issues. The disjunction between these positions has stimulated the highly visible activist group –Operation Black Vote (OBV)– to encourage members of the community to participate in local and national elections, because their votes count in effecting decisions that may have implications for their own lives and communities. We know far less about how people who are directly from Africa politically behave in Britain. This ignorance may be due to the low interest shown in their communal and political activities as well as to a tendency to see all people with an African heritage in Britain as comprising a single whole. Perhaps, however, the main reasons for this neglect is due, first, to the absence of the emergence of an African consciousness as distinct from diasporic Africans in the public arena, and second, to the tendency for individual articulate Africans to find space within the broader or more established framework of social action established by diasporic Africans.

The paradox, or disjuncture between awareness and actual voting behaviour, is further complicated by the prominence of individual Africans and Caribbeans on the British political stage (see, for example, Sewell, 1993). The point can be easily explained by some illustrations. At present the second most important post in Tony Blair's treasury team (Secretary to the Treasury) is held by Paul Boateng; David Lammy, who won the late Bernie Grant's seat in Tottenham, London, was for sometime the youngest member of Parliament and a member of the Home Office team; Oona King has also been given governmental responsibility; Baroness Scotland has been a member of the Lord Chancellor's team and now of the Home Office; in the immediate aftermaths of the war in Iraq, Baroness Valerie Amos succeeded the volatile Claire Short as Cabinet Secretary for International Development, and by 2004 becoming leader of government business in the second chamber, the Lords. Looked at in racio-ethnic terms, only the Scots, Irish, Jews and, of course, the English are more 'represented' in the British government than people who are considered to be part of the African Caribbean communities.

Of course, as indicated earlier, the category of notion of African in the British context needs to be disaggregated; it has been constructed in response to socio-political contingencies in post-imperial Britain. For example, Boateng's father was a Ghanaian and a member of Kwame Nkrumah's government in Ghana, Boateng's mother is White English and his wife Jamaican, but he is generally referred to as 'African Caribbean' and sees himself as a key member of the 'black community'; Oona King's immediate ancestry is African American (father) and English Jewish (mother). Then too there are the members of what is sometimes referred to as 'the Guyanese mafiosi' (Amos, Phillips, Grant) who have been or are prominent in the wider national context: for example, Trevor Philips[1] is now leader of the nation's Commission for Racial Equality[2], a semi-governmental body, former chair of the London Assembly and so forth. Here and there other Caribbeans put in an appearance: for example, Bill Morris, until recently leader of the powerful TGWU and one of the leading trade unionists in the country, is of Jamaican background; so too is Diane Abbot, Labour MP for Hackney, who never fails to give her party's government a hard time as a member of the Commons select committee on finance. Taken together, these individuals are seen, and by and large see themselves, as members of the African Caribbean or black communities in the country, with links to Africa, the Caribbean or to both.

In the past two or so decades members of these communities have also been at the forefront of political participation in local government. Caribbeans were amongst the first new minority groups to achieve leadership of city and borough councils in the country: in the turbulent 1980s which were marked by Margaret Thatcher's robust conservatism, Bernie Grant became leader of Tottenham, Merle Emory leader of Brent, and later Linda Bellos (father: African; mother: English Jewish) became leader of Lambeth. These are all areas in London in which Caribbean, and later African, communities sprung up from the 1950s. Today they constitute a significant voting presence, but nowhere a simple majority. And it is widely recognised that in each of these situations these individuals and their communities blazed a trail for greater inclusion into the body politic at the level of leadership. It is no longer a matter of awe or even comment if a member of new minorities now becomes a leader of a council or its chief executive, and the Blair government –irrespective of what may be thought of the Blair/Bush entente as a result of the Iraq war– has quietly replicated this pattern at the level of national government.

Two general points need to be stressed. First, while African Caribbeans are least likely to turn out at elections, they are also more likely to be aware of political issues than others, and therefore levels of electoral participation cannot unproblematically be taken to denote political awareness or commitment to the socio-political order as a whole. Of course, there may also be commitments by individuals or groups to causes that social and political institutions are unable or unwilling to address, thereby engende-

1. Phillips was the first and only Black leader of the National Union of Students (in the 1970s) – a position from which incumbents usually go on to hold prominent national public positions, for example, Jack Straw, present UK foreign secretary.

2. There was Herman, now Lord, Ouseley –also from Guyana– as the first person who was not White to occupy this prestigious position in the nation's affairs.

ring the potential for alienation. Second, while we find a relatively high level of membership of Caribbeans in the governing elite of the country, it is vitally important to note that this influence is gained not through mass participation or through sheer numbers of Caribbeans (they are far fewer than Asians) but rather through memberships of discreet (and therefore partly inconspicuous) social and political networks. It may be noted that this approach to political engagement within the British context has been well trodden by other groups –the Jews, the Irish, South Asians– and the approach is fairly common to other socio-political orders. This point is illustrated by the fact that neither Baroness Scotland or Baroness Amos are members of the elected Commons but are appointed members of the House of Lords, and it is therefore their individually negotiated incorporation into discreet networks around the Labour leadership that has ensured their prominence.

Needless to say, there is a grave weakness here, as evidenced in the national debates following Amos' succession to Short's position in the Blair cabinet in May 2003 –for example, it was said that Amos is just Blair's puppet, and that she lacked an individual political viewpoint. The graver weakness, however, is that there is no established or continuous framework or network through which aspiring individuals from Black communities can gain support for entry into mainstream or elite bodies in society; on each occasion a Black person has to negotiate their own individual route. This also means that while successful individuals (in politics, the unions, sports, academia, etc.) may use a vocabulary of respect to their communities, they need not go beyond this in securing public resources for their communities. Making the community proud may be enough, because the symbolic aspect of achievement may be all that is expected -reflecting another kind of distrust. This is a situation that is quite distinct from the client-patron relationships that have characterised politics in the USA and the Commonwealth Caribbean.

Characteristics of political engagement

These features of the African Caribbean presence or engagement with the political are embedded within socio-political cultures that have emerged in the African Diaspora and, I like to think, constitute a distinct contribution to both African and European cultures. I cannot speak with respect to Central and South America, or even with regard to the various cultural domains of the Caribbean (French, Spanish, Dutch, Danish, American). So, what I have to say is drawn from the experiences of the English-speaking Atlantic/American/Caribbean worlds, with all the limitations that this involves (see, Goulbourne, 2001). My assertion is that in this English-speaking world of the North Atlantic –a predominantly, but far from exclusive, Anglophone cosmos– the contributions of Diasporic Africans may be seen as developing or extending the application of democracy in at least three distinct spheres.

The first of these is that the societies in this post-English world –whether demographically European or African dominant– have demonstrated formally viable competitive political systems through which citizens can express contrary views and these can in turn effect the patterns of governance. With respect to the Caribbean -the only part of the North Atlantic world in which Blacks and/or Africans have a demographic majority- the exceptions of Guyana and Trinidad, where racial conflict exist between people of African and South Asian backgrounds, proves the case. Even in these circumstances, parties are elected and turned-out of office at the ballot box rather than at the intervention of the military. The urban violence that has become a regular aspect of life in Kingston over the last three decades has not determined the outcomes of democratic elections in Jamaica; rather, there has been a remarkable turn-over of parties in government, and the present People's National Party dominance from the 1980s may end with the forthcoming departure from the political scene of the veterans Edward Seaga and P. J. Patterson. This point need not be laboured, as it is well documented, particularly in the political science literature and strongly reflected in all forms of public discourses in civil society (see, for example, Stephens & Stephens, 1986; Stone, 1985; Emmanuel, 1993).

The second observation that I want to mention here is that participation in public affairs by communities in the African Diaspora in the North Atlantic world may be characterised as being inclusive, tolerant and egalitarian. Even at the height of the Black Power Movement in the late 1960s and early 1970s, when Black communities across the North Atlantic world asserted their difference from others (in terms of colour, history, values, etc.), activists in Britain found it impossible to maintain a stance of otherness from other identifiable groups in society. This was because people in this sphere of the African Diaspora have been integrated with other groups, particularly the White European majorities, but also with other minorities from various parts of the globe whose sojourns have taken them into the Atlantic world.

Not only have African derived or Black cultures across the Atlantic been inclusive, tolerant and egalitarian across racial, ethnic and gender differences, but also, significantly, there has been a tendency to eschew the mobilisation of racial and ethnic affinity in order to achieve social, economic or political ends. It is instructive that all the momentous events associated with the African presence –abolition of slavery, the settlement of independent small farmers in post-slavery societies (for example, Jamaica), the winning of political independence, the civil rights movement in the USA, anti-discrimination laws in the UK, and so forth –have been multi-racial, multi-ethnic and generalised struggles for the freeing of human capacities. Africans or Black people have not made claims that have been justified by reference to exclusive ethnic or racial considerations. In Britain, the momentous milestones in policy change and public perceptions effected by the disturbances in Brixton in 1981, resulting in the Scarman Report (see, Scarman, 1982) and the Stephen Lawrence incident, resulting in the MacPherson Report twenty years later, (see, McPherson, 1999), with regard to policing and social justice -as well as the Swann Report (Swann, 1985) regarding education- took on board issues pertaining to British society as a whole, although they were all initiated by African Caribbean concerns. Demands on society exclusive to the needs of Black people have never been articulated in Britain, because the mobilisation of particularistic demands have not been made, and this may be because it is not possible for diasporic Africans to do so. Even the demand by Rastafarians for an aspect of their religion to be respected -the legitimate use of marijuana- is not an exclusive demand.

There are, of course, important and blatant exceptions here about tolerance, equality and inclusiveness. For example, the now renown Jamaican intolerance with regard to sexual choice or orientation, resulting in the flight of individuals from that country in search of asylum status in recent years has led to that island been increasingly seen as one of the most homophobic societies in the world community. This clearly arrests the march of equality and tolerance. My point, however, is a general one, and the general does not cover all circumstances, but instead points to dominant or strong tendencies. A second example that tarnishes this description is the fact that the family structures in African derived societies in the West places a heavy burden on women, leaving men to shirk their proper responsibilities; while this point has been generally overstressed, at the end of the day it has to be admitted that women have had to carry the overwhelming responsibility for the family and kinship groups in these cultures and communities. This tends to make women appear to be emancipated when compared with other communities, and in many respects this may be so (high levels of participation in the labour force, public life, etc.), but this also hides the degree of inequality between the sexes in these communities.

This leads to a third consideration. African derived societies in the North Atlantic are generally open, with porous and perhaps therefore highly flexible, soft and vulnerable boundaries. This suggests that while these communities may not be economically powerful, the social capital they possess may be quite considerable in terms of the ability or capacity for establishing links and building bridges horizontally across (racial/ ethnic) communities and vertically across social classes. It is worth noting, however, that whilst horizontal integration of Black people in Britain is very advanced, this is far from the case with regard to vertical integration. Nonetheless, there is the potential here to mobilise this kind of social capital. These features also provide African derived communities in the West with much of the wherewithal to adjust to a post-national, global, society, in which racial and ethnic impurities, and exclusive claims to land/territory, icons, customs, and so forth are less tenable than during the heyday of nationalism and imperialism. In other words, these communities have been honed by accidents of history and circumstances, locations and dispositions to play a participatory role in the emerging post-nationalist world order and to impart a healthy scepticism about certainties in social and political life.

By way of conclusion

I am aware that some of these assertions and comments may be raising more questions than the answers they provide. My assertions and observations might also complement as much as they contradict experiences elsewhere. However, I naturally hope that it will be understood that I am making a general point, one that can be easily disproved by reference to specific instances, but when the overall situation is taken into account my general assertion is highly defensible and can be empirically demonstrated. In this respect, I also wish to make the following assertions (which I think flow from the gist of my contention) that:

- the African presence in the North Atlantic world is still in the process of formation, and this has implications for the future; for example, the undermining of present boundaries between nation-state communities ;

- the new Atlantic order will not be entirely determined by forces involved in the Europe-Africa combination (domination/subordination power relationship; white / black dualism; the 'melody' / 'rhythm' cultural combination; etc.). Other groups have also been actively involved in the intermixing and interplay in the making the twenty first century ;

- the need to negotiate a place for Africa at the table of the global community is as necessary today as it has been since the heyday of the slave trade and colonialism. This places a heavy responsibility on Diasporic Africans: they carry the burden or responsibility of effecting this joining/membership, and herein lays the opportunity for communities (as distinct from individual leaders) to play a vital role that will (potentially) go beyond connecting with the African political and economic elites.

- This assertion reverses the longstanding view that Africans outside of Africa will never be free until Africa is free –the assertion here is that Africans in the Diaspora will be playing a historic role in liberating that continent by linking its various and contending parts with the wider, dynamic, world community. This is an assumption deeply buried in the Pan-African tradition, and calls for better understanding today.

References

ABIOLA Chief Moshood, 1992, *Reparations: A Collection of Speeches*, compiled by Muyiwa Phillips, Lome, Linguist Service.

ANWAR M., 1994, *Race and Elections: the Participation of Ethnic Minorities in Politics*, Coventry, Centre for Research in Ethnic Relations, University of Warwick.

BONNETT A. & WATSON L.G. (eds.), 1990, *Emerging Perspectives on the Black Diaspora*, New York, University Press of America.

CHIVALLON C., 2001, «Bristol and the Eruption of Memory: Making the Slave-Trading Past Visible», *Social & Cultural Geography*, vol. 2, n° 3.

COHEN R., 1997, *Global Diasporas: An Introduction*, London, UCL Press.

CORNELL S.E. & HARTMANN D., 2001, «Pluralism, Race and Ethnicity in Selected African Countries», in H. Goulbourne (ed.), *Race and Ethnicity: Critical Concepts in Sociology*, London & New York, Routledge, vol. 1.

DAVIS D.J., 1999, *Afro-Brazilians: Time for Recognition*, London, Minority Rights Group.

EMMANUEL P., 1993, *Governance and Democracy in the Commonwealth Caribbean: an Introduction*, Cave Hill, Institute of Social & Economic Research, University of the West Indies.

GOULBOURNE H., 1991, «The Offence of the West Indian: Political Leadership and the Communal Option», in M. Anwar & P. Werbner (eds.), *Black and Ethnic Leaderships: the Cultural Dimensions of Political Action*, London, Routledge.

GOULBOURNE H., 1998, «The Participation of New Minority Ethnic Groups in British Politics», in B. Parekh, T. Blackstone & P. Sanders (eds.), *The Politics of Race Relations*, London, Routledge.

GOULBOURNE H. & SOLOMOS H. (eds.), 2004, *The Caribbean Diaspora*, Special Issue, *Ethnic & Racial Studies*, vol. 27, n° 4, July.

GOULBOURNE H., 1990, «The Contribution of West Indian Groups to British Politics», in H. Goulbourne (ed.), *Black Politics in Britain*, Aldershot, Avebury.

GOULBOURNE H., 2002, *Caribbean Transnational Experience*, London, Pluto; Kingston, Arawak.

HART V., 1978, *Distrust and Democracy: Political Distrust in Britain and America*, London, Cambridge University Press.

KING P., 2001a, «On the Meaning and History of Slavery», in H. Goulbourne (ed.), *Race and Ethnicity: Critical Concepts in Sociology*, London, Routledge, vol. 1.

KING P., 2001b, «Prospero's Hemisphere: Stratification in the Americas», in H. Goulbourne (ed.), *Race and Ethnicity: Critical Concepts in Sociology*, London, Routledge, vol. 1.

McPHERSON Sir William, 1999, *The Stephen Lawrence Inquiry*, CM 4262-1, London, The Stationery Office.

O'NEIL O., 2002, *BBC Radio 4 Reith lectures 2002: a Question of Trust*, http://www.bbc.co.uk/print/radio4reith2002/lecture

ROBINSON R., 2002, *The Debt: What America Owes to Blacks*, New York, Putnam/Penguin.

SCARMAN Rt Hon Lord Leslie, 1982, *The Brixton Disorders 10-12 April 1981*, Cmnd 8427, London, HMSO.

SEWELL T., 1993, *Black Tribunes: Black Political Participation in Britain*, London, Lawrence & Wishart.

SMITH M.G., 2001, «Pluralism, Race and Ethnicity in Selected African Countries», in H. Goulbourne (ed.), *Race and Ethnicity: Critical Concepts in Sociology*, London & New York, Routledge, vol. 1.

STEPHENS E.H. & STEPHENS J.D., 1986, *Democratic Socialism in Jamaica: the Political Movement and Social Transformation in Dependent Capitalism*, London, Macmillan.

STONE C., 1985, *Class, State and Democracy in Jamaica*, Kingston, Blackett Publishers.

UNESCO (n.d.), *The Slave Route*, Paris, UNESCO.

4

Rastafari and the Paradox of Disorder

Barry CHEVANNES
University of the West Indies, Mona (Jamaïque)

Jamaica is a great paradox. A Caribbean island-country of 2.5 million people, at a rate of between 35 and 40 homicides per 100,000 population per annum it has a distinction outmatched by only two other countries, South Africa with a population of 45 million and a history of apartheid, and Colombia with a population of 44 million and a history of cocaine production and trafficking. And this rate excludes the 150 or so extra-judicial killings by the police. What is of course not much known to the outsider is the fact that the violence is for the most part concentrated in a relatively small area of downtown Kingston, the capital city, and adjoining areas along a 15 kilometer-long strip the people generally refer to as «the ghetto». I am not sure precisely when this term crept into local discourse but I am fairly certain that the black ghetto of the American city was the model, used to emphasise the conjuncture of black skin colour and the appalling poverty and sub-human conditions under which some Jamaicans lived.

In the ghetto was where modern Jamaican music was born, nurtured, before it achieved immense popularity, capturing a share of world popular culture far out of proportion to the size of the country. This flowering of artistic creativity that has been a constant in the Jamaican landscape for over forty years has been very closely associated with the disorder that the ghetto has come to represent. The transition from ska to rock-steady was associated with the rude-boys of the 1960s, while the transition from reggae to dancehall in the 1980s has carried with it an explosion of sexual vulgarity in both lyrics and display, and gun violence. Right up to the very recent past applause at dancehall concerts used to be expressed by gun salutes, and by simulating gestures and shouts. Now as a matter of routine everyone entering a dancehall concert is searched for firearms.

Remarkably this paradox of creative and destructive energy mutually feeding on and reinforcing each other may not seem so strange at all when considered against the background of Rastafari, a symbol of and source of inspiration for that creativity but at the same time itself a powerful embodiment of disorder. George Balandier (1988) reminds us that disorder is an inevitable part of the order of things, or that they are both two sides of the same coin, *indissociables.*

An adequate personification of disorder for the purposes of this paper is Anansi, the spider-hero of Ashanti. West African trickster-gods together crossed the middle passage of the European slave trade and have since gone separate ways –Legba to Haiti and Cuba, Hare to the United States, Eshu to Trinidad. Anansi took up residence in Jamaica, where he not only creates laughter by his outrageous individualism, and respect for his use of wit to triumph over the more powerful, but reproduces himself in certain local personalities who use guile to deceive others for their own personal advancement. As long as he remains a hero in the stories that celebrate his triumph over tiger, or his escape after stealing alligator's eggs, he is the source of merriment, but when he incarnates himself in the *samfie man* or the *ginnal*, he presents a challenge to the social order, though not the kind of challenge that seeks to destroy it. For these tricksters serve a social function. They are part of the creation of the social order by their introduction within it of disorder, which tests and extends the limits of what is sanctioned (Pelton, 1980).

In this paper I argue that within the colonial and post-colonial non-revolutionary order the Rastafari has served as the focal point of disorder, expanding the limits of traditional conventions and mores, and in some respects succeeding in subverting them. In doing so it supplants (or maybe is the modern personification of) Anansi, by accomplishing the transforming trick through the power of the song. It therefore is destructive of one order while at the same time creative of a next, a position of ambiguity that gives the movement the liminal character from which it derives its compelling power.

The Background

The island of Jamaica was captured by the British from the Spaniards in 1655 and became their most profitable slave colony. Sugar was king, and under its sway was a large slave population drawn from West and West

Central Africa. Britain's rule, however, was never entirely secure, and the colony was dogged by a rebellious slave population with more revolts and plots than any other slave colony, except Brazil. A long drawn out series of Maroon wars led by Kojo in the west and his sister Nanny in the east resulted in a 1739 pact which gave freedom to three groups of Africans on lands relinquished by the Crown. Nanny, Kojo and their brother Accompong were Ashanti. By 1760, based on the development of an apparently new religion called Myal, a pan-African revolt swept the entire country but was suppressed. Myal, however, was to prove a source of inspiration in all subsequent revolts, and its success must be attributed to its capacity to absorb ideas, in the first instance the Protestant Christian message. In a succession of adaptive transformations, Myal inspired the 1832-1833 Rebellion led by Sam Sharpe under the guise of the Native Baptist Movement, an uprising that hastened the declaration of Emancipation in 1834; and the Morant Bay Rebellion led by Paul Bogle in 1865, resulting in the dissolution of the Assembly and re-imposition of direct rule by the Crown; and under the guise of the Revival religion inspired the sedition of Alexander Bedward in 1895 and his abortive march on the city «to do battle with his enemies», in 1920. By then Bedward was the most powerful black Jamaican, second only to Marcus Garvey, whom all Bedwardites looked on as Moses who together with Aaron his brother in the incarnation of their leader Bedward–one the prophet, the other priest[1] were destined by God to lead black people into the promised land.

The idea of return to Africa had never completely died, and was kept alive ironically by the absorption of the Christian message with its narrative of captivity and exile and the promise of return. Garvey's Pan-African activities lent themselves to this interpretation given by Bedward and his followers. Indeed, Garvey's middle name was «Mosiah», a remarkably suggestive combination of «Moses» and «Messiah». Garvey's United Negro Improvement Association (UNIA) was very large. It had branches all over the United States, the Caribbean, Central and South America, West, South and East Africa. His back-to-Africa movement, intended to make a bridgehead on the continent as the first stage of building a united Africa capable of influencing world affairs, captured the imagination of the people. But it was the fulfillment of his prophecy about the rise of a Black King and Queen of Africa that was to provide the spark that ignited the imagination of some of his followers, leading them to the creation of a new vision, Rastafari.

1. A trope that has been passed on to Rastafari who by identifying the third in the trinity have continued the formula of redemptive action : prophet, priest and king.

«Look to Africa for the crowning of the King and Queen of Africa to know your redemption is at hand». These words attributed to Garvey may have actually been taken from one of his plays, *The King and Queen of Africa*. We know that it was staged at his headquarters in Kingston, Elderweiss Park, where following his deportation from the United States in 1927 he implemented programmes of cultural and educational activities, and that it culminated in a coronation. When, therefore, in November 1930 Ras Tafari Makonnen was elevated to the Imperial throne of Ethiopia, many saw in it the moment Garvey had foretold. Tafari took the imperial name of Haile Selassie, which means «Power of the Trinity», and the title *King of Kings, Lord of Lords, Conquering Lion of the Tribe of Judah, Elect of God, Light of the World*. These were almost verbatim references used by the Old Testament prophet Isaiah, referring to the Messiah. Haile Selassie's family had for centuries traced its genetic line back to Menelik, the son of Candace, Queen of Sheba, and King Solomon, conceived on her state visit to Jerusalem. As the son of David, Solomon belonged to the tribe of Judah, from where Jewish thought held the messiah would come.

And from what was the messiah expected to deliver God's people? The bondage was both a physical and a spiritual one. Slavery in the new lands of the west was forced exile away from tribe and nation. Long before Garvey the homeland used to be referred to as «Guinea». The name «Ethiopia» seemed to have entered the slaves' imagination as a result of their contact with European Christianity and was, as in ancient Greece, used as a generic name for the *burnt face* people. «Africa» was an invention (Mudimbe, 1988), and although Garvey's movement made very ample use of it, there was no doubt that it was an interchangeable reference for *Ethiopia, the Land of Our Fathers, the Land where the Gods love to be*, the opening line of the UNIA's national anthem. This was the promised land of return.

But as a slave the African or Ethiopian was refashioned into a status of inferiority and contempt precisely on account of having a *burnt face*. Capitalism was built around slavery (Williams, 1961), but it was not enough to rule by force of arms ; the ideas of racial inferiority were as important and integral a part of the rules of the slave order (Gilroy, 1993). *Black* and *white* were developed into binary opposites: savage and civilised, Africa and Europe, ugly and pretty, bad and good, dark and fair, coarse and fine, ignorance and knowledge, child and adult, laziness and industry, flesh and spirit, nature and culture, impulse and rationality, immorality and morality, impurity and purity, heathen and Christian, hell and heaven.

The ideas of white legitimacy, power and righteousness became quite normative. Myal's incorporation of Jesus, John the Baptist, and all the

Christian prophets and archangels did nothing to indigenise them, the way, say, Ethiopian Christianity indigenised them in their own Ethiopian iconography. To this day, the icons of Jesus adorning the altars of Revival churches and inside-covers of the Bible remain very much the same as he was presented by late eighteenth and nineteenth century missionaries: white and very Italian. Revival's greatest-ever prophet, Alexander Bedward, told ethnologist Martha Beckwith that when on the appointed day in 1920 he would have flown to heaven his skin would be transformed white like hers. The equating of black skin colour and African phenotype with ugliness is a deeply unconscious reflex widespread throughout the Caribbean.

However, the master-slave/white-black opposition was unable to prevent the *métissage* of the bed. If mixing the races served to reinforce the prevailing ideas by introducing a system of graded valorisation of skin colour, it also served to undermine the ruling power to the extent that the colonial order refused to admit the children of mixed race into its ranks. The story of the struggles against slavery, and in the aftermath of Emancipation, for social, economic and cultural advancement, is not without examples of both betrayal and trust on the part of the mixed group. Not surprisingly also there were always present those unimpressed by the ruling ideas. Paul Bogle, in rallying the people of St Thomas to «war» in 1865, devised the slogan, «colour for colour», while exactly thirty years later, the same Bedward who expected his skin to become white was making the seditious call for the «black wall» to surround and crush the «white wall». The persistence of a conviction in the wholesomeness of blackness has been intractable throughout Jamaica's history, and was the basis on which Garvey was to elaborate his mission. It continues to the present in the power of the Rastafari.

Nonetheless, the colonial order was maintained by the force of arms, or threat of force, in times of uprising, and by the idea of white legitimacy and black unworthiness, in times of peace. Caribbean colonies were integrated by a commonly held value system in which everyone, black, white, Indian, and mixed agreed on one thing, namely that the ideal was white (Brathwaite, 1954). The apparent success of that value system may be gleaned from the 1921 or 1943 censuses, which in listing the religious affiliation of the population showed the leading denomination to be the Church of England. All together European religions, Protestant and Catholic (Anglican and Roman), accounted for over ninety percent of the population, the remainder going to miscellaneous groups, including Revival.

The Church provided the colonial order with a sobriety and stability, ritualised in a number of ways. There was first of all Sunday, but the reach of the Church extended into the primary and secondary school system, into which religious practices and knowledge were well integrated. And although the Church of England had been disestablished for half a century, state ceremonies were all duly sanctioned by the Church, as its celebrants, in the name of all His Majesty's loyal subjects, invoked the favour of Almighty God.

The insane and the Criminal

Then, intrusively the quiet, sedate order of a late Sunday afternoon promenade around the Parade in the heart of the city of Kingston is broken by the single voice of a clearly mad man. His words are strange and unintelligible. Ras Tafari is God. Ras Tafari is the returned messiah prophesied by Marcus Mosiah Garvey. God is black. The living God is an African, an Ethiopian. The moment of fulfillment of the longed-for promise of the children of Israel is here. The voice travels. Soon it is heard. Soon it becomes a chorus. The voices are recognisably Jamaican, Leonard Howell[2] still there, strongest and loudest of all, but the strains of their song are discordant. King Ras Tafari is our God. God is black man. We have our own King. The chorus is now an entire congregation, and the colonial Government begins to take notice.

One of the most revolutionary portents was the affirmation that God was black. Howell, Hinds, Dunkley, Hibbert, Napier, Powell and all the early founders of this strange doctrine were subverting the colonial order by repudiating the basis of its legitimacy. In a single article of faith they inverted the hierarchy on which everyone knew and accepted his place. If Almighty God is black, where does that leave the white Jesus, or the very image of God the Father presiding over creation? And where does it position those who are white and derive their status and legitimacy from being white? And if God is the black man to whom the Duke of Windsor went to pay homage at his coronation, where does that leave King Edward and those who would sit on the British throne? Throughout the history of the Rastafari movement hundreds, probably thousands have endured imprisonment for beliefs of one sort or another. And in the early years of the movement, the declaration of allegiance to anyone but His Majesty the King of England, and encouraging people to withhold taxes from His Majesty's Government were crimes of sedition.

But the Rastafari went further still. If God is black and King, then those who are black are a royal people. And they ritualised this in the uniforms,

2. Leonard Howell is one of the founders of the Rastafari movement during the 1930's.

wooden swords and regalia they wore on ceremonial occasions, quite in keeping with the Garvey tradition. In their daily presentation of the self, Howell introduced the wearing of the beard. This was a radical and ominous violation of the social order. Men, white or black, did not wear beards; cultivated moustaches, yes, but beards, never. A beard was a threatening symbol of being beyond the pale of the social order, and therefore of trying to introduce the crackling static of a different code. It was the first and most serious sign of the breakdown of order. The simple cultivation of a beard, and its association with the unfinished business of slavery[3] posed a threat to the system. For a generation or so the Rastafari were known as the Beard Men. The makers of public opinion, sensitive to the slightest waft that could disturb the status quo, equated Bearded men, or the Beards with mental insanity, a description that was to remain for a long time, and in due course receiving academic sanction[4]. Madness is the first declaration in the marginalisation of disorder. This was Alexander Bedward's fate. The colonial Government was very much on top of the development of this group of black men and women whose vocal denunciation of the British throne, equating it with the apocalyptic references to the whore of Babylon, was one of the reasons for the not infrequently-staged street battles with the police. But when it became clear by the growing weight of numbers that there was a threat here, criminality was added to insanity. If they were not insane they were criminals. I believe the addition was made early in the 1950s, but not long before. It involved the criminalisation of a plant, ganja (cannabis). As simple as that[5].

This was the beginning of the era of the Dreadlocks, a period that also saw the final push to Independence. A preacher by the name of Reverend Claudius Henry returned home from the United States, met and married Edna Fisher, the leader of a UNIA branch, and with her membership established a Rastafari church. Henry gained great publicity when in taking

---

3. The day the so-called repatriation for Africa was to be effected for the Jamaican Rastafari was none other than the one-hundredth anniversary of the Declaration of Emancipation.

4. Monsignor Dr Gladstone Wilson, a renowned man of letters, with a doctorate in Psychology, dismissed the sympathetic *Report on the Rastafari Movement in Kingston, Jamaica* by M.G. Smith, Roy Augier and Rex Nettleford, all scholars of the University College of the West Indies, on grounds that the movement was made up of demented people.

5. In his novel *Brother Man*, Roger Mais, casts his main character, John Power the Rastafari preacher, into a Christ Figure who becomes the double victim of betrayal. First he is made into a common criminal, treacherously found in possession of a quantity of the banned plant, ganja. Then he meets his crucifixion at the hands of a vengeful mob, many of whom he had healed with his own prayers and touch, in reprisal for a foul murder allegedly by a member of this new and dangerous cult. Mais collapsed into a single image the profile of the enemy within: the ganja-smoking murderer (Mais, 1974).

up Howell's drive for repatriation, he announced October 25 1959 as the Day of Decision when Africa's scattered children would leave for home, and to this end he distributed blue cards in lieu of passports. His fame was even greater the following year when police having infiltrated his church made the discovery of a cache of arms and a letter inviting Fidel Castro, the new President of revolutionary Cuba, to come and take over Jamaica prior to their departure for Africa. The society went into shock. This had been unheard of.

Greater shock was yet to come when, appeased by Henry's arrest and arraignment for treason, the public was now confronted with the discovery of an armed guerrilla group operating out of the church. The leader was Ronald, Claudius's son, who with some black American colleagues had been training the group in the wilds of Red Hills, where they had uncovered and killed the police informer. Two British soldiers were killed in the military operation, which ended with the capture of Ronald and his two American colleagues, betrayed by the frightened peasant in whose yard they had fallen asleep exhausted.

In the two weeks between the skirmish and the capture, public hysteria reached fever pitch. The only parallel was the Morant Bay Rebellion five years short of century before. The hysteria at that time had allowed Governor Eyre to butcher four hundred and thirty six peasants and burn over a thousand of their houses. In the rage, the brown middle-class George William Gordon, who had sided with Paul Bogle and the St Thomas peasantry in their petitions for justice, was revengefully and without evidence hanged. The Assembly dissolved itself and virtually begged for the imposition of government from Whitehall. One of the first Acts passed by the new Legislature as a means of buttressing the colonial state was the Treason Felony Act. The only time in its history it was ever called into force was in the case of Her Majesty the Queen *versus* the Reverend Claudius Henry. But for the public hysteria, which was abetted by the circulation of all kinds of wild rumours, it would have been clear to any reasonable mind that a couple of revolvers and some dozens of conch shells stuffed with dynamite could not in the wildest of imaginations have posed a serious threat of any sort to the colonial Government and that there must have been more to the letter purporting to invite Castro to take over the country. That letter, in fact, bore the mark of Rastafari cosmology, in which Fidel Castro represented the native peoples of the Americas who were dispossessed by the Europeans. The Rastafari think of repatriation not only as the return of Africa's scattered children to Africa, but also in terms of the restitution of the Americas to their rightful owners and, consequently the return of the Europeans to Europe. Blinded by fear of the disorder, of the unknown represented by the Rastafari, the society was in no frame of mind to see reason. But so violent was the storm that the brethren sought the refuge of the only sanctuary they could find, the University. The University *Report* of 1960, the result of a rapid appraisal, was the fruit of that overture (Smith, Augier, Nettleford, 1960).

By then, however, the menace had already achieved symbolic status. I refer to two practices aimed at overturning the prevailing order, which were regarded as signs of the criminal mind. The first was the sacralisation of ganja. The law against ganja dates from 1912, when for no apparent reason other than the whimsical abuse of power the Jamaican Legislative Council included ganja among the substances mentioned in the Opium Convention that Great Britain has sent around to be ratified. There might have been rumours of an association with murder. The law was passed in 1924 and amended five times up to 1972, each time in the direction of greater and greater severity, before being ameliorated. By ritualising it as sacrament that they compare to the wine of Christian communion, the Rastafari elevated disorder to a new level, forcing back at great expense the boundaries of the social and moral order. They challenged the state to show just cause why a plant whose growth was as natural as any other should be criminalised; and satisfied from folk wisdom, social practice, and Biblical knowledge that there was none, concluded that the real aim of the Law was, as it always had been since the time of slavery, the suppression of black people. But for the obligations to the international conventions governing the control of psychotropic substances, it would indeed be very difficult for a post-colonial democratic state not to repeal the law. Ganja smoking has become so widespread, with the infusion of the Rastafari worldview into the popular music, that were the police to arrest every offender they confront, the entire system of justice in Jamaica would collapse. The flaunting of the Dangerous Drugs Act with ganja smoking has become routinised at reggae concerts and football matches and on the street corners of inner city communities.

The second practice was, and remains a far more complex issue: hair. I have elsewhere (Chevannes, 1995) traced the reasons why. Whereas the focus of the struggle to use ganja freely was and continues to be the organs of the state (its laws, the courts, the police and the prison system), the hair culture that has became universally known as *dreadlocks* is targeted at no one in particular but at everyone in general. Looked at against the background of a prevailing system of public morality it has to be seen as a brilliant representation of the contempt for the social mores and of the disorder and confusion it was the mission of the Rastafari to scatter in the midst of society. Society felt suddenly unsafe. What sort of law could there be against a hair culture that violated the freedom of no one? But the *dreadlocks* did violate the freedom to regulate social statuses. It broke through an invisible but real barrier, crossing the boundaries that set the limits within which the black self was to be conceived and represented to both self and society. As I have said, this was a period of transition. The white guardian was preparing to hand over his guardianship to native hands, satisfied that these were well-schooled in the traditions of the finest democracy devised by mankind.

The disorder of language

As a mode of communication the *dreadlocks* were a ritualised way of reproaching a society insecure in a black identity. Sooner or later, it would have been a matter of time before the more direct mode of communication, language, took on a similar form. This was what the *dread talk* was all about, a subversion of the linguistic codes governing social relationships within a hierarchical order. The disorder represented by Jamaican creole had already been corralled and confined as bad English, unfit for public speech or for communicating with people of higher class. It was the language beaten into submission by teachers and admonished into confinement by upwardly mobile or already-arrived parents. What the Dreadlocks began doing in their urban camps of the late 1940s and early 1950s was to reject the complicity with the status quo implied in the submissiveness of the dialect to an inferior place. But they went further and began the subversion of the English language itself.

Exploiting the trick implied in a homonymic appreciation of sound and in other word plays, the Dreadlocks began to expose the deception of the English language. For example, reversing the meaning of *up* and *down* revealed the true meaning of *downpression*; reversing the meaning of *under* and *over* revealed what it truly meant to *overstand.* In a creative stroke of genius they dispensed with the objectification of the self implied in the positioning of the personal pronoun *me*, replacing it with the subject of agency and *overstanding, I.* An entirely new cosmos revealed itself: the *I* of sight, of Selassie *I*, looking down from the *I*-er *I*tes of *over*standing[6]. The brilliance of the change was publicly acknowledged when the Prime Minister in a retort aimed at quieting the Opposition's call for a general election in 1971 declared that «*Is only one man can call election, and dat man is I man!*»

6. The trick relies also on the proclivity in Jamaican creole to misplace the aspirant *h*. *High* becomes *'igh*, *heights* becomes *'eights.*

Revealed also in that new cosmology was the true meaning of slavery: the captivity of *Babylon. Babylon* represented an entire system of conspiracy: the white establishment of wealth and privilege, served by the state; the agents of the state, especially the police; the Church, especially the Catholic presence of Rome, the whore and *down*pressor whose apocalyptic downfall was already assured by prophecy; the *head*ication system that filled up the head of black people's children with falsehoods and inanities like «the cow jump over the moon,» and «Dan is the man in the van.» The basic intent of *dread talk*, therefore, was to destroy the polish and legitimacy of the Standard English, and by inventing a new truth out of its subversion, to reclaim an African way of perceiving and ordering the world. Undoubtedly the most offensive word-weapon in Rastafari assault on the social order was its legitimising of the *badword*, the vulgar expletive. Equipped with an arsenal of words and expressions drawn from both Standard English and the creole, an angry Jamaican can be offensive to the quick. The most venomous words are the creole words *bombo*, of Central African origin, meaning the vagina, and *raas*, a word for anus, both combined with *klaat*, the creole for *cloth*. In colonial days, such words and expressions were called *ten shilling* words, in reference to the fines they fetched. To the Dreadlocks no word could of itself be offensive. If it was, it was because the hearer was trapped in a colonisation of the mind. So-called *badwords* could not be bad if actually they referred to normal things. Morality lay in the actions and intentions of mind, not in the word. In placing a ban on words Babylon was only revealing its ignorance.

The reggae king of the *badword* was none other than the famous Wailer, Peter Tosh, who recorded an entire song with the two most offensive expletives, *Oh bombo klaat, Oh raas klaat!* Tosh's explanation was most revealing. Once when troubled by an evil spirit the only way he could think of to get rid of it was to shout out a string of bad words. The effect was salutary. What Tosh in fact did was to revive a piece of Jamaican folklore that *badwords* effectively spoken can drive away *duppies* (ghosts). In the explanation he implied that the *duppy* troubling him was none other than the *shitstim*, his own neologism for the Babylonian system. The law remains in effect and has been invoked in recent times against dance hall artistes who spice their public performances with *badwords.* Their use is an offence against public order.

Trickster and Trick

One of the ways any society, traditional or modern, deals with disorder (the witch, the adulterer, the criminal) is through repression. Short of totalitarianism, success at repression requires public acceptance of the threat posed by the disorder and belief in the correctness of the measures. But what happens when disorder becomes, or threatens to become, itself a new order? The result is a very interesting dynamic. Such is the case of Jamaica at present, where within and without the urban ghettos Rastafari becomes the prevailing ideology of disorder against the postcolonial Babylonian state, without crossing the boundary into outright rebellion. I found during my fieldwork in the mid-1970s that belief in the divinity of Haile Selassie was as natural to children in some of the urban ghettos as belief in Jesus was to children of my generation in the rural countryside. A new generation of children were finding attractive many if not all aspects of the beliefs, the iconography and ritual practices of the Rastafari, while as a living organism within the body politic it remained as marginalised. And not just the children. Important defections from the brown middle class were taking place and were most evidenced in, but not confined to, the Twelve Tribes of Israel[7]. The awful and awesome *dreadlocks*, for example, began to be visible outside the black ghettos, eventually becoming by the 1990s such a fashion that one with the expense of a few hours in a hair stylist salon could transform oneself into a Dread. How was such transformation of disorder into order effected?

The answer lies in the performance of the trick by the trickster. Pentecostalism came to Jamaica in the early decades of the twentieth century, steeped in the rational, other-world ethics of Puritan traditions, and there it encountered Anansi, the spider-god of disorder within a single universe of order and disorder. In a this-world-oriented cosmology the lines drawn between flesh and spirit, as are drawn clearly and indelibly in the moral order of enlightenment rationality out of which Pentecostalism derived its meaning, do not exist. Instead the moral order is realised in a union of flesh and spirit expressed as the marriage between the believer and Jesus, between the brides (the saints) and the bridegroom. The instrumental trick effecting this subversion is, as it always was in the Anansi folktales, by the song. The magic lies in the song. And so, Jamaican Pentecostal worship is driven by a *eudemonic* of song and dance, whose rhythm and movement unite bride and bridegroom: in this world, not in another (Austin-Broos, 1997).

Rastafari represents a new trickster, but the trick remains the same: the song. It is through the song that the boundaries of the postcolonial order, challenged by the politics of disorder, have been extended. The binary opposition of order and disorder is often expressed as an opposi-

7. One of the major Rastafari groupings.

tion between society and nature, civilised and savage, village and forest. As a new trickster-god, Rastafari emerges from the pale, where he appropriated the profile of the natural-unprocessed foods, natural substances, a return to nature. However, no better symbol of this appropriation can be found than the *dreadlocks*. It is through the uncultured, natural dreadlocks that Rastafari deliberately assimilates the profile of the king of the forest, the *lion*. This iconic representation gains additional currency from the nurtured presence of lions in the palace of His Majesty Haile Selassie, a symbol of his claim as the *Lion of Judah*. When without a single change to its «official Law» a society awakes to find within its own sons and daughters, so well socialised into its mores, the carriers of the very disorder it arranges protection from, a trick, a brilliant trick has been accomplished. And all through the magic of the song.

Two streams converged at a point in the history of Jamaican music to produce a great confluent. Rastafari was one of them, the other was the rise of Jamaican popular music. One can trace the beginnings of Jamaican popular music to the 1950s, a period which saw the fusion of the powerful creative impulse of the urban ghetto youths bursting to express themselves, technological advancement first in the form of the sound system, and then in the production of vinyl, and talented producers and arrangers (Barrow, 1993).

Prior to this, Jamaican popular music was *mento*, touched by the strong beat of the Revival religion. In *mento* the accent is given not on the first beat, as in European music written in 4/4 time, but on the 4th beat, the one that has the slightest emphasis. The typical *mento* band comprised the banjo, the fife, the guitar, the shaka, and the rumba box (a large thumb piano with four notes providing the bass). Street bards used to compose in this style, sell their tracts and sing on the street corners. With the sound system, a wider audience began to be reached, but with it also, exposure to American rhythm & blues. Jamaican compositions were, up to the late 1950s, copies of American R&B, but it was not until 1960 that the idea of emphasizing the afterbeat, mento-style, instead of the downbeat, using the guitar, first took root. Thus was born a new sound: *Ska*. *Ska* spread literally like a wild fire carried by the wind. The beat had all the life and promise of a nation just born in 1962. The euphoria of Independence was, however, short-lived, as little happened to ease the crushing poverty, and the divide between the social classes widened. For the elite, *ska* was too loud, and its beat too monotonous. *Ska* began losing its appeal among the urban, unemployed ghetto youths, some of them not long come from the countryside. Mid-1960s was their season of discontent ; they took on the name *Rude Boys*, surly, deliberate, ominous[8]. And the music changed with them, surly, deliberate, ominous: *rock steady.* But as the music industry matured, competition became stiff, especially among producers, constantly on the look out for something new, for an edge. It was in this context that they found a faster and tighter rhythm, but not quite as fast as *Ska*. Clancy Eccles, who, like many other singers were also trying a hand at producing, claims to have invented the name *reggae*, from *streggae*, a street girl.

Thus was born a sound which has broken the barrier of nationalism and race. Only the compelling international reputation of Bob Marley by the end of the 1970s could have forced the recognition by the establishment of the creative contribution to world culture by the poor and dispossessed. Bob Marley received the highest possible order of recognition from the State, the Order of Merit, but sadly the religion that inspired his lyrical passion and power was denied recognition by the same Parliament that in the very same debate gave recognition to the Mormons[9].

To the alienated Jamaica, particularly the youths, the regard for Rastafari was quite different. Unemployment had doubled through the decade of the 1960s, hope was in scarce supply, except among a group of people, who had upheld the traditions of Marcus Garvey. Garvey by then had been given the highest honour of National Hero, his remains exhumed from its obscure London cemetery and interred with much celebration in the Park of Heroes. In April 1966, the God and King of the Rastafari, Haile Selassie, had come. They reported that it had been raining while the State dignitaries and ceremoniously dressed military regiments stood waiting his arrival, when the rain suddenly stopped, the cloud broke open and out of the heavens he descended, the Alpha and Omega. The mighty Dreadlocks had gone wild with enthusiasm and surrounding the plane began offered up incense of smoke of the holy weed. And nothing happened. Another miracle, many proclaimed. God with us.

---

8. The 1968 Rodney Riots were just around the corner. On October 16, 1968, University students took to the streets to protest the exclusion of Guyanese lecturer Walter Rodney from his return from a conference in Montreal. The protest, which was joined by thousands of the urban youth population, erupted into a riot, when police fired tear gas into the demonstration. Damage from the fires and the looting was put at eight million pounds. The reasons given for Dr Rodney's exclusion was his subversive activities among the Rastafari and his visits to the Reverend Claudius Henry who had not long before returned from prison. In actual fact he taught them African history.

9. The Mormons until very recently preached that black people had to satisfy with a different heaven from Whites.

By the end of the seventies, nothing could persuade an ever growing generation of disenchanted youths that Haile Selassie was not God. The Rastafari became for the youths the only hope. The way this was reflected in the music was, at first, in the names of the many groups and artistes: the *Abyssinians*; *Burning Spear*[10], a son of Marcus Garvey's home town, St Ann's Bay; *Sons of Negus*[11]; *The Ethiopians.* The focus was on Africa. Many in this way connected to the land of the ancestors, adopting names that established their personal identification. By the end of the 1960s, by the year when Michael Manley came to power, 1972, most artistes and musicians were Rastafari and dreadlocked.

When Bob Marley, Peter Tosh and Bunny Wailer first came together and recorded hit songs like *Simmer Down* and *Long time*, they were a young, gifted and dynamic group, but far from the warriors they were later to become. Then the locks began to sprout. A consciousness had taken hold of them. In Trench Town, Marley came under the influence of one of the leading Elders of Rastafari, Mortimo Planno[12]. As Marley's consciousness grew, so did his locks, and so did his music. Through his songs, Trench Town became the symbol of the marginalised Jamaica, with an aesthetics and an ethos of its own. Later, in his *No Woman, No Cry*, the *Govament Yaad in Trench Town* would add to the mystique about this little ghetto, inducing thousands to trek, just to see and experience what could have been so magical about its First Street and Second Street, its poverty, squalor even. Perhaps, it was the experience of the night, sitting in the yard, keeping the fire burning, cooking and eating the meagre fare of cornmeal porridge, drawing the *chalice* (pipe), reasoning about man, God, nature and *politricks.* This was Trench Town, the signifier of every ghetto in Kingston, east and west. And the locks grew, luxuriant, phallic, life. This was the voice of the Rastaman spirit, proclaiming *Babylon, yu throne gone down, gone down*, who could connect with the universal soul of the mother weeping for her son shot down in the street like a dog, who, like the spirit of the God within can console universal woman –woman anywhere, woman

10. *The Burning Spear* was Jomo Kenyatta's *nom de guerre.*

11. *Negus* is the Ethiopian word for King.

12. In the decade of the 1960s into the decade of the 1970s, Planno was easily by far the most influential Rastafari Elder. He had been one of the three Rastafari on the nine-man delegation sent on a Mission to Africa by the Government of Norman Manley, following on a recommendation made by the University scholars who had carried out the study requested by the Rastafari. The Mission was much publicised, as were its two Reports, one by the six non-Rastafari members and the other by the Rastafari. But even more than his role in the 1961 Mission, Planno was the one called upon by His Imperial Majesty to request the Brethren to clear the way to allow him to deplane at the start of his historic visit in April 1966.

everywhere– for *every little thing's gonna be alright.* Thus was the trick made. The locks became an outward symbol of an inward commitment, as reggae artistes found satisfaction and fulfilment in the vision of the still relatively new religious movement.

Conclusion

Only a reductionist reading of Jamaica's contemporary social problems would attribute the urban rage and violence to the Rastafari. I hope that is not what this paper has been about. The problem is quite complex. There is the suicidal role played by the political parties in the initial training and arming of urban gangs in their mad quest for power. And now the devil himself disguised as a harmless-looking white powder called cocaine. These cannot be ignored. Violence of the type being suffered by Jamaica is not unique. It is part of the disorder of modernity and, as Balandier would have said it, «Le désordre ne se cantonne pas»[13]. What I hope I have succeeded in explaining is the paradox of the powers: the power to destroy and the power to create charged from the same source. This, in the final analysis, is what development and change is all about. Which is to say that Jamaica is still a work in progress; that looking down the road of its future from the present vantage point the shape of the kind of society it develops into will much depend on how it incorporates the disorder represented by the Rastafari. It will not be enough to deify the messenger but kill the message.

References

AUSTIN-BROOS D., 1997, *Jamaica Genesis.* Chicago: University of Chicago Press.

BALANDIER G., 1988, *Le désordre, éloge du mouvement*, Paris, Fayard.

BARROW S., 1993, «The Story of Jamaican Music», liner notes to *Tougher Than Tough, The Story of Jamaican Music*, New York, Mango (4 CDs box 518 400-2, 518 401-2, 518 402-2, 518 403-2).

BRATHWAITE L., 1954, «Cultural integration in Trinidad», *Social and Economic Studies* 3 (1), 81-96.

CHEVANNES B., 1995, «The Phallus and the Outcast». In Barry Chevannes (ed.), *Rastafari and Other African-Caribbean Worldviews*, Basingstoke: Macmillan.

GILROY P., 1993, *The Black Atlantic, Modernity and Double Consciousness*,

13. This is the title of the last chapter of his book, where he reminds us that modernity itself was born out of the disorder of violence (Balandier 1988).

Cambridge, Harvard University Press.

MAIS R. [1954], 1974, *Brother Man*, London, Heinemann.

PELTON R., 1980, *The Trickster in West Africa: A Study of Mythic Irony and Sacred* Delights, Los Angeles, University of California Press.

MUDIMBE V.Y., 1988, *The Invention of Africa, Gnosis, Phisosophy and the Order of Knowledge*, Bloomington, Indiana University Press.

SMITH M.G., AUGIER R., NETTLEFORD R., 1960, *Report on the Rastafari Movement in Kingston*, Mona, Jamaica, Institute of Social and Economic Research.

WILLIAMS E., 1961, *Capitalism and Slavery*, New York, Russel and Russel.

Conclusion générale

Les vêtements neufs de la diaspora, digressions sur les paradoxes diasporiques

Emmanuel MA MUNG
Migrinter, UMR 6588 MITI (Poitiers)

Les contributions à cet ouvrage creusent de nouveaux sillons dans le champ de la recherche sur les diasporas à côté d'autres pourtant nombreux. On aurait pu penser que le terrain était usé, épuisé après « quinze années de ferveur » or, de nouvelles interrogations surgissent qui renouvellent, approfondissent et complexifient les questions à propos des phénomènes que l'on désigne par le terme de diasporas. Si l'on cherche ce qui relie ces interrogations pourtant très diverses il me semble qu'elles concernent la tension entre, d'un côté, la diversité, la complexité, la multiplicité, le désordre, l'hétérogénéité, l'hybridité, et de l'autre, l'unité, la singularité, l'ordre, l'authenticité, l'indigénéité. C'est-à-dire la vieille dialectique de l'un et du multiple – ou, sous un autre aspect, celle du même et de l'autre. Prises sous l'angle des sciences sociales ces mêmes interrogations reposent chacune à leur manière la question de l'individu et du collectif – ou encore de l'identité et de l'altérité. Vieilles questions donc, fondatrices de ces sciences. Comment apportent-elles quelque chose de neuf dans ce domaine ? Quels sont les nouveaux atours de la diaspora ?

Plusieurs auteurs font le constat de la fortune du terme diaspora, de son utilisation de plus en plus élargie – car elle concerne un nombre croissant de groupes – et de plus en plus partagée – puisque son usage s'est répandu dans le monde académique, les médias, les organismes militants promoteurs des intérêts de tel ou tel groupe, les institutions des pays d'origine, et même dans certaines grandes entreprises internationales qui désignent de cette manière leurs ressortissants établis dans différentes parties du monde. Bref, son utilisation est de plus en plus fréquente. Pour en convaincre un sceptique quantitativiste, il suffirait de lui proposer de comparer deux requêtes sur le mot diaspora effectuées avec le moteur de recherche Google à deux années et demi d'intervalle : le résultat de la première réalisée en juillet 2003 fait apparaître 136 000 occurrences, celui de la seconde en février 2005 en donne 1 570 000, soit une multiplication par 11,5.

La notion elle-même continue de faire l'objet de discussions, quant à son usage, entre minimalistes le réservant à un nombre restreint de formations et maximalistes favorables à son extension à tout groupe présentant un quelconque caractère de dispersion, mais la plupart d'entre-elles concluent à la nécessité de l'extension de cet usage au-delà des groupes labellisés diasporas de manière incontestée par le monde académique (diasporas juive, grecque, arménienne par exemple).

Un autre constat largement partagé, parallèle au précédent, concerne la diversité des significations que le terme recouvre et des objets qu'il désigne. Au point que l'on s'inquiète qu'il en vienne à perdre toute capacité descriptive et toute efficacité heuristique. Celle-ci est pourtant réelle me semble t-il mais elle ne se trouve pas où on l'attend. Cette efficacité s'éprouve moins dans son aptitude à décrire adéquatement le phénomène qu'elle veut désigner que dans sa capacité à soulever – en désignant ce phénomène comme diaspora – des questions à propos du corps social que l'on interroge à partir de cette notion – en faisant surgir de cette manière des thèmes et des traitements de thèmes à penser – et à propos des usages mêmes de cette notion par les chercheurs, dans une pose réflexive bien dans l'air du temps mais assurément nécessaire. On en vient alors à s'interroger sur le point de savoir s'il s'agit d'une notion plutôt que d'un concept, et à regretter pour certains que le terme n'ait pas encore acquis les titres de noblesse scientifique que lui procurerait l'estampille conceptuelle. C'est le monde académique qui décidera mais on continuera heureusement à en faire, en dehors de ce corps, les usages les plus divers, permettant à celui-ci de continuer à s'interroger sur ceux-ci et sur le fait de savoir pourquoi ils lui échappent constamment[1].

---

1. Ce terme (ou cette notion) présente sur le plan de l'interrogation disons épistémologique des points communs avec un autre dont l'usage s'est répandu plus récemment dans le domaine de la recherche sur les migrations internationales, celui de « circulation migratoire » qui a fait l'objet en France de deux colloques à quelques mois d'intervalle (« Les circulations migratoires, nouveaux courants, nouveaux enjeux ? », Ministère du Travail, Paris, 14 juin 2004 et « Circulations et territoires dans la migration internationale », Université de Toulouse-Le Mirail, 16-18 mars 2005). Les significations que le terme recouvre et les phénomènes qu'il désigne sont tout aussi divers et font l'objet de débats entre minimalistes et maximalistes. On se désole pareillement du caractère mou de cette notion et l'on craint qu'elle ne puisse jamais accéder au statut de concept. D'un autre côté elle possède le même genre d'heuristicité que celle du terme (ou de la notion) de diaspora.

Dans cette profusion des significations et des usages on peut se demander quelle est la signification commune minimale, le plus petit commun dénominateur sur lequel s'accordent les chercheurs. C'est sur l'idée de dispersion bien entendu, et sur l'idée que cette dispersion est le fait d'un collectif. Et donc qu'une diaspora est au minimum un corps social dispersé. Définition minimale évidente qui pourtant à y bien réfléchir ne tombe pas sous le sens. D'abord cette définition est circulaire puisqu'il s'agirait d'une communauté dispersée à qui l'on attribue et/ou qui se reconnaît une unité minimum, celle de constituer une communauté. Ensuite et surtout, il est difficile de penser un corps social dispersé si ce n'est d'une manière nominale et vide. On peut affirmer que telle population est dispersée. Et alors ? On peut répliquer que toute population est dispersée, il y a toujours une distance physique entre les individus qui la composent, y compris dans les agglomérations de population les plus denses. À partir de quelle distance les membres qui la constituent sont-ils donc dispersés ? On nous dit par ailleurs que ces individus forment un collectif, un corps social. Comment cela est-il possible puisqu'ils sont dispersés ? C'est qu'ils sont reliés entre eux, tenus ensemble par des liens. Non par une proximité spatiale mais par des liens mentaux : c'est par l'esprit qu'ils sont rassemblés, présents les uns aux autres, proches[2]. La proximité dans la distance est une opération de l'esprit. C'est dire par ailleurs que ce qui les sépare est bien en premier lieu une distance physique, spatiale, et que c'est sur cette base que les opérations mentales de rapprochement s'élaborent. Mais en même temps c'est dire qu'il n'y a pas de distance métrique à partir de laquelle il y aurait dispersion, diaspora. L'étude des diasporas conduit ainsi à une question importante : comment une société tient-elle malgré la distance ? (Ma Mung, 1994) Posée à partir des diasporas, on est amené à l'élargir aux autres collectifs humains puisqu'il y a toujours de la distance entre les membres qui les composent. Elle devient alors vertigineuse puisqu'elle requiert une archéologie du social (comment *des* individus constituent-ils *une* entité vivant pour elle-même ?) mais aussi par implication, animal, et plus largement une archéologie du vivant (puisque par opposition les agrégats d'éléments non-vivants n'ont pas de « pour-soi »).

L'autre idée largement partagée est que cette dispersion résulte d'un déplacement, d'un mouvement de cette population, d'une migration. Celle-ci a créé de la distance entre les membres et avec le lieu d'origine. Elle a été rendue possible par le développement des moyens de commu-

2. Il conviendrait d'ailleurs de s'interroger sur les processus cognitifs et anthropologiques qui permettent ce rapprochement (Ma Mung, 1998 ; Rémy, 1999) : comment les gens en arrivent-ils à croire qu'ils ont quelque chose de commun avec des personnes localisées à distance ?

nication au sens large mais paradoxalement ce sont aussi ces derniers qui permettent de maintenir, de renforcer des liens physiques, affectifs, économiques, politiques entre les membres de la diaspora – la constituant de cette manière comme entité autonome – et avec le pays d'origine. Cette migration constitutive de la diaspora pose le problème de l'origine. Et c'est un fait que les membres de la diaspora se pensent liés entre eux par une origine commune. Cette croyance est le fondement de l'identité de la diaspora, de ce fait il s'agit d'une identité de caractère ethnique au sens wébérien. Pourtant la question des origines devient problématique dès lors que la formation diasporique s'étend sur plusieurs générations et que les individus ne sont pas nés dans le pays d'origine mais dans différents pays d'installation. Le paradoxe est alors que cette communauté d'originaires est constituée de personnes qui n'ont pas la même origine. C'est bien sûr une origine par procuration qu'ils exhibent : c'est la filiation qui la leur procure. Cette question des origines devient encore plus problématique lorsque ce collectif enregistre des mariages mixtes puisque sur le long terme les généalogies exposent une diversité des origines, et que la diaspora – ce collectif d'originaires – devient de fait cosmopolite.

Ces deux caractères constitutifs de la diaspora que sont la distance[3] et le mouvement sont éminemment spatiaux. La prise en compte de l'espace comme dimension fondamentale n'exclut pas pour autant la dimension temporelle car elle est tout aussi intrinsèque au phénomène diasporique. La fabrication d'une mémoire collective du déplacement et l'invention d'une histoire, donc d'une intrigue permettant de relier les expériences individuelles en leur donnant un sens, sont des opérations indispensables au maintien de la diaspora en tant que corps social. La prise en compte du mouvement et de son effet, la distance, induisent des questions sur le désordre et l'hétérogénéité, et sur l'exil comme distance, difficulté du retour à soi.

La performance diasporique

L'utilisation du terme diaspora donne la possibilité au collectif qui l'utilise de se dire en tant que groupe comme entité originale / originelle irréductible aux autres groupes. Il se désigne ainsi comme multiplicité dispersée. Mais ce faisant, par cette désignation, cette multiplicité est rassemblée. Il y a, comme cela a pu être noté – insuffisamment d'ailleurs – ici et là, dans l'utilisation du terme diaspora une dimension performative dans laquelle dire la diaspora, c'est en quelque sorte la faire apparaître en tant que telle. Pourtant dans le cas de la diaspora, cet effet est paradoxal. Car

3. Sur ce point voir Bordes-Benayoun, 2005.

dire la diaspora c'est dire la dispersion, mais en même temps c'est la faire disparaître puisque l'on se désigne comme collectif et que cette désignation va permettre de conforter des liens matériels et immatériels entre les membres de ce collectif. De sorte que dire la dispersion l'annule.

Une diaspora est en premier lieu, une forme au sens morphologique du terme pourrait-on dire, c'est une dispersion géométrique, spatiale. En tant que telle, elle constitue un objet qui plus que tout autre donne à voir l'intrication de l'espace, de la société et de ce qui la fonde, le mouvement. Le terme diaspora a ceci de particulier qu'il désigne un phénomène social par sa forme spatiale ce qui est fort rare. Il ne me vient pas à l'esprit de termes (du moins en français) qui aient cette particularité ; société, communauté, tribu, ethnie, collectif, corps social, groupe ne renvoient pas à des formes spatiales, mais les suggèrent tout au plus. Ils se font l'évocation de la localité ou du territoire, et ce faisant deviennent comme la figure contraire de la dispersion. Et pourtant la diaspora n'est-elle pas groupe, collectif, corps social ? Ces deux formes spatiales d'apparence antagonique ne sont-elles pas alors paradoxalement liées au cœur du mot « diaspora » ?

Une forme polymorphe

Le terme diaspora désigne un phénomène contemporain qui apparaît à bien des égards comme une nouvelle forme sociale. Mais en même temps comme le mot est ancien – ainsi que le rappelle plusieurs auteurs – cette forme était déjà présente. Elle est aujourd'hui caractérisée – autre paradoxe – par son polymorphisme, lequel est attesté par la diversité des phénomènes que l'on range sous ce vocable et la variété des typologies qui tente de les saisir. Polymorphisme social compte tenu de la variété des groupes concernés et des rapports sociaux qui s'y déploient (on nous parle de diasporas marchande, prolétaire, politique, religieuse, culturelle...) mais aussi polymorphisme spatial eu égard à la diversité des dimensions et des distributions de ces groupes, de quelques milliers à plusieurs dizaines de millions répartis sur un grand nombre de pays ou sur un nombre réduit.

Il y a, comme nous l'avons dit, quelque chose de paradoxal à parler de forme polymorphe puisque ce qui caractériserait cette forme serait d'en avoir plusieurs. Cela renvoie à certaines figures de la complexité telles que le ruban de Möbius, l'hologramme et la hiérarchie enchevêtrée. Elles ont en commun d'être absolument non-linéaires mais par contre circulaires, en ce sens qu'elles renvoient toujours à elles-mêmes. Rien de plus inquiétant pour la pensée que la circularité, puisque de cette manière elle tournerait en rond. Il me semble pourtant que les diasporas ont partie liée avec ces figures. Le ruban de Möbius a ceci de troublant que sa structure est telle qu'il n'a qu'un seul bord et qu'une seule face. Ce ne sont pas les nombreux développements auxquels cette structure étrange a donné lieu en topologie mathématique qui peuvent nous intéresser ici mais plutôt certains de ses effets : on ne peut distinguer l'extérieur et l'intérieur pas plus que le haut du bas. Ce qui fait que si on imagine un individu marchant sur ce ruban et parcourant cette boucle, celui-ci se retrouverait, après avoir fait un tour complet, la tête en bas, c'est-à-dire à l'envers. C'est que dans ce ruban l'endroit est l'envers qui est l'endroit. Ceci n'est pas sans rappeler le titre d'un maître ouvrage sur les diasporas : *Mondes juifs, l'envers et l'endroit*, d'Alain Médam, paru en 1991. Celui-ci confiait peu de temps après sa parution qu'il aurait préféré comme sous-titre à ce livre : *Le lieu est dans le monde, le monde est dans le lieu.* Il intitulera d'ailleurs ainsi un texte paru ultérieurement (Médam, 1996). Or, l'affirmation « le lieu est dans le monde, le monde est dans le lieu » renvoie à une autre figure de la complexité, celle de l'hologramme dans lequel dit Edgar Morin (1986) « le tout est dans la partie qui est dans le tout ». La dimension hologrammique de la diaspora est d'ailleurs rappelée – de façon certes indirecte puisque ce n'est pas leur propos – dans plusieurs contributions à cet ouvrage qui mettent en tension local et translocal, local et global, exclusivisme et cosmopolitisme... non pour les opposer ou les dépasser en une synthèse improbable mais pour les considérer ensemble, comme les facettes d'un même phénomène.

Une autre figure de la complexité apparaît à la lecture des contributions à cet ouvrage, celle de hiérarchie enchevêtrée que Jean Pierre Dupuy (Dupuy, 1992) utilise pour comprendre ce qu'il appelle l'autonomie du social. Elle est d'ailleurs très voisine de celle de l'hologramme mais met plutôt l'accent sur l'auto-transcendance, l'auto-extériorisation, le *bootstrapping* (en référence au Baron de Münchhausen qui prétendait s'élever dans les airs en tirant sur ses bottes). Une des meilleures illustrations de cette figure est le tableau d'Escher représentant deux mains se dessinant elles-mêmes. C'est à dire la chose se créant elle-même, non pas comme surgissement du néant (*ex nihilo*) ce qui finalement ne nous surprendrait guère (toute notre mythologie occidentale est fondée là-dessus) mais auto-création, création de la chose à partir d'elle-même, création de soi par soi. Or, il y a dans la performativité du mot diaspora dont nous parlions plus haut quelque chose d'une auto-création. Création d'un collectif par lui-même qui à travers sa propre désignation comme diaspora se fait être en tant que corps social, en tant qu'unité dans la dispersion, impliquant par ailleurs les paradoxes mentionnés.

Ainsi, ce terme, notion ou concept, de diaspora dont on pourrait penser qu'il a livré tout ce qu'il pouvait contenir continue d'être un outil précieux pour travailler la complexité des construits sociaux. Sa valeur heuristique demeure parce que l'expérience particulière qu'il s'apprête à désigner ne cesse de mettre en relation ce qu'il est d'usage de séparer, dans cette tension entre le paradigme du lieu (union, contiguïté) et celui de l'éloignement (séparation, dispersion). Par son usage décuplé, par la ferveur dont il est l'objet, il n'épuise pas le sens de nos approches mais renouvelle les interrogations sur l'organisation sociale en y introduisant, parce qu'elle y est plus qu'ailleurs fondamentale, la dimension spatiale. Il ouvre avec force sur l'horizon des imaginaires sociaux quand ceux-ci ont à composer avec les contradictions de la distanciation et du rapprochement. Avec la « diaspora », il s'agit de s'emparer complètement du « paradigme mobilitaire » (Tarrius, 1989) pour mieux comprendre comment celui-ci compose toujours avec son contraire.

Références

BORDES-BENAYOUN Chantal, 2005, Conclusion, in Lisa Anteby-Yemini, William Berthomière, and Gabriel Sheffer (eds.), *Les diasporas, 2000 ans d'histoire.* Rennes, Presses Universitaires de Rennes, 489-494

DUPUY Jean Pierre, 1992, Introduction aux sciences sociales. Paris, Ellipses, X Ecole polytechnique, 297 p.

MA MUNG Emmanuel, 1994, « Non-lieu et utopie : la diaspora chinoise et le territoire ». *L'Espace Géographique*, n° 2.

MA MUNG Emmanuel, 1998, La dispersion comme ressource spatiale. Paper presented at the conference: *Réseaux transnationaux entre l'Europe et le Maghreb.* Aix-en-Provence, 29 juin-1er juillet. Repris dans « La dispersion comme ressource », *Cultures et conflits*, n° 33-34, 89-103.

MÉDAM Alain, 1991, *Mondes juifs : l'envers et l'endroit* (1ère éd.). Paris, Presses universitaires de France, 191 p.

MÉDAM Alain, 1996, « Le lieu est dans le monde, le monde est dans le lieu », in Monique Hirschorn and Jean Marc Berthelot (eds.), *Mobilités et ancrages, vers un nouveau mode de spatialisation ?*, Paris, L'Harmattan, coll. Villes et entreprises.

MORIN Edgar, 1986, *La méthode, 3, La connaissance de la connaissance*, Paris, Seuil, 249 p.

RÉMY Jean, 1999, « Le statut de l'espace dans l'analyse sociologique », *Espaces et Sociétés,* n° 96, 165-202.

TARRIUS Alain, 1989, « Perspectives phénoménologiques dans l'étude de la mobilité », *Transports et sciences sociales, questions de méthode*, *Transports et communications*, 25. Caen, Paradigme, 47-81.

Table des matières

ÉDITIONS KARTHALA

Collection ***Méridiens***

Les Açores, *Christian Rudel*
L'Afrique du Sud, *Georges Lory*
L'Argentine, *Odina Sturzenegger-Benoist*
L'Azerbaïdjan, *Antoine Constant*
Le Bénin, *Philippe David*
La Biélorussie, *Philippe Marchesin*
La Bolivie, *Christian Rudel*
Le Botswana, *Marie Lory*
Le Burkina Faso, *Frédéric Lejeal*
Le Cambodge, *Soizick Crochet*
Le Congo-Kinshasa, *A. Malu-Malu*
Le Costa Rica, *Christian Rudel*
Cuba, *Maryse Roux*
Djibouti, *André Laudouze*
Les Émirats arabes unis, *Frauke Heard-Bey*
L'Équateur, *Christian Rudel*
Exclusion et politique à São Paulo, *Olivier Dabène*
L'Estonie, *S. Champonnois et F. de Labriolle*
Le Ghana, *Patrick Puy-Denis*
Hawaii, *Alain Ricard*
L'Indonésie, *Robert Aarsse*
L'Irak, *Pierre Pinta*
La Libye, *Pierre Pinta*
Madagascar, *Pierre Vérin*
Malte, *Marie Lory*
La Mauritanie, *Muriel Devey*
Mayotte, *Guy Fontaine*
Le Mexique, *Christian Rudel*
Le Mozambique, *Daniel Jouanneau*
La Nouvelle-Calédonie, *Antonio Ralluy*
Le Portugal, *Christian Rudel*
La Roumanie, *Mihaï E. Serban*
São Tomé et Príncipe, *Dominique Gallet*
Les Seychelles, *Jean-Louis Guébourg*
Le Sultanat d'Oman, *Bruno Le Cour Grandmaison*
La Syrie, *Jean Chaudouet*
La Tunisie, *Ezzedine Mestiri*
La Turquie, *Jane Hervé*
Le Vietnam, *Joël Luguern*

Collection ***Dictionnaires et langues***

Apprends l'arabe tchadien (J'), *Jullien de Pommerol P.*
Apprends le bambara (J'), *(+ 8 cassettes), Moralès J.*
Apprends le wolof (J'), *(+ 4 cassettes), Diouf J.-L. et Yaguello M.*
Arabe dans le bassin du Tchad : le parler des Ulâd Eli (L'), *Zeltner J.-C. et Tourneux H.*
Arabe tchadien : émergence d'une langue véhiculaire (L'), *Jullien de Pommerol P.*
Dictionnaire arabe tchadien-français, suivi d'un index français-arabe et d'un index des racines arabes, *Jullien de Pommerol P.*
Dictionnaire caraïbe-français (avec cédérom), *Breton R.P. R.*
Dictionnaire du malgache contemporain (malgache-français et français-malgache), *Rajaonarimanana N.*
Dictionnaire français-éwé, suivi d'un index éwé-français, *Rongier J.*
Dictionnaire français-foulfouldé et index foulfouldé, Dialecte peul de l'Extrême-Nord du Cameroun, *Parietti G.*
Dictionnaire français-haoussa, suivi d'un index haoussa-français, *Caron B. et Amfani A.H.*
Dictionnaire igbo-français, suivi d'un index français-igbo, *Ugochukwu F.*
Dictionnaire kiswahili-français et français-kiswahili, *Mertens G.*
Dictionnaire peul de l'agriculture et de la nature (Diamaré, Cameroun), *Tourneux H. et Yaya Daïrou*
Dictionnaire pluridialectal des racines verbales du peul (peul-français-anglais), *Seydou C. (dir.)*
Dictionnaire pratique du créole de Guadeloupe (Marie-Galante), *Tourneux H. et Barbotin M.*
Dictionnaire swahili-français, *Lenselaer A.*
Dictionnaire touareg du Mali, *Heath J.*
Dictionnaire usuel yoruba-français, suivi d'un index français-yoruba, *Sachnine M.*
Dictionnaire wolof-français et français-wolof, *Diouf Jean-Léopold*
Grammaire fondamentale du bambara, *Dumestre G.*
Grammaire moderne du kabyle, *Naït-Zerrad K.*
Grammaire pratique de l'arabe tchadien, *Jullien de Pommerol P.*
Langues africaines (Les), *Heine Bernd*
Nord-Cameroun à travers ses mots (Le), *Seignobos C. et Tourneux H.*
Syntaxe historique créole, *Alleyne M.*
Vocabulaire peul du monde rural, Maroua-Garoua (Cameroun), *Tourneux H. et Yaya Daïrou*

Achevé d'imprimer en septembre 2006
sur les presses de la Nouvelle Imprimerie Laballery
58500 Clamecy
Dépôt légal : septembre 2006
Numéro d'impression : 609042

Imprimé en France